Womo & weg

Deutschland

Die schönsten Touren zwischen Mittelgebirgen und Alpen

STELLPLATZSYMBOLE

- Stromanschluss
- Wasserversorgung
- Grauwasser-Entsorgung
- Chemie-WC-Entsorgung
- WLAN
- Haustiere erlaubt

PREISKATEGORIEN DER STELLPLÄTZE

Die angegebenen Preise beziehen sich auf eine Übernachtung mit Wohnmobil inkl. zwei Personen. Strom, Wasser, eventuelle Hundegebühren oder Kurtaxe sind nicht immer in den Preisen enthalten.

€	bis 10 €
€€	10 bis 20 €
€€€	20 bis 30 €
€€€€	ab 30 €

Inhalt

Vorwort

Liebe Leserinnen und Leser,

Deutschland ist eine Reise wert. Das war schon immer so, aber manchmal braucht man einen Impuls, um das Naheliegende neu wahrzunehmen. Viele von uns haben in den Corona-Jahren gezwungenermaßen ihre Reisepläne auf deutsche Ziele umgelenkt und dabei (wieder-)entdeckt, was für eine geografische und kulturelle Vielfalt es in unserer Heimat zu erleben gibt.

Neben den beliebten Urlaubsgebieten wie Schwarzwald, Allgäu oder Bayerischer Wald bieten gerade auch die weniger bekannten Gegenden „vor der Haustür“ Ruhe und Entspannung in der Natur, spannende Reiseentdeckungen sowie hervorragende Freizeitmöglichkeiten. Unsere Autorinnen und Autoren laden Sie deshalb auch zu Touren beispielsweise ins Lahntal, in die Fränkische Schweiz oder ins Fünfseenland ein.

Das vorliegende Buch versteht sich als umfassender Ideenpool für kleinere Wochenendtrips wie auch für eine ausgedehntere Mehrtagestour. Eine „Tour“ im Sinne dieses Buches ist keine durchgehende Route, die in einer Abfolge von Örtlichkeiten abgefahren wird, sondern eher ein Netz von besuchenswerten Orten und Highlights der jeweiligen Gegend. Im Buch werden sie zwar nach einem Regionalprinzip hintereinander beschrieben, aber Sie müssen dieser Reiselogik nicht folgen, sondern können sich Ihre eigene Route individuell zusammenstellen.

Zu jeder Tour haben unsere Autorinnen und Autoren Stell- und Campingplätze mit einem hohen Wohlfühlfaktor und guter Lage in der Natur sowie als passender Ausgangspunkt für

Unternehmungen in der Umgebung herausgesucht. So können Sie in diesem Buch unter mehr als 200 Stellplatzempfehlungen Ihre Favoriten finden. Extratipps zu Aktivitäten wie Wandern, Rad- oder Kanufahren, zur regionalen Küche oder lokalen Versorgern runden jede Tourbeschreibung ab.

Wer eine umfangreichere Tour in Deutschlands Südwesten plant, dem möchte ich gern den umfassenden „Wohnmobil-Tourguide Bodensee, Schwarzwald und Schwäbische Alb“ von Gaby Gölz ans Herz legen. Und nachdem Sie mit dem vorliegenden Buch hoffentlich manche positive Erfahrung gemacht haben, steht Ihnen unser Parallelband „Womo und weg. Deutschland: Die schönsten Touren zwischen Meer und Mittelgebirge“ mit vielen weiteren Reisetipps in Deutschlands Nordhälfte zur Verfügung.

Aber jetzt geht es erst einmal „ab in den Süden“, wo ich Ihnen, auch im Namen aller Autorinnen und Autoren, eine wunderschöne Zeit wünsche.

Klaus Werner
Herausgeber

Unsere Autoren

Daniel Fort studierte Fotografie und Medien in Bielefeld und Finnland. Mit tschechischen Wurzeln in Deutschland geboren und aufgewachsen, kam er bereits früh mit kultureller Vielfalt in Berührung. Seither führten ihn zahlreiche Reisen auf sechs Kontinente der Erde. Seit dem Studium widmet er sich intensiv dem Reisejournalismus. Inzwischen sind von ihm zahlreiche Publikationen rund um das Reisen erschienen. Mit dem Bulli, Wohnmobil, Fahrrad oder zu Fuß entdeckt der Outdoor-Enthusiast neben seiner Heimat Deutschland immer wieder gerne den hohen Norden Skandinaviens (www.danielfort.com).

Ines Friedrich ist Reisebuchautorin aus Leidenschaft und hat bereits mehrere Wohnmobilführer veröffentlicht. Für ihre Bücher bereist sie in Deutschland und den europäischen Nachbarländern ausgewählte Regionen und legt Wert auf detaillierte Beschreibungen landschaftlicher Schönheiten, kultureller Sehenswürdigkeiten und kulinarischer Köstlichkeiten. Aber auch sportliche Aktivitäten wie Wanderungen und Fahrradtouren sind ihr von großer Wichtigkeit. Im Reise Know-How Verlag ist der Wohnmobil-Tourguide „Französische Atlantikküste“ erschienen, unter www.womo reise.com sind weitere Reiseziele beschrieben.

Für **Gaby Gölz** ist Reisen Beruf und Berufung. Sie bereiste Indien, China, Südamerika, Afrika und den Inselstaat Sao Tomé e Principe. Doch nicht nur in die Ferne zieht es sie, auch in ganz Europa war sie mit dem Wohnmobil unterwegs. Aus diesem Erfahrungsschatz entstanden zahlreiche Wohnmobil-Tourguides im Reise Know-How Verlag über die Nordseeküste, den Süden Baden-Württembergs, die Niederlande, die Normandie, die Toskana, Umbrien/Marken und Sizilien. Mit Ehemann Hans ist sie acht Monate im Jahr unterwegs, auch um neue Regionen, z. B. das Baltikum, Osteuropa und Russland, mit dem Wohnmobil zu entdecken.

Lilly Nielitz-Hart ist als freie Journalistin für Verlage und Tageszeitungen tätig. Sie stammt aus dem Rhein-Main-Gebiet und war dort im Kultur- und Medienbereich tätig. Nach längeren Reisen und Aufenthalten in den USA, Russland und Italien lebte sie viele Jahre in Südengland. Zu ihren Publikationen gehören Reiseführer über Großbritannien, Italien und das Rhein-Main-Gebiet. Nicht erst durch ihre Tätigkeit als Lokalreporterin weiß sie jedoch, daß auch vor der eigenen Haustür tolle Ziele locken: Der Spessart hat es ihr angetan, denn er bietet neben guten Fahrradstrecken viel Wald, Wasser und Panoramen.

Katja Nolles, in Trier an der Mosel aufgewachsen, lebt seit rund zwanzig Jahren mit Mann und Kindern im Hunsrück. Wann immer ihre Arbeit als Redakteurin und Autorin es zulässt, unternimmt sie Ausflüge durch die reizvolle Landschaft des Hunsrücks oder entlang der 242 Flusskilometer des bezaubernden Moseltals zwischen Perl und Koblenz. Dabei entdeckt sie in der Region zwischen Mosel, Nahe, Saar und Rhein immer wieder lohnende Ausflugsziele – Spannendes, Erstaunliches, Wissenswertes oder Kurioses, auch abseits der Touristenpfade. Im Reise Know-How Verlag sind von ihr die Reiseführer „Moseltal“ und „Hunsrück“ erschienen.“

Seine süddeutsche Heimat hat **Marko Roeske,** der am Rande des Bayerischen Waldes lebt, schon in einigen anderen Veröffentlichungen porträtiert. Mit dem Wohnmobil ist der gebürtige Bayerisch-Schwabe nun seit einigen Jahren unterwegs, meistens begleitet von Frau und Hund. Auf seinen Reisen hat er dabei ein ums andere Mal erfahren und erlebt, dass es häufig gerade die kleinen Anekdoten und vermeintlichen Nebensächlichkeiten sind, die ihn in den besuchten Landstrichen besonders ansprechen – weshalb es sich für ihn auch immer wieder lohnt, aufs Neue danach zu suchen.

Thilo Scheu entdeckte schon früh seine Leidenschaft fürs Reisen und Erkunden fremder Länder. Nach so mancher langweiliger Erdkundestunde und bestandener Abiturprüfung trampte oder fuhr er mit dem Zug und wenig Gepäck durch Europa, immer wieder fasziniert von Menschen und Kulturen. Nach dem Studium der Geographie machte sich der Rheinländer als Reisejournalist und Buchautor selbstständig. Seitdem reist er erneut mit Begeisterung und offenen Augen durch die Welt, vom nahen Sauerland bis ins ferne Papua-Neuguinea (www.reisejournalist-weltweit.de).

Hinweise zur Benutzung

Auswahl der Stell- und Campingplätze

Dieses Buch enthält eine Auswahl der Stell- und Campingplätze in den Regionen. Darüber hinaus listen einschlägige Apps und Stellplatzführer weitere Übernachtungsstellen auf. Die Nichterwähnung in unserem Buch sagt nichts über die Existenz oder Qualität eines Stellplatzes aus.

Schreibweise der GPS-Koordinaten

Alle GPS-Daten sind als geografische Koordinaten (Breite/Länge; Lat./Lon.) in Dezimalgrad (hddd.dddd) angegeben, also z. B. 54.678843, 13.4341. Die erste Angabe ist der Wert für die nördliche Breite (°N), der zweite der für die östliche Länge (°E). Kartendatum ist WGS84.

Umrechnung von GPS-Koordinaten

Wenn Sie die GPS-Angaben von Dezimalgrad in Dezimalminuten (dd°mm,mmm') umrechnen müssen, empfehlen wir einen Datenkonverter wie z. B. www.geoplaner.de.

Koordinaten zum Download

Die GPS-Koordinaten der Stell- und Campingplätze können auf der Verlags-Homepage www.reise-know-how.de von der Artikelseite dieses Buches unter der Rubrik Datenservice als Waypoint-Liste heruntergeladen werden. Benötigt Ihr Gerät ein anderes Datenformat als kml oder gpx, kann die Umrechnung z. B. unter www.routeconverter.de oder www.gpsvisualizer.com erfolgen.

Service für Mobilgeräte

Durch Einscannen des QR-Codes auf der Umschlagrückseite beziehungsweise über die Webadresse **www.reise-know-how.de/womo/sueddeutschland22** wird ein für den mobilen Einsatz optimierter Internetdienst aufgerufen. Damit kann die Lage der Camping- und Stellplätze auf einer Karte und die Route dorthin angezeigt werden. Außerdem können darüber Updates nach Redaktionsschluss aufgerufen werden. Voraussetzung ist eine Datenverbindung über das Mobilfunknetz oder WLAN.

Katja Nolles

Die Mittelmosel

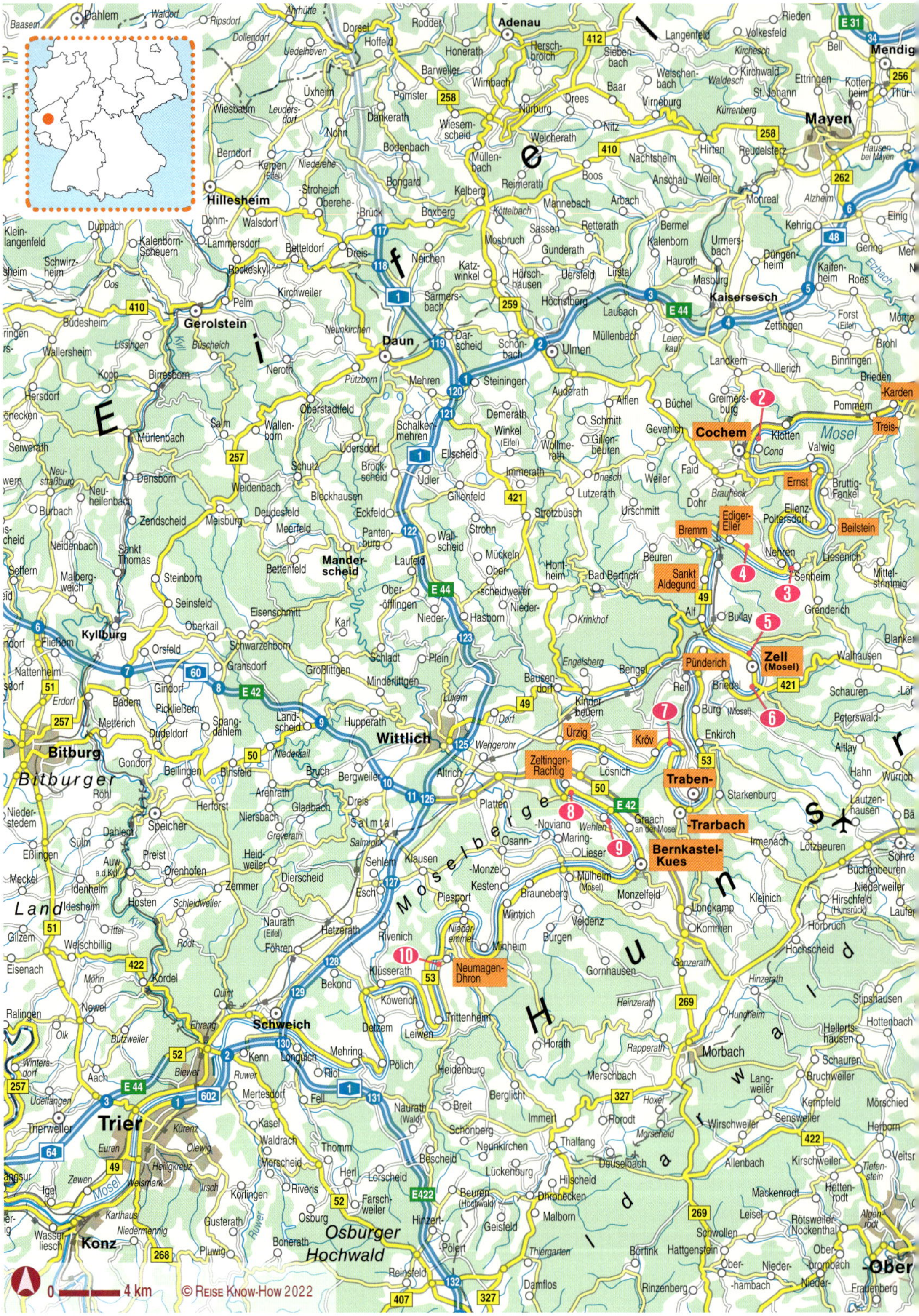
Cochem
Treis-Karden
Ernst
Beilstein
Ediger-Eller
Bremm
Sankt Aldegund
Zell (Mosel)
Pünderich
Kröv
Ürzig
Zeltingen-Rachtig
Traben-Trarbach
Bernkastel-Kues
Neumagen-Dhron
Eifel
Hunsrück
Idarwald
Moselberge
Bitburger Land
Osburger Hochwald
Mayen
Mendig
Adenau
Kaisersesch
Daun
Gerolstein
Hillesheim
Kyllburg
Bitburg
Wittlich
Manderscheid
Schweich
Trier
Konz
Morbach
0 4 km
© Reise Know-How 2022

> **TOUREN-ÜBERBLICK**
>
> **Routenempfehlung:** Hatzenport – Burg Eltz – Treis-Karden – Cochem – Beilstein – Ediger-Eller – Bremm – St. Aldegund – Zell – Pünderich – Traben-Trarbach – Kröv – Ürzig – Zeltingen-Rachtig – Bernkastel-Kues – Neumagen-Dhron
>
> **Länge gesamt:** ca. 140 km
>
> **Dauer:** 5–7 Tage
>
> **Reisezeit:** März–Oktober

Die windungsreiche Mittelmosel gehört zu den romantischsten Abschnitten des Moseltals: Kühn schlängelt sich der Fluss in großen Schleifen durch hoch aufragende Schieferfelsen. Pittoreske Orte wie Neumagen-Dhron – der älteste Weinort Deutschlands – oder das Jugendstil-Juwel Traben-Trarbach mit seinen prächtigen Belle-Époque-Villen laden zu Ausflügen und Spaziergängen ein. Schmucke Fachwerkorte wie Bernkastel-Kues, Zeltingen-Rachtig oder Pünderich säumen das Flussufer und bieten alles, was die Umgebung der Mosel ausmacht.

Wer hier noch nicht ins Schwärmen geraten ist, tut dies spätestens an der Untermosel, auch Terrassenmosel genannt. Auf Felsspornen thronen imposante Burgen und Ruinen, umgeben von terrassierten Weinhängen. Die Weinberge in den sonnenverwöhnten Steillagen der Terrassenmosel bringen vor allem qualitätsvolle Rieslinge hervor. Zwischen Zell und Cochem befindet sich Europas steilster Weinberg, der berühmte Calmont. Doch nicht nur wegen der feinen Weine gilt das Moseltal

In den Steilhängen der Mittelmosel ist der Weinbau noch schweißtreibende Handarbeit

als Genussregion, man findet auch weitere vielfältige kulinarische Genüsse. Ob Landgasthöfe, Gourmettempel oder Winzerküche – für jeden Geschmack ist etwas dabei. Viele Winzer betreiben Straußwirtschaften auf ihren Weingütern – in den Innenhöfen, in alten Fassweinkellern oder den Kelterhäusern. Zu erkennen sind sie an einem bunten Strauß oder Weidenkranz, der an der Tür hängt oder einem mit bunten Bändern geschmückten Reisigbesen. Neben den selbst erzeugten Weinen werden Spezialitäten aus der Winzerküche wie das moselfränkische Sauerkrautgericht Gräwes, Tresterfleisch oder Süßspeisen aus dem Roten Weinbergpfirsich serviert.

Für Aktivurlauber gibt es zahlreiche Freizeitmöglichkeiten auf dem Wasser, von Touren auf Ausflugsschiffen bis hin zum Wasserwandern mit Kanus oder SUPs. Für Wanderer gibt es gemütliche, leicht zu bewältigende Routen ebenso wie alpin anmutende Klettersteige, die Kondition und Trittsicherheit erfordern. Radwege verlaufen entlang des Flussufers oder durch die Weinberge und bieten reichlich Bewegung und Abwechslung.

Für Wohnmobilisten ist das Moseltal geradezu ideal: Nahezu jeder Ort bietet einen oder sogar mehrere Stellplätze. Auch einige Winzer bieten Stellplätze auf ihren Weingütern an – näher kommt man der Weinkulturlandschaft kaum. Die Auswahl an Campingplätzen ist ebenfalls groß, viele liegen am Moselufer, manche sogar auf Inseln. Die meisten Plätze schließen während der Wintermonate, schon wegen der Hochwassergefahr.

Vermutlich brachten bereits die Römer die ersten Weinreben an die Mosel

ⓘ **Mosellandtouristik GmbH,**
Kordelweg 1, 54470 Bernkastel-Kues,
www.visitmosel.de

Die schmucke Kirche St. Johannes bietet einen schönen Blick auf die Terrassenmosel

Hatzenport

Die Römer pflanzten die ersten Weinreben im Moseltal an und nutzten den Fluss als Wasserweg, um mit dem Moselwein Handel zu treiben. Dass auch im Winzerort Hatzenport bereits seit der frühen Römerzeit Wein angebaut wird, beweist der Fund eines **antiken Steinreliefs** aus dem 1. Jh. n. Chr., das einen an einer Traube naschenden Hasen zeigt. Eine Kopie ist auf dem Dorfplatz ausgestellt. Der markante, 1863 errichtete **Fährturm** am Moselufer fällt sofort ins Auge, er gehörte zu einer Gierseilfähre, die über die Mosel führte.

Auf einer Anhöhe liegt die gotische Pfarrkirche **St. Johannes,** im Volksmund **Alte Kirche** genannt. Der Friedhof ist inzwischen ein großer Garten mit Kräutern, Rosen, alten Maulbeerbäumen und einem tollen Blick auf die Mosel.

Eine besonders schöne Straußwirtschaft findet man im **Winzerhof Gietzen** (Moselstraße 70, www.winzerhofgietzen.com). Im idyllischen, mit wildem Wein und Glyzinien bewachsenen Innenhof werden kleine Speisen aus der Winzerküche serviert, zum Angebot gehören außerdem eine Vinothek mit Hofladen und geführte **Weinbergwanderungen.**

1 Campinginsel Sonnenwerth

GPS 50.225715, 7.409182

Der Campingplatz liegt idyllisch auf einer langgestreckten Insel vor Hatzenport und ist über einen Damm mit dem Moselufer verbunden. **Lage/Anfahrt:** über die B416 aus Richtung Koblenz kommend, kurz vor dem Ortsausgang auf den Damm abbiegen und der Beschilderung zur Rezeption folgen; **Platzanzahl:** ca. 100; **Untergrund:** Wiese, teilw. Bodenplatten; **Service:** Strom, Trinkwasser, Abwasser, Chemie-WC; **Preiskat.:** €€€; **Geöffnet:** April–Mitte Okt.; **Kontakt:** Hatzenporter Werth 1, 56332 Hatzenport, Tel. 02605 2151, www.campinginsel-hatzenport.de

Ritterromantik pur: Die märchenhafte Burg Eltz gehört zu den schönsten Burgen Deutschlands

Burg Eltz

Über den malerischen Ort Moselkern gelangt man zur **Burg Eltz** (www.burg-eltz.de), einer der wohl berühmtesten Burgen Deutschlands. Die zu Beginn des 12. Jh. auf einem hohen Felsen errichtete Wehranlage ist mit zahlreichen Erkern und zierlichen Türmchen verziert. Die Bilderbuch-Wohnburg wurde nie erobert und befindet sich auch nach mehr als acht Jahrhunderten noch immer im Familienbesitz der Grafen von Eltz. Höhepunkte einer Burgbesichtigung (April–Okt.) sind der prunkvolle Rittersaal, die kunstvollen, mittelalterlichen Wand- und Deckenmalereien im Ankleidezimmer und Schlafgemach, die rustikale Küche sowie die Schatzkammer mit kostbaren Gold- und Silberschmiedearbeiten, Waffen und Porzellan.

TOUR TRAUMPFAD ELTZER BURGPANORAMA

Viel Natur und als Höhepunkt die märchenhafte Burg Eltz bietet die 12,6 Kilometer lange Route „Eltzer Burgpanorama" (www.traumpfade.info). Sie führt über das Moselplateau und durch die Auenlandschaften des Elzbachtals. Start ist am Dorfgemeinschaftshaus in Wierschem. Fünf Autominuten vom Wanderparkplatz entfernt liegt Münstermaifeld mit seiner imposanten Stiftskirche. Im **Löffel's Landhaus** (Obertorstr. 42, 56294 Münstermaifeld, www.loeffelslandhaus.de) werden regionale Kartoffelspezialitäten und die beliebten Eifeler Landhausschnitzel serviert.

Treis-Karden

Geeint durch eine Brücke erstreckt sich der Doppelort Treis-Karden auf beiden Moselufern, auf der Hunsrückseite liegt **Treis.** Der Ortsteil **Karden** geht auf das römische Straßendorf Cardena zurück. Bis ins 4. Jh. brannten hier antike Handwerker in einem großen Töpfereibezirk nicht nur Gebrauchskeramik, sondern auch Tongefäße und -figuren für Pilger, die diese in der gallorömischen Kultstätte auf dem **Martberg** ihren Göttern darbrachten. Der antike Tempelbezirk auf dem Martberg zwischen Pommern und Karden wurde zum Teil rekonstruiert und kann im **Achäologiepark Martberg** (www.martberg-pommern.de) besichtigt werden. In Karden sticht weithin sichtbar die romanische **Stiftskirche St. Castor** mit seinen mächtigen Türmen hervor: Der sogenannte **Moseldom** aus dem 11.–12. Jh. erinnert an den hl. Castor von Karden und gehört zu den bedeutendsten Sakralbauten an der Untermosel. Bemerkenswert im Kircheninnern ist das aus Ton gebrannte Dreikönigs-Altarretabel (um 1420).

Tourist-Information Ferienland Treis-Karden, St. Castorstr. 87, im Bahnhof, www.treis-karden.de

Cochem

Hoch über Cochem erhebt sich majestätisch auf einem hohen Felsen die **Reichsburg.** Der etwa zwanzigminütige Aufstieg lohnt sich: Nicht nur für eine Führung durch die im neugotischen Stil wiederaufgebaute Wehranlage, sondern auch für den einmaligen Blick auf Cochem und die Mosel.

Einen ebenso wunderbaren Blick bietet der Aussichtspunkt **Pinnerkreuz** hoch über dem Seitental der Endert, zu dem man mit einem **Sessellift** gelangt. Das ehemalige **Kapuzinerkloster** (Klosterberg 5, https://kulturzentrum-kapuzinerkloster.de) in der Oberstadt wurde 1623 gegründet und ist heute ein Kulturzentrum.

Besonders sehenswert ist Cochem Mitte April während der **Weinbergpfirsichblüte.** Dann ist die Terrassenmosel in eine rosa Blütenpracht getaucht, die Cochem mit einem eigenen Blütenfest feiert.

www.cochem-zell.de

Die Reichsburg in Cochem gehört zu den berühmtesten Fotomotiven der Mosel

❷ Mosel Camping Cochem

GPS 50.15781, 7.173433

Langgestreckter Campingplatz am Ufer nahe dem Moselbad mit Stellplätzen direkt am Moselufer, Brötchenservice und Gaststätte mit Biergarten. **Lage/Anfahrt:** über die B 49 kommend über die Nordbrücke Richtung Einkaufszentrum, dann links zum Moselufer; **Platzanzahl:** 200; **Untergrund:** Wiese; **Service:** Strom, Wasser, Abwasser, Chemie-WC, WLAN; **Preiskat.:** €€; **Geöffnet:** April–Nov.; **Kontakt:** Stadionstr. 10, 56812 Cochem, Tel. 02671 4409, https://mosel-camping-cochem.de

Tourist-Information Ferienland Cochem, Endertplatz 1, www.ferienland-cochem.de

TIPP BUNDESBANK-BUNKER COCHEM

Versteckt hinter unauffälligen Häusern und unter Tausenden Tonnen Beton in 30 m Tiefe lagerten im Bundesbank-Bunker unter strengster Geheimhaltung 15 Milliarden D-Mark der Deutschen Bundesbank. Doch waren dies keine gültigen DM-Noten, sondern eine ähnlich aussehende Ersatzwährung, die im Fall einer Falschgeldflut während des Kalten Kriegs in Umlauf gebracht worden wäre, was eine Wirtschaftskrise hätte verhindern sollen. Das 300 Meter lange Gangsystem mit atomsicherem Luftschutzbunker mit Platz für insgesamt 175 Personen, Dekontaminationsräumen, eigener Strom- und Wasserversorgung, Luftfilteranlage, Küche, Speisesaal, Schlafräumen und einem Fernmeldezentrum wurde von 1962 bis 1964 in den Hang gegraben. Da Parkplätze nicht vorhanden sind, bringt ein Shuttlebus Besucher vom Endertplatz zum Bunker (www.bundesbank-bunker.de).

Kaum ein Ort an der Mosel ist malerischer als das kleine, verwinkelte Beilstein

3 Campingplatz Holländischer Hof

GPS 50.084463, 7.206792

Der Viersterne-Campingplatz mit Jachthafen liegt auf einer langgestreckten Insel vor Senheim. **Lage/Anfahrt:** über die Bundesstraßen B 416 und B 49, die Campinginsel liegt vor dem Ort Senheim; **Platzanzahl:** 20 befestigte Reisemobilstellplätze inklusive Stromanschluss; **Untergrund:** Rasengitter; **Service:** Strom, Trinkwasser, Abwasser, Chemie-WC; **Preiskat.:** €€€€; **Geöffnet:** April–Okt.; **Kontakt:** Camping Holländischer Hof, Am Campingplatz 1, D-56820 Senheim, www.moselcamping.com

Beilstein

Hoch über Beilstein steht die Ruine der Burg Metternich

Beilstein, das „Dornröschen an der Mosel", steht mit seinem romantischen Gassengewirr, steilen Treppen, schmucken Fachwerkhäusern und dem mittelalterlichen Marktplatz komplett unter Denkmalschutz. Idyllisch eingebettet in Weinberge und überragt von einem Kloster und der Burg Metternich diente der historische Winzerort schon mehrmals als Filmkulisse. 108 Treppenstufen führen zum ehemaligen **Karmeliterstift** und der barocken **Klosterkirche St. Joseph.** Ein steiler, kurzer Anstieg führt zur Ruine der **Burg Metternich,** die erstmals im Jahr 1268 erwähnt wird. Im 17. Jh. ging sie in den Besitz der Freiherren von Metternich über. Ein Erlebnis ist das Übersetzen mit der **Gierseilfähre,** die zwischen Beilstein und Ellenz pendelt. Die motorbetriebene Fähre ist mit einem quer über den Fluss gespannten Seil verbunden und nutzt die Strömung, um Treibstoff zu sparen.

Traditionelle Baukunst: das schmucke Holle Häuschen in Ediger

Ediger-Eller

Das mittelalterliche Ediger gilt wegen seiner kunstvollen, schiefergedeckten Fachwerkensembles als das „Rothenburg der Mosel". Zu den schönsten Fachwerkhäusern zählt das pittoreske **Holle Häuschen,** in dem die Tourist-Information untergebracht ist. In den verwinkelten Gassen sind noch Reste der Stadtbefestigung aus dem 14. Jh. erhalten. An der **Pfarrkirche St. Martin** sticht der ungewöhnlich reich verzierte Schieferturmhelm mit kleinen Gauben, Ecktürmchen und vergoldeten Krabben hervor. Hinter der Pfarrkirche führt ein Kreuzweg (1762) in die Weinberge. Höhepunkt des Wegs ist die Heilig-Kreuz-Kapelle mit dem Steinrelief **Christus in der Kelter** aus dem 16. Jh.

Am Moselufer in Eller verleiht eine **Kanustation** (Bachstraße, www.mosel-kanutours.de) Kanadier, Kajaks und SUP-Boards. Traditionelle Winzerküche wird im **Springiersbacher Hof** (Oberbachstr. 30, www.ediger-mosel.de) serviert.

Touristinformation der Mosel Calmont Region, Pelzerstraße 1, www.ediger-eller.de

4 Campingplatz zum Feuerberg

GPS 50.091815, 7.163637

Gut ausgestatteter, ruhiger Campingplatz mit Stellflächen direkt am Ufer. **Lage/Anfahrt:** über die B 49 bis zum Ortsrand von Ediger; **Untergrund:** Wiese; **Service:** Strom, Trinkwasser, Abwasser, Chemie-WC, WLAN; **Preiskat.:** €€€; **Geöffnet:** April–Okt; **Kontakt:** Moselweinstr. 3, 56814 Ediger, Tel. 02675 701, www.zum-feuerberg.de

Bremm

Der beschauliche Ort Bremm liegt am Fuße des **Calmonts.** Mit 65 Grad Neigung ist er der steilste Weinberg in Europa. „Warmer Berg" – calidus mons – nannten ihn schon die Römer, denn der Hang erhebt sich rund 300 Meter über dem Fluss und verläuft in einem Bogen. Dadurch wirkt er wie ein Hohlspiegel, der Schiefer speichert tagsüber die Wärme und gibt sie nachts wieder ab – ideal für den Weinbau. Sportliche Wanderer schätzen den **Calmont-Klettersteig,** eine schweißtreibende Tour zum Gipfel. Oben wird man mit einer traumhaften Weitsicht belohnt. Der Blick auf eine der engsten und beeindruckendsten Moselschleifen und die **Klosterruine Stuben** ist eines der meistfotografierten Motive im Moseltal. Auch Gleitschirmflieger schätzen den Calmont und starten vom Gipfel aus zu ungewöhnlichen, anspruchsvollen Flügen über die Steilhänge.

St. Aldegund

Neben den reich verzierten Fachwerkensembles und verwinkelten Gassen ist St. Aldegund vor allem wegen seiner romanischen **Alten Kirche** in den Weinbergen oberhalb des Orts sehenswert. Nach dem Bau der neuen Kirche 1872 in der Dorfmitte verlor sie ihre Funktion. Das Aachener Kunstsammler-Ehepaar Peter und Irene Ludwig finanzierte in den 1960er-Jahren die dringend notwendigen Sanierungsarbeiten, als Gegenleistung verpflichtete sich die Kirchengemeinde, für die beiden eine Grabstätte in der Kirche einzurichten. Die Kunstmäzene, die unter anderem die Ludwigmuseen in Köln, Oberhausen, Saarlouis und Koblenz gründeten, fanden später hier ihre letzte Ruhestätte. Gegenüber der Alten Kirche liegt die Weinlage Palmberg mit einer botanischen Besonderheit: Das Buchsbaumfeld oberhalb der **Palmberg-Terrassen** ist das größte Vorkommen von wildem Buchs an der Mosel. Um 1800 brachten die Franzosen die Buchsbäume aus dem Mittelmeerraum mit. Im Volksmund heißen die Pflanzen Palmen, was der Weinlage ihren Namen gab.

Zum Einkaufsbummel lädt **Wajos Genussmanufaktur** im historischen Weinkeller St. Aldegund ein. In dem imposanten Kreuzgewölbekeller aus dem Jahr 1898 werden Spirituosen, Feinkost und Weine aus dem Weingut Walter J. Oster zum Verkauf angeboten (Am Moselstausee 29, www.historischer-weinkeller-sankt-aldegund.de).

Zell

Ob als überdimensionale Figur am Ortseingang, auf Weinetiketten, auf Wegmarkierungen oder dem Schwarze-Katz-Brunnen – auf Schritt und Tritt begegnet man der **Zeller Schwarze Katz:** Sie steht für die berühmteste Weinlage des sonnenverwöhnten Zell. Der Name geht auf eine Legende zurück. Dem-

5 Stellplatz An der Fußgängerbrücke

GPS 50.033518, 7.174849

Die Einrichtungen des Campingparks Zell-Mosel können gegen Gebühr genutzt werden. Bootsverleih, Einkaufsmöglichkeit, überdachter Grillplatz, Biergarten und Badestrand. **Lage/Anfahrt:** über die B53/421 nach Zell-Kaimt, Ausfahrt Kaimt; **Platzanzahl:** 30; **Untergrund:** Wiese; **Service:** Trinkwasser, Abwasser, Chemie-WC; **Preiskat.:** €€; **Geöffnet:** ganzjährig; **Kontakt:** Moselufer, 56856 Zell, Tel. 06542 961216, www.campingpark-zell.de

6 Stellplatz Römerquelle

GPS 50.016487, 7.176435

Die Einrichtungen des Campingparks Zell-Mosel können gegen Gebühr genutzt werden. Bootsverleih, Einkaufsmöglichkeit, überdachter Grillplatz, Biergarten und Badestrand. **Lage/Anfahrt:** über die B53/421 nach Zell-Kaimt, Ausfahrt Kaimt; **Platzanzahl:** 68; **Untergrund:** Wiese, Asphalt; **Service:** Strom, Trinkwasser, Abwasser, Chemie-WC, WLAN; **Preiskat.:** €€; **Geöffnet:** ganzjährig; **Kontakt:** Moselufer, 56856 Zell, Tel. 06542 961216, www.campingpark-zell.de

nach besuchten Kaufleute aus Aachen die Stadt, um ein Fuder Wein zu kaufen. Sie probierten verschiedene Jahrgänge, drei Fuder Wein schmeckten ihnen besonders gut, aber sie konnten sich nicht entscheiden. Als die schwarze Hauskatze des Winzers auf eines der Fässer sprang und es fauchend und kratzend verteidigte, entschieden die Kaufleute, dass dies wohl der beste Wein sein müsse. Zurück in Aachen entwickelte sich der Wein zum Verkaufsschlager. Seither heißt die Weinlage „Zeller Schwarze Katz".

Einkehrmöglichkeiten gibt es in Zell einige, zum Beispiel das **Restaurant Zum Eichamt,** das in einem wunderschönen Fachwerkhaus aus dem 16. Jh. moseltypische und internationale Gerichte aus regionalen Zutaten zaubert (Rohrgasse 2, www.zumeichamt.de).

TOUR WANDERN RUND UM ZELL

Für Erkundungstouren durch die kleine Stadt und die umliegenden Weinberge bieten sich zwei Wanderwege besonders an: Der rund drei Kilometer lange **Themenwanderweg Zeller Schwarze Katz** verläuft vom Rathaus in die Zeller Weinhänge, Hinweistafeln informieren über den Weinbau. Der anspruchsvolle **Collis Steilpfad** führt auf schmalen Pfaden und über Klettersteige durch die Weinberge rund 1,2 Kilometer bis zum Collisturm (www.zellerland.de/tour/collis-steilpfad-zell-mosel).

Zeller Land Tourismus, im Rathaus, Balduinstr. 44, www.zellerland.de

Traben-Trarbach

Hauptattraktion der Doppelstadt ist die Jugendstilarchitektur: Ende des 19. Jh. war Traben-Trarbach Europas zweitwichtigster Weinhandelsplatz, nur Bordeaux setzte noch mehr Wein um. Nach einem verheerenden Stadtbrand wurden viele Gebäude im damals angesagten Belle-Époque-Stil neu aufgebaut. Einige wurden von dem bekannten Berliner Architekten Prof. Bruno Möhring geplant. Hoch oberhalb des Orts thront die Ruine der um 1350 errichteten **Grevenburg.** Der Ausblick auf Traben-Trarbach ist fantastisch, ein kleines Café mit Terrasse serviert Kuchen und Vespergerichte. Wenn die Fahne an der Ruine gehisst ist, ist die Burgschenke geöffnet. Auf dem Halbinselberg hoch über Traben befinden sich die Reste der **Festung Mont Royal,** 1687 von König Ludwig XIV. beauftragt und von dem französischen Festungsbaumeister

Vauban entworfen. Die weitläufige Wehranlage war die größte Festung, die der Sonnenkönig außerhalb Frankreichs erbauen ließ.
Im Stadtteil Bad Wildstein können Erholungssuchende in der **Moseltherme** (www.moseltherme.de), einem modernen Schwimmbad mit Wellnesscenter und Wasser aus einer Thermal-Heilquelle, oder gegenüber bei einem Spiel in der ältesten **Minigolf-Anlage** Deutschlands entspannen.
Das **Mittelmosel-Museum** in der barocken **Villa Böcking** (Casinostraße 2, www.mittelmosel-museum.de) zeigt eine bis heute erhaltene kostbare Einrichtung. Schon Goethe, Apollinaire und König Friedrich Wilhelm IV. waren in der repräsentativen Villa zu Gast.
Eine Besonderheit ist die **Unterwelt** der ehemaligen Wein-Metropole. Für die Weinlagerung wurden große Flächen der Stadt unterkellert, teilweise auch mehrstöckig. Die miteinander verbundenen Weinkeller können im Rahmen einer **Führung** (www.unterwelt-ausflug.de) besichtigt werden.

TIPP BUDDHA-MUSEUM

In Europas größtem Buddha-Museum sind rund 2000 wertvolle Buddha-Figuren aus Indien, Kambodscha, Burma, Laos, Japan, Thailand und China versammelt. Die teils kolossalen Statuen, teils winzigen Figürchen (unter anderem der kleinste Buddha der Welt) sind in dem weitläufigen Jugendstilgebäude der ehemaligen Weinkellerei Julius Kayser, im Innenhof und im großen Dachgarten ausgestellt (www.buddha-museum.de).

Tourist-Information Traben-Trarbach, Am Bahnhof 5, www.traben-trarbach.de

Im 19. Jh. war Traben-Trarbach eine der größten Wein-Metropolen Europas

7 Campingplatz Wolf

GPS 49.982219, 7.101588

Campingplatz direkt an der Mosel im Traben-Trarbacher Ortsteil Wolf. **Lage/ Anfahrt:** über die B 53, Abfahrt Wolf, dann über den Maiweg links an der Schule in die Raiffeisenstr, dann links in die Uferstraße; **Platzanzahl:** 60; **Untergrund:** Wiese; **Service:** Strom, Trinkwasser, Abwasser, Chemie-WC; **Peiskat.:** €€€; **Geöffnet:** April–Okt.; **Kontakt:** Uferstr. 13, 56841 Wolf, Tel. 06541 3111, www.campingplatz-wolf.de

8 Wohnmobilstellplatz Zeltingen-Rachtig

GPS 49.954747, 7.008729

Zentral an der Uferallee gelegen, Fahrradverleih, Minigolf, Bushaltestelle, Schiffsanleger, Bäcker und Supermarkt zu Fuß erreichbar. **Lage/Anfahrt:** im Ort auf der B53 hinter der Moselbrücke im Kreisverkehr die erste Abfahrt, auf der Uferallee (L189) erneut rechts abbiegen; **Platzanzahl:** 45; **Untergrund:** Pflaster; **Service:** Strom, Trinkwasser, Abwasser, Chemie-WC, WLAN; **Preiskat.:** €€; **Geöffnet:** März–Okt.; **Kontakt:** Kartenautomat, Uferallee 63, 54492 Zeltingen-Rachtig, www.zeltingen-rachtig.de

Zeltingen-Rachtig

Der Doppelort bietet viel Moseltypisches: Weinberge, Winzerhöfe, Straußwirtschaften und Ausflugsschiffe. Das Wahrzeichen des Orts ist seine **Sonnenuhr,** sie ist die größte ihrer Art an der Mosel. Im Jahr 1620 ließ ein Abt des Klosters Himmerod sie bauen. Sonnenuhren in den Weinhängen sind typisch für die Mittelmosel.

Mitten in der Weinlage „Sonnenuhr" liegt der **Sortengarten** mit Pflanzen wie Aronia, Mispel, Kornelkirsche, Speierling, Oliven oder Feigen. Das **Restaurant im Hotel Nicolay 1881** (Uferallee 7, www.hotel-nicolay.de) ist eines der wenigen veganen Restaurants an der Mosel, das aber ausdrücklich jedermann zu empfehlen ist. Der wechselvollen Geschichte des Orts kommt man auf dem rund sieben Kilometer langen **Kulturweg „Von Kurköln zu den Deutschherren"** auf die Spur.

TIPP KLOSTER MACHERN

Das Kloster Machern wurde 1238 als Zisterzienserinnenkloster gegründet. Die Kapelle und der Barocksaal entstanden 1688. Heute beherbergt das Kloster das **Historische Spielzeug- und Puppenmuseum** und eine Ausstellung mit mehr als 200 **Ikonen** aus Russland, den Balkanländern, Griechenland und Äthiopien. Als Ausflugsziel ist Kloster Machern vor allem wegen seiner **Brauerei** beliebt. Das Klosterbier gibt es hell, dunkel und als Weizen, dazu typische Brauhausküche sowie moselländische Gerichte (An der Zeltinger Brücke, www.klostermachern.de).

Der mittelalterliche Marktplatz von Bernkastel-Kues

Bernkastel-Kues

Bernkastel-Kues gehört zu den Topdestinationen an der Mosel. Prunkstück ist der von Fachwerkhäusern aus dem 16. und 17. Jh. umstandene Marktplatz mit dem **St. Michaelsbrunnen** aus der Spätrenaissance (1606). Das 600 Jahre alte und etwas windschief wirkende **Spitzhäuschen** schräg dahinter ist ein beliebtes Fotomotiv und beherbergt eine kleine Weinstube.

Oberhalb von Bernkastel liegt die Ruine der **Burg Landshut** aus dem 13. Jh., zu Fuß in einer halben Stunde vom Bernkasteler Marktplatz aus oder mit dem Burg-Landshut-Express zu erreichen.

Das am Moselufer gelegene **St. Nikolaus-Hospital** (Cusanusstift) in Kues wurde als Armenhospital zwischen 1451 und 1458 errichtet. Stifter war Nikolaus von Kues (1401–1464), einer der bedeutendsten Religionsphilosophen der Frühen Neuzeit. Heute beherbergt es das Weinkulturelle Zentrum mit dem **Moselweinmuseum** (www.moselweinmuseum.de) und einer Vinothek.

Am ersten Wochenende im September feiert Bernkastel-Kues das **Weinfest der Mittelmosel.** Es ist das größte der Region und dauert fünf Tage.

9 Moselcamping Bernkastel

GPS 49.937635, 7.049345

Terrassenförmig angelegter Campingplatz, teilweise mit altem Baumbestand direkt an der Mosel und dem Fahrradweg gelegen. **Lage/Anfahrt:** auf der B53 zwischen Zeltingen-Rachtig und Bernkastel-Kues nach Wehlen; **Platzanzahl:** 155; **Untergrund:** Wiese; **Service:** Strom, Trinkwasser, Abwasser, Chemie-WC, WLAN; **Preiskat.:** €€€€.; **Geöffnet:** Ostern–Okt.; **Kontakt:** Hauptstr. 165, 54470 Bernkastel-Kues, Tel. 06531 8176, www.mosel-camping-bernkastel.de

Vorbild des Weinschiffs „Stella Noviomagi" ist das monumentale Grabmal eines römischen Weinhändlers

TIPP OLDTIMER-MUSEUM

Mehr als 100 Oldtimer aus 90 Jahren deutscher Automobilgeschichte zeigt das **Museum im Zylinderhaus.** Kleinwagen wie das Goggomobil und die BMW Isetta, Raritäten wie den Wanderer W 25 K von Auto Union aus dem Jahr 1936 oder Sportwagen aus den 1960er- und 1970er-Jahren. Den perfekten Rahmen bildet der Nachbau einer historischen Ladenzeile mit Apotheke, Tante-Emma-Laden und Tankstelle aus den 1950er-/1960er-Jahren. Zum hauseigenen Restaurant gehört ein Biergarten (im Kueser Gewerbegebiet, Adolf-Kolping-Str. 2, www.zylinderhaus.com).

Neumagen-Dhron

An der Mosel ist das römische Erbe allgegenwärtig. Auch in Neumagen-Dhron, dem ältesten Weinort Deutschlands, findet man zahlreiche Spuren der Antike. Eines der schönsten Stücke ist das monumentale Grabmal eines Weinhändlers in Form eines Schiffs, das die Bedeutung der Römer für den Weinbau an der Mosel deutlich macht. Ein Abguss befindet sich an der Peterskapelle im Ortskern von Neumagen, das Original ist im Rheinischen Landesmuseum in Trier ausgestellt.

Ein **archäologischer Rundweg** führt im Ortsteil Neumagen zu römischen Relikten wie den Resten des **Römerkastells** oder dem **Caracalla-Leugenstein.** Eine Touristenattraktion ist der hölzerne, 18 Meter lange Nachbau des Weinschiffs: Die **Stella Noviomagi** („Stern von Neumagen") kann für Rundfahrten gebucht werden (www.neumagener-weinschiff.de).

Touristinformation Neumagen-Dhron, Römerstr. 137, www.neumagen-dhron.de

10 Marina Mittelmosel Neumagen-Dhron

GPS 49.85207, 6.89241

Viersterne-Campingplatz am Jachthafen am Moselufer in Neumagen-Dhron. **Lage/Anfahrt:** über die Bundesstraße B 53, Abfahrt Neumagen-Dhron, L156 Römerstr., Ausschilderung Camping/Marina folgen; **Platzanzahl:** 60; **Untergrund:** Schotter; **Service:** Strom, Trinkwasser, Abwasser, Chemie-WC; **Preiskat.:** €€; **Geöffnet:** April–Okt.; **Kontakt:** Marina Mittelmosel GmbH Katharinenufer 18–19, 54347 Neumagen-Dhron, www.marina-mittelmosel.de

Thilo Scheu

Das Lahntal

TOUREN-ÜBERBLICK

Routenempfehlung:
Lahnstein – Bad Ems – Nassau – Diez – Limburg – Runkel

Länge gesamt: ca. 74 km
Dauer: 3–7 Tage
Reisezeit: ganzjährig

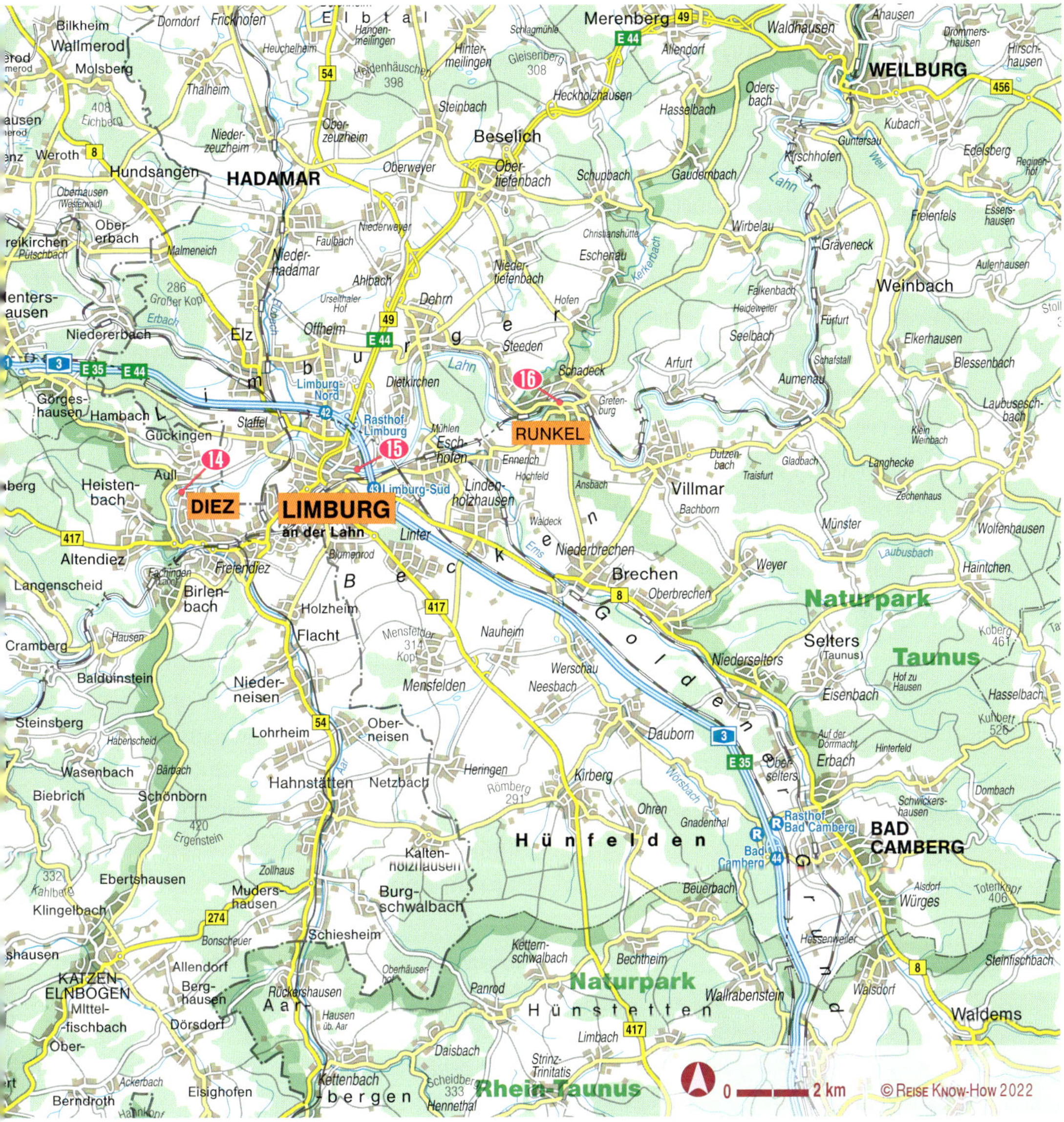

Das Lahntal mit seinem gleichnamigen Fluss zeigt sich landschaftlich sehr abwechslungsreich und mit einem riesigen Angebot an Aktivitäten wie Wandern, Rad- und Kanufahren. Das Wasser der Lahnquelle sprudelt im Rothaargebirge bei Bad Laasphe ans Tageslicht und fließt nach rund 250 km bei Lahnstein in den Rhein. Am Ufer begegnet man gefühlt nach jeder Flussbiegung einer historischen Sehenswürdigkeit von hoher Güte oder einem Ort mit Esprit in reizvoller Lage. In Lahnstein wandelt man auf den Spuren Goethes und erkundet, wie auch in den Städten Nassau und Runkel, mittelalterliche Burgen, die mit ihrer meist famosen Aussicht die ganze Schönheit der Region offenbaren. Das zum Welterbe der UNESCO zählende Bad Ems glänzt mit glamourösen Bauwerken rund um den seit Jahr-

TOUR LAHNWANDERWEG

Der Fernwanderweg durch das Lahntal gehört zu den schönsten seiner Art in Deutschland und führt von der Lahnquelle bis zur Mündung in den Rhein. Die rund 295 Kilometer Strecke können flussauf- oder flussabwärts bewältigt werden. Insgesamt werden 19 Etappen ausgewiesen, die jeweils zwischen ca. 11 und 24 km lang sind. Der Wanderweg trifft auf alle hier genannten Orte, daher bestehen überall beste Möglichkeiten, auf ausgezeichneten Pfaden die Region kennenzulernen (www.lahnwanderweg.de).

hunderten geschätzten Kurbetrieb, den auch schon hochrangige Persönlichkeiten ausgiebig genossen haben. Bei einem Abstecher in das kleine Örtchen Diez beeindrucken das Barockschloss Oranienstein und das Grafenschloss: ein Ausflug in königliche Gefilde voller Glanz und Gloria.

Immer einen Ausflug wert: die Burg Lahneck

Lahnstein

In der Nähe des von den Römern rechtsrheinisch erbauten **Limes** und inmitten des **Oberen Mittelrheintals,** beide von der **UNESCO zu Welterbestätten** gekürt, liegt Lahnstein am Zusammenfluss von Rhein und Lahn. Schon **Goethe** genoss 1774 den Blick auf die Lahn bei einem leckeren Mittagsmahl. Das Ende des 17. Jahrhunderts teils im Fachwerkstil erbaute **Wirtshaus** (Lahnstraße 8, www.wirtshaus-an-der-lahn.info), in dem der Dichter kurz verweilte und eine Strophe für das Lied „Die Wirtin an der Lahn" dichtete, existiert noch heute. Es lässt sich bei einem Spaziergang durch den historischen Teil der Stadt entdecken – ein angenehmer Ort, um bei Sonnenschein auf der Terrasse etwas zu essen oder zu trinken. Ebenfalls am Nordufer der Lahn, im heutigen Stadtteil Niederlahnstein, nur wenige Gehminuten vom Wohnmobilstellplatz 11 entfernt, zeigt sich der **Nassau-Sporkenburger Hof** (www.nassau-sporkenburger-hof.de), ein eindrucksvolles, dreigeschossiges Bauwerk aus dem 14. Jahrhundert mit Satteldach und achteckigem Treppenturm, das man heute als Theater und Ausstellungszentrum nutzt. Noch älter präsentiert sich die aus dem 12. Jahrhundert stammende, nahe dem Rheinufer erbaute romanische **Johanniskirche** mit ihrem weithin sichtbaren Turm. Sie gilt als die älteste Emporenkirche am Mittelrhein.

Überquert man die Lahn nach Süden, gelangt man nach **Oberlahnstein.** Bis 1969 waren Oberlahnstein und Niederlahnstein eigenständige Städte, erst dann wurden sie im Rahmen einer Verwaltungsreform zur Stadt Lahnstein zusammengefasst.

Der Rhein und das ufernahe Zollschloss Martinsburg, im Hintergrund die Marksburg

Eine der Hauptsehenswürdigkeiten der Stadt thront auf einem Hügel unweit der Lahn: Die **Burg Lahneck** (www.burg-lahneck.de) ist eine wehrhafte, mittelalterliche Burganlage aus dem 13. Jahrhundert, die der Mainzer Erzbischof und Kurfürst Siegfried v. Eppstein errichten ließ und die im 19. Jahrhundert ausgebaut wurde. Das quadratische Baudenkmal mit Kapelle, Wohngebäuden und 29 m hohem Bergfried ist heute in Privatbesitz. Bei einer Besichtigung kann man einen Blick in die Kapelle mit einem Altar aus dem 15. Jahrhundert und in Räumlichkeiten mit historischen Gemälden und Möbeln werfen.

Zurück im rheinnahen Zentrum von Oberlahnstein trifft man auf weitere historische Zeitzeugen. Von der ehemaligen **Stadtbefestigung** aus dem 14. Jahrhundert sind noch Reste der massiven Mauer, ein Stadttor und sechs der einstigen 16 Türme erhalten. Besonders eindrucksvoll erhebt sich der 26 m hohe, achteckige **Hexenturm,** in dem sich das Gefängnis befand und der nun das **Stadtmuseum** beherbergt. Flankiert wird das Gebäude von der Stadtmauer mit überdachtem Wehrgang und dem fränkischen **Salhof,** ein herrschaftliches, erstmals im Jahr 977 erwähntes Bauwerk, das man im 12. Jahrhundert umbaute und erweiterte.

Nur wenige hundert Meter entfernt, direkt am Ufer des Rheins, und unweit der Anlegestellte der Köln-Düsseldorfer Personenschifffahrt, begann man Ende des 13. Jahrhunderts mit dem Bau von **Zollschloss Martinsburg** (Schlossstraße 1, https://schloss-martinsburg.de) samt 28 m hohem gotischen Turm, der zur mittelalterlichen Stadtbefestigung gehörte. Anhänger der jecken fünften Jahreszeit können sich im dort untergebrachten **Karnevalsmuseum** (www.cco-lahnstein.de) an zahlreichen närrischen Exponaten erfreuen.

Das **Burgrestaurant Lahneck** besticht durch seine Terrasse und den herrlichen Ausblick auf Rhein und Lahn. Regionale Köstlichkeiten und hausgemachter Kuchen stehen auf der Speisekarte (Am Burgweg, www.burg-lahneck.de/html/burg_restaurant.html).

Tourist-Info Lahnstein, Salhofplatz 3, www.lahnstein.de

11 Wohnmobilhafen Am Kränchen

GPS 50.30911, 7.59789

Unweit von Lahn und Rhein gelegener, ruhiger Platz im Ortsteil Niederlahnstein. **Lage/Anfahrt:** in der Nähe der B42, über die parallel zur Lahn verlaufende Johannesstraße; **Platzanzahl:** 60; **Untergrund:** Schotterrasen; **Service:** Strom, Trinkwasser, Abwasser, Chemie-WC; **Preiskat.:** €€; **Geöffnet:** ganzjährig; **Kontakt:** Anja und Michael Mohr, Johannessstraße 41, 56112 Lahnstein, Tel. 0171 8309646, www.wohnmobilhafen-lahnstein.de

INFO GREAT SPA TOWNS OF EUROPE

2021 zeichnete die UNESCO elf traditionsreiche europäische Kurstädte unter dem Oberbegriff „Great Spa Towns of Europe" mit dem Welterbe-Titel aus. In Deutschland zählen Baden-Baden, Bad Ems und Bad Kissingen, in Tschechien Franzensbad, Karlsbad und Marienbad, in Österreich die Stadt Baden, in Belgien der Ort Spa, in Frankreich Vichy, in Italien Montecatini Terme und im Vereinigten Königreich der Ort Bath zu den gekürten Kurbädern. Diese Städte repräsentieren mit ihren Bauwerken, natürlichen Mineralwasserquellen und Grünanlagen in außergewöhnlicher Art und Weise das Kurphänomen, das ab dem 18. Jahrhundert bis Anfang des 20. Jahrhunderts eine Blütezeit erlebte (www.greatspatownsofeurope.eu).

Bad Ems

Im Juli 2021 war es soweit, das lange Warten hatte ein Ende und Bad Ems erhielt als Teil der „Great Spa Towns of Europe" von der UNESCO den Titel **„Welterbestätte".** Die berühmte Kurstadt liegt am Obergermanisch-Raetischen **Limes,** dem viele hundert Kilometer langen, antiken Grenzwall der Römer, der ebenfalls zum Welterbe zählt. Die schönsten und beeindruckendsten Bauwerke aus der bewegten Vergangenheit sind entlang der teils als Fußgängerzone konzipierten **Römerstraße,** direkt am Ufer der Lahn, aufgereiht. Insbesondere das **historische Kurviertel** mit dem barocken Badeschloss, der Brunnenhalle und dem Kursaalgebäude zeugen von der Blütezeit des mondänen Weltbades.

Das **prachtvolle Badeschloss** (Römerstraße 1) mit seinen zwei Gebäudeflügeln wurde

Anfang des 18. Jahrhunderts auf Wunsch einer Fürstin aus dem Hause Nassau-Oranien genau an jener Stelle erbaut, wo das heilende Quellwasser schon seit Jahrhunderten ans Tageslicht sprudelte. In einem Teil der Räumlichkeiten – in dem später als „Kaiserflügel" bekannt gewordenen Part des Schlosses – weilte im 19. Jahrhundert Kaiser Wilhelm während seiner Kuraufenthalte. Heute logieren in dem zum Luxushotel umfunktionierten Gebäude Gäste aus aller Welt. Die im Erdgeschoss angelegte Brunnenhalle mit ihren drei Quellen ist nicht nur für Hotelgäste frei zugänglich: ein würdevoller Ort zum geruhsamen Wandeln mit einem Glas Heilwasser in der Hand.

Über die schön angelegte Uferpromenade erreicht man in wenigen Minuten das **Kursaalgebäude** (Römerstraße 8) mit dem 1839 fertiggestellten, glamourösen Marmorsaal, in dem früher rauschende Bälle und heute Hochzeiten gefeiert werden. Anfang des 20. Jahrhunderts erweiterte man den architektonisch reizvollen Gebäudekomplex um das **Kurtheater** und das **Casino,** das als älteste Spielbank Deutschlands gilt und in dem bis heute beim Roulette oder am Automaten das Glück herausgefordert werden kann.

Über den schon im 17. Jahrhundert existierenden und im 19. Jahrhundert durch den französischen Gartenarchitekten Siesmeyer erweiterten **Kurpark** und vorbei am barocken **Vier-Türme-Haus,** in dem unter anderem Zar Alexander nächtigte, gelangt man zur katholischen, 1884 eingeweihten **St. Martinskirche.** Das neugotische Gotteshaus verdankt sein prächtiges Aussehen dem Ideenreichtum des Architekten Edward Zais, nach dessen Plänen auch der Wiederaufbau der Johanniskirche in Lahnstein erfolgte.

Möchte man einen weitreichenden Fernblick über Bad Ems und das Lahntal genießen, lohnt sich eine Fahrt mit der **Kurwaldbahn** (www.staatsbad-badems.de/kurwaldbahn), einer der steilsten Standseilbahnen der Welt, hinauf zum **Bismarckturm** mit angeschlossenem **Brauhaus** (www.brauhaus-bismarcks.de). Von hier aus führen zahllose **Wanderwege,** wie beispielsweise die 3,4 km lange Bismarckrunde (www.badems-nassau.info/tour/bismarckrunde), durch die Hügellandschaft. Dabei kann man Reste des Limes und Rekonstruktionen römischer Palisaden und Wachtürme entdecken oder auch zu Fuß wieder zurück nach Bad Ems gelangen.

Blick auf die 1876 erbaute russisch-orthodoxe St. Alexandra-Kirche

⑫ Wohnmobilstellplatz im Jachthafen Kutscher's Marina

GPS 50.33264, 7.70544

Am Jachthafen mit Blick auf einen Seitenarm der Lahn und die Insel Silberau, 2 km vom Kurpark entfernt, Grillplatz. **Lage/Anfahrt:** an der B260, über Nieverner Str. zum Jachthafen; **Platzanzahl:** 16; **Untergrund:** Schotter; **Service:** Strom, Trinkwasser, Abwasser, WLAN; **Preiskat.:** €€; **Geöffnet:** ganzjährig; **Kontakt:** Jachthafen „Kutscher's Marina", Nieverner Straße 20, 56130 Bad Ems, Tel. 02603 4297, www.boots-service-kutscher.de/wohnmobil-stellplätze

Auf das andere Lahnufer kommt man bequem zu Fuß über die Kurbrücke, die zum weithin sichtbaren, denkmalgeschützten **Quellenturm** aus dem Jahr 1908 und zur **russisch-orthodoxen St. Alexandra-Kirche** führt. Der Kreuzkuppelbau wurde 1876 fertiggestellt. Als Vorbild galt dem Architekten Ferdinand Goldmann die Christi Erlöserkirche in Moskau.

Untergebracht im historischen Kursaal, bietet das **Restaurant VONUNDZU** in luftiger und heller Atmosphäre kreative Kost von deftig bis leicht. Auf den Tisch kommen frische Zutaten und mit Geschmack zubereitete Speisen. Kochevents ergänzen das kulinarische Portfolio. Bei schönem Wetter kann man auf der Außenterrasse Platz nehmen (Römerstraße 8, www.vonundzu-badems.de).

Tourist-Info Bad Ems, Bahnhofplatz, www.badems-nassau.info

Nassau

Mit viel Grün beidseits der Lahn begrüßt Nassau seine Besucher und lädt dazu ein, die überschaubare Stadt, die berühmte Burg und die Umgebung zu Fuß, mit dem Boot oder dem **Kanu** (www.kanucharter.de) zu erkunden. Die auf einem Berg 120 m über der Lahn erbaute mittelalterliche **Burg Nassau** (www.burgnassau-oranien.de), Stammburg des Grafengeschlechts der Nassauer, war bis Ende des Mittelalters bewohnt und intakt, verfiel aber in den darauffolgenden Jahrhunderten zusehends. Erst um die 1970er-Jahre herum kam es zum Wiederaufbau des nun 33 m hohen Bergfrieds und der übrigen Bauwerke, die heute zu besichtigen sind. Von der Aussichtsplattform, die über rund 100 Treppenstufen erklommen werden kann, ergibt sich ein reizvoller Blick auf Nassau.

Bei einem Gang durch die Stadt begegnet einem immer wieder der Name **Freiherr vom Stein.** Heinrich Friedrich Karl Reichsfreiherr vom und zum Stein ist der berühmteste Sohn der Stadt, er erblicke 1757 in Nassau das Licht der Welt. Später war er preußischer Staatsmann, vehementer Gegner Napoleons und zeitweise Berater des russischen Zaren Alexander I. In seiner 1807 verfassten Nassauer Denkschrift beschäftigt er sich mit Reformen für den preußischen Staat, die in den Jahren danach auch teils umgesetzt wurden und wichtig für die Entwicklung des Landes waren. Niedergeschrieben hat er diese Gedanken in seinem Geburtshaus, bekannt als **Steinsches Schloss** (Schlossstraße 1), das mit seinem auffälligen achteckigen Turm noch heute im Stadtzentrum präsent ist. Das ursprüngliche Gebäude entstand Anfang des 17. Jahrhunderts, eine Erweiterung Mitte des 18. Jahrhunderts und der neugotische Turm Anfang des 19. Jahrhunderts.

Die malerische Lahn bei Nassau lädt zu einer entspannten Bootstour ein

Die Silhouette von Nassau mit dem Freiherr-vom-Stein-Park direkt am Flussufer

Eine Bronzestaue des Reformers steht im bis zur Lahn reichenden, großzügig angelegten **Freiherr-vom-Stein-Park,** der zum Spazierengehen und Relaxen einlädt. Ferner findet man ein imposantes Denkmal unweit der Burgruine Stein auf dem Weg hinauf zur Burg Nassau.

Touristik Bad Ems – Nassau im Günter-Leifheit-Kulturhaus, Obertal 9a, www.stadt-nassau.de, www.badems-nassau.info

13 Wohnmobilstellplatz Nassau

GPS 50.31152, 7.79738

Zentraler Platz unweit der Lahn und dem Freibad, an der Bahnlinie. **Lage/Anfahrt:** an der B260 und der B417, von der B260 über die gut ausgebaute Leifheitstraße; **Platzanzahl:** 6; **Untergrund:** Pflaster; **Service:** Trinkwasser, Abwasser; **Preiskat.:** kostenlos; **Geöffnet:** ganzjährig; **Kontakt:** Nassau Touristik, Leifheitstraße/Furth 1, 56377 Nassau, Tel. 02604 95250, www.stadt-nassau.de

TOUR MÜHLBACHTAL-RUNDWEG

Der zentral gelegene Stellplatz (s. links) stellt einen guten Ausgangspunkt dar, den naturnah und familienfreundlich gestalteten, 6 km langen Mühlbachtal-Rundweg in Angriff zu nehmen, der zusätzlich die Option bereithält, hinauf zur sehenswerten **Burg Nassau** zu gelangen (www.badems-nassau.info/tour/muehlbachtal).

Diez

Der kleine Ort Diez am Ufer der Lahn erlangte die Stadtrechte im Jahr 1329. Zu dieser Zeit erbaute man eine Befestigungsmauer mit fünf Toren, von der heute jedoch nur noch Reste zu finden sind. Erhalten geblieben sind jedoch viele der damals erbauten **Fachwerk- und Steinhäuser.** Eine besondere architektonische Auffälligkeit sind die steil konstruierten Giebel, die das Ortsbild rund um Pfaffengasse, den Schlossberg und den alten Markt prägen. Ein weiteres interessantes Areal wird als das **Holländische Viertel** bezeichnet und umfasst die Schul- und die Kanalstraße, die von der im 18. Jahrhundert kanalisierten Aar, einem Nebenfluss der Lahn, getrennt werden. Drei kleine Brücken verbinden die Straßen, sodass das gesamte Ensemble an eine holländische Gracht erinnert. Eine der Brücken trägt die Jahreszahl 1707 und die Initialen der Fürstin Amalia Anhaltina, besser bekannt als Henriette Amalie von Anhalt-Dessau, die durch Heirat Fürstin von Nassau-Diez wurde.

Die letzte Ruhestätte der 1726 verstorbenen Fürstin findet man in der nahe gelegenen, mittelalterlichen **Stiftskirche St. Maria.** Der reich verzierte und kunstvoll gestaltete Sarko-

phag ist die historisch bedeutendste Sehenswürdigkeit des Gotteshauses, in dessen Fürstengruft weitere Diezer und Nassauer Adlige, auch Vorfahren der niederländischen Königin Beatrix, beerdigt sind.
Oberhalb der historischen Altstadt und der Stiftskirche erhebt sich das imposante **Grafenschloss.** In der mittelalterlichen Höhenburg mit ihrem von vier Türmchen gekrönten Hauptturm brachte man ein **Museum zur Geschichte der Stadt** (Schlossberg 8, www.museumdiez.de) und eine Jugendherberge unter. Wer die frische Luft des Lahntals genießen möchte, schlendert auf der Altstadtseite entlang der Lahn, unternimmt eine Kanutour oder einen adrenalinfördernden Ausflug in den **Kletterwald** (Lindenallee, www.kletterwald-diez.de).

Das markanteste Bauwerk in Diez ist das Grafenschloss

14 Campingplatz Das neue Mühlchen

GPS 50.38430, 8.00820

Kleiner, idyllischer Platz direkt am Ufer der Lahn, außerhalb des Zentrums, in der Nähe des Schlosses Oranienstein. **Lage/Anfahrt:** vom Stadtzentrum über die Oraniensteinerstraße nach Norden, dann abbiegen in Zum Mühlchen, am Ende sehr enge Straße bis zum Campingplatz; **Platzanzahl:** 150; **Untergrund:** Wiese; **Service:** Strom, Trinkwasser, Abwasser, Chemie-WC, WLAN; **Preiskat.:** €€; **Geöffnet:** April bis zum letzten Sonntag im Oktober; **Kontakt:** Campingplatz, Zum Mühlchen 47, 65582 Diez, Tel. 06432 690690, www.camping-in-diez.de

Ein wahres Juwel auch aus der Ferne: der Limburger Georgsdom aus dem 13. Jahrhundert

Das etwas außerhalb des Zentrums errichtete **Barockschloss Oranienstein** stellt ein historisches Zeugnis von großer Bedeutung dar. Fürstin Alberine Agnes von Nassau-Diez gab den Auftrag für den Prachtbau, den man 1684 fertigstellte und Anfang des 18. Jahrhunderts umfassend umbaute. Heute im Besitz der Bundeswehr, können Teile des Schlosses mit seinen über 300 Räumen im Rahmen von Führungen besichtigt werden, darunter der blau-goldene Saal, der Marschallsaal, die Schlosskapelle, in der die bekannten Oraniensteiner Konzerte stattfinden, und das in repräsentativen Räumlichkeiten untergebrachte **Museum Nassau-Oranien** (www.museumdiez.de).

Limburg

Limburg an der Lahn ist neben seiner reizvollen Lage vor allem aufgrund seines **Doms** bekannt. Das Wahrzeichen der erstmals 910 urkundlich erwähnten und seit 1827 zum Bistum Limburg gehörenden Stadt wurde 1235 als Kirche des St.-Georg-Stifts eingeweiht. Daher nennt man das weithin sichtbare Gotteshaus mit der aufgrund seiner sieben Türme einzigartigen Silhouette auch **Georgsdom** (www.katholisches-limburg.de/st-georg-dom-limburg/der-dom). Im Lauf der Jahrhunderte erfuhr das sakrale Bauwerk zahlreiche Veränderungen, die sich in verschiedenen Architekturstilen widerspiegeln, darunter Romanik und Frühgotik. Der auf einem naturgegebenen, felsigen Thron errichtete Dom mit benachbarter Burg bietet eine großartige Aussicht ins Tal, besonders gut geeignet dafür ist der sogenannte Lahnbalkon mit Ruhebänken und Grünfläche.

Von hier oben lässt es sich bestens zu einem Rundgang durch die teils engen Gassen der **Altstadt** mit seinen wunderschönen **Fachwerkhäusern** starten. Die oft prachtvollen Gebäude erinnern an den Wohlstand der Stadt im 13. Jahrhundert, als Limburg ein bedeutendes Handelszentrum der Leinenweber und Kaufleute war. Ein herausragendes historisches Zeugnis dieser Zeit stellt das als **Römer**

TIPP SPEZIALITÄTEN IN LIMBURG

Limburg an der Lahn ist reich an regionalen kulinarischen Köstlichkeiten. Eine dieser Delikatessen ist das deftige **Limburger Säcker.** Dabei kommt ein mit Senf gewürztes und mit Sauerkraut, Speck und anderen Zutaten gefülltes paniertes Schnitzel auf den Tisch, das der Koch mit Brat- bzw. Schwenkkartoffeln anrichtet. So zubereitet bekommt man es z. B. im Restaurant Edelsäcker am Fischmarkt (www.edelsäcker-limburg.de). Dazu passt vorzüglich ein nach überlieferten Rezepten und in der Limburger Altstadt gebrautes Bier wie das herbe Kellerpils **Hopfenkuss** (www.hopfenkuss.de).

Ebenfalls eher der rustikalen Küche zuzuordnen ist der Limburger **Bischofsknödel,** ein mit Blut- und Leberwurst gefüllter und mit Sauerkraut und Specksoße servierter Kartoffelknödel. Guten Appetit!

15 Camping Resort Limburg an der Lahn

GPS 50.38924, 8.07249

Landschaftlich schön direkt an der Lahn und dem Parbad gelegener, großer Campingplatz mit altem Baumbestand und angrenzendem Biergarten. Vor dem Campingplatz existiert zusätzlich ein Wohnmobilstellplatz mit 38 Plätzen. **Lage/Anfahrt:** unweit der A3 und der B54, über den gut ausgebauten Schleusenweg; **Platzanzahl:** 138; **Untergrund:** Schotter, Wiese; **Service:** Strom, Trinkwasser, Abwasser, Chemie-WC; **Preiskat.:** €€; **Geöffnet:** ganzjährig; **Kontakt:** Camping Resort Limburg, Schleusenweg 16, 65549 Limburg an der Lahn, Tel. 0160 91996659, www.camping-resort-limburg.de

Wunderschöne Fachwerkhäuser zieren die Limburger Altstadt

2–4–6 (Römer 2) bezeichnete und nach dem Stadtbrand von 1289 fertiggestellte Gebäude dar, das als ältestes freistehendes Fachwerkhaus Deutschlands gilt.

Im wohl ältesten Teil der Stadt, dem **Fischmarkt,** findet man ein weiteres bedeutendes Haus aus dem Mittelalter, das **Historische Rathaus** (Fischmarkt 21), in dem heute die **Städtische Kunstsammlung** untergebracht ist. Neben zahlreichen Wechselausstellungen zeigt die Dauerausstellung Werke des Silhouettenkünstlers und Malers Ernst Moritz Engert, der 2022 130 Jahre alt geworden wäre. Sein Nachlass war in den 1980er-Jahren die Grundlage für die Gründung dieses Museums.

Für eine genussvolle Rast in einem Restaurant oder Café, drinnen oder draußen, bieten sich einige Bereiche an, die eine Auswahl an Einkehrmöglichkeiten bieten wie die Plötze rund um den Säuferbrunnen, die Salzgasse, der Kornmarkt oder der Bischofsmarkt mit der Stadtkirche und den angrenzenden Gebäuden des ehemaligen Franziskanerklosters. Regionale Spezialitäten und frisches Obst und Gemüse findet man am Mittwoch und Samstag auch auf dem Neumarkt.

ⓘ **Tourist-Information,** Barfüßerstraße 6, www.touristinfo-limburg.de

Runkel

Das charmante Städtchen mit seinen rund 9000 Einwohnern schmiegt sich an die Ufer beidseits der Lahn. Optisch dominierend ist unzweifelhaft **Burg Runkel** (www.burg-runkel.de), die mit ihren wehrhaften und massiv erbauten Türmen und Mauern ein Blickfang ist und deren Konterfei sich bei Sonnenschein bildgewaltig im Wasser des nahen Flusses spiegelt.

Das frühmittelalterliche militärische Bollwerk wurde nachweislich erstmals im Jahr 1159 erwähnt, als sie sich im Besitz von Siegfried von

Runkel befand. Anfang des 17. Jahrhunderts, während des Dreißigjährigen Kriegs, zerstörten die Truppen des kaiserlichen Generals und Grafen Isolanis einen Teil der Burg, der sich auch heute noch als Ruine präsentiert. Andere Teile baute man aus, beispielsweise zu Wohngebäuden. Bei einer Besichtigung der Räumlichkeiten begegnet man historischen Möbeln, Waffen und Kunstwerken. Nicht verpassen sollte man die Aussicht vom Burgturm, die den Blick auf die aus dem Jahr 1448 stammende Lahnbrücke und die gegenüberliegende **Trutzburg Schadeck** freigibt. Dieses schon Ende des 13. Jahrhunderts existierende Bauwerk hatte Heinrich von Westerburg, ein Spross aus dem Umfeld der Herren von Runkel, gemeinsam mit einem Vetter infolge familiärer Zwistigkeiten als militärischen Gegenpol zu Burg Runkel errichten lassen. Heute wird das mehrgeschossige, rechteckige Gebäude mit dem spätgotischen Eckturm privat genutzt und kann nicht besichtigt werden.

Unterhalb der Burg Runkel und in der Nähe des Campingplatzes 16 breitet sich die überschaubare **historische** Altstadt mit einigen schmucken Fachwerkhäusern aus. Auch einige Cafés und Restaurants laden zum Verweilen ein.

Die mittelalterliche Burg Runkel setzt im Ortsbild einen deutlichen Akzent

Die Mitte des 15. Jh. fertiggestellte Lahnbrücke verbindet die Stadtteile von Runkel

Wer seine Zeit an der Lahn aktiver verbringen möchte, steigt in ein **Kanu** und erfährt den Fluss und die Landschaft auf ganz naturnahe Weise (www.lahntours.de, Büro und Ausleihe am Campingplatz). Auch idyllische Wanderwege wie der ausgezeichnete **Lahnwanderweg** (www.lahnwanderweg.de) finden sich rund um Runkel und den Runkeler Forst. In Runkel kann man in die 15. Etappe (13,4 km) des Lahnwanderwegs einsteigen, die von Limburg an der Lahn bis Villmar führt, wobei letztgenannter Ort ca. 4 km flussaufwärts von Runkel entfernt liegt.

ⓘ **Tourist-Info Runkel,** Burgstraße 23, 65594 Runkel, www.runkel-lahn.de

16 Lahntours Campingplatz in Runkel

GPS 50.40664, 8.15127

Kleiner, relativ ruhiger Campingplatz direkt an der Lahn. **Lage/Anfahrt:** ca. 9 km von Limburg und der A3 und B8 entfernt, Autobahnabfahrt Limburg-Süd, dann Richtung Niederbrechen und Runkel u. a. über die B8, im Zentrum der Ausschilderung folgen; **Platzanzahl:** ca. 20, keine Parzellen; **Untergrund:** Wiese; **Service:** Strom, Trinkwasser, Abwasser, Chemie-WC, WLAN; **Preiskat.:** €€; **Geöffnet:** Mai–September; **Kontakt:** Lahntours Campingplatz Runkel, Campingplatz 1, 65594 Runkel, Tel. 06482 911022, www.lahntours.de

Katja Nolles

Der Hunsrück

Eifel
Hunsrück
Moselberge
Bitburger Land
Osburger Hochwald
Schwarzwälder Hochwald
Idarwald
Gerolstein
Daun
Manderscheid
Kyllburg
Bitburg
Wittlich
Cochem
Kaisersesch
Zell (Mosel)
Traben-Trarbach
Bernkastel-Kues
Schweich
Trier
Konz
Saarburg
Hermeskeil
Morbach
Kempfeld
Erbes-Kopf 816
Birkenfeld
Nohfelden
Wadern
Mosel
Saar
21
22
23

Typisch Hunsrück: sanft-hügelige Landschaft mit blühenden Wiesen

TOUREN-ÜBERBLICK

Routenempfehlung: Kastellaun – Bundenbach – Herrstein – Idar-Oberstein – Kempfeld – Morbach – Erbeskopf – Hermeskeil – Saarburg
Länge gesamt: ca. 180 km
Dauer: ca. 5–7 Tage
Reisezeit: Frühjahr bis Herbst

Natur, soweit das Auge reicht: Der Hunsrück mit seinen Höhenzügen Soonwald, Idarwald und Hochwald zählt zu den waldreichsten Gebieten Deutschlands. Das von den Flüssen Mosel, Rhein, Nahe und Saar umgebene Mittelgebirge im Herzen von Rheinland-Pfalz bietet viel Ruhe und Natur, aber auch zahlreiche Möglichkeiten für Aktivurlauber. Vor allem Wanderbegeisterte kommen in der urwüchsigen Natur und den weitläufigen Kulturlandschaften auf ihre Kosten. Die tief eingeschnittenen Täler zu Rhein und Mosel hin mit ihren schrof-

Rund 60 mittelalterliche Burgen und Ruinen gibt es im Hunsrück zu entdecken, die Sponheimer Burg in Kastellaun ist nur eine davon

fen Felsformationen, Höhlen, Bachläufen und Wasserfällen oder der Nationalpark Hunsrück-Hochwald mit seinem herben Charme sind attraktive Wandergebiete. Zu den schönsten Routen zählen die sogenannten „Traumschleifen", Nebenwege des Saar-Hunsrück-Steigs, die größtenteils auf Naturpfaden verlaufen. Sie alle sind zertifiziert und so gut ausgeschildert, dass man sich kaum verlaufen kann.

Zu den Kulturschätzen des Hunsrücks gehören romantische Fachwerkorte, malerische Kirchen und rund 60 mittelalterliche Burgen und Burgruinen. In Idar-Oberstein stehen funkelnde Preziosen im Fokus: Museen, Besucherstollen und Schleifereien gewähren Besuchern Einblicke in die Welt der Edelsteingewinnung; Werkstätten und Designer in die der Schmuckherstellung.

Kastellaun

Hoch über der Altstadt thront die Ruine der **Sponheimer Burg** aus dem 13. Jh. Man erreicht sie über die Marktstraße, in der schön restaurierte Fachwerkhäuser stehen. Aus der Hausecke des **Landgasthofs Altes Stadttor** (Marktstr. 4a, www.altesstadttor.de) ragen massige Reste der ehemaligen Stadtbefestigung. In der gemütlichen Gaststube und dem lauschigen Innenhof wird regionale Küche serviert. Ein Stück weiter sticht das **Haus Colditz** mit der **Tourist-Information** hervor. Es fällt durch die für den Hunsrück ungewöhnliche Jugendstilfassade auf.

Das Gebäude rechts, aus dem Jahr 1780, war die **thurn-und-taxissche Posthalterei.**

Am Rathaus vorbei blickt man auf die **Badische Kellerey** (1670) und die **Zehntscheune** (1774). Der Weg zur Burg führt an der 1899 errichteten katholischen **Kirche Hl. Kreuz** vorbei. Oben angekommen, fallen zwischen den Ruinen der 1689 im Zuge des Pfälzischen Erbfolgekriegs völlig zerstörten Burg zwei wiedererrichtete Gebäude auf. In der **Taverne** (www.taverne-kastellaun.de) kann man in historischem Ambiente speisen und in der Unterburg zeigt das **Haus der Geschichte** (www.unterburg-kastellaun.de) Wissenswertes über Kelten und Römer im Hunsrück, die Zeit des Kalten Kriegs und die Hunsrücker Friedensbewegung der 1980er-Jahre.

Das **Waldabenteuer Kastellaun** (Südstr. 26, www.waldabenteuer.de) am Stadtrand bietet einen **Kletterwald** mit Baumwipfelpfaden, Kinderparcours und Barfußpfad. Gleich daneben liegt der **Kyrillpfad,** der die verheerenden Folgen des Orkans, der 2007 über Südwest-

17 BurgStadt CampingPark

GPS 50.06770, 7.45425

Platz am Stadtrand von Kastellaun. Die Angebote des benachbarten BurgStadt Hotels können genutzt werden (Frühstück, Restaurant, Biergarten, Wellness etc.), ab 14 Jahren. **Lage/Anfahrt:** von der B327/Umgehungsstraße kommend auf die Ausfahrt Burg/Altstadt, Richtung Simmern, Beschilderung „BurgStadt Hotel"; **Platzanzahl:** 99; **Untergrund:** Schotterrasen; **Service:** Strom, Trinkwasser, Abwasser, Chemie-WC, WLAN; **Preiskat.:** €€€€; **Geöffnet:** Febr.–Nov.; **Kontakt:** Südstr. 34, 56288 Kastellaun, Tel. 06762 40800, www.burgstadt-campingpark.de

TOUR GEIERLAY-HÄNGESEIL-BRÜCKE

Die Geierlayer Hängeseilbrücke ist mit 360 Metern eine der längsten in Deutschland. Das atemberaubende Abenteuer in 80 Metern Höhe ist nur etwas für Menschen ohne Höhenangst: Bei Wind kann die nur 1,20 Meter breite Brücke auch ins Schwanken geraten. Die Brücke verläuft über ein Moselseitental, verbindet die Orte Mörsdorf und Sosberg und ist nur zu Fuß zu erreichen. Vom Besucherzentrum in Mörsdorf (Kastellauner Str. 23) sind es rund 1,5 Kilometer. Auch der 5,5 km lange Wanderweg „Geierlay-Schleife" führt über die Hängeseilbrücke (https://geierlay.de, Parkplatz für Wohnmobile: P2).

deutschland hinwegfegte, erlebbar macht. Holzstege, Leitern und Brücken machen das Labyrinth aus umgefallenen Fichten begehbar.

Tourist-Information Kastellaun, Marktstr.16, www.kastellaun.de

TIPP TIERERLEBNISPARK BELL

Der Tierpark beherbergt u. a. Sibirische Tiger, Huskys, Papageien, Pumas und Esel. Zu den Publikumslieblingen gehören Erdmännchen und Waschbären, die flinken Kattas sind in einem begehbaren Gehege untergebracht. Zu bestimmten Zeiten können Besucher den Tiertrainings zusehen, bei denen Hunde, Zwergschweine oder Aras Kunststücke vorführen (Am Markt 1, www.tier-erlebnisparkbell.de).

18 Camping-Mobilheimpark Am Mühlenteich

GPS 50.098333, 7.572048

Weitläufiger, ruhig gelegener Platz mit altem Baumbestand und Naturschwimmteich, Gaststätte und Brötchenservice. **Lage/Anfahrt:** über die A 61 aus Richtung Koblenz oder Mainz kommend, Ausfahrt Laudert (Abfahrt 44). Alternativ von der Hunsrückhöhenstraße (B327) kommend, Ausfahrt Braunshorn; **Platzanzahl:** 20; **Untergrund:** Wiese; **Service:** Strom, Trinkwasser, Abwasser, WLAN; **Preiskat.:** €€€; **Geöffnet:** ganzjährig; **Kontakt:** Am Mühlenteich, 56291 Lingerhahn/Hunsrück, Tel. 06746 533, www.muehlenteich.de

TOUR TRAUMSCHLEIFEN RUND UM KASTELLAUN

Durchs Baybachtal, dem Grand Canyon des Hunsrücks zwischen Kastellaun und Emmelshausen, führt die 10 km lange Wanderung **Traumschleife Baybachtal** mit urwüchsiger Natur, Wasserfällen und alten Schiefersteinbrüchen. Start ist am Wanderparkplatz Beltheim-Heyweiler. Weniger anstrengend ist der 6 km lange Spazierwanderweg **Traumschleifchen Baybachquellen,** der in Pfalzfeld startet. Der knapp 14 km lange **Masdascher Burgherrenweg** ist einer der erlebnisreichsten Wanderwege im Hunsrück. Höhepunkt ist die **Burgruine Balduinseck.** Die knapp 14 km lange **Traumschleife Layensteig Strimmiger Berg** ist eine außergewöhnliche und anspruchsvolle Route durch idyllische Täler. Drahtseile und Steigeisen helfen über schwierige Passagen.
Die detaillierte Beschreibung der insgesamt 111 Traumschleifen im Hunsrück findet man unter www.saar-hunsrueck-steig.de.

Bundenbach und das Hahnenbachtal

Wer das Hahnenbachtal bei Bundenbach erkundet, erlebt eine Zeitreise: Zwischen der Keltensiedlung Altburg und der nur einen Steinwurf entfernt liegenden Ruine der Schmidtburg taucht man im **Tal der Jahrtausende** tief in die Geschichte ein. Seit dem Mittelalter bis in die 1960er-Jahre wurde rund um Bundenbach Schiefer abgebaut. Die Anfänge der Grube Herrenberg gehen sogar bis in die Römerzeit zurück. Das Besucherbergwerk

Grube Herrenberg ist wegen Instandsetzungsarbeiten langfristig geschlossen, doch in dem kleinen **Fossilienmuseum** (Ringstraße 1) nebenan versammeln sich Fundstücke aus dem Zeitalter des Devon: Beim Abbau des Schiefers im Bergwerk Herrenberg kamen ungewöhnlich gut erhaltene, 380 bis 400 Millionen Jahre alte Fossilien ans Tageslicht. Die versteinerten Seesterne, Seelilien und Dreilappkrebse machten den Ort im 19. Jh. in Fachkreisen überregional bekannt. Das **Freilichtmuseum Altburg** auf dem Felsplateau oberhalb des Besucherbergwerks ist ein teilrekonstruiertes Keltendorf aus dem 4. bis 1. Jh. v. Chr. Es besteht aus strohgedeckten Wohnhäusern und Vorratsspeichern auf Stelzen (auch Führungen, Eintrittskarten im Besucherbergwerk).

Auf einem Felssporn steht die weitläufige Ruine der **Schmidtburg,** die im Frühmittelalter von fränkischen Adligen errichtet und 1688 zerstört wurde. Sie gehört zu den ältesten Burgen im Hunsrück. Die „Burg der Schmiede" schützte vermutlich die Erzlagerstätten im Hahnenbachtal. 1800 diente sie dem berüchtigten Räuber Schinderhannes als Unterschlupf.

ⓘ www.bundenbach.de

TOUR TRAUMSCHLEIFE HAHNENBACHTALTOUR

Der knapp 10 km lange Wanderweg führt an die schönsten Stellen des „Tals der Jahrtausende": Zur Schmidtburg und Altburg, zur rätselhaften Ruine Hellkirch, vorbei an Schieferabraumhalden und verwaisten Stolleneingängen. Start ist am Schieferbergwerk. Eine Stärkung gibt es im **Hotel Forellenhof,** das für seine Forellen aus eigener Zucht und Wildgerichte bekannt ist (Reinhardtsmühle 1, 55606 Rudolfshaus, www.hotel-forellenhof.de).

Herrstein

Das beschauliche Städtchen mit seinem mittelalterlichen Ortskern, den malerischen Fachwerkhäusern aus dem 15.–18. Jh. und den verwinkelten Gassen betritt man durch das Stadttor, einen markanten **Uhrturm** mit hoch aufragendem Schieferdach. Der 1279 das erste Mal urkundlich erwähnte Ort erhielt um 1300 eine Stadtmauer mit Wehrtürmen, die ursprünglich den gesamten Ort umgab. Am Schlossweg liegt die **Zehntscheune** (www.zehntscheune.de). Die Gaststätte serviert regi-

Charakteristisch für das mittelalterliche Herrstein sind die malerischen Fachwerkfassaden

onale Gerichte wie Kartoffelwurst oder gefüllte Klöße und fantastischen Schmandkuchen. Hoch über den Bürgerhäusern thront auf einem markanten Felsvorsprung, dem Heresteyn, die Schlosskirche. Der Glockenturm ist durch einen Wehrgang mit dem Schinderhannesturm verbunden, der den Rathausplatz überragt. 1798 war der berühmt-berüchtigte Räuber darin eine Nacht eingesperrt. In der **Schloss-Schmiede** (Schlossweg 9, http://jean-collin.com) werden nach alten Vorlagen geschmiedete Waffen und Werkzeuge verkauft. In der Wein- und Schmuckhandlung **Goldbachs Weine und Steine** (Niederhosenbacher Weg 4, www.goldbachs-weine-und-steine.de) gibt es edle Tropfen von der Nahe und aus Rheinhessen sowie Schmuck von Designwerkstätten aus der Region.

19 Wohnmobilplatz Herrstein

GPS 49.77886, 7.33602

Vier Stellplätze auf einem Parkplatz in ruhiger Lage am Fischbach, teilweise unter Bäumen, in wenigen Fußminuten erreicht man den historischen Ortskern von Herrstein, max. Standzeit 2 Nächte. **Lage/Anfahrt:** L 160 Abfahrt Herrstein, Richtung Verbandsgemeinderathaus in der Brühlstraße; **Platzanzahl:** 4; **Untergrund:** Pflaster; **Service:** Strom, Trinkwasser, Abwasser, Chemie-WC; **Preiskat.:** kostenlos; **Geöffnet:** ganzjährig; **Kontakt:** Brühlstr. 12, 55743 Herrstein, https://herrstein.de

⑳ Wohnmobilpark Fischbach

GPS 49.740719, 7.403168

Stellplatz in schöner Lage im Grünen, einige Plätze befinden sich direkt am Ufer der Nahe, Brötchenservice, Grillplatz, Tagesangelscheine. **Lage/Anfahrt:** von der L 160 die zweite Abfahrt nach Fischbach nehmen, der Beschilderung folgen; **Platzanzahl:** 38; **Untergrund:** fest; **Service:** Strom, Trinkwasser, Abwasser, Chemie-WC; **Preiskat.:** €€; **Geöffnet:** März–Nov.; **Kontakt:** Gerd und Lore Dämgen, Marktstraße, 55743 Fischbach, Tel. 0173 3101988, www.wohnmobilpark fischbach-nahe.de

TIPP KUPFERBERGWERK IN FISCHBACH

Das Kupferbergwerk liegt keine zehn Autominuten von Herrstein entfernt und gibt einen spannenden und lehrreichen Einblick in die Gewinnung und Verhüttung von Kupfererz. Im Fokus steht die harte Arbeit der Bergmänner im Mittelalter. Ab dem 18. Jahrhundert erleichterte der Einsatz von Sprengpulver den Abbau.
Es bieten sich faszinierende Anblicke: Auf den Wänden funkeln Mineralien, smaragdgrüner Malachit und schimmernder Kalksinter. Durch die Decken sickerndes Kalkwasser bildet weiß glitzernde Kristalle und kleine Stalaktiten (Hosenbachstraße, 55743 Fischbach, www.besucherbergwerk-fischbach.de).

Die Felsenkirche ist das Wahrzeichen der Schmuckstadt Idar-Oberstein

Idar-Oberstein

Das Edelsteinvorkommen der Schmuckstadt Idar-Oberstein geht auf einst aktive Vulkane zurück, die vor 270 Millionen Jahren gewaltige Lavaströme verursachten, in denen sich beim Abkühlen Kristalle bildeten. Der Abbau von Mineralien wie Jaspis, Amethyst, Bergkristall und Rauchquarz ist seit 1375 belegt, 1875 waren die Minen jedoch erschöpft, die Rohsteine mussten unter anderem aus Brasilien importiert werden. Nicht nur in Idar-Oberstein, auch in den umliegenden Dörfern entwickelten sich zahlreiche Edelsteinschleifereien. Noch heute kann man in vielen Werkstätten den Handwerkern bei der Arbeit über die Schulter schauen.

Die **Historische Weiherschleife** (Tiefensteiner Str. 87, https://weiherschleife-steinkaulenbergwerk.de) von 1634 am Idarbach vermittelt einen Eindruck von der harten Arbeit der Schleifer.

Das Wahrzeichen der Stadt ist die **Felsenkirche,** die in einer natürlichen Felsnische hoch über der Altstadt von Oberstein liegt. Von der Kirche führt ein Spazierweg zu dem 1320–1330 erbauten **Schloss Oberstein** (www.schloss-oberstein.de). Vom Schlosspark aus sind die Reste der **Burg Bosselstein** auf der Felsenkrone über der Kirche zu erreichen. Von der im 12. Jh. von den Herren von Stein erbauten Burg sind heute nur noch wenige Mauerreste erhalten.

Unterhalb der Felsenkirche liegt das **Deutsche Mineralienmuseum** (Hauptstr. 436, www.deutsches-mineralienmuseum.de), in dem rohe und geschliffene Edelsteine, Gravuren, Schmuck und kunstvoll in Form gebrachte Skulpturen ausgestellt sind. Auch der Stadtteil Idar bietet mit dem **Deutschen Edelsteinmuseum** (Hauptstr. 118, Ortsteil Idar, www.edelsteinmuseum.de) einen Einblick in die Welt der Preziosen. Die rund 10.000 Exponate zeigen die 500 Jahre alte Tradition der Steinbearbeitung. In den **Edelsteinminen** des Steinkaulenbergs (Im Stäbel, www.edelsteinminen-idar-oberstein.de) wurden vom 14. Jahrhundert bis ins Jahr 1875 Achate abgebaut. Bei einem Rundgang durch den Besucherstollen kann man im Muttergestein noch die Drusen und Mandeln erkennen. Gefüllt sind sie mit Achat, Bergkristall, Jaspis, Karneol oder Amethyst.

ℹ **Tourist-Information Idar-Oberstein,** Hauptstr. 419, www.idar-oberstein.de

Spießbraten und Idar-Oberstein gehören untrennbar zusammen, seitdem Edelsteinhändler im 19. Jh. diese Art der Fleischzubereitung auf offenem Feuer aus Brasilien mitbrachten. Viele Restaurants servieren ihn, zum Beispiel das **Spießbratenhaus Alte-Kanzlei** (Hauptstr. 432, www.das-spiessbratenhaus.de) oder das Restaurant **Zum Alten Goten** (Hauptstr. 468/470, www.zum-alten-goten.de).

Rund um Kempfeld

Im **Wildfreigehege Wildenburg** (An der Wildenburg, www.wildfreigehege-wildenburg.de) leben Tierarten wie Rot-, Dam- und Schwarzwild, Wildkatzen und europäische Grauwölfe, außerdem Ziegen, Sikawild, Kamerunschafe, Waschbären und Pfauen.

Die Gegend rund um Kempfeld bietet Naturliebhabern unvergessliche Eindrücke. Eine landschaftliche Attraktion sind die zerklüfteten **Rosselhalden** auf dem 674 Meter hohen **Wildenburger Kopf.** Die imposanten Blockschutthalden aus Quarzit sind durch eiszeitliche Verwitterungen entstanden und Lebensraum der scheuen Wildkatze.

Die **Mörschieder Burr,** die sich zwischen Kempfeld und Mörschied erstreckt, bietet Rosselhalden, urige Buchenwälder, bizarre Felsformationen, Reste keltischer Befestigungen und herrliche Ausblicke. Man erreicht sie von der Ruine der Wildenburg oberhalb des Wildfreigeheges. Die **Wildenburg,** 1328 von Wildgraf Friedrich von Kyrburg errichtet, ist die höchstgelegene Burg in Rheinland-Pfalz. Rosseln und imposante Felsen liegen auch am

TIPP INDUSTRIEDENKMAL JAKOB BENGEL

Das Industriedenkmal illustriert die Schmuckproduktion der Ketten- und Bijouteriewarenfabrik **Jakob Bengel.** Begonnen hat die 1873 gegründete Firma mit der Herstellung von Uhrenketten. Daraus entwickelte sich die Produktion von Modeschmuck. Rund 100 Jahre lang bestand das Unternehmen. Besonders erfolgreich waren die ausgefallenen Art-déco- und Bauhaus-Schmuckstücke, die heute wieder auf den alten Maschinen nach Entwürfen der 1920er- und 1930er-Jahre in limitierten Auflagen angefertigt und verkauft werden. In Wechselausstellungen werden zeitgenössische Schmuckkünstler präsentiert (Wilhelmstr. 42 a, www.jakob-bengel.de).

Die Felsenlandschaft rund um den Aussichtsturm der Wildenburg ist einer der Höhepunkte des Nationalparks

21 Wohnmobilstellplatz Hunsrück am Campingplatz Harfenmühle

GPS 49.804395, 7.269678

Idyllische Lage im Wald zwischen Mörschied und Asbacherhütte. Wohnmobilgäste können alle Einrichtungen des 5-Sterne-Campingplatzes nutzen, inklusive Schwimmteich und Restaurant. **Lage/Anfahrt:** über die L160 zwischen Kempfeld und Herrstein; **Platzanzahl:** 11; **Untergrund:** Schotter, Schotterrasen, Wiese; **Service:** Strom, Trinkwasser, Abwasser, Chemie-WC, WLAN; **Preiskat.:** €€€ **Geöffnet:** ganzjährig; **Kontakt:** Familie Koch & Caudron, Harfenmühle 2, 55758 Mörschied/Asbacherhütte, Tel. 06786 7076, www.harfenmuehle.de

Die Ruine der Wasserburg Baldenau im Tal der Dhron liegt inmitten von Feucht- und Arnikawiesen

Wanderweg **„Kirschweiler Festung“.** Die von Kempfeld aus in nur wenigen Autominuten erreichbare, 9 km lange Nationalpark-Traumschleife startet am Golfplatz Kirschweiler.

Morbach

Dass die Holzverarbeitung in Morbach seit Langem ein wichtiger Wirtschaftsfaktor ist, zeigt das **Hunsrücker Holzmuseum** (Weiperath 79, www.hunsruecker-holzmuseum). In der Museumsgaststube gibt es kleine Gerichte und hausgebackene Kuchen. Mit mehr als 2000 Exponaten zeigt das **Deutsche Telefonmuseum** die Geschichte des Fernsprechwesens (Jugendherbergstr. 25, 54497 Morbach, www.deutsches-telefon-museum.eu).

Der in Morbach geborene **Regisseur Edgar Reitz** wurde durch die Filmreihe „Heimat“ bekannt. In seinem Elternhaus ist das **Café Heimat** (Biergasse 5, www.cafe-heimat-morbach.de) mit einem kleinen Filmmuseum untergebracht, gleich daneben das **Kino Heimat.** Das Programmkino mit 30 Plätzen ist das kleinste Kino in Rheinland-Pfalz.

Der **Archäologiepark Belginum** (Keltenstr. 2, www.belginum.de) ist eine Ausgrabungsstätte, in der die antike Siedlung Vicus Belginum erforscht wird. Die antike Kleinstadt bestand mehr als 800 Jahre, vom 4. Jh. v. Chr. bis zum 4. Jh. n. Chr. Sie war ein regionales Zentrum mit mehreren Tempelbezirken, Kulttheater, römisch-keltischem Gräberfeld und Militärlager. Das Museum präsentiert Originalfunde und auch der weitläufige Außenbereich beleuchtet das Leben in der antiken Straßensiedlung.

Der Trierer Erzbischof Balduin von Luxemburg führte ein halbes Jahrhundert lang

(1307–1354) Krieg gegen die Rittergeschlechter des Hunsrücks. Um die Machtposition seines Kurstaats auszubauen, errichtete er um 1320 die von einem Wassergraben umgebene **Burg Baldenau,** die einzige Wasserburg im Hunsrück und seit 1689 eine Ruine.

Eine landschaftliche Besonderheit rund um Morbach sind die **Hangbrücher.** Diese Moore in Hanglage sind Lebensraum für hoch spezialisierte Pflanzen wie Moose, Wollgras und sogar fleischfressende Pflanzen wie den Sonnentau. Das Ortelsbruch kann man auf Holzstegen durchwandern, Start ist am **Naherholungsgebiet Ortelsbruch** südlich von Morbach (Hochwaldstraße L160).

Tourist-Information Morbach, Bahnhofstraße 19, www.morbach.de

Die Windklang-Skulptur auf dem Erbeskopf ist zugleich ein spektakulärer Aussichtspunkt

Erbeskopf

Der Erbeskopf ist mit 816 Metern die höchste Erhebung in Rheinland-Pfalz. Auf der Spitze steht eine imposante **Windklang-Skulptur** mit Aussichtsplattform. Das begehbare, mehr als 16 Meter hohe Monument des Künstlers Christoph Mancke bietet einen fantastischen Weitblick über den Hunsrück.

Unter dem Motto „Willkommen im Urwald von morgen" informiert die multimediale Ausstellung im **Hunsrückhaus** (Am Erbeskopf, 54411 Deuselbach, www.hunsrueckhaus.de) über den artenreichen Lebensraum im südlichen Idarwald. Im umgebenden Erholungsgebiet gibt es viele **Freizeitangebote** wie Wintersport, eine Sommerrodelbahn, einen Trailpark und einen Waldseilgarten (www.highlive.org).

INFO NATIONALPARK HUNSRÜCK-HOCHWALD

Der **Nationalpark** bietet Outdoor-Liebhabern eine faszinierende Natur mit bizarren Felsen, Rosselhalden und ausgedehnten Wäldern. Zu der speziellen Fauna und Flora der Region gehören Wildkatzen, Schwarzstörche, wilde Narzissen und Orchideen, Wollgras und Arnikawiesen. Wer die artenreiche Tier- und Pflanzenwelt genauer kennenlernen möchte, ist mit einer **Erlebnistour** gut beraten, die Nationalparkführer zu verschiedenen Themen anbieten. Wer auf eigene Faust die Natur des Schutzgebiets erkunden möchte, dem gibt die App „Nationalpark Hunsrück-Hochwald" (kostenlos für Android und iOS) Orientierung. Darin enthalten sind Anlaufstellen und digital begleitete Touren. Am besten, man lädt die Touren schon vor einem Besuch im Nationalpark, da die Mobilfunkabdeckung im Hunsrück mitunter nicht optimal ist (www.nationalpark-hunsrueck-hochwald.de).

Brandbekämpfung im Wandel der Zeit zeigt das Feuerwehrmuseum in Hermeskeil

TOUR HUNOLSTEINER KLAMM

Die 11 km lange Hunolsteiner Klammtour ist ein Rundwanderweg durch das wildromantische Dhrontal, die Hölzbachklamm, vorbei an Wasserfällen, mächtigen Felsen, der Walholzkirche und der **Burgruine Hunolstein.** Start und Ziel ist das **Bauernhofcafé Hunolsteiner Hof** (Hunolsteiner Hof 1, 54497 Morbach-Hunolstein, www.hunolsteiner-hof.de), in dem hausgemachte Kuchen, Hausmannskost sowie Flamm- und Pfannkuchen serviert werden. Marmelade, Dosenwurst und Liköre gibt es auch zum Mitnehmen.

TOUR RUWER-HOCHWALD-RADWEG

Außergewöhnlich ist der **Ruwer-Hochwald-Radweg,** der auf einer ehemaligen Bahntrasse rund 50 km von Hermeskeil durch das Ruwertal bis zur Mosel verläuft. Den Rückweg kann man bequem mit dem Radbus zurücklegen (immer an Wochenenden von Mai bis Anfang Oktober). Leihfahrräder gibt es in der **Hochwälder Radstation** im **Hotel Zur Post** (Hochwaldstr. 2, www.postkueche.de). Nach der Tour lädt das Restaurant zu einer Stärkung ein: **Kartoffelgerichte** wie die Hochwälder Röstinchen sind besonders zu empfehlen (www.ruwer-hochwald-radweg.de).

Hermeskeil

Für die Größe des Orts hat Hermeskeil im Schwarzwälder Hochwald überraschend viele Museen, zwei stechen besonders hervor: Die interaktive Mitmachausstellung des **Rheinland-Pfälzischen Feuerwehrmuseums** (Neuer Markt 2, www.feuerwehr-erlebnis-museum.de) zeigt die Brandbekämpfung im Wandel der Zeit, vom einfachen Löscheimer über Wasserpumpen bis hin zur Ausrüstung heutiger Feuerwehren. Ebenfalls ein Publikumsmagnet ist die **Flugausstellung** (Habersberg 1, www.flugausstellung.de). Auf einem 75.000 m² großen Gelände und in vier großen Hallen werden 150 Flugzeuge präsentiert – unter anderem eine Concorde, die als Café dient.

In rund zehn Autominuten erreicht man die mittelalterliche, um 1150 erbaute **Burg Grimburg.** Im Dorf vermittelt das kleine **Burg- und Hexenmuseum** (Hauptstr. 16, 54413 Grimburg) Eindrücke aus der Zeit der Hexenverfolgung. In der Nähe von Hinzert liegt die **Gedenkstätte SS-Sonderlager/KZ Hinzert** (An der Gedenkstätte, 54421 Hinzert, www.gedenkstaette-hinzert-rlp.de). 1939 als Polizeihaftlager für straffällige Westwallarbeiter eingerichtet, diente es ab 1940 als Durchgangslager für Häftlinge aus den Beneluxländern und Frankreich. Die Ausstellung beleuchtet den Lageralltag, zeigt Einzelschicksale und belegt die Gräueltaten des SS-Terrors.

22 Wohnmobilstellplatz Am Labachweg

GPS 49.653567, 6.940912

Die kostenlosen Stellplätze der Verbandsgemeinde liegen direkt neben dem Hallen- und Freibad. **Lage/Anfahrt:** von der A1 Ausfahrt Hermeskeil, dann Mühlenweg bis Labachweg (Ausschilderung zum Hallenbad folgen); **Platzanzahl:** 6; **Untergrund:** Pflaster; **Service:** Strom, Trinkwasser; **Preiskat.:** kostenlos; **Geöffnet:** ganzjährig; **Kontakt:** Touristinformation Hermeskeil, Labachweg 1, 54411 Hermeskeil, Tel. 06503 809500, www.hermeskeil.de

Saarburg

Mitten durch die idyllische Kleinstadt fließt der Leukbach und bildet im Ortskern einen rauschenden **Wasserfall.** Ein Stück weiter treibt der Bach die Mühlräder der ehemaligen **Hackenberger Mühle** aus dem 13. Jh. an. Ein **Museum** (Staden 6) informiert über die Geschichte des Müllerhandwerks. Das **AmüseuM** (Am Markt 29, www.amueseum-saarburg.de) zeigt alte Handwerksberufe und Ausstellungen zeitgenössischer Künstler.

Über der Unterstadt thront die **Ruine der Saarburg,** im Jahr 964 von Graf Siegfried von Luxemburg errichtet. Eine **Sesselbahn** verbindet Saarburg mit dem Warsberg und der **Sommerrodelbahn** (www.sommerrodelbahn-saarburg.de) auf der Bergkuppe.

Die Geschichte des komplizierten Handwerks des Glockengießens präsentiert das **Museum Glockengießerei Mabilon** (Staden 130, www.museum-glockengiesserei-mabilon.de).

Spektakuläres Schauspiel: Mitten in Saarburg rauscht ein Wasserfall

TIPP KASTEL-STAADT

Auf einem Hochplateau über der Saar liegt ein architektonisches Kleinod: die Klause Kastel-Staadt. Um das Grab Christi nachzubilden, schlug man im Mittelalter eine Höhle in Form einer Grabnische in den Sandsteinfelsen. Der französische Franziskanermönch Roméry lebte um 1600 in der Klause, grub weitere Kammern in den Felsen und eine zweigeschossige Kapelle entstand.

Als der preußische Kronprinz Friedrich Wilhelm IV. die inzwischen verlassene Klause 1833 als Geschenk erhielt, ließ er seinen Baumeister Karl Friedrich von Schinkel eine Grabkirche für König Johann von Böhmen (1296–1346) errichten. Bis 1946 lagen die Gebeine des Königs in der Grabkapelle, dann wurden sie in der Kathedrale Notre Dame in Luxemburg beigesetzt. Der schwarze Marmorsarkophag, durch farbige Glasfenster in mystisches Licht getaucht, steht noch immer in der Kapelle, die als ein Höhepunkt der deutschen Neoromanik gilt (Saarblickstr. 2, 54441 Kastel-Staadt, www.saar-obermosel.de).

23 Reisemobilpark Saarburg

GPS 49.601412, 6.553296

Ruhig im Grünen, in unmittelbarer Nähe des Saarufers, Innenstadt in 15 Min. zu Fuß zu erreichen. **Lage/Anfahrt:** von Trier aus B 51 bis Saarburg, weiter in Richtung Serrig, Abfahrt zur Freiwilligen Feuerwehr, dann der Beschilderung folgen; **Platzanzahl:** 100; **Untergrund:** Schotterrasen; **Service:** Strom, Abwasser, Chemie-WC, WLAN; **Preiskat.:** €€.; **Geöffnet:** ganzjährig, Nov. bis Mitte März eingeschränkter Service; **Kontakt:** Am Saarufer 18, 54439 Saarburg, Tel. 0151 15802080, www.reisemobilpark-saarburg.de

Architekt Karl Friedrich Schinkel entwarf die Grabkapelle der Klause Kastel-Staadt

Ines Friedrich

Der Pfälzerwald

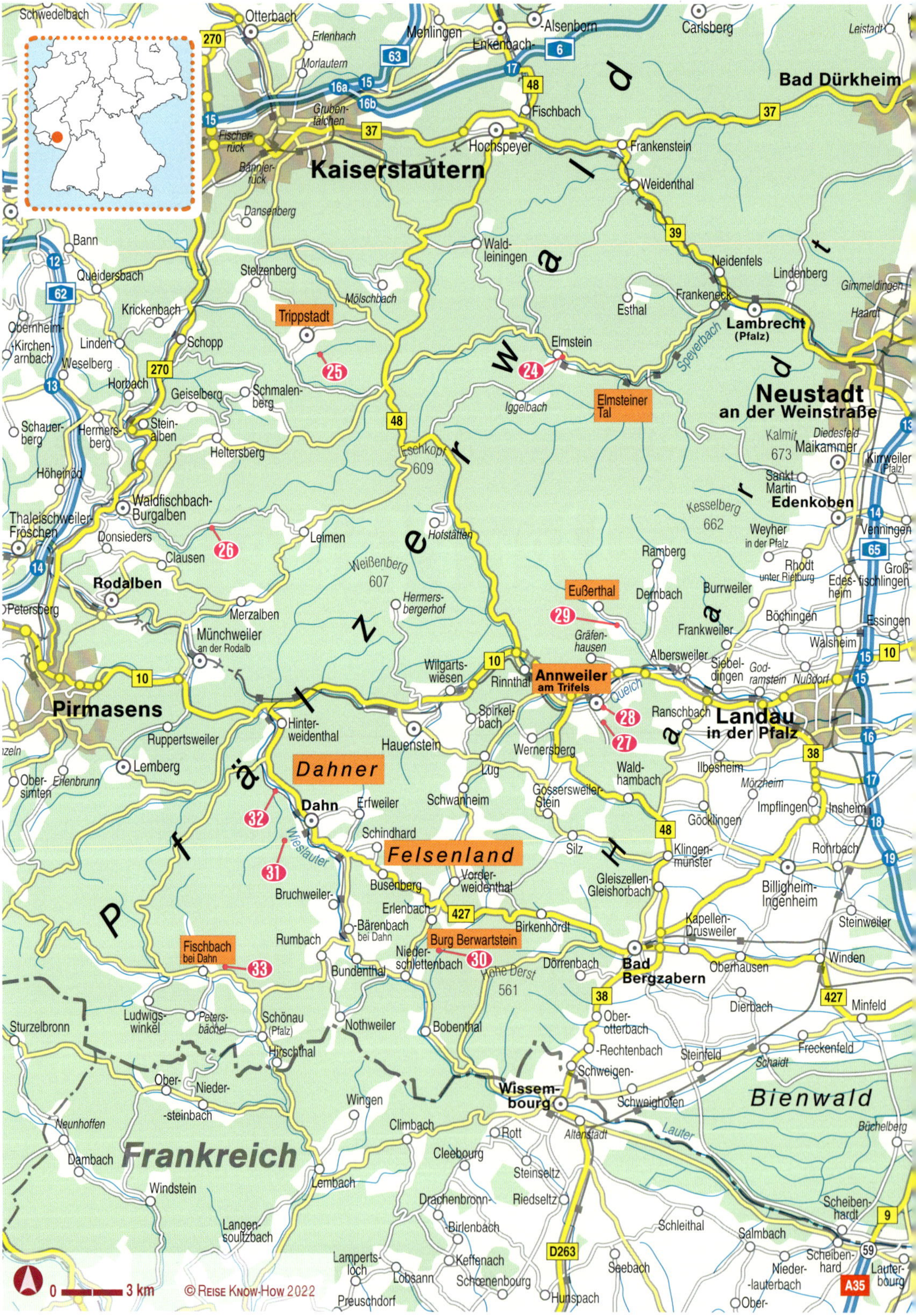

Pfälzerwald
Haardt
Dahner Felsenland
Kaiserslautern
Bad Dürkheim
Neustadt an der Weinstraße
Landau in der Pfalz
Pirmasens
Rodalben
Annweiler am Trifels
Dahn
Bad Bergzabern
Wissembourg
Frankreich
Bienwald
Edenkoben
Lambrecht (Pfalz)
Trippstadt
Elmsteiner Tal
Eußerthal
Burg Berwartstein
Fischbach bei Dahn
Otterbach
Erlenbach
Mehlingen
Enkenbach
Alsenborn
Carlsberg
Leistadt
Morlautern
Fischbach
Gruben-tälchen
Fischer-rück
Bännjer-rück
Hochspeyer
Frankenstein
Weidenthal
Dansenberg
Wald-leiningen
Neidenfels
Lindenberg
Gimmeldingen
Frankeneck
Esthal
Haardt
Bann
Queidersbach
Stelzenberg
Mölschbach
Krickenbach
Obernheim-Kirchen-arnbach
Linden
Schopp
Weselberg
Elmstein
Horbach
Geiselberg
Schmalen-berg
Iggelbach
Stein-alben
Schauer-berg
Hermers-berg
Heltersberg
Eschkopf 609
Kalmit 673
Diedesfeld
Maikammer
Kirrweiler (Pfalz)
Höheinöd
Sankt Martin
Waldfischbach-Burgalben
Thaleischweiler-Fröschen
Donsieders
Leimen
Holstätten
Kesselberg 662
Weyher in der Pfalz
Venningen
Clausen
Weißenberg 607
Ramberg
Rhodt unter Rietburg
Edes-heim
Groß-fischlingen
Petersberg
Merzalben
Hermers-bergerhof
Dernbach
Burrweiler
Böchingen
Essingen
Münchweiler an der Rodalb
Frankweiler
Walsheim
Gräfen-hausen
Albersweiler
Wilgarts-wiesen
Rinnthal
Siebel-dingen
Godramstein
Nußdorf
Queich
Spirkel-bach
Hinter-weidenthal
Ruppertsweiler
Hauenstein
Ranschbach
Wernersberg
Lemberg
Lug
Wald-hambach
Ilbesheim
Ober-simten
Erlenbrunn
Mörzheim
Erfweiler
Schwanheim
Gossersweiler-Stein
Impflingen
Insheim
Göcklingen
Schindhard
Silz
Klingen-münster
Rohrbach
Wieslauter
Busenberg
Vorder-weidenthal
Gleiszellen-Gleishorbach
Billigheim-Ingenheim
Bruchweiler-
Erlenbach
Bärenbach bei Dahn
Birkenhördt
Kapellen-Drusweiler
Steinweiler
Rumbach
Nieder-schlettenbach
Dörrenbach
Oberhausen
Winden
Bundenthal
Hohe Derst 561
Dierbach
Minfeld
Sturzelbronn
Ludwigs-winkel
Peters-bächel
Schönau (Pfalz)
Nothweiler
Bobenthal
Ober-otterbach
Rechtenbach
Steinfeld
Schaidt
Freckenfeld
Hirschthal
Schweigen-
Ober-
Nieder-
-steinbach
Wingen
Schweighofen
Neunhoffen
Climbach
Rott
Altenstadt
Lauter
Büchelberg
Dambach
Cleebourg
Steinseltz
Windstein
Lembach
Drachenbronn-
Riedseltz
Scheiben-hardt
Birlenbach
Schleithal
Salmbach
Langen-soultzbach
Lamperts-loch
Keffenach
Seebach
Nieder-lauterbach
Scheiben-hard
Lauter-bourg
Lobsann
Schoenenbourg
Preuschdorf
Hunspach
Ober-
0 3 km
© Reise Know-How 2022

TOUREN-ÜBERBLICK

Routenempfehlung:
Elmsteiner Tal – Trippstadt – Annweiler am Trifels – Eußerthal – Burg Berwartstein – Dahner Felsenland – Fischbach bei Dahn

Länge insgesamt: ca. 140 km

Dauer: ca. 8 Tage

Reisezeit: Mai bis Oktober

Der Pfälzerwald ist das größte zusammenhängende Waldgebiet Deutschlands. Herrliche Wanderwege, erlebnisreiche Fahrradausflüge und spannende Burgbesichtigungen prägen diese Tour durch ein von der UNESCO geschütztes Biosphärenreservat. Getreu dem Motto „Der Mensch und die Biosphäre" stehen in dem 1800 km^2 großen Naturpark Nachhaltigkeit und sanfter Tourismus im Vordergrund. Einen beachtlichen Reichtum an seltenen Pflanzen und Tieren gilt es im Pfälzerwald zu entdecken, der auch für seine vielen Bäche, Flüsse und kleinen Seen bekannt ist –die perfekte Urlaubsregion für den Ruhesuchenden!

Während im östlichen Teil nahe den sonnendurchfluteten Weinhängen der Haardt-Ausläufer die Edelkastanie und die Kiefer dominieren, trifft der Besucher im Zentrum auf Mischwälder mit Rotbuchen und wertvollen Eichen. 75 % des grenzüberschreitenden Bioreservats Pfälzerwald-Nordvogesen sind bewaldet und ein über 12.000 km langes Wegenetz wird vom Pfälzerwald-Verein betreut, dem ältesten Wanderverein Deutschlands, der auch geführte Touren anbietet und viele Hütten bewirtschaftet. Die Pfälzerwaldhütten-Kultur ist mittlerweile sogar als immaterielles Kulturerbe von der UNESCO anerkannt worden.

Vieles ist einzigartig hier im Herzen der Pfalz, wo rot leuchtender Buntsandstein die Landschaft prägt, und mancherorts äußerst beeindruckende Felsformationen zu bewundern sind. Aus diesem Sandstein wurden im Mittel-

Bizarre Buntsandstein-Formationen sind typisch für den Pfälzerwald

alter unzählige Burgen gebaut, denn einst war die Region das Zentrum des Heiligen Römischen Reichs Deutscher Nation und dies galt es zu verteidigen. Ein mittelalterlicher König besaß damals keine Hauptstadt, sondern reiste mit seinem riesigen Gefolge zu den diversen Königspfalzen. So war er seinen Vasallen immer am nächsten. Waren die Vorräte aufgebraucht, die umliegende Gutshöfe zu liefern hatten, zog der Hofstaat zur nächsten Pfalz. Rund 100 Burgen und Burgruinen zeugen heute noch von den bewegten Zeiten, als Ritter und Pfalzgrafen das Sagen hatten. Mit Erfindung der Feuerwaffen zog es die Edelleute allerdings in bequemere Behausungen. Viele Festungen wurden aufgegeben und später geschleift. Die Burgen, die bis dato noch existierten, wurden zur Zeit der Pfälzer Erbfolgekriege Ende des 16. Jh. von den Truppen des französischen Sonnenkönigs Ludwig XIV. zerstört.

Heute „erobern" Wanderer – nach teils steilen Anstiegen – die Ruinen und werden mit einem traumhaften Blick in die weite Umgebung belohnt. In dem einen oder anderen Burghof verwöhnen gemütliche Ausflugslokale ihre Gäste mit rustikalen Pfälzer Spezialitäten. Für Wohnmobilfahrer ist es wichtig zu wissen, dass viele offizielle Straßen durch den Pfälzerwald recht schmal sind und so mancher Burgenparkplatz aufgrund der starken Steigung mit dem großen Fahrzeug nicht angefahren werden sollte. Es ist ratsam, einen der hier empfohlenen Campingplätze aufzusuchen, um von dort dieses wunderschöne Fleckchen Erde kennenzulernen.

INFO KULINARISCHE SPEZIALITÄTEN

Über 100 Waldgasthäuser und Wanderhütten gibt es in der Pfalz, in denen hungrige Wanderer in uriger und gemütlicher Atmosphäre die kulinarischen Besonderheiten der Region genießen können. Auf fast jeder Speisekarte steht der **Pfälzer Teller.** Dieses deftige Gericht besteht aus Leberknödel, Bratwurst, Sauerkraut und Saumagen, einer Spezialität, die aus magerem Schinken, Kräutern und Kartoffelstücken gemacht wird. Der stets feierfreudige Pfälzer trinkt dazu einen „echten Schoppen": eine Weißweinschorle, die natürlich in einem 0,5 l-Dubbeglas serviert wird – Prost und guten Appetit!

INFO DER PFÄLZERWALD-VEREIN

Der Pfälzerwald-Verein wurde bereits 1902 gegründet und hat heute über 25.000 Mitglieder. Ehrenamtlich kümmern sich 200 Ortsgruppen um Wanderwege von insgesamt 12.000 km Länge, die wirklich vorbildlich gepflegt und gekennzeichnet sind. Auf der Website und in der Geschäftsstelle erhält man vielfältige Informationen, z. B. über geplante Veranstaltungen oder geführte Themenwanderungen, und umfangreiches Kartenmaterial zu den vielen Wanderwegen und Hütten (Hauptgeschäftsstelle: Fröbelstraße 24, 67433 Neustadt/Weinstraße, www.pwv.de).

Elmsteiner Tal

Die Strecke durch das **Elmsteiner Tal** ist Teil der deutsch-französischen Touristikroute und zahlreiche Wanderparkplätze säumen die L499. Durch das idyllische Tal tuckert auch das **Kuckucksbähnel** (www.eisenbahnmuseum-neustadt.de/kuckuck), ein Museumszug mit

Dampflok, der in der Hauptsaison sonntags am Bahnhof von Elmstein startet und gemütlich die 13 Kilometer bis Neustadt/Weinstraße und zurück fährt.

Bei einer Fahrt durch den Pfälzerwald ist ein Stopp beim **Johanniskreuz** ein absolutes Muss. Hier liegt ein Schnittpunkt mehrerer historischer Gebietsgrenzen. Johannes Creutz ließ 1533 hier einen Kreuzstein mit seinem Wappen errichten, der sich auch heute noch am selben Platz befindet. Das Johanniskreuz gilt als das „Herz" des Biosphärenreservats Pfälzerwald und so hat man hier das **Haus der Nachhaltigkeit** (Johanniskreuz 1, 67705 Trippstadt, www.wald.rlp.de) errichtet, das von Sonntag bis Freitag kostenlos besichtigt werden kann. In dem außergewöhnlichen Gebäude, das komplett aus regionalen Baustoffen besteht, erwartet den Besucher eine sehr informative, ansprechende Ausstellung, die man nicht versäumen sollte. Neben dem Infozentrum, einem Waldladen und einem Ausflugslokal wird zum Jahresende hier oben einer der beliebtesten Weihnachtsmärkte der Pfalz aufgebaut, der Besucher aus der größeren Umgebung anlockt.

TOUR **3-BURGEN-TOUR**

Wer etwas Zeit mitbringt, dem sei die sieben Kilometer lange, ausgeschilderte 3-Burgen-Tour empfohlen: Sie führt vom Wanderparkplatz Spangenberg (GPS 49.353040, 8.016392) zu den **Burgen Erfenstein** und **Breitenstein** und schließlich zur **Burg Spangenberg,** wo eine Burgschänke zur wohlverdienten Einkehr einlädt (www.burg-spangenberg.de).

24 Wohnmobil-Parkplatz Elmstein

GPS 49.348354, 7.943398

Der Stellplatz ist Teil eines öffentlichen Parkplatzes am stillgelegten Bahnhof von Elmstein, Ortsrand, **Lage/Anfahrt:** auf der L499 von Lambrecht kommend im Ortsteil Appenthal links in die Zielstraße einbiegen; **Platzanzahl:** 5; **Untergrund:** Schotter; **Service:** Strom; **Preiskat.:** kostenlos (Strom kostenpflichtig); **Geöffnet:** ganzjährig; **Kontakt:** Bahnhofstraße 88, 67471 Elmstein

Mystische Atmosphäre im Karstal bei Trippstadt

TIPP TEUFELSTISCH

In der Südpfalz sind besonders häufig fantastische Felsformationen aus Buntsandstein zu bewundern. Der fast unerschöpfliche Reichtum an Farbtönen von gelb über rot bis rostbraun geht auf den hohen Eisengehalt des Gesteins zurück. Auf dem Weg nach Annweiler sei ein kleiner Umweg über **Hinterweidenthal** empfohlen, denn den imposanten **Teufelstisch** sollte man unbedingt gesehen haben. Eine der markantesten Felsformationen der Pfalz scheint, wie von Geisterhand gehalten, der Schwerkraft zu trotzen. Der Sage nach hat der Teufel die ca. 50 m² große Tischplatte auf den schmalen Felssockel gelegt, um sich hier einen Rastplatz zu schaffen. Der 14 m hohe Felsentisch thront äußerst beeindruckend auf einem 312 m hohen Bergrücken und ist das Wahrzeichen des Pfälzerwaldes. Vom Parkplatz des gleichnamigen **Ausflugslokals Am Teufelstisch** (Im Handschuhteich 29, www.am-teufelstisch.de) ist man in 10 Minuten zu dem Kuriosum aufgestiegen und kann anschließend im **Spielpark Teufelstisch** den Kindern an Bord noch etwas Vergnügen gönnen.

Trippstadt

Trippstadt ist ein nettes Städtchen mit Barockschloss, einer Felsenburg und einem Eisenhüttenmuseum (Hauptstraße 26, www.museumsportal-rp.de). Begünstigt durch große Holzbestände, ausreichend Wasserkraft und ein hohes Erzaufkommen entwickelte sich Trippstadt bis in die Mitte des 19. Jh. zu einem wichtigen Standort für die Eisengewinnung. Hierfür benötigte man viel Holzkohle und noch heute feiert die Gemeinde jedes Jahr am ersten Wochenende im September das große **Kohlenbrennerfest** – ein aufregendes Erlebnis!

Der Luftkurort ist ein idealer Ausgangspunkt für vielfältige Aktivitäten wie zum Beispiel einer Rundwanderung durch das wildromantische **Karlstal,** durch das, ganz in der Tradition des Orts, der Eisenhüttenweg verläuft. Diese moosbewachsene Felsenschlucht birgt große Buntsandsteintrümmer, kleine Wasserfälle, viele kleine Brücken und eine idyllische Pagode zum Verweilen. Der 12 km lange, gut beschilderte Wanderweg beginnt direkt am Campingplatz Sägmühle und führt im späteren Verlauf zur Burg Wilenstein und zum

25 Campingplatz Sägmühle

GPS 49.351478, 7.781227

An einem See gelegener, großer Campingplatz, nicht parzelliert, schöner Blick, Friseur, Restaurant/Biergarten, Brötchenservice, Caravan-Werkstatt, Zentrum fußläufig erreichbar. **Lage/Anfahrt:** vom Johanniskreuz kommend die L500 Richtung Hasenberg fahren, dort auf die K51 rechts abbiegen, Platz ist ausgeschildert; **Platzanzahl:** 120; **Untergrund:** Wiese; **Service:** Strom, Trinkwasser, Abwasser, Chemie-WC, WLAN; **Preise:** €€€; **Geöffnet:** Mitte Dez.–Mitte Nov.; **Kontakt:** Sägmühle 1, 67705 Trippstadt, Tel. 06306 92190, www.saegmuehle.de

26 Campingplatz Clausensee

GPS 49.275478, 7.720077

Ansprechender Campingplatz am Clausensee, spezielle Kurzzeit-Wohnmobilplätze, Bar/Restaurant, Brötchenservice, Wander- und Radfahrmöglichkeiten. **Lage/Anfahrt:** von Waldfischbach-Burgalben kommend, führt die K32 direkt zum Campingplatz; **Platzanzahl:** 80; **Untergrund:** Wiese; **Service:** Strom, Trinkwasser, Abwasser, Chemie-WC, WLAN; **Preise:** €€€; **Geöffnet:** Feb.–Nov.; **Kontakt:** Schwarzbachstraße, 67714 Waldfischbach-Burgalben, Tel. 06333 5744, www.campingclausensee.de

Bummel im ehemaligen Gerberviertel von Annweiler

Schloss Trippstadt. In unmittelbarer Nähe des Campingplatzes wurde auch der bekannteste Mountainbike-Park des Pfälzerwaldes, der **Bikepark Trippstadt** (Kaiserslauternerstraße, www.bikepark-trippstadt.de), errichtet. Auf einer Fläche von 1,5 ha mit anspruchsvollen Trails wird alles geboten, was der wagemutige Biker sich nur wünschen kann, z. B. Free-Ride-Strecken mit Sprüngen und Steilkurven.

Einkehr-Tipp: **Klug'sche Mühle,** L500 unterhalb der Burg Wilenstein. Auf der Speisekarte des gemütlichen Ausflugslokals mit Außenterrasse stehen hauptsächlich Pfälzer Spezialitäten (Wilensteinermühle 1, www.klugsche-muehle.de).

Annweiler am Trifels

Annweiler am Trifels trägt den Beinamen der hiesigen Burg, die während der Herrscherzeit der Staufer und Salier eines der wichtigsten Machtzentren war. Hier wurden die Reichskleinodien wie Krone, Zepter und Reichsapfel aufbewahrt, deren originalgetreue Nachbildungen in der **Schatzkammer der Burg Trifels** (www.annweiler.de) bewundert werden können. In die Geschichte ist die Burg aber auch als kurzzeitiges Gefängnis des englischen Königs Richard Löwenherz eingegangen, der erst nach Bezahlung eines horrenden Lösegelds an Heinrich VI., Sohn von Barbarossa, wieder frei gelassen wurde. Die stark restaurierte Reichsburg wurde im Laufe ihrer 1000-jährigen Geschichte mehrfach zerstört und wieder aufgebaut, ihr Besuch ist unzweifelhaft einer der Höhepunkte einer jeden Pfalzreise. Vom kostenpflichtigen Parkplatz Schlossäcker, zum dem auch Busse hochfahren, sind es noch 20 Minuten Fußweg bis zur Burgkasse.

Annweiler selbst ist ein überaus sympathisches Städtchen, das mit seinem Gerberviertel an Colmar im Elsass erinnert. Blumengeschmückte, alte **Holzbrücken** überspannen das Flüsschen Queich, in das mehrere Nebenbäche münden. Ein großes **Mühlrad** erinnert an die Zeiten, als die Gerbereien ständig mit Wasser versorgt werden mussten, um die Häute säubern und den Unrat davon schwemmen zu

27 Wohnmobil-Stellplatz Annweiler

GPS 49.196390, 7.969849

Gebührenpflichtiger Stellplatz am Kurpark, nachts ruhig, direkt an einer wenig befahrenen Straße am Ortsrand, Zentrum in 10 Minuten fußläufig erreichbar, max. Standzeit 3 Nächte. **Lage/Anfahrt:** im Ort, von der Landauerstraße kommend, in die Friedrich-Ebert Straße einbiegen, bis zur Burgstraße weiter, dann auf die K3 einbiegen, ausgeschildert; **Platzanzahl:** 6; **Untergrund:** Asphalt; **Service:** Trinkwasser, Abwasser; **Preise:** €; **Geöffnet:** ganzjährig; **Kontakt:** Bindersbacher Straße, 76855 Annweiler, www.annweiler.de

28 Naturfreunde-Camping

GPS 49.201623, 7.972416

Naturbelassener Terrassen-Campingplatz, nicht parzelliert, schöner Blick, Naturfreunde-Ausflugslokal anbei, 20 Min. Fußweg ins Zentrum. **Lage/Anfahrt:** im Ort von der Landauerstraße in die Viktor-Scheffel-Straße abbiegen, ausgeschildert; **Platzanzahl:** 60; **Untergrund:** Schotterrasen; **Service:** Strom, Trinkwasser, Abwasser, Chemie-WC, WLAN; **Preise:** €€; **Geöffnet:** April–Oktober; **Kontakt:** Viktor-von-Scheffel-Straße 1, 76855 Annweiler, Tel. 06346 3870, www.naturfreunde-annweiler.de

können. In der historischen Altstadt mit ihren wunderschönen **Fachwerkhäusern** laden zahlreiche Gaststätten zur Einkehr ein, da ist sicherlich für jeden Geschmack etwas dabei.

Das Gasthaus **Zur alten Gerberei** ist in einem idyllischen Fachwerkhaus mit Außenterrasse untergebracht. Die Speisekarte ist gutbürgerlich, von der deftigen Bratwurst über Leberknödel und Käsespätzle bis hin zum Rinderbraten mit Pfifferlingen wird eine vielseitige und erstaunlich preiswerte Auswahl angeboten (Prangertshof 11, www.gerberei.de).

Touristeninfo, Messplatz 1, www.annweiler.de

Dieser Teil des Pfälzerwaldes nennt sich **Wasgau** – Wasgau heißt auch eine **Supermarktkette,** die zwar dem Edeka-Einkaufsverband angehört, aber eine große Auswahl **regionaler Spezialitäten** anbietet (Landauer Str. 33, www.wasgau.de/maerkte/wasgau-frischemarkt-annweiler).

Eußerthal

Das idyllische Seitental ist ein Eldorado für den ruhesuchenden Urlauber. Über 1000 ha Wald umgeben die kleine Gemeinde und zahlreiche Wanderwege führen zu verschiedenen Wanderhütten. Der **Dernbacher Höhenweg** zum Beispiel ist ein wunderschöner Rundwanderweg, von dem man herrliche Ausblicke genießen kann. Die 8 km lange Strecke führt auch am bewirtschafteten Ausflugslokal **Dernbacher Haus** (Am Waldrand, 76857 Dernbach, www.schneider-dernbachtal.de) vorbei, in dem man sich mit deftigen Pfälzer Gerichten stärken kann.

Bekannt ist das Örtchen Eußerthal, das am Eußerbach liegt, aber auch für die **Fischzucht** (Dörrental 1, www.pfaelzerwaldforellen.de). Im hiesigen Forellenhof hat man die Möglichkeit, gegen eine kleine Gebühr die Forellen selbst zu angeln, oder man kauft diese im angeschlossenen Hofladen. Hier gibt es außerdem frischen Saibling, Lachsforellen und Stör sowie Geräuchertes – frischer geht es kaum.

www.eußerthal.de

Blick von der Burg Berwartstein über den Pfälzerwald

29 Wohnmobil-Stellplatz Eusserthal

GPS 49.238699, 7.975898

Der naturbelassene Stellplatz liegt direkt am Eußerbach inmitten eines Wandergebiets. Ein ausgewiesener Fahrradweg führt am Platz vorbei, Ortsrand. **Lage/Anfahrt:** auf der B10 von Annweiler kommend auf die L505 abbiegen, vor Ortsbeginn in Am Hintertor links einbiegen, Stellplatz ist ausgeschildert; **Platzanzahl:** 6; **Untergrund:** Schotterrasen; **Service:** Strom, Trinkwasser, Abwasser, Chemie-WC; **Preiskat.:** €; **Geöffnet:** April–Oktober; **Kontakt:** Haingeraidestraße 1, 76857 Eußerthal, www.wohnmobilstellplatz-eusserthal.de

Eine Führung durch die Burg Berwartstein ist sehr spannend

Burg Berwartstein

Bizarr verwitterte Vorsprünge, Türme und Felsnadeln in den **Buntsandsteinformationen** rund um Burg Berwartstein bringen Felskletterer ins Schwärmen, aber auch Wanderer können über – oft gesicherte – Steiganlagen viele Felsen erklimmen und den Ausblick von dort oben genießen. Über 80 freistehende Türme und mehr als 140 massive Felsformationen in warmen Ockertönen lassen die Landschaft im südlichen Pfälzerwald zu einem einzigen Naturerlebnis werden.

Der Buntsandstein ist verhältnismäßig weich und gut zu bearbeiten, und so sind die hiesigen Burgen auch **Felsenburgen.** Für diese Höhenburgen des Mittelalters wurde zuerst die natürliche Felsformation nahezu ausgehöhlt, um so Räume, Treppen, Brunnenschächte usw. zu schaffen. Später erhielt der Burgfelsen teilweise noch einen gemauerten Bergfried.

Burg Berwartstein (Berwartstein, 76891 Erlenbach, www.burgberwartstein.de) ist ein Paradebeispiel für eine Pfälzer Felsenburg, denn ihre Brunnenanlage reicht 104 m in die Tiefe. Beim Anblick der dunklen, in die Felsen gehauenen Räume und Gänge fragt man sich wirklich, wie die Menschen so haben leben können. Die Burg Berwartstein war im 15. Jh., zu Zeiten von Hans Trapp, ein berüchtigtes Raubritternest und dessen Raubzüge gegen das nahe Weißenburg waren legendär. Noch

30 Naturcamping Berwartstein

GPS 49.102662, 7.864290

Großzügiger Campingplatz gegenüber der Burg Berwartstein im Wald, nicht parzelliert, ruhig. Ein kleiner Spaziergang führt auf einem verwunschenen Waldpfad in nur 10 Minuten zum Badesee Seehof, an dem es eine schöne Liegewiese und einen Kiosk gibt. Für die vielen Ausflugsziele der Region hält der Campingplatz einige kostenlose Broschüren bereit. **Lage/Anfahrt:** von Erlenbach kommend Richtung Berwartstein abbiegen, ausgeschildert; **Platzanzahl:** 80; **Untergrund:** Wiese; **Service:** Strom, Trinkwasser, Abwasser, Chemie-WC; **Preise:** €€; **Geöffnet:** Ostern bis Ende Oktober; **Kontakt:** Im Laichfeld 1, 76891 Erlenbach, Tel. 01783 6844532, www.naturcampingplatz-berwartstein.de

heute ist Hans Trapp im Elsass in der Weihnachtszeit als Kinderschreck allgegenwärtig, so wie in Deutschland Knecht Ruprecht. Die Burg ist ganzjährig geöffnet und beherbergt eine Burggaststätte im historischen Rittersaal sowie ein Ausflugslokal im Burghof.

TOUR WANDERN UND RADFAHREN

Der **Hans-Trapp-Weg** ist ein 14 km langer Rundweg (Wegmarkierung Rabe und Helm), der direkt am Campingplatz Berwartstein vorbeiführt und u. a. vom Wehrturm „Kleinfrankreich" eine grandiose Fernsicht ermöglicht (www.suedlicheweinstrasse.de/touren/tour/hans-trapp-tour/tour.html).

Die bestens beschilderte **Raubrittertour** ist eine 41 km lange Fahrrad-Rundtour auf gut ausgebauten Wegen, allerdings mit diversen Anstiegen. Mehrere Burgen und bewirtschaftete Hütten, z. B. die **Drachenfelshütte** (www.pwv-busenberg.de, hier gibt es auch eine E-Bike-Ladestation), liegen auf dem Weg (Wegkennzeichnung braune Ritterburg, www.dahner-felsenland.net/vg_dahner_felsenland/Tourismus/Rad fahren & Mountainbike/Rad-Rundtouren/Raubritter-Tour).

Dahner Felsenland

Das Dahner Felsenland ist unbestritten der landschaftliche Höhepunkt einer Reise durch den Pfälzer Wald. Dank der unermüdlichen Arbeit vieler freiwilliger Helfer des Pfälzerwald-Vereins PWV sind die Wander- und Fahrradwege sehr gut ausgebaut und die Wegkennzeichnungen so fantastisch, dass es eigentlich unmöglich ist, sich zu verirren.

Dahn ist ein sympathisches Städtchen, in dem man bummeln, im Eiscafé sitzen und auch ansonsten ausgiebig schlemmen kann. Rund um Dahn gibt es genug Ausflugsmöglichkeiten, um hier gut einen mehrwöchigen Urlaub zu verbringen. Die Touristeninfo hält viele Vorschläge zu Wander- und Radtouren bereit.

Im sagenhaften Dahner Felsenland

Das berühmte **Dahner Felsenland** ist ein sagenumwobenes Stückchen Erde. Da gibt es zum Beispiel die Legende vom Jungfernsprung, in der besagter Hans Trapp im Wald eine holde Jungfrau trifft. Aus Angst vor dem Raubritter flüchtet die Maid. Als sie von einem hohen Felsen springt, bauschen sich ihre Röcke wie ein Fallschirm auf und sie landet gesund und munter im Dorf. Dort, wo ihr Fuß auf die Erde traf, so heißt es, sprudelt seitdem eine Quelle.

Von dem insgesamt 86 km langen **Felsenland Sagenweg** (Wegkennzeichnung schwarzes Gespenst auf hellblauem Grund) kann man auch gut nur einen Teil erwandern und z. B. die **Burgruine Drachenfels** besuchen. Einst soll hier eine Riesenschlange mit einer goldenen Krone hinabgeglitten sein, um im Weiher an der Kapelle zu baden. Dabei ging ihr das wertvolle Geschmeide verloren und es heißt, dass derjenige, der die Krone findet, unermesslich reich sein wird. Auch der 13 km lange **Premium-Rundwanderweg Bären-Steig** führt zur Ruine Drachenfels und in der Drachenfelshütte des Pfälzerwald Vereins kann man eine zünftige Stärkung genießen.

Das Dahner Felsenland wurde 2019 vom Deutschen Wanderinstitut als „Premium Wanderregion“ ausgezeichnet. Vom leicht zu begehenden Spazierweg bis zum anspruchsvollen Klettersteig wird hier alles geboten, sodass jeder Urlauber seiner Passion nachgehen kann. Der 9,5 km lange **Elwetrischeweg** zum Beispiel ist ein wunderschöner Rundweg, auf dem man nicht nur herrliche Aussichten genießen, sondern auf Informationstafeln einiges Wissenswertes über diese nur in der Pfalz bekannte Fabelgestalt erfahren kann. Der Weg führt vom Kurpark Dahn zum 268 m hoch gelegenen **Burgmassiv Alt-Dahn-Grafendahn-Tanstein.** Hierbei handelt es sich um ein Burgenensemble, das mit seinen 200 m Länge zu den größten Festungsanlagen der Pfalz gehört.

Die kostenlos zu besichtigende **Dreierburg** ist eine typische Wasgauer Felsenburg, die man unbedingt erklimmen sollte. Neben einem kleinen **Museum** finden durstige Spaziergänger im Burghof natürlich auch eine **Burgschänke** (Schlossstraße, 66994 Dahn, www.dahner-felsenland.net).

Blick vom abwechslungsreichen Felsenpfad auf Dahn

31 Camping Büttelwoog, Dahner Felsenland

GPS 49.144393, 7.767840

Naturbelassener, großer Campingplatz im Dahner Felsenland, von Wald umgeben, nicht parzelliert, ruhig, Imbiss, Brötchenservice, Gaststätte, separater Teil für Hundebesitzer, Zentrum fußläufig erreichbar. **Lage/Anfahrt:** in Dahn, von der B427 Pirmasenser Straße kommend, auf die Marktstraße einbiegen, der Straße bis zum Kreisverkehr folgen, rechts auf die Hasenbergstraße abbiegen, ausgeschildert; **Untergrund:** Wiese; **Service:** Strom, Trinkwasser, Abwasser, Chemie-WC, WLAN; **Preise:** €€; **Geöffnet:** Mitte März–Anf. Nov.; **Kontakt:** Am Campingplatz 1, 66994 Dahn, Tel. 06391 5622, www.camping-buettelwoog.de

Die trutzige **Burgruine Neudahn** aus dem 13. Jh., oberhalb des Neudahner Weihers gelegen, ist trotz der Wirren des Dreißigjährigen Kriegs und der Zerstörungen im Pfälzer Erbfolgekrieg recht gut erhalten und das ganze Jahr frei zugänglich. Hoch aufragende Doppelgeschütztürme aus dem 16. Jh. prägen die Burganlage, mit diesen Batterietürmen passte man die mittelalterliche Burg der Verteidigung mit Feuerwaffen an. Eine Besonderheit ist weiterhin die freistehende keilförmige Bastei.

Sehr empfehlenswert ist auch der 12 km lange **Dahner Felsenpfad** mit seiner Wegkennzeichnung eines schwarzen Felsens auf gelbem Grund. Auf schmalen, verwunschenen Pfaden wird der Wanderer zu den ungewöhnlichsten Felsformationen geführt, die alle einen Namen tragen. So gibt es neben den wohl bekanntesten Buntsandsteintürmen **Braut und Bräutigam** auch einen Schlangenfelsen, den Ungeheuerfelsen oder als fantastischen Aussichtspunkt den Wachtfelsen.

Touristeninfo, Schulstraße 29, www.dahner-felsenland.de

32 Campingplatz Neudahner Weiher

GPS 49.164890, 7.753738

Campingplatz nur für Erwachsene, ruhig, nicht parzelliert, direkt am See im Wandergebiet, 2 km zur bewirteten Hütte, 3 km bis zum Zentrum von Dahn. **Lage/Anfahrt:** von der B427 aus Dahn kommend nach dem Gewerbegebiet Neudahn 2 links abbiegen und Richtung Moosbachtal fahren, ausgeschildert; **Untergrund:** Wiese; **Service:** Strom, Trinkwasser, Abwasser, Chemie-WC; **Preise:** €€; **Geöffnet:** Ostern bis Ende Oktober; **Kontakt:** Neudahner Weiher 5, 66994 Dahn, Tel. 06391 1326, www.neudahner-weiher.de

Fischbach bei Dahn

Ganz im südlichen Teil des Pfälzerwalds und nur 6 km von der Grenze zum französischen Elsass entfernt, liegt der staatlich anerkannte Erholungsort Fischbach. Hier findet der Urlauber nicht nur ein herrliches **Wandergebiet** vor, in der näheren Umgebung gibt es auch einige Seen und im Ort selbst das **Felsland Badeparadies** (Eybergstraße 1, 66994 Dahn, www.felsland-badeoaradies.de) mit einem 7000 m² großen Saunagarten. Wirklich bekannt ist Fischbach allerdings für das **Biosphärenhaus** (Am Königsbach 1, 66996 Fischbach bei Dahn, www.biosphaerenhaus.de), das ursprünglich auf der Expo 2000 in Hannover stand. In dem außergewöhnlichen Gebäude befindet sich eine multimediale Ausstellung über das von der UNESCO anerkannte Biosphärenreservat Pfalz-Nordvogesen. Auf dem Außengelände laden noch der Biosphären-Erlebnisweg und der Wasser-Erlebnisweg zum Mitmachen ein. Die Attraktion schlechthin aber ist der **Baumwipfelpfad,** der mit seinen 270 m Länge in 12–18 m Höhe durch die Baumkronen führt. Hier gibt es wackelige Hängebrücken, Adlerhorste, einen 40 m hohen Aussichtsturm und als letzte Mutprobe eine Riesenrutsche, in der man 45 m in die Tiefe saust.

33 Wohnmobilstellplatz Fischbach bei Dahn

GPS 49.087555, 7.726580

Der schattige Stellplatz befindet sich am Waldrand direkt neben dem Biosphärenhaus und dem Baumwipfelpfad, Fischbach Zentrum 1,5 km entfernt. **Lage/Anfahrt:** von Dahn kommend in Bundenthal auf die L478 abbiegen; **Platzanzahl:** 6 **Untergrund:** Schotter; **Service:** Strom, Trinkwasser, Chemie-WC; **Preise:** €€; **Geöffnet:** April–November; **Kontakt:** Am Königsbach, 66996 Fischbach bei Dahn, Tel. 06393 92100, www.biosphaerenhaus.de

Mutprobe im Baumwipfelpfad am Biosphärenhaus in Fischbach

Ines Friedrich

Die Deutsche Weinstraße

Bad Dürkheim
Wachenheim an der Weinstraße
Deidesheim
Neustadt an der Weinstraße
Maikammer
Sankt Martin
Edenkoben
Rhodt unter Rietburg
Bockenheim a.d.W.
Dörrenbach
Bad Bergzabern
-Rechtenbach
Schweigen-
Grünstadt
Eisenberg (Pfalz)
Frankenthal (Pfalz)
Mannheim
Ludwigshafen am Rhein
Schifferstadt
Haßloch
Speyer
Lambrecht (Pfalz)
Landau in der Pfalz
Germersheim
Philippsburg
Annweiler am Trifels
Kandel
Wörth am Rhein
Wissembourg
Pfälzerwald
Haardt
Bienwald
Kalmit 673
Börrstadt
Lautersheim
Ebertsheim
Hettenleidelheim
Tiefenthal
Kirchheim a.d.W.
Dirmstein
Heuchelheim
Großniedesheim
Roxheim
Beindersheim
Lampert
Sandhofen
Gerolsheim
Heßheim
Großkarlbach
Battenberg (Pfalz)
Bobenheim am Berg
Weisenheim am Sand
Weisenheim am Berg
Lambsheim
Wattenheim
Altleiningen
Carlsberg
Freinsheim
Eppstein
Oggersheim
Leistadt
Kallstadt
Erpolzheim
Birkenheide
Maxdorf
Enkenbach-
Fischbach
Frankenstein
Hochspeyer
Weidenthal
Friedelsheim
Ellerstadt
Gönnheim
Rödersheim-
-Gronau
-Schauernheim
Mutterstadt
Dannstadt-
Neuhofen
Altrip
Neckarau
Niederkirchen
Hochdorf-Assenheim
Meckenheim
Ruppertsberg
Limburgerhof
Waldsee
Neidenfels
Lindenberg
Esthal
Frankeneck
Gimmeldingen
Böhl-
-Iggelheim
Otterstadt
Elmstein
Iggelbach
Speyerbach
Lachen-Speyerdorf
Diedesfeld
Dudenhofen
Hanhofen
Harthausen
Altlußheim
Kirrweiler (Pfalz)
Duttweiler
Geinsheim
Venningen
Altdorf
Gommersheim
Heiligenstein
Römerberg
Weyher in der Pfalz
Freimersheim (Pfalz)
Freisbach
Schwegenheim
Rheinhausen
Oberhausen
Mechtersheim
Ramberg
Edesheim
Großfischlingen
Eußerthal
Dernbach
Burrweiler
Hochstadt (Pfalz)
Weingarten (Pfalz)
Lingenfeld
Böchingen
Walsheim
Lustadt
Westheim (Pfalz)
Rheinsheim
Frankweiler
Gräfenhausen
Zeiskam
Queich
Essingen
Albersweiler
Siebeldingen
Godramstein
Nußdorf
Rinnthal
Ranschbach
Ilbesheim
Offenbach an der Queich
Bellheim
Huttenheim
Ottersheim
Sondernheim
Rußheim
Lug
Wernersberg
Waldhambach
Mörzheim
Impflingen
Herxheim bei Landau/Pfalz
Dettenheim
Graben-Neudorf
Gossersweiler-Stein
Göcklingen
Hördt
Liedolsheim
Insheim
Kuhardt
Silz
Klingenmünster
Rohrbach
Rülzheim
Gleiszellen-Gleishorbach
Billigheim-Ingenheim
Leimersheim
Linkenheim-Hochstetten
Birkenhördt
Erlenbach bei Kandel
Kapellen-Drusweiler
Steinweiler
Hatzenbühl
Rheinzabern
Neupotz
Friedrichstal
Oberhausen
Winden
Jockgrim
Rhein
Oberotterbach
Dierbach
Minfeld
Eggenstein-Leopoldshafen
Steinfeld
Freckenfeld
Schaidt
Neureut
Blankenloch
Schweighofen
Stauf
Sausenheim
Ne
E 50
E 31
0 3 km
© Reise Know-How 2022

TOUREN-ÜBERBLICK

Routenempfehlung: Bockenheim – Bad Dürkheim – Wachenheim –Deidesheim – Neustadt an der Weinstraße – Maikammer – Sankt Martin – Edenkoben – Rhodt unter Riedburg – Bad Bergzabern – Dörrenbach – Schweigen-Rechtenbach
Länge gesamt: ca. 85 km
Dauer: ca. 8 Tage
Reisezeit: März bis Oktober von der Mandelblüte bis zur Weinlese

Kaum ein Landstrich in Deutschland wird so von der Sonne verwöhnt wie die Pfalz entlang der Deutschen Weinstraße. Bis zu 2000 Sonnenstunden pro Jahr lassen hier in den Weinbergen zwischen dem Pfälzer Wald und der Rheinebene die Trauben wachsen und gedeihen. Soweit das Auge reicht, sind die hügeligen Ausläufer entlang des Gebirgszugs Haardt mit Weinreben bepflanzt, zwischen denen sich entspannt wandern und radeln lässt. Die Burgendichte in der Pfalz ist die größte in Deutschland, und allein entlang der Deutschen Weinstraße sind fünfzehn gut erhaltene Burgen und Schlösser zu bewundern.

Die Römer haben den Wein in die Pfalz gebracht, und an vielen Orten sind noch Zeitzeugen der römischen Kultur zu finden. In dem heute über 23.000 Hektar großen Rebenmeer entlang der Deutschen Weinstraße wird nicht nur Riesling angebaut, jeder Winzer keltert auch noch seinen eigenen Gewürztraminer, Grauburgunder oder Sauvignon Blanc sowie eine erstaunliche Anzahl an Rosé- und Rotweinen.

Viele Winzerbetriebe – und es werden immer mehr – bieten mittlerweile Stellplätze an, sodass der Wohnmobilist sorgenfrei Weinproben genießen kann. In der Zeit der Weinlese im September und Oktober ist es ratsam, vorab einen Stellplatz zu reservieren.

Durch das mediterrane Klima startet in der Vorderpfalz die Reisesaison spätestens im März, wenn die Mandelbäume erwachen und die Region in ein rosa Blütenmeer verwandeln. Mit diesen Frühlingsboten, die alljährlich Tausende Touristen an die Deutsche Weinstraße locken, beginnt auch die Zeit der Weinfeste. In jedem noch so kleinen Ort öffnen die Winzerbetriebe ihre wunderschönen Höfe und laden zum Feiern ein. Die Weinschorle wird übrigens in der Pfalz in 0,5-l-Gläsern, oft im sogenannten Dubbeglas, ausgeschenkt, ein echter Schoppen also.

Die Pfälzer sind ein sehr geselliges Völkchen und so findet sich immer ein Grund zum Feiern. Mandelblütenfeste, Bauernmärkte, Kastanienblütenwanderungen, Weinlesefeste und Keschde-Märkte: Ein Fest löst das andere ab, bis im Dezember dann die Weihnachtsmärkte beginnen – die Pfalz hat also wirklich immer Saison!

Die Deutsche Weinstraße ist die älteste Weintouristikroute der Welt und wurde 1935 aus der Not heraus geboren, um den Fremdenverkehr und damit den Weinverkauf anzukurbeln. Der Erfolg war so durchschlagend, dass sie heute Vorbild für unzählige andere Touristikrouten in Deutschland ist.

Neuste Attraktion ist der Prädikatswanderweg „Pfälzer Weinsteig", der am Rand des Haardt-Gebirges mit tollen Aussichten in die Rheinebene an den idyllischen Weindörfern vorbeiführt.

Blick auf die Michelskapelle in den Weinbergen bei Bad Dürkheim

Bockenheim

Die Deutsche Weinstraße beginnt (oder endet) in **Bockenheim,** dem Tor zur Pfalz. 1995 wurde hier das **Haus der Deutschen Weinstraße** (Weinstraße 91, www.pfalz-info.com/bockenheim) errichtet, das architektonisch an ein römisches Kastell erinnert und die Weinstraße B 271 wie eine Brücke überspannt. In dem ausgefallenen Gebäude befinden sich eine Touristeninformation und ein Brücken-Restaurant/-Café mit großer Seeterrasse. Das Gegenstück zum Haus der Deutschen Weinstraße ist das 85 Kilometer entfernte **Deutsche Weintor** in Schweigen-Rechtenbach kurz vor der Grenze ins französische Elsass.

TOUR WANDERUNGEN DURCH DIE WEINBERGE

Rund um Bad Dürkheim sind herrliche, bestens ausgeschilderte Wanderungen durch die Weinberge möglich, so gibt es u. a. den „Panoramaweg Drachenfels", den „Weinlehrpfad Leistadt" und die „Rundwanderung zur Klosterruine Limburg". Diese Wanderung lässt sich noch gut bis zur Hardenburg erweitern (www.bad-duerkheim.de/kultur-tourismus).

Bad Dürkheim

In **Bad Dürkheim** steht zuallererst der Besuch eines Weltrekords auf dem Programm. Das nicht zu übersehende **Bad Dürkheimer Riesenfass** (St. Michael Allee 1, https://duerkheimer-fass.de) auf dem Gelände des Wurstmarkts ist das größte Weinfass der Welt mit einem Fassungsvermögen von 1,7 Millionen Litern. Der Küfermeister Fritz Keller hat das Fass, das einen Durchmesser von 13,5 m hat, 1934 aus dem Holz von 200 Schwarzwälder Tannen gebaut. In dem Fass befinden sich ein **Weinlokal,** eine Ausstellung zum Thema Wein und eine begehbare Empore.

Eine weit über die Stadtgrenze hinaus bekannte Sehenswürdigkeit ist auch der **Gradierbau** (Gutleutstraße, www.bad-duerkheim.com) im Kurpark. Während des langsamen Durchschreitens der historischen Saline, einem 333 m langen Holzbau, werden feinste Solepartikel eingeatmet, die bei Atemwegserkrankungen Linderung verschaffen sollen. Die Sole entspringt der Maxquelle im Kurpark und im dortigen Kurhaus ist auch die **Bad Dürkheimer Spielbank** (Schlossplatz 6–7, https://spielbank-bad-duerkheim.de) untergebracht. Die sehenswerte Kleinstadt besitzt ein verkehrsberuhigtes Zentrum mit gut erhaltenen Fachwerkhäusern, in denen zahlreiche Cafés und Weinstuben ihre Gäste bewirten.

Die **Klosterruine Limburg,** ein ehemaliges Benediktinerkloster, hat Geschichte geschrieben, da im 11. Jh. hier die Reichsinsignien des Heiligen Römischen Reichs (Krone, Zepter etc.) aufbewahrt wurden. Die beeindruckende Ruine, die kostenlos besichtigt werden kann, thront 120 m über dem Flüsschen Isenach. Für müde Wandersleute hält die **Klosterschänke Limburg** (Luipoldweg 1, www.klosterruine.de) allerlei Erfrischendes und Stärkendes bereit. Die **Hardenburg** ist eine der eindrucksvollsten Burgruinen der Pfalz und war einst Stammsitz der Grafen von Leiningen. Die gut erhaltene Festung kann besichtigt werden und beherbergt eine Ausstellung zur Geschichte der Burg. Auf dem alten Turnierplatz in unmittelbarer Nähe bewirtet die **Waldgaststätte Lindenklause** (Schlossberg 11, www.lindenklause.de) von Mittwoch bis Sonntag ihre Gäste mit allerlei Leckereien.

Beide Ziele lassen sich erwandern, sind von Bad Dürkheim aus aber auch mit öffentlichen Verkehrsmitteln zu erreichen.

Touristeninfo, Kurbrunnenstraße 14, www.bad-duerkheim.de

TIPP DAS GRÖSSTE WEINFEST DER WELT

Am zweiten und dritten Wochenende im September findet seit 1471 auf dem Gelände vor der Saline der berühmte Wurstmarkt statt, das größte Weinfest der Welt. Wer zu der Zeit in der Nähe ist, sollte sich das nicht entgehen lassen (www.bad-duerkheim.de/kultur-tourismus/veranstaltungen-feste/duerkheimer-wurstmarkt).

34 Stellplatz In der Silz

GPS 49.469453, 8.167266

Von Weinbergen umgeben, leichter Baumbestand, nicht parzelliert, auch für große Mobile, 10 Min. Fußweg ins Zentrum, max. Standzeit 3 Nächte; **Lage/Anfahrt:** am Ortsrand, in Bad Dürkheim in Richtung Leistadt abbiegen, der Stellplatz ist ausgeschildert; **Platzanzahl:** 150; **Untergrund:** Schotterrasen; **Service:** Strom, Trinkwasser, Abwasser, Chemie-WC; **Preiskat.:** €€; **Geöffnet:** ganzjährig; **Kontakt:** Leistadter Straße L157, 67098 Bad Dürkheim, www.bad-duerkheim.com

TOUR RADWEG DEUTSCHE WEINSTRASSE

Durch Bad Dürkheim führt auch der gut ausgeschilderte und bestens befahrbare **Radweg Deutsche Weinstraße,** der insgesamt über 97 Kilometer durch die hügelige Landschaft verläuft. Auf zu 90 % befestigten Wegen geht es hauptsächlich durch die Rebenfelder. Nur in den Weindörfern muss man sich die Straße auch mal mit Autofahrern teilen.

Die Beschilderung mit dem grünen Fahrrad und der Weinrebe auf weißem Grund ist vorbildlich. Wer eine größere Radtour plant, kann den Rückweg gut mit der Regionalbahn antreten, die auch spezielle Fahrradabteile anbietet und in allen Weinorten anhält (www.pfalz-info.com/radtouren).

35 Knaus Campingpark

GPS 49.473829, 8.191715

Weitläufiger Campingplatz an einem kleinen Badesee, nicht parzelliert, barrierefrei, SB-Markt, Restaurant, Weinprobe, Zentrum 2 km entfernt. Vor dem Campingplatz stehen 16 Übernachtungsplätze zur Verfügung. **Lage/Anfahrt:** von Bad Dürkheim kommend die B37 in Richtung Flugplatz fahren, ausgeschildert; **Platzanzahl:** 230; **Untergrund:** Wiese; **Service:** Strom, Trinkwasser, Abwasser, Chemie-WC, WLAN; **Preiskat.:** €€€; **Geöffnet:** ganzjährig; **Kontakt:** In den Almen, 67098 Bad Dürkheim, Tel. 06322 61356, www.knauscamp.de

Wachenheim

Wachenheim bringen die meisten Deutschen sicherlich mit dem Namen einer der größten Sektkellereien der Welt in Verbindung – **Schloss Wachenheim** (Kommerzienrat-Wagner-Straße 1, www.wachenheim.de). Mit ihrer 125-jährigen Geschichte ist die Kellerei auch eine der ältesten Aktiengesellschaften Deutschlands, deren großartiges Anwesen sich mitten im Ort befindet. Von Donnerstag bis Sonntag ist das Schloss bewirtet, für eine Sektprobe und Führung durch die Kellerei sollte man sich allerdings vorher anmelden.

Bei einem Bummel durch die engen Gassen des idyllischen Weinorts ist für Freunde ku-

36 Campingplatz Burgtal

GPS 49.432616, 8.161785

Der großzügige, parzellierte Campingplatz liegt am Waldrand und ist ruhig und barrierefrei. Spielplatz vorhanden, Hunde erlaubt, Brötchenservice, 1,5 km bis in die Ortsmitte, direkter Wanderweg zur Wachtenburg. **Lage/Anfahrt:** außerorts, von Norden, von der Kreuzung L516 und L525 kommend, nach rechts auf die Waldstraße abbiegen, CP ist ausgeschildert; **Platzanzahl:** 40; **Untergrund:** Schotterrasen; **Service:** Strom, Trinkwasser, Abwasser, Chemie-WC, WLAN; **Preiskat.:** €€€; **Geöffnet:** Mitte März bis Mitte November; **Kontakt:** Waldstraße 105, 67157 Wachenheim, Tel. 06322 2589, www.camping-burgtal.de

Von der Wachtenburg genießt man einen tollen Blick in die Rheinebene

Bei einem Spaziergang durch das idyllische Deidesheim gibt es viel zu entdecken

linarischer Spezialitäten die **Metzgerei Hambel** (Hintergasse 1, https://metzgerei-hambel.de) ein Muss. Hier hat der aus dem nahen Oggersheim stammende ehemalige Bundeskanzler Helmut Kohl seinen geliebten Saumagen gekauft, den sogar Staatsgäste wie Michail Gorbatschow, die Queen oder Spaniens König Juan Carlos serviert bekamen. Der sehr delikate **Pfälzer Saumagen** besteht ausschließlich aus magerem Schweineschinken, Gewürzen und Kartoffelstücken, die Unkundige oft als Fettklumpen beäugen. Jeden Freitag um 11 Uhr (Anmeldung erwünscht) veranstaltet Metzger Klaus Hambel eine Schauproduktion.

Über dem Ort thront in 230 m Höhe die **Wachtenburg** (www.wachtenburg.de) aus dem 12. Jh., die wie so viele Burgen in der Pfalz während des Pfälzischen Erbfolgekriegs durch französische Truppen teilweise zerstört wurde. Als beliebtes Ausflugsziel ist auf dem „Balkon der Pfalz“, wie der Burghof auch genannt wird, die Burgschenke eingerichtet worden, die aber nur bei schönem Wetter geöffnet ist. Dann ist die Aussicht über die Rheinebene bis hin zu den Vogesen und dem Schwarzwald einfach grandios. Am zweiten und dritten Wochenende im Juni findet hier auch das alljährliche Wachenheimer Burg-und Weinfest statt.

Deidesheim

Deidesheim ist sicher einer der schönsten und bekanntesten Weinorte der Pfalz. Perfekt restaurierte Fachwerk- und Sandsteinhäuser prägen das Stadtbild, Wahrzeichen des Orts ist das historische Rathaus am Marktplatz.

Hier spürt man das hiesige, fast mediterrane Klima ganz besonders, denn die Temperaturen der Sommertage übersteigen den Bundesdurchschnitt bei Weitem. An allen Ecken reifen Feigen, Zitronen und Kiwis. Der Ort gilt als Riesling-Hauptstadt und hat in der Region die höchste Dichte an Weinlokalen zu verzeichnen. Nahezu jedes Weingut im Ort hat seinen Hof in eine gemütliche Stube verwandelt und bietet neben dem eigenen Wein zumeist auch Pfälzer Spezialitäten an.

Touristeninfo, Bahnhofstr. 5, 67146 Deidesheim, www.deidesheim.de

Neustadt an der Weinstraße

Neustadt an der Weinstraße hat den Zweiten Weltkrieg fast unbeschadet überstanden. Entsprechend eindrucksvoll ist die Vielzahl von stuckgeschmückten Gründerzeitvillen. Die Altstadt des 53.000-Einwohner-Städtchens ist ein bauhistorisches Juwel. Rund um den weitläufigen Marktplatz gruppieren sich wunderschöne Fachwerkhäuser mit Cafés und Weinstuben sowie das eindrucksvolle **Rathaus** und die **Stiftskirche** mit ihren völlig unterschiedlichen Glockentürmen. In seinem Innern birgt das gotische Gotteshaus eine Besonderheit in Form einer Trennwand, die in der Doppelkirche gleichzeitig einen katholischen und einen protestantischen Gottesdienst ermöglichte.

Ein großer Brunnen ziert die Mitte des **Marktplatzes,** auf dem dienstag- und samstagvormittags einer der größten Wochenmärkte der Pfalz aufgebaut wird. Brunnen gibt es einige in der Stadt, ganz besonders sehenswert ist der **Elwedritsche-Brunnen** am Hetzelplatz, wo sich auch die Touristeninfo befindet. Elwedritsche sind nur in der Pfalz bekannte, hühnerähnliche Fabelwesen, bei deren Gestaltung der künstlerischen Fantasie keine Grenzen gesetzt sind.

Viele kleine Geschäfte in der ausgedehnten Fußgängerzone machen Neustadt zu einer richtigen Shopping-Stadt. Da nicht nur die Weinstraße, sondern auch der Pfälzer Mandelpfad durch Neustadt führt, werden in den hiesigen Confiserien u. a. Mandelblütengebäck und -kaffee, Ingwermandeln, Mandeltorte und noch viele Kreationen mehr angeboten – perfekte Mitbringsel.

Durch Neustadt verlaufen auch der **Radweg Deutsche Weinstraße** und der **Wander-Prädikatsweg Pfälzer Weinsteig** (beide: www.pfalz-info.com).

Das **Hambacher Schloss** (www.hambacher-schloss.de), das abends stimmungsvoll illuminiert ist, thront auf dem 376 m hohen Schlossberg. Die Festung hat eine lange Geschichte und gilt als Wiege der deutschen Demokratie. Das in der Pfalz auch Maxburg genannte Schloss stammt ursprünglich aus dem Mittelalter und war einst eine regelrechte Raubritterburg. Auch damals schon kreuzten sich in

Das Hambacher Schloss gilt als Wiege der deutschen Demokratie

Neustadt wichtige Handelswege, und sogar der Jakobsweg führte hier vorbei. Genug Gelegenheit also, um reichlich Beute zu machen. Die Burg wurde während des Pfälzer Erbfolgekriegs 1688 zerstört und erst unter dem bayerischen König Maximilian II. wieder aufgebaut. 1832 kam es zum sogenannten **Hambacher Fest,** als fast 30.000 Menschen (vorwiegend Studenten) zum Schloss zogen und während einer sechstägigen Protestveranstaltung demokratische Rechte einforderten. Hier wurde zum ersten Mal die schwarz-rot-goldene Fahne gehisst und seitdem ist das Hambacher Schloss ein nationales Denkmal, in dem auch eine ständige Ausstellung zur Geschichte der Demokratie zu sehen ist.

Touristeninfo, Hetzelplatz 1, www.neustadt.eu

37 Winzerstellplatz Weingut Steigelmann

GPS 49.373157, 8.170935

Gemütlicher Stellplatz im Garten eines Weinguts, ruhig, Bäcker und Supermarkt 5 Gehminuten entfernt, 3,5 km nach Neustadt. **Lage/Anfahrt:** von Norden kommend auf der L516 am Ortseingang rechts auf Am Stecken abbiegen, Weingut Steigelmann ist ausgeschildert; **Platzanzahl:** 8; **Untergrund:** Wiese; **Service:** Strom, Trinkwasser, Abwasser, Chemie-WC, WLAN; **Preiskat.:** €€; **Geöffnet:** Anfang März bis Ende November; **Kontakt:** Lauterbachstraße 33, 67435 Neustadt/Weinstraße OT Mußbach, Tel. 06321 68896, www.weingut-steigelmann.de

Maikammer

In **Maikammer** fällt am Ortsausgang auf einem Kreisel ein riesiger, bunter Zollstock auf. Das Denkmal erinnert an zwei Söhne des Orts, die Brüder Franz und Anton Ullrich, die dieses heute in jedem Haushalt zu findende Hilfsmittel erfunden haben. Ihren sogenannten „Gelenkmaßstab" ließen sich die erfinderischen Brüder schlauerweise patentieren. Auf der Pariser Weltausstellung 1889 konnten sie damit enorme Erfolge feiern. Neben dem Klappmeter-Denkmal hat die Supermarktkette Wasgau eine Niederlassung, die zwar dem Edeka-Einkaufsverband angeschlossen ist, aber auch viele regionale Spezialitäten anbietet. In der Ortsmitte von Maikammer führt die Kalmithöhenstraße auf den höchsten Berg der Region, den 673 m hohen **Kalmit.** Leider ist die Straße dort hinauf nur für Wohnmobile bis 2,8 t zugelassen, sodass das Gros der Womofahrer wohl die Wanderstiefel schnüren muss. Der **Wanderweg** von Maikammer auf den Kalmit ist weiß-grün markiert und überwindet bis zum Gipfel etwa 500 Höhenmeter. In der Hauptsaison fährt ab Neustadt/Weinstraße der **Wanderbus** Nr. 503 hier hinauf.

Sankt Martin

Sankt Martin liegt nicht direkt an der Deutschen Weinstraße, sondern schmiegt sich etwas abseits an den bewaldeten Haardtrand. Der 1800-Einwohner-Ort ist eines der beliebtesten Winzerdörfer und zählt stolze 45.000 Übernachtungsgäste pro Jahr. Der historische Ortskern steht unter Denkmalschutz und ist mit seinen engen Gassen, schönen Fachwerkhäusern und idyllischen Höfen sehr ansprechend.

Das dem Schutzpatron der Gemeinde, dem Heiligen Martin, gewidmete Gotteshaus thront eindrucksvoll auf einer Anhöhe an der Kreuzung zweier ehemaliger Römerwege. Im anschließenden Garten hat man ganz bewusst zahlreiche Pflanzen gesetzt, die in der Bibel

38 Winzerstellplatz Weingut Schreieck

GPS 49.300167, 8.105947

Begrünte Stellflächen, etwas eng unter weinumrankter Pergola. **Lage/Anfahrt:** von Maikammer kommend auf die Totenkopfstraße L514 fahren und am Friedhof links, Stellplatz ist ausgeschildert; **Platzanzahl:** 15; **Untergrund:** Rasengitter; **Service:** Strom, Trinkwasser, Abwasser, Chemie-WC, WLAN; **Preiskat.:** €€; **Geöffnet:** ganzjährig; **Kontakt:** Friedhofstraße 8, 67487 St. Martin, Tel. 06323 5415, www.schreieck-wein.de

Viele Winzerhöfe laden zur Einkehr ein

39 Campingplatz Wappenschmiede

GPS 49.301152, 8.090075

Kleiner Terrassenplatz im Wald, schattig, Restaurant am Platz, 500 m zum Zentrum, direkter Zugang zu Wander- und Radwegen. **Lage/Anfahrt:** in St. Martin die Totenkopfstraße durchfahren, unbedingt am ersten Hinweis auf den Campingplatz nach links in die Heinrich-Lorenz-Straße abbiegen, der Talstraße folgen; **Platzanzahl:** 25; **Untergrund:** Wiese; **Service:** Strom, Trinkwasser, Abwasser, Chemie-WC, WLAN; **Preiskat.:** €€€; **Geöffnet:** Mitte März–Ende Okt.; **Kontakt:** Talstr. 60, 67487 St. Martin, Tel. 06323 6435, www.camping-wappenschmiede.de

Erwähnung finden: einen Ölbaum, einen Johannisbrotbaum, einen Granatapfelbaum und natürlich auch einen Weinstock.

Eine kleine Wanderung führt zur nicht weit entfernten, 331 m hoch gelegenen **Kropsburg.** Einst im Mittelalter erbaut, fiel auch diese Festung den französischen Truppen zum Opfer. Die Burg ist heute in Privatbesitz, aber im Burghof lädt die **Burgschänke** (Kropsburg 5, www.burgschaenke-kropsburg.de) zum Verweilen ein, von deren idyllischer Terrasse man den herrlichen Blick in die Rheinebene genießen kann.

Touristenbüro, Kellereistraße 1, www.sankt-martin.de

Das **Café-Bistro Boulevard** ist eine nette Adresse für den kleinen Hunger zwischendurch, zum Aperitif oder zur abendlichen Pizza (Tanzstraße 24)

Blick auf die Villa Ludwigshöhe und den Sessellift zur Rietburg

40 Wohnmobilstellplatz Edenkoben

GPS 49.281770, 8.131049

Ausgewiesene Stellflächen auf einem gemischten Parkplatz, schöner Blick, kein Schatten, 5 Min. ins Zentrum, max. Standzeit 3 Nächte. **Lage/Anfahrt:** von der L516 kommend dem Womo-Piktogramm folgen; **Platzanzahl:** 40; **Untergrund:** Asphalt; **Service:** Strom, Trinkwasser, Abwasser, Chemie-WC; **Preiskat.:** €; **Geöffnet:** ganzjährig; **Kontakt:** Am Kirchberg, 67480 Edenkoben, www.edenkoben.de

Edenkoben

Am Marktplatz von Edenkoben steht die Statue des bayerischen Königs Ludwig I., denn die Rheinpfalz gehörte bis 1946 zu Bayern. Auf Wunsch des Königs wurde 1846 der Grundstein für die **Villa Ludwigshöhe** (Villastraße 64, www.pfalz-info.com/edenkoben) gelegt, die er fortan als Sommerresidenz nutzte. Der passionierte Wanderer ließ auch den 15 m hohen **Ludwigsturm** hier auf dem Blättersberg, in 605 m Höhe, erbauen, von wo auch heute noch ein grandioser Blick in die Rheinebene garantiert ist. An der Villa Ludwigshöhe ist die Talstation der **Rietburgbahn,** einem nostalgischen Sessellift aus dem Jahr 1954. Mit ihm werden bequem die 220 Höhenmeter zur 535 m hoch gelegenen **Rietburg** überwunden, in deren Burghof sich ein empfehlenswertes **Ausflugslokal** (Facebook: Höhengaststätte Rietburg) mit fantastischer Fernsicht befindet. Ein schöner Spaziergang führt zum nicht weit entfernten **Friedensdenkmal,** das an den Sieg Deutschlands über Frankreich 1871 erinnern sollte. Das gigantische Denkmal ist äußerst beeindruckend und dient heute auch als Bühne und Kulisse z. B. für ein alljährliches Open-Air-Festival.

Rhodt unter Rietburg

Rhodt unter Rietburg ist einer der ganz besonders idyllischen Weinorte. Entlang der historischen Theresienstraße reihen sich wunderschöne Fachwerkhäuser aneinander, vor denen in alten Weinfässern bunte Hortensien um die Wette blühen. Mächtige Kastanienbäume säumen die Prachtallee, an der auch Cafés, Weinstuben, Hofverkäufe und Ateliers zum Besuch einladen.

41 Winzerstellplatz Brennerei Göring

GPS 49.278004, 8.133969

Stellplätze im Garten einer Brennerei, schöner Baumbestand, Blick auf das Hambacher Schloss. **Lage/Anfahrt:** auf der L516 durch Edenkoben fahren, nach dem Ort rechts auf die Zielstraße abbiegen; **Platzanzahl:** 5; **Untergrund:** Wiese; **Service:** Strom, Trinkwasser, Abwasser, Chemie-WC, WLAN; **Preiskat.:** €; **Geöffnet:** ganzjährig; **Kontakt:** Blücherstraße 45, 67480 Edenkoben, Tel. 06323 2898, www.brennerei-goering.de

Der **Alte Kastanienhof** bietet eine gemütliche Innen- und Außengastronomie. Die Speisekarte hebt sich abwechslungsreich von den sonst üblichen Pfälzer Spezialitäten ab. Reservierung empfohlen (Theresienstraße 79, Tel. 06323 9881300, www.alter-kastanienhof.de).

42 Winzerstellplatz Fitz-Schneider

GPS 49.284010, 8.117137

Stellplätze hinter dem Weingut, Brötchenservice, Zentrum zu Fuß erreichbar, schöner Blick. **Lage/Anfahrt:** der Stellplatz wird durch das Neubaugebiet auf der Rückseite des Weinguts angefahren, von der L512 kommend im Ort rechts in die Nonnenstraße einbiegen und dieser bis zum Neuweg folgen, Stellplatz ist ausgeschildert; **Platzanzahl:** 12; **Untergrund:** Schotter, Wiese; **Service:** Strom, Trinkwasser, Abwasser, Chemie-WC, WLAN; **Preiskat.:** €€; **Geöffnet:** Anfang März–Ende Nov.; **Kontakt:** Klosterstraße 157, 67480 Edenkoben, Tel. 06323 5210, www.wein-fitz-schneider.de

Prachtfassade des Gasthauses Engel

Bad Bergzabern

In dem Kurort **Bad Bergzabern** kann der Wohnmobilist, der mal etwas Abwechslung von Weinwanderungen und Burgenbesichtigungen sucht, einen entspannten Tag im Thermalbad verbringen. In der historischen Altstadt fällt sofort der wohl schönste Renaissancebau der Pfalz ins Auge: das **Gasthaus „Zum Engel“**, in dem heute das **Stadtmuseum** (Königstr. 45, www.museumsportal-rp.de) untergebracht ist. In der weitläufigen Fußgängerzone lässt es sich nett bummeln, einkehren und die entspannte Atmosphäre genießen.

Touristeninfo, Kurtalstraße 27, www.badbergzabernerland.suedliche weinstraße.de

43 Stellplatz am Schloss

GPS 49.103257, 7.997303

Offizieller Stellplatz der Stadt auf dem gemischten Parkareal P2, ruhig, schöner Baumbestand. **Lage/Anfahrt:** von der L508 kommend rechts die Blumenstraße bis zum Ende durchfahren, der Beschilderung P2 folgen; **Platzanzahl:** 8; **Untergrund:** Asphalt; **Service:** Strom, Trinkwasser, Abwasser, Chemie-WC; **Preiskat.:** €; **Geöffnet:** ganzjährig; **Kontakt:** Weinbergstraße 7, 76887 Bad Bergzabern, www.vg-bad-bergzabern.de

44 Winzerstellplatz Hitziger

GPS 49.107176, 7.996988

Die Stellplätze direkt an einem Weingut sind von Reben umgeben und bieten einen schönen Ausblick. Das Zentrum ist zu Fuß erreichbar, eine Bushaltestelle und Wanderwege sind in der Nähe. **Lage/Anfahrt:** von der B427 kommend in Richtung Krankenhaus abbiegen, an diesem vorbei und der Beschilderung „Stellplatz" folgen; **Platzanzahl:** 20; **Untergrund:** Schotterrasen; **Service:** Strom, Trinkwasser, Abwasser, Chemie-WC, WLAN; **Preiskat.:** €; **Geöffnet:** Anfang März–Mitte Nov.; **Kontakt:** Liebfrauenbergweg 3, 76887 Bad Bergzabern, Tel. 06343 1710, www.weingut-hitziger.de

Ein Bummel durch Bad Bergzabern ist ein Genuss

Blütenmeer im Dornröschendorf Dörrenbach

Dörrenbach

Das idyllische Weindorf Dörrenbach, etwas abseits der Deutschen Weinstraße gelegen, ist ein historisches Juwel und wird auch **Dornröschen der Pfalz** genannt. Ganz passend wird hier keine Weinkönigin gewählt sondern ein Dornröschen. Entlang der engen Hauptstraße reiht sich ein wunderschön restauriertes Fachwerkhaus an das andere. Das 400 Jahre alte Rathaus ist eines der schönsten Renaissancegebäude der Pfalz. Gegenüber steht eine gut erhaltene Wehrkirche, deren Ursprung bis ins Mittelalter zurückreicht.

Schweigen-Rechtenbach

Der Ort liegt unmittelbar an der Grenze zum französischen Elsass und ist von einem Rebenmeer umgeben, das man auf dem ersten **Weinlehrpfad** Deutschlands (www. weinlehrpfad.eu) erkunden kann. Der Lehrpfad beginnt und endet an der Alten Kelter am Deutschen Weintor und verläuft 3 km über den mit Wein bewachsenen Sonnenberg. An neun Stationen werden dem Interessierten umfangreiche Informationen rund um das Thema Wein präsentiert, zum Beispiel über die wesentlichen Rebsorten, die Reblaus oder den Weinbau im Allgemeinen.
Das imposante **Deutsche Weintor** (Weinstraße 4, https://erlebnis-weintor.de) hier am Ende der Weinstraße, eingeweiht 1936 und damals mit einer gigantischen Hakenkreuzfahne versehen, war von den Nationalsozialisten bewusst als Machtdemonstration gegenüber Frankreich errichtet worden. Seit 1978 gehört das Anwesen der Winzergenossenschaft Deutsches Weintor, wo man eine nette Weinprobe mitmachen und das Wohnmobil mit gutem Pfälzer Wein vollladen kann (Vinothek am Deutschen Weintor, www.weintor.de/vinotheken).

TOUR MÄRCHENWANDERWEGE

Der 13 km lange, bestens gekennzeichnete **Dornröschen-Rundwanderweg** verläuft durch dichten Wald auch zur Burgruine Guttenberg.
Wem die Runde zu lang ist, der kann dem 6 km langen **Gebrüder-Grimm-Märchenweg** folgen. Auf beiden begegnen dem Wanderer liebevoll gestaltete Märchenfiguren wie Schneewittchen, Rapunzel und natürlich auch Dornröschen.
Startpunkt beider Wege ist jeweils in Dörrenbach (www.doerrenbach.de/tourismus).

Thilo Scheu

Die Rhön

Bad Salzungen
45
Vacha
Schweina
Brotterode
Bad Liebenstein
Barchfeld
Immelborn
Stadtlengsfeld
Trusetal
Breitungen
Schmalkalden
Wernshausen
Kuppenrhön
Vorderrhön
Geisa
46
Hünfeld
Burghaun
Dermbach
Wasungen
Tann (Rhön)
Kaltennordheim
Fulda
Künzell
Petersberg
Eichenzell
Hilders
Meiningen
Rhönblick
Fladungen
Rhön
Hohe Rhön
Wasserkuppe
950
Poppenhausen (Wasserkuppe)
47
Ehrenberg (Rhön)
Gersfeld (Rhön)
Ostheim v.d. Rhön
Nordheim v.d. Rhön
Mellrichstadt
Bischofsheim a.d. Rhön
Ebersburg
Neuhof
Kalbach
Truppenübungsplatz
Wildflecken
Kreuzberg
928
Bad Neustadt a.d.Saale
48
Bad Brückenau
Sinntal
Bad Bocklet
Münnerstadt
Bad Kissingen
49
Oberthulba
Elfershausen
Hammelburg
50
Fränk. Saale
0 4 km
© Reise Know-How 2022

TOUREN-ÜBERBLICK

Routenempfehlung: Bad Salzungen – Geisa/Gedenkstätte Point Alpha – Wasserkuppe – Bad Neustadt an der Saale – Bad Kissingen – Hammelburg
Länge gesamt: ca. 160 km
Dauer: ca. 6–9 Tage
Reisezeit: ganzjährig

Die Kulturlandschaft der Rhön zwischen Bad Salzungen im Norden und Hammelburg im Süden überrascht mit einer grandiosen Natur, zahlreichen Heil- und Kurorten und geschichtsträchtigen Sehenswürdigkeiten. 1991 wurde die Rhön, die sich in Teilen von Bayern, Hessen und Thüringen ausbreitet, zum UNESCO-Biosphärenreservat gekürt. Das facettenreiche Mittelgebirge im Herzen Deutschlands mit seiner artenreichen Flora und Fauna lässt sich bestens auf den vielen ausgeschilderten Wander- und Radtouren erkunden. Die im Vergleich zu anderen Mittelgebirgen waldärmere Rhön bietet von ihren zahlreichen freien Hochplateaus und Kuppen einen phantastischen Weitblick, wobei der höchste und bekannteste Berg der Region die 950 m hohe Wasserkuppe darstellt. Auch Kultur und Kulinarik haben neben der Natur einen hohen Stellenwert im „Land der offenen Fernen". So wurde 2021 Bad Kissingen zusammen mit zehn weiteren europäischen Städten zum UNESCO-Welterbe „Great Spa Towns of Europe" (s. S. 28) ernannt, während Hammelburg als älteste Weinstadt Frankens für Liebhaber des schmackhaften Rebensaftes als lohnendes Ziel gilt. Zur deutsch-deutschen Geschichte finden sich entlang des ehemaligen Grenzstreifens zwischen der BRD und der DDR einige sehr interessante Stätten, die an diese Zeit erinnern, wie die Mahn- und Gedenkstätte „Point Alpha" an der hessisch-thüringischen Landesgrenze bei Geisa.

Auf der knapp 1000 m hohen Wasserkuppe frönen sportlich Aktive ihrem Lieblingshobby

Der historische Bohrturm mit der benachbarten „Alten Inhalation"

Bad Salzungen

Die thüringische Kleinstadt am Ufer der Werra schaut auf eine **über 220-jährige Kurtradition** zurück. Schon rund zweitausend Jahre früher sollen keltische Stämme hier sesshaft gewesen sein und die Solevorkommen genutzt haben. Durch die salzhaltigen Quellwasser, ihre Heilkraft und das milde Reizklima schwang sich der in der Zeit Karls des Großen als **Villa Salsunga** bekannte Ort insbesondere im 19. Jahrhundert zu einem geschätzten Kurbad auf. Aus dieser Zeit stammt beispielsweise die um 1870 errichtete Alte Inhalation, in der heute das **Museum am Gradierwerk** (An den Gradierhäusern 4, www.museum-badsalzungen.de) untergebracht ist. Direkt daneben zeigt sich als technisches Denkmal der knapp 18 m hohe und 1869 fertiggestellte **Bohrturm,** der dazu dient, die bis zu 27-prozentige Sole aus einer Tiefe von etwa 140 m zu fördern. Das Herzstück des Kurorts, das **Gradierwerk** (www.gradierwerk-badsalzungen.de), wird seit 2020 generalsaniert. Die mit Reisig ausgekleideten Holzgerüste, durch die dann das Salzwasser tröpfelt, werden komplett neu aufgebaut. Im Sommer 2022 soll das originalgetreu nachgebaute Werk mit eigener Brunnenhalle wieder für die Öffentlichkeit zugänglich und ein Besuchermagnet für Erholungssuchende und Kurbesucher sein.

Bei einem Rundgang durch die mit zahlreichen Fachwerkhäusern geschmückte Altstadt trifft man auf weitere eindrucksvolle Sehenswürdigkeiten, die über den einst als Kurstadt erworbenen Wohlstand Zeugnis ablegen. Viele der heute noch existierenden Gebäude wurden nach einem verheerenden Stadtbrand im Jahr 1786 neu erbaut, darunter das 1790 im Barockstil errichtete Rathaus am Marktplatz oder die evangelisch-lutherische **Stadtkirche St. Simplicius,** die 1791 eingeweiht wurde und für ihre hervorragende, 1909 von Wilhelm Sauer erschaffene Orgel berühmt ist. Einen schönen Ausblick auf den innerstädtischen **Burgsee** und Teile der Stadt bieten die **Schnepfenburgterrassen,** die sich direkt an die gleichnamige, 1792 wieder in Dienst gestellte Burg und das heutige Amtsgericht anschmiegen. Eines der ältesten Bauwerke der Stadt findet man ebenfalls am Burgsee. Dabei handelt es sich um den im 16. und 17. Jahrhundert im Renaissancestil erbauten **Haunschen Hof** (Unter den Linden 4, Facebook: Haunscher Hof – Restaurant / Café / Seeterrasse), in dem das Standesamt und ein Restaurant mit herrlichem Seeblick untergebracht sind. Heute besuchen viele Gäste Bad Salzungen vor allem wegen seiner Therme **SOLEWELT** (Am Flößrasen 1, www.solewelt.de): ein moderner Gebäudekomplex mit integriertem Aktivbad, Saunalandschaft, Atem- und Gesundheitszentrum und einer Totes-Meer-Salzgrotte.

45 Sole Reisemobilhafen Bad Salzungen

GPS 50.815416, 10.237884

Großer Stellplatz in schöner Lage an der Werra. Wenige Gehminuten von der Altstadt, der SOLEWELT und dem Puschkinpark entfernt. Es existiert ein Info-Gebäude und eine Kanu-Anlegestelle. **Lage/ Anfahrt:** über die B62, im Ort ausgeschildert, Richtung SOLEWELT; **Platzanzahl:** 80; **Untergrund:** Pflaster; **Service:** Strom, Trinkwasser, Abwasser, Chemie-WC, WLAN; **Preiskat.:** €€; **Geöffnet:** ganzjährig; **Kontakt:** Am Flößrasen 5, 36433 Bad Salzungen, Tel. 03695 693434, www.solewelt.de/reisemobilhafen

Tourist-Info Bad Salzungen im Museum am Gradierwerk, An den Gradierhäusern 4, www.tourismus-badsalzungen.de

Geisa

Das erstmals Im Jahr 817 urkundlich erwähnte Städtchen Geisa punktet mit seiner entspannten und ruhigen Atmosphäre und einer attraktiven, leicht hügeligen Lage im thüringischen Ulstertal. Die zwischen den Flüsschen Geisa und Ulster gelegene Ortschaft mit dem 322 m hohen **Gangolfiberg** verfügt über ein facettenreiches Portfolio mit etlichen historisch interessanten Baudenkmälern. Im Zentrum, im Bereich der Durchgangsstraße, dominiert der Marktplatz mit einem Brunnen aus dem 17. Jahrhundert und dem unübersehbaren Rathaus, das 1856 im neugotischen Stil errichtet wurde. Die vor dem Rathaus stehende, von Romana Bellinger kreierte Bronzeskulptur eines Geißbocks und die dort zu lesenden Textzeilen eines Schlagers aus dem Jahr 1968 erinnern an die **ausgelassenen Karnevalstage** in Geisa. Der Rosenmontagszug, der als der größte seiner Art in der Region gilt, ist ein jeckes und lebendiges Spektakel. Erstmals begleitete 1880 eine Geiß die Karnevalisten auf ihrem Zug durch die Innenstadt – eine tierische Tradition, die bis heute fortgeführt wird. Vom Marktplatz mit Einkehrmöglichkeiten sind es nur wenige Schritte hinauf zum Schlossplatz mit einem wunderbaren Gebäudeensemble. Auffällig ist das viergeschossige

Fürstliche Schloss, das Fürstabt Placidus von Droste während seiner Regierungszeit von 1678 bis 1700 erbauen ließ und das als Sitz der Fuldaer Fürstäbte fungierte. Schön anzusehen ist ebenfalls das Anfang des 18. Jahrhunderts erbaute **Barockschloss** (www.schlossgeisa.de). In Auftrag gab es Fürstabt Adalbert von Schleifras. Heute sind in den Gebäuden ein Hotel und die Point Alpha Akademie untergebracht. Brautpaare geben sich in den fürstlichen Räumlichkeiten gerne das Jawort. Die evangelische Kirche am Schlossplatz stammt aus dem Jahr 1860. Besuchenswert sind ferner das **Stadtmuseum** (Schlossplatz 3) und die im gleichen Gebäude untergebrachte **Galerie Anneliese Deschauer** mit Werken von Marc Chagall und Salvador Dalí.

Wer einen hübschen Ausblick auf die Ulsteraue genießen und dabei etwas Historie erleben möchte, kann sich zum gläsernen **Stadtbalkon** begeben, der unterhalb der Schlösser, außerhalb der Stadtmauer, erschaffen wurde, ein Panorama von West nach Ost ermöglicht und so an die Grenzöffnung im Jahr 1989 erinnern soll. Erinnerungen der musikalischen Art offeriert dagegen das wohlklingende und in der Rhön einzigartige Glockenspiel der 1504 fertiggestellten katholischen Pfarrkirche. Im 38 Meter hohen Kirchturm verstecken sich 49 handgegossene Bronzeglocken. Dabei handelt es sich um ein in Deutschland sehr seltenes Carillon, also ein großes Glockenspiel, dass händisch per Klaviatur oder automatisch gespielt werden kann. Die Melodien erklingen mindestens dreimal am Tag um 11, 15 und 19 Uhr.

Tourist-Info in der Stadtverwaltung Geisa, Marktplatz 27, www.stadt-geisa.org

Das kleine Ortszentrum von Geisa mit der sich im Hintergrund zeigenden katholischen Pfarrkirche

TIPP DIE GEDENKSTÄTTE POINT ALPHA

Die bekannteste Attraktion von Geisa ist die rund 2 km von der Innenstadt entfernte **Gedenkstätte Point Alpha** (Platz der Deutschen Einheit 1, www.pointalpha.com). Das direkt an der ehemaligen Grenze zwischen NATO-Gebiet und damaligem Warschauer-Pakt-Territorium gelegene Areal umfasst verschiedene sehenswerte und geschichtlich interessante Ausstellungen und Bauwerke.

Im **Haus auf der Grenze** taucht der Besucher in die bedrohliche Welt des Kalten Kriegs ein, in der die mit Mauer, Selbstschussanlagen und Minengürteln gesicherte innerdeutsche Grenze noch Realität war. Auf Infotafeln sind die Lebensgeschichten von 20 Zeitzeugen niedergeschrieben, die diese Epoche erlebt haben und unter dem DDR-Regime verfolgt und eingesperrt wurden und anderen Repressalien ausgesetzt waren, darunter politische Gefangene, Mauerflüchtlinge, Fluchthelfer und zwangsadoptierte Kinder.

Im Außenbereich führt der sogenannte **Weg der Hoffnung** auf dem ehemaligen Todesstreifen, vorbei an originalen Grenzanlagen, bis zum **US-Camp Point Alpha** (Hummelsberg 1, 36169 Rasdorf). Von dort kontrollierten und beobachteten rund 40 Jahre lang US-amerikanische Soldaten das Grenzgebiet. Die ehemaligen Baracken, die heute als Ausstellungsräume dienen, die ausgestellten militärischen Fahrzeuge und der Beobachtungsturm vermitteln dem Besucher eine Vorstellung vom militärischen Leben und der einstigen Bedrohungslage.

46 Wohnmobilstellplatz An der Ulster

GPS 50.70706, 9.94990

Einfacher, überschaubarer Stellplatz in schöner Lage direkt an der Ulster, neben dem Sportplatz des FSV Ulstertal Geisa 1866. Ca. 10 Min. zu Fuß zum Schloss und dem Zentrum. **Lage/Anfahrt:** unweit der B278, südlich des Ortes von der B278 Richtung Fußballplatz abbiegen, kurz danach die Ulster queren, direkt hinter der Brücke rechts ab zum Stellplatz; **Platzanzahl:** 8; **Untergrund:** Wiese; **Service:** Strom, Trinkwasser (April–Okt.), Abwasser; **Preiskat.:** €; **Geöffnet:** ganzjährig; **Kontakt:** Tourismusbüro Geisa/Stadt Geisa, Schleider Straße, 36419 Geisa, Tel. 036967 69–115 und 69–150, www.geisa.de

Der höchste Berg der Rhön mit der unübersehbaren Kuppel der ehemaligen Radaranlage

Wasserkuppe bei Poppenhausen

Rund 9 Kilometer von Poppenhausen entfernt erhebt sich die 950 m hohe Wasserkuppe, der **höchste Berg der Rhön.** Die Fernsicht von der nahezu waldlosen Kuppe ist grandios und die Bedingungen für Rundflüge hervorragend. So kam es schon im Jahr 1912 zum ersten Segelflugweltrekord und Mitte der 1920er-Jahre eröffnete man hier die **erste Segelflugschule der Welt.** Daher trägt die Wasserkuppe auch den Spitznamen „Berg der Flieger". Alles über die tollkühnen Piloten und die bis heute andauernde Erfolgsgeschichte der Rhöner Segelfliegerei erfährt man im wundervollen **Segelflugmuseum** (Wasserkuppe 2, 36129 Gersfeld, www.segelflugmuseum.de), in dem u. a. zahlreiche kostbare historische Flugzeuge ausgestellt werden.

Bei schönem Wetter ist es eine wahre Freude, die vielen Segelflugzeuge beim Starten und Landen oder auch die zahlreichen durch die Lüfte schwebenden Gleitschirm- oder Drachenflieger zu beobachten. Restaurants und Imbissbuden sorgen für das leibliche Wohl. Wer selbst in Schwung kommen und etwas erleben möchte, dem steht im Sommer ein mit Attraktionen reich bestücktes Portfolio bereit, darunter zwei 700 m lange **Sommerrodelbahnen,** ein **Kletterwald,** der **Rhönbob** mit einer 1 km langen Abfahrt und ein großes **Spielplatzareal** (www.ski-und-rodelarena-wasserkuppe.de). Es ist auch möglich, einen **Gleitschirm-Tandemflug** zu buchen (www.wasserkuppe.com/gleitschirm-tandemflug.html). Um die Aussicht über die Rhön auch genießen zu können, ohne in die Lüfte zu steigen, empfiehlt sich die **360°-Aussichtsterrasse am Radom** (www.radom-wasserkuppe.de) mit seiner weithin sichtbaren Kuppel, die viele Jahrzehnte als Radaranlage diente. Wenn im Winter Schnee die Landschaft bedeckt, locken vier **Skilifte** sportlich Aktive an den höchsten Punkt der Rhön (www.ski-und-rodelarena-wasserkuppe.de).

Das unweit des Segelflugmuseums gelegene **Hotel-Restaurant Peterchens Mondfahrt** serviert köstliche, frische Gerichte, viele davon aus ausgesuchten regionalen Produkten. Die Küche erhielt schon zahlreiche Auszeichnungen. Es können auch Kochkurse gebucht werden (Wasserkuppe 46, www.peterchens-mondfahrt.de).

47 Wohnmobilstellplätze am Lüttergrund/Poppenhausen

GPS 50.48995, 9.87646

Kleiner und ruhiger, im Grünen gelegener Stellplatz nur für Wohnmobile am Ortsrand in der Nähe des Freibads, ca. 9 km von der Wasserkuppe entfernt. **Lage/Anfahrt:** an der L3330, von der Ortsmitte Poppenhausen über die Burgstraße und Groenhoffstraße der Ausschilderung folgen; **Platzanzahl:** 10; **Untergrund:** Pflaster; **Service:** Strom, Trinkwasser, Abwasser, Chemie-WC; **Preiskat.:** €; **Geöffnet:** ganzjährig; **Kontakt:** Tourist-Information Poppenhausen (Wasserkuppe), Sebastian-Kneipp-Weg 6, Tel. 06658 960013, www.poppenhausen-wasserkuppe.de

Bad Neustadt an der Saale

Bad Neustadt zählt wie Bad Brückenau und Bad Kissingen zum **Bäderland Bayerische Rhön** und kann auf eine über 150-jährige Kur- und Badetradition verweisen. Ein Bummel durch die von einer mittelalterlichen Stadtmauer vollkommen umschlossene Altstadt mit ihren zahlreichen attraktiven Bauwerken lohnt sich.

Durch das aus dem 16. Jahrhundert stammende, 34 m hohe **Hohntor,** das **Wahrzeichen Bad Neustadts,** gelangt man zu Fuß rasch zum großzügig dimensionierten **Marktplatz,** der mit seinen Restaurants und Cafés ein herrlicher Platz für eine gemütliche Auszeit ist. In unmittelbarer Nähe ragt die fast 200 Jahre alte katholische **Stadtpfarrkirche Mariä Himmelfahrt** in den Himmel, die in der Gegend als seltenes Beispiel eines sakralen Gebäudes im klassizistischen Stil gilt. Ebenfalls ein Schmuckstück von kunsthistorischer Bedeutung stellt das ehemalige **Karmeliterkloster** dar, insbesondere die barocke Ausgestaltung der Kirche und die Schleifladenorgel des Würzburger Orgelbauers Will aus dem 18. Jahrhundert sind ein Fest für Augen und Ohren.

Von der Innenstadt gelangt man in rund 15 Gehminuten an das andere Ufer der Fränkischen Saale zum **Kurpark** mit dem spätbarocken **Schloss Neuhaus,** das nach Plänen von Heinrich Todesco im Jahr 1773 fertiggestellt wurde und heute als Hotel genutzt wird. Wer das Kurviertel oder das Rhönklinikum mit seinen Gesundheitseinrichtungen schnell

Die Stadtpfarrkirche Mariä Himmelfahrt überragt die Altstadt von Bad Neustadt

und emissionsfrei erreichen möchte, nutzt den „Nessi“, den öffentlichen E-Bus: nur einer der Aspekte, die Bad Neustadt als erste bayerische Modellstadt für Elektromobilität zum Schutz des Klimas umsetzt.

Zwischen Schlosshotel und Rhönklinikum thront, von Wald umgeben, auf einem Hügel die **Salzburg** (Salzburgweg 6), mit über einem Hektar Grundfläche eine der größten Burganlagen Deutschlands. Insbesondere im 12. und 13. Jahrhundert, während der Bischof von Würzburg und seine sogenannten Dienstmannen sie als Verwaltungssitz nutzten, erhielt das mit mehreren Türmen bewehrte Bauwerk sein heutiges Aussehen mit seiner 450 m langen Ringmauer. Die Burg ist im Rahmen einer zweistündigen Führung zu besichtigen (www.bad-neustadt-erleben.de/kunst-kultur/salzburg). Wer auf eigene Faust die öffentlichen Bereiche der Burg erkunden und trotzdem einiges über die Historie erfahren möchte, kann über die **App Hearonymus** (kostenlos für iOS und Android) einen Audioguide abrufen.

48 Wohnmobilstellplatz Am Kurpark

GPS 50.31719, 10.22170

Unmittelbar an der KissSalis Therme gelegener Platz, ca. 1,5 km von der Innenstadt entfernt. **Lage/Anfahrt:** an der A7 und A71, innerhalb Bad Kissingen der Ausschilderung „KissSalis Therme“ folgen; **Platzanzahl:** 54; **Untergrund:** Wiese, Schotter; **Service:** Strom, Trinkwasser, Abwasser; **Preiskat.:** €; **Geöffnet:** ganzjährig; **Kontakt:** Tourist-Info Bad Neustadt, Mühlenbacher Straße/Am Kurpark, 97616 Bad Neustadt a. d. Saale, Tel. 09771 6310310, www.bad-neustadt-erleben.de

Durch das Hohntor gelangt man rasch ins Ortszentrum Bad Neustadts

Architektonische und florale Schönheiten direkt an der Uferpromenade von Bad Kissingen

Bad Kissingen

Seit 2021 gehört das bayerische Bad Kissingen zusammen mit zehn weiteren Kurstädten zum **UNESCO Welterbe:** eine Auszeichnung von höchstem Rang. Schon in der Vergangenheit, insbesondere im 19. Jahrhundert, zog die Bäderstadt seine Gäste in ihren Bann. Einige Berühmtheiten wie **Otto Fürst von Bismarck** und **Kaiserin „Sisi" von Österreich** waren des Öfteren zu Gast und machten Bad Kissingen am Ufer der Fränkischen Saale in der Welt bekannt. Bis heute nicht an Bekanntheit und Beliebtheit eingebüßt hat der im Stil des Neubarocks von Max Littmann erbaute und von Prinzregent Luitpold in Auftrag gegebene **Regentenbau** (Ludwigstraße 2). Das 1911 fertiggestellte Wahrzeichen der Stadt ist Teil des eindrucksvollen Gebäudeensembles, zu dem die ebenfalls von Littmann entworfene Wandel- und Brunnenhalle gehört. Geruhsames Schlendern durch die 90 m lange und gut 2600 m² große, mit Säulen und Arkadengängen bestückte **Wandelhalle** (Am Kurgarten 1), die größte ihrer Art in Europa, sollte auf jeden Fall auf der Agenda eines Besuchs des Kurorts stehen. Dabei sei unbedingt ein informatives Tête-à-Tête mit einer der Brunnenfrauen in der zugehörigen **Brunnenhalle** angeraten. Diese schenken mehrmals am Tag je nach Wahl eines der sieben Bad Kissinger Heilwässer aus, die beispielsweise aus den berühmten Rakoczy- oder den Pandur-Quellen stammen, und beantworten geduldig Fragen zum Thema. Musikliebhaber können mit etwas Glück den Genuss des wohltuenden Wassers mit dem Ohrenschmaus eines Konzerts des professionellen Kurorchesters kombinieren, das fast täglich in den historischen Hallen aufspielt.

Ebenfalls für entspannte Momente sorgt der an den Regentenbau und das Casino angrenzende, rund 15 ha große **Luitpoldpark** mit seinem Hunderte Jahre alten Baumbestand. Hier kann man Stunden beim Sonnenbaden, beim Kneippgang, im Barfußlabyrinth, im Klanggarten oder im Pavillon der Religionen verbringen. Der Park ist eine grüne Oase im Zentrum der Stadt und Ausgangspunkt für eine kleine, knapp zwei Kilometer lange **Wanderung** hinauf auf den nahen, 284 m hohen **Altenberg** mit dem **Sisi-Denkmal** und einer tollen Aussicht: einfach der im Park befindlichen Ausschilderung Richtung „Sisi-Denkmal“ folgen. Die Strecke ist Teil der insgesamt rund 6,6 km langen, ebenfalls bestens markierten sogenannten „Sisi-Tour“.

Wer sich etwas länger die Füße vertreten möchte, macht sich auf einen schönen, rund 2 km langen Weg entlang des Ufers der Fränkischen Saale zum **Gradierwerk.** Die Salzerzeugung aus Sole spielte über 1000 Jahre lang, bis in die 1960er-Jahre, eine wichtige Rolle in der Stadt. Die Solequellen und ihre Heilwirkung nutzt man noch heute unter anderem, um die wunderbare **KissSalis-Therme** (Heiligenfelder Allee 16, www.kisssalis.de) mit Heilwasser aus dem Schönbornsprudel zu versorgen. Erreicht man das Gradierwerk mit der weithin sichtbaren Holzkonstruktion und der an Reisigzweigen herabrieselnden Sole, bemerkt man bei einem Rundgang schnell das dort herrschende, besondere Mikroklima, das das Immunsystem stärken und die Atemwege befreien kann. In Kissingen entstand 1562 das erste Strohgradierwerk in Mitteleuropa.

1833 besuchten König Ludwig I. von Bayern und Königin Therese erstmals Kissingen

Mehr über die Themen Salz und Kur erfährt man im nur wenige Hundert Meter entfernten **Museum Obere Saline** (Obere Saline 20, www.museum-obere-saline.de) in einem Prachtbau aus dem 18. Jahrhundert, in dem Ende des 19. Jahrhunderts Reichskanzler Otto Fürst von Bismarck während seiner Kuraufenthalte wohnte. Besucher können die historischen Wohnräume der Berühmtheit begutachten.

Abends wartet eine weitere Attraktion in der Stadt. Dann tanzen die Wasserfontänen des **Multimedia-Brunnens im Rosengarten** (Balthasar-Neumann-Promenade) im Rhythmus von Musik und Lightshow. Und auf einer Leinwand aus unzähligen Wassertröpfchen erscheinen bewegte Bilder. Ein herrliches Spektakel unter freiem Himmel.

Tourist-Info im Arkadenbau,
Am Kurgarten, www.badkissingen.de

Direkt am Rosengarten lädt das **Weinwerk – Die Weinmanufaktur** mit seiner Terrasse zu einer Pause ein. Eigenhändig angebaute und hergestellte Weine sind die Spezialitäten des Lokals. Fränkische und internationale Tapas-Variationen stillen den Hunger auf einfallsreiche Art und Weise (Balthasar-Neumann-Promenade 10, www.weinwerk-kg.de).

㊾ Wohnmobilstellplatz an der KissSalis Therme Bad Kissingen

GPS 50.18862, 10.06171

Unmittelbar an der KissSalis Therme gelegener Platz, ca. 1,5 km von der Innenstadt entfernt. **Lage/Anfahrt:** an der A7 und A71, innerhalb Bad Kissingen der Ausschilderung „KissSalis Therme" folgen; **Platzanzahl:** 18; **Untergrund:** Asphalt, Pflaster; **Service:** Strom, Trinkwasser, Abwasser; **Preiskat.:** €€; **Geöffnet:** ganzjährig; **Kontakt:** KissSalis Therme/Anmeldung im Glasbüro im Foyer der Therme, tägl. 9–18 Uhr, Heiligenfelder Allee 16, 97688 Bad Kissingen, Tel. 0971 1218000, www.kisssalis.de

Hammelburg

Ganz im Süden der bayerischen Rhön, am Ufer der Fränkischen Saale, liegt der Ort Hammelburg, die **älteste Weinstadt Frankens.** Urkundlich erwähnt wurde sie erstmals im Jahr 716. Die Reben für die edlen Tropfen wachsen an Weinlagen auf den Hügeln ringsum mit Namen wie Heroldsberg oder Trautlestal. Schon die Fürstäbte von Fulda schätzten die Weine und das milde Klima der südlichen Rhön. Daher erbaute man Mitte des 18. Jahrhunderts das **Kellereischloss** im Zentrum der Stadt, in dessen Räumlichkeiten heute die Winzergenossenschaft Hammelburg ihren Sitz hat.

Ein fabelhaftes Panorama auf die Weinberge und die urbanen Schmuckstücke Hammelburgs eröffnet die Aussichtsplattform des 17 m hohen **Baderturms** (Obere Stadtmauer 13). Das Baudenkmal wurde im 13. Jahrhundert erbaut und war einst Teil der mittelalterlichen Stadtbefestigung. Die meisten historischen Gebäude und auch den Großteil der Stadtmauer zerstörte ein gewaltiges Feuer im Jahr 1854. Eine weitere Sehenswürdigkeit aus vergangenen Zeiten stellt der rund 800 Jahre alte dreigeschossige **Hüterturm** (Obere Stadtmauer 11) dar, dessen Ziegeldach erst Anfang des 19. Jahrhunderts errichtet wurde.

TOUR BOOTSWANDERUNG ÜBER DIE FRÄNKISCHE SAALE

Aktive und Naturliebhaber können direkt am Wohnmobilstellplatz ㊿ eine herrliche **Bootswanderung** (www.hammelburger-kanuverleih.de) beginnen. Die 4,3 km lange Tour führt vorbei am **Museum Herrenmühle** (www.museum-hammelburg.de), das sich ganz dem Thema „Brot und Wein" widmet, und weiter Richtung Pumpwerk des auf dem Berg liegenden Schlosses Saaleck bis zum Wehr an der Diebacher Rödermühle mit reizvollem Rastplatz.

Rund 800 Jahre hat der Hüterturm in Hammelburg auf dem Buckel

Außerdem lohnt ein Blick in die 1461 fertiggestellte spätgotische **Stadtpfarrkirche** Sankt Johannes der Täufer mit ihrem eindrucksvollen Rippengewölbe im Mittelschiff. Ein angenehmer Platz, um eine Pause einzulegen, ist der **Marktplatz** mit dem Renaissancebrunnen und den zahlreichen Cafés und Restaurants. Neben dem obligatorischen Probieren des örtlichen Frankenweins sollte eine weitere einheimische kulinarische Spezialität auf dem Speiseplan stehen, die bestens zur Weinverkostung passt: der **Dätscher** – ein kleines, dreieckiges, mit grobem Salz und Kümmel bestreutes Sauerteigbrot, das in den 1960er-Jahren von Bäcker Emmert „erfunden" wurde, als er Teigreste zusammen „dätschte", um nichts zu verschwenden.

Beim Rundgang durch die Altstadt trifft man auf etliche **Weingeschäfte** wie das des Weinguts Ruppert (Obere Stadtmauer 15, www.weingut-ruppert.com) oder des Weinguts Müller (Am Marktplatz 12, www.weingut-weinhotel-mueller.de), die lokal angebaute Frankenweine feilbieten.

Tourist-Info Hammelburg, Kirchgasse 4, www.hammelburg.de

50 Wohnmobilstellplatz Am Bleichrasen Hammelburg

GPS 50.11374, 9.88781

Kleiner Platz, idyllisch an der Fränkischen Saale gelegen, ca. 200 m von der Innenstadt entfernt. **Lage/Anfahrt:** unweit der B287 gelegen, über die Weihertorstraße und die Straße „Am Weiher"; **Platzanzahl:** 35; **Untergrund:** Schotter; **Service:** Strom, Trinkwasser, Abwasser; **Preiskat.:** €; **Geöffnet:** ganzjährig; **Kontakt:** Tourist-Info Hammelburg, Am Bleichrasen, 97762 Hammelburg, Tel. 09732 902430, www.hammelburg.de

Lilly Nielitz-Hart

Der Spessart

Ortenberg
Büdingen
Gelnhausen
Wächtersbach
Bad Soden-Salmünster
Bad Orb
Schlüchtern
Steinau a.d. Straße
Langenselbold
Bruchköbel
Hanau
Alzenau i. UFr.
Seligenstadt
Rodgau
Babenhausen
Aschaffenburg
Leidersbach
Rothenbuch
Lohr am Main
Gemünden am Main
Rieneck
Groß-Umstadt
Klingenberg am Main
Miltenberg am Main
Freudenberg
Wertheim am Main
Marktheidenfeld
Michelstadt
Amorbach
Külsheim
Bad König
Erlenbach a. Main
Obernburg a. Main
Spessart
51
52
53
54
55
56
57
58
59
60
61
62
4 km
© Reise Know-How 2022

TOUREN-ÜBERBLICK

Routenempfehlung: Aschaffenburg – Leidersbach – Klingenberg am Main – Miltenberg am Main – Wertheim am Main – Rothenbuch – Lohr am Main – Bad Orb – Alzenau
Länge gesamt: ca. 265 km
Dauer: ca. 14 Tage
Reisezeit: April–Oktober

Der Naturpark Spessart, der sich über Teile Hessens und Bayerns erstreckt, ist gekennzeichnet durch eine wald- und wasserreiche Landschaft. Die Hügel aus Buntsandstein sind von dichten Buchen- und Eichenwäldern überzogen, dazwischen verstecken sich in Bachtälern historische Ortschaften.

Aus ehemaligen königlichen Jagdrevieren entwickelte sich im 18. Jh. eine Kulturlandschaft, in der Holzwirtschaft, Glasbläserei und Bergbau betrieben wurden. Schon im 19. Jh. entstanden Luftkurorte und in den 1950er-Jahren erlebte die Gegend einen touristischen Boom. Aufgrund der moderaten Höhen – der höchste Berg ist mit 586 m der Geiersberg bei Rohrbrunn – ist der Spessart ein ideales Gebiet zum Wandern und Nordic Walking, z. B. auf den verschiedenen Etappen des Spessartwegs, und es gibt gut ausgebaute Radfernwege und Mountainbike-Strecken.

Durch die idyllischen Täler schlängeln sich kleine Flüsschen, auf denen man mit Kanu und Kajak fahren kann. Zahlreiche Badegelegenheiten bieten Seen und Naturschwimmbäder. Im Norden grenzt die Kinzig, im Osten die Sinn und die Saale das Gebiet ein. Als Main-Spessart bezeichnet man den südlichen Teil des Mittelgebirges, bei dem der Main die mäandernde Grenze zu Baden-Württemberg bildet. Dazu gehört auch Churfranken, das früher Teil des Kurfürstentums Mainz war.

Um den Spessart ranken sich viele Legenden und Räubergeschichten, die teils auf tatsächlichen Begebenheiten beruhen. So trieben Anfang des 19. Jh. Diebe wie Peter von Orb ihr Unwesen in den dichten Wäldern. Wilhelm Hauff ließ sich hiervon zu seinem Roman „Das Wirtshaus im Spessart" inspirieren. Schloss Mespelbrunn diente als Kulisse für dessen Verfilmung. Auf die Spuren der Brüder Grimm begibt man sich entlang der Kinzig bei Steinau an der Straße, wo auch Kurorte wie Bad Orb liegen.

Im Herzen des Mittelgebirges, im Hochspessart, wartet schönste Natur, wie zum Beispiel im Hafenlohrtal. Entlang des Mains sind mittelalterliche Fachwerkperlen wie Miltenberg und Wertheim aufgereiht. Nicht zuletzt befindet sich das Weinanbaugebiet Unterfranken im Spessart, dessen Erzeugnisse man in vielen Wirtschaften probieren kann.

TOUR SPESSARTWANDERWEGE

Drei Fernwanderwege durchqueren den Spessart in allen Himmelsrichtungen: Der **Spessartweg 1** führt von West nach Ost, von Aschaffenburg über Rothenbuch bis Lohr am Main. Der **Spessartweg 2** führt von Norden nach Süden, von Heigenbrücken über Mespelbrunn bis Stadtprozelten. Der **Spessartweg 3,** auch Spessartbogen genannt, führt von Langenselbold im Süden der Kinzig über Bad Orb bis nach Schlüchtern. Wo die Wege die Orte kreuzen, kann man Teilstücke davon erwandern (www.spessartweg.de).

Das majestätische Schloss Johannisburg, ein Wahrzeichen Aschaffenburgs

Aschaffenburg

Aschaffenburg, am westlichen Rand des Spessarts am Untermain gelegen, gilt als „Tor zum Spessart". Tatsächlich gehörte der südliche Spessart nach dem Ende der kurmainzischen Herrschaft ab 1803 kurzzeitig zum Fürstentum Aschaffenburg. 1814 ging die Stadt mit dem Umland an das Königreich Bayern, während der Norden seitdem zu Hessen gehört.

Die Mainzer Erzbischöfe residierten im **Schloss Johannisburg** (Schlossplatz 4, www.museen-aschaffenburg.de), das in schönster Lage über dem Mainbogen thront. Das Schloss beherbergt mehrere Museen, darunter die Staatsgalerie Aschaffenburg. Der Schlossgarten überrascht mit seiner mediterranen Pflanzenvielfalt. In der Nachbarschaft eröffnet sich vom **Pompejanum** (Pompejanumstraße 5), dem von König Ludwig I. von Bayern (1786–1868) in Auftrag gegebenen Nachbau einer römischen Villa, ein toller Ausblick auf den Main und die Landschaft.

Vom Schloss ziehen sich mehrere kleine Gässchen durch die sehenswerte Altstadt, in der man ausgedehnt bummeln und einkehren kann. Zu den herausragenden, rekonstruierten Fachwerkbauten im Ort gehört die **ehemalige Löwenapotheke** (Dalbergstraße 11), ursprünglich aus dem 15. Jahrhundert. Die **Stiftsbasilika St. Peter und Alexander** (Stiftsgasse 5, www.st-martin-aschaffenburg.de) wurde bereits um das Jahr 950 erbaut und in den darauffolgenden Jahrhunderten immer wieder erweitert.

Tourist Info, Schlossplatz 2, www.aschaffenburg.de

Die **Brauereigaststätte Schlappeseppel** gibt es bereits seit 1631, sie ist die älteste Kneipe der Stadt. Zum süffigen, hauseigenen Bier gibt es deftige bayerische Kost, interessant ist auch das angeschlossene Brauereimuseum (Schlossgasse 28, www.schlappeseppel-ab.de).

51 Stellplatz Willigisbrücke

GPS 49.97040, 9.13840

Auf der Südseite des Mains, unterhalb der Willigisbrücke, mit Baumbestand und Blick auf das Schloss. Zur Altstadt (ca. 1,2 km) geht es zu Fuß über die Brücke oder mit dem Bus, Haltestelle Willigisbrücke. Nördlich liegt der Volksfestplatz mit Ausweichplätzen, falls der Stellplatz voll ist. Die Entsorgung erfolgt 500 m entfernt, bei der Realschule. **Lage/Anfahrt:** Zufahrt von der Großostheimer Straße, zwischen Adenauerbrücke (Westring) und Willigisbrücke (Darmstädter Straße); **Platzanzahl:** 30; **Untergrund:** Schotter, Wiese, eben; **Service:** Strom, Trinkwasser, Abwasser, WLAN; **Preiskat.:** €; **Geöffnet:** ganzjährig; **Kontakt:** Großostheimer Straße, 63741 Aschaffenburg, Tel. 06021 391421, www.stwab.de/Verkehr-Parken/Parken-Parkhaeuser/Reisemobilstellplatz

Leidersbach

Der kleine Ort im Hochspessart besteht aus vier langgestreckten Ortsteilen, die sich durch ein an Canyons erinnerndes Tal, genannt „Sakko-Canyon", ziehen. Leidersbach ist ideal für einen Kurzaufenthalt, denn man ist mitten in der Natur und doch gut versorgt, vom Bäckereicafé über den Metzger mit warmem Mittagstisch bis zum gutbürgerlichen Gasthaus. Eine **Wassertretanlage** mit Aussicht auf die Landschaft befindet sich im Stadtteil Ebersbach. Oberhalb des Ortsteils ist der prähistorische **Ringwall Altenburg** (https://burglandschaft.de/burg-landschaft/altenburg) mit Infotafeln und einem kleinen Museum zu besichtigen. Der Stellplatz kann als Ausgangspunkt für Wanderungen und Radtouren im Umland genutzt werden. Mespelbrunn ist etwa zehn Kilometer entfernt.

Touristikverband e. V. Räuberland, Hauptstraße 16, 63872 Heimbuchenthal, www.spessartraeuberland.de, www.spessart-erleben.de

TIPP WASSERSCHLOSS MESPELBRUNN

Das ausnehmend gut erhaltene Wasserschloss **Mespelbrunn** (www.schloss-mespelbrunn.de) ist seit vielen Jahrzehnten untrennbar mit der Spessartromantik verbunden. Eingebettet in eine idyllische Waldlandschaft im Krebsbachtal, wurde es durch die 1958 hier verfilmten Komödie „Das Wirtshaus im Spessart" mit Lieselotte Pulver international bekannt. Die zugrunde liegende Erzählung über Räuberbanden im Spessart stammt von Wilhelm Hauff (1802–1827). Er ließ sich nach einem Aufenthalt im hiesigen Gasthaus zur Post dazu inspirieren.

Der Ursprung des Schlosses war ein unbefestigtes Haus des Ritters Hamann Echter aus dem Jahr 1427. Bis 1569 erweiterten Peter Echter und seine Frau Gertraud von Adelsheim den Bau im Stil der Renaissance, mit Türmen und Wassergraben. Ihr Sohn **Julius Echter** wurde später zum Fürstbischof von Würzburg. 1648 heiratete Maria Ottilie von Echter den Freiherrn Philipp Ludwig von Ingelheim. Die Nachfahren der **Grafen von Ingelheim** bewohnen bis heute den Südflügel des Schlosses, während der Nordflügel besichtigt werden kann. Der **Julius-Echter-Weg** (https://spessart-mainland.de/touren-wege.html) führt rund um Mespelbrunn bis zur **Wallfahrtskirche Hessenthal,** deren gotische Seitenkapelle als Grablege für die Familie Echter diente. Dort ist eine Beweinungsgruppe von Tilmann Riemenschneider aus dem Jahr 1458 zu besichtigen.

Das Renaissanceschlösschen Mespelbrunn verzaubert Besucher durch seine romantische Lage

52 Stellplatz Hofwiese

GPS 49.901418, 9.217413

Baumbestandener Platz am Leidersbach, mitten im Ortskern und doch ruhig gelegen. Geschäfte fußläufig zu erreichen. **Lage/Anfahrt:** Zufahrt von der Hauptstraße in der Ortsmitte, gut ausgeschildert; **Platzanzahl:** 6; **Untergrund:** Schotter, Baumbestand, eben; **Service:** Strom, Trinkwasser, Abwasser, Chemie-WC; WLAN; **Preiskat.:** €; **Geöffnet:** ganzjährig; **Kontakt:** Hauptstraße 102, 63849 Leidersbach, Tel. 06028 97410, www.leidersbach.de

Im **Fränkischen Landgasthof Elsavatal** kann man Erzeugnisse des Spessartwalds wie Pilze und Wild verkosten (Schloßallee 2, 63875 Mespelbrunn, www.landgasthof-elsavatal-mespelbrunn.de).

Hoch über Klingenberg kann man gemütlich durch die fränkischen Weinberge wandern

Klingenberg am Main

Klingenberg liegt in einer Mainbeuge unterhalb von Weinbergen. Über dem Ort thront die staufische **Clingenburg,** die von Conradus Colbo, einem Schenken von Limburg, bereits 1160 erbaut wurde. Die heutige Burgruine beherbergt das malerische Aussichtsrestaurant **Burgterrasse Clingenburg** (Clingenburgstraße 5, www.burgterrasse.de), das man über einen Treppenaufgang erreicht. Im Stadtkern finden sich schöne Beispiele für Fachwerkarchitektur, wie das **Alte Rathaus** (Rathausstraße 9) aus dem Jahr 1561.

Zahlreiche Wander- und Radwege streifen die Stadt, z.B. der **Fränkische Rotweinwanderweg** (s.unten) oder der **Mainradweg** (www.mainradweg.com). Landeinwärts sollte man die einen Kilometer lange Wanderung durch die **Seltenbachschlucht** nicht verpassen, die von eiszeitlichen Flüssen geformt wurde. Zur **Route der Industriekultur** gehört das ehemalige **Tonbergwerk** oberhalb der Seltenbachschlucht. Der hier geförderte Ton wurde einst in die ganze Welt exportiert. Wer mehr darüber erfahren möchte, sollte das **Weinbau- und Heimatmuseum** (Wilhelmstraße 13a) der Stadt besuchen.

TOUR FRÄNKISCHER ROTWEINWANDERWEG UND WEINPROBE

Eine Etappe des Fränkischen Rotweinwanderwegs (www.churfranken.de/aktiv-kultur/fraenkischer-rotwein-wanderweg) verläuft über 4.1 km von Klingenberg bis Erlenbach. Der Weg führt durch die Weinberge entlang des Uferhangs von Klingenberg durch das „**terroir f Churfranken**". In diesem „terroir", also Weinanbaugebiet, wurden „magische Orte" ausgesucht, an denen man Landschaft und Wein zusammen genießen kann. Auf dem Wanderweg, der auch an Winzereien vorbeiführt, folgt man einfach dem Rotweinglas. An einer Weinprobe kann man auf der obigen Strecke zum Beispiel im **Weingut Bastian Hamdorf** (www.weingut-bastian-hamdorf.de) teilnehmen, das seine Weine nach ökologischen Gesichtspunkten anbaut. Nach der Weinlese im Herbst bieten viele Winzer in Churfranken in **Häckerwirtschaften** ihre Tropfen an.

Tourist Info, Wilhelmstraße 13, www.stadt-klingenberg.de

53 Stellplatz Sonjas Wohnmobilhafen

GPS 49.78405, 9.177808

Idyllisch zwischen Mainufer und Weinbergen gelegener Platz in Fußnähe zum Ortskern. Sieben gepflasterte Stellplätze direkt am Mainufer, ansonsten Wiesenplätze mit Baumbestand. **Lage/Anfahrt:** von der Mainbrücke St3259 kommend, am Kreisel links in die Straße Zur Einladung abbiegen; **Platzanzahl:** 55; **Untergrund:** Pflaster, Wiese; **Service:** Strom, Trinkwasser, Abwasser, Chemie-WC; **Preiskat.:** €; **Geöffnet:** März-Okt.; **Kontakt:** Zur Einladung, 63911 Klingenberg am Main, Tel. 09372 1397979

Schöne Ausblicke, Wein und Geselligkeit warten im beliebten Ausflugsort Miltenberg

Miltenberg am Main

Miltenberg, das sich selbst als „bayerischer Genussort“ bezeichnet, ist bei Ausflüglern, Bus- und Flussfahrttouristen gleichermaßen beliebt. Zahlreiche Weingüter und Vinotheken schenken Frankenweine aus, darunter ist der **Bürgstädter Rotwein** besonders bekannt. Märkte, Feste und kulturelle Veranstaltungen locken ganzjährig viele Besucher an. Daneben werden **Erlebnisführungen** im Kreativ-Brauhaus Faust angeboten (https://faust.de/brauhauserlebnis) und bei der Kaffeesommelière Megi Schmitt im Café Mocha kann man in eine Kaffeeschule gehen (www.cafe-mocha.de). In der Touristinfo kann man zudem zahlreiche andere Führungen buchen. Die strategische Lage am Mainknie zwischen Spessart und Odenwald schätzten schon prähistorische Menschen, die Römer verlängerten ihre Limes-Grenze bis hierhin an den Main. Um das Jahr 1226 entstand auf einem Felssporn über der heutigen Stadt die **Mildenburg,** lange der Sitz der Mainzer Burggrafen. Darin befindet sich heute das **Museum Burg Miltenberg** (www.museum-miltenberg.de) mit einer Sammlung von Hinterglasikonen sowie moderner Kunst.

Die Miltenberger Altstadt ist aufgrund ihrer Fachwerk- und Barockbauten sehenswert. Der **historische Marktplatz,** umgangssprachlich Schnatterloch genannt, war eine beliebte Kulisse für Heimatfilme der 1950er-Jahre. Direkt an dem Platz ist das **Museum Stadt Miltenberg** (www.museum-miltenberg.de) in drei Renaissance-Fachwerkhäusern untergebracht. Zum Stadtbild gehören aber auch Bauten aus **Miltenberger Buntsandstein,** der ab dem Mittelalter ein beliebter Exportartikel war und noch heute als Bau- und Dekostein beliebt ist.

TIPP AUSFLUGSFAHRTEN AUF DEM MAIN

Von April bis Oktober kann man eine Flussfahrt auf den Ausflugsbooten der Reederei Henneberger unternehmen. Die Strecke führt von Miltenberg vorbei an Freudenberg bis nach Wertheim am Main. (Anleger: Pfarrkirche Miltenberg, westl. der Mainbrücke, www.reederei-henneberger.info)

Tourist Info, Engelplatz 69, Rathaus, www.miltenberg.de, https://miltenberg.info/stadtfuhrungen-erlebnisse

54 Stellplatz Miltenberg Mainzer Straße

GPS 49.702162, 9.241287

Der Stellplatz an der Mainzer Straße liegt fußläufig zur Altstadt an der Uferpromenade. **Lage/Anfahrt:** von der St2310 von Westen kommend, hinter Mudbrücke von der Mainzer Straße links zum Main hin abbiegen. **Platzanzahl:** 20; **Untergrund:** Schotter; **Servic**e: WLAN; **Preiskat.:** €; **Geöffnet:** ganzjährig; **Kontakt:** Mainzer Straße 23, Am Schwertfegertor, 63897 Miltenberg, Tel. 09371 404119, www.miltenberg.info

55 Stellplatz am Festplatz Bürgstadt

GPS 49.712601, 9.263640

Nördlich vom Zentrum im Stadtteil Bürgstadt, an der Bundesstraße St2310 am Flüsschen Erf. **Lage/Anfahrt:** von Miltenberg auf der St2310 Richtung Bürgstadt, auf St507 rechts abbiegen, bei St2309 wieder rechts und am Kreisel links auf Miltenberger Straße, dann links auf Josef-Ullrich-Straße; **Platzanzahl:** 25; **Untergrund:** gepflastert oder Wiese; **Service:** Strom, Trinkwasser, Abwasser, Chemie-WC; **Preiskat.:** €; **Geöffnet:** ganzjährig; **Kontakt:** Josef-Ullrich-Straße, 63927 Bürgstadt, Tel. 09371 97380, www.buergstadt.de

56 Seecamping Freudenberg

GPS 49.762246, 9.318638

Für einen längeren Aufenthalt eignet sich der Campingplatz am Freizeitgelände Badesee, mit Restaurant-Café sowie Sportanlagen. **Lage/Anfahrt:** von Miltenberg kommend in Freudenberg der L2310 am südlichen Mainufer stadtauswärts Richtung Wertheim folgen, beim Kreisel am Bauhof links auf Mühlgrundweg; **Platzanzahl:** 10; **Untergrund:** Wiese; **Service:** Strom, Trinkwasser, Chemie-WC, WLAN; **Preiskat.:** €; **Geöffnet:** April–Okt; **Kontakt:** Mühlgrundweg 10, 97896 Freudenberg am Main, Tel. 09375 8389, www.seecamping-freudenberg.info

INFO **DER MAINRADWEG**

Der 78,6 km lange Mainradweg ist einer der beliebtesten Radwege Deutschlands: Die leicht zugängliche Streckenführung, die in verschiedene Etappen unterteilt ist, führt zum größten Teil direkt an den Ufern des Flusses entlang. Unterwegs bietet der Weg ein abwechslungsreiches Naturpanorama, interessante Städte, Kultur und Lebensart. Die Etappen 10 und 11 führen von Aschaffenburg bis Miltenberg und von Miltenberg bis Wertheim und passieren viele Stellplätze am Main (www.mainradweg.com).

Wertheim am Main

An der Kreuzung von Main und Tauber gelegen, hat Wertheim viel zu bieten. Auch an einem regnerischen Tag kann man hier einiges unternehmen, zum Beispiel eine Besichtigung der **Burg Wertheim** (www.burgwertheim.de) oder auch einen Besuch in den zahlreichen Museen, wie dem **Glasmuseum** (Mühlenstraße 24, https://glasmuseum-wertheim.de), dem historischen **Grafschaftsmuseum** (Rathausgasse 7, www.grafschaftsmuseum.de) oder dem **Kunstmuseum Schlösschen Wert-**

TIPP **HAMMERMUSEUM HASLOCH**

Wenige Kilometer nördlich von Wertheim wurde ab 1779, noch vor der Erfindung der Dampfkraft, Eisen mithilfe eines wasserbetriebenen Eisenhammers geschmiedet. Im Spessart gab es während der frühindustriellen Zeit etliche solcher Eisenhämmer, in deren faszinierende Geschichte und Funktion man hier einen Einblick erhält (Eisenhammer, www.hammer-museum.de).

TIPP **MIT DER MAINFÄHRE NACH STADTPROZELTEN**

Vom südlichen Mainufer führt bei Wertheim-Mondfeld eine **Mainfähre** auf die Nordseite des Flusses nach **Stadtprozelten.** Hoch über der Stadt thront malerisch die **Burgruine Henneburg** (www.stadtprozelten-tourismus.de). Sie geht auf die Schenken von Clingenburg aus Klingenberg zurück und blickt auf eine wechselvolle Geschichte mit vielen unterschiedlichen Besitzern zurück. Die heutige Ruine, ursprünglich aus dem 12.–13. Jahrhundert, wurde im 15. Jahrhundert zur Festung ausgebaut. Sie besitzt zwei Bergfriede sowie einen unterirdischen Wehrgang mit Schießscharten (Mainfähre Wertheim, Fährgasse 4, www.mainhafen-wertheim.de/mh/home/faehre.html).

Das Ufer der Tauber in Wertheim ist besonders idyllisch

57 Campingpark Wertheim Bettingen

GPS 49.780964, 9.566286

Zehn Kilometer von Wertheim, direkt am Main gelegen, gibt es hier einen Bootssteg, Wasser- und Jetski sowie Bademöglichkeiten im Fluss. Es gibt Leihräder, einen Biergarten und Brötchenservice. Nahebei ist das Designer-Outlet Wertheim Village. **Lage/Anfahrt:** A3 Ausfahrt Wertheim Village, dann L2310 Richtung Bettingen, dann L617 bis zur Abzweigung folgen; von Wertheim auf Mainuferstraße L2310 Richtung Bettingen, am nördlichen Ortsausgang ausgeschildert; **Platzanzahl:** 25; **Untergrund:** Wiese; **Service:** Strom, Trinkwasser, Abwasser, Chemie-WC, WLAN; **Preiskat.:** €€; **Geöffnet:** April–Okt.; **Kontakt:** Geiselbrunnweg 31, 97877 Wertheim-Bettingen, Tel. 09342 7077, www.camping-wertheim-bettingen.de

Der Spitze Turm dominiert die Altstadt von Wertheim

heim (Würzburger Straße 30, https://schloesschen-wertheim.de).

Stattdessen kann man aber auch gemütlich durch die Gassen der historischen Altstadt bummeln. Dort findet man eine riesige gastronomische Auswahl. Ein herausragendes Bauwerk ist der **Spitze Turm,** früher ein Wachturm, aus dem 13.–15. Jahrhundert.

Auf der gegenüberliegenden Mainseite liegt **Kreuzwertheim,** dass mit seinem eigenen **Schloss Kreuzwertheim** (Hauptstraße 37, 97892 Kreuzwertheim) ebenfalls einen Besuch lohnt.

Tourist Info, Gerbergasse 16, www.tourismus-wertheim.de

Rothenbuch – Hafenlohrtal

Den idyllisch gelegenen Weiler Rothenbuch gibt es schon seit 1318. Der Ort gilt als Tor zum Hafenlohrtal, einem Naturschutzgebiet entlang der Hafenlohr, einem Flüsschen, das im Rothenbucher Ortskern, unweit des ehemaligen Jagdschlosses der Kurfürsten von Mainz (Schloßstraße 1), entspringt. Im Schloss, das zuletzt im 17. Jh. umgebaut wurde, ist heute ein Konferenzhotel untergebracht. Das Gebiet rund um den Fluss ist eine Kulturlandschaft – früher gab es hier eine Glashütte und bei Lichtenau wurde ein Eisenhammer betrieben. Im Bauernhausmuseum (Hauptstr. 25), das in einem Gebäude von 1780 untergebracht ist, kann man sich in den bäuerlichen Lebensstil im Spessart hineinversetzen.

TOUR MIT DEM E-BIKE DURCH DEN WALD

Unter dem Motto **Wald erFahren** durchziehen den Spessart spezielle Radwanderrouten für E-Bikes und Pedelecs, für die es entlang der Route Ladestationen gibt (https://walderfahren.de).

www.rothenbuch.de

Es ist belegt, dass Kurt Tucholsky mit seinen Wanderfreunden 1927 im **Gasthaus zum Hochspessart** einkehrte: Der Schriftsteller hielt nämlich seine Erlebnisse in einem Reisebericht fest. Der ihm damals kredenzte Bocksbeutelwein aus dem Frankenland soll „korkig“ gewesen

Im Herzen des Spessarts ist Rothenbuch das Tor zum Hafenlohrtal

58 Stellplatz Rothenbuch

GPS 49.974966, 9.394643

In der Freizeitanlage am Heigenbrücker Weg findet sich dieser ruhige, naturnahe Stellplatz mitten im Grünen. Ein Lebensmittelmarkt und eine Gaststätte befinden sich im Ort. **Lage/Anfahrt:** von der A3 oder B26 auf St2317 (Lohrer Straße) bis Rothenbuch und dann auf Heigenbrücker Weg abbiegen; **Platzanzahl:** 10; **Untergrund:** Wiese; **Service:** Strom, Trinkwasser, Abwasser, Chemie-WC; **Preiskat.:** €; **Geöffnet:** ganzjährig.; **Kontakt:** Freizeitanlage Heigenbrücker Weg, 63860 Rothenbuch-Rabenhausen, www.rothen buch.de

sein, was die Reisegefährten nicht davon abhielt, ihn in rauen Mengen zu konsumieren. In der familiengeführten Gaststätte ist man sich der langen Tradition bewusst und Wanderer können sich hier stilvoll erfrischen (Lichtenau 3, www.gasthaushochspessart.de).

TOUR DAS HAFENLOHRTAL

Die Hafenlohr, die in Rothenbuch entspringt, mündet nach 25 Kilometern südöstlich bei Windheim in den Main. Auf verschiedenen Wanderwegen kann man die ursprüngliche Schönheit des Bachtals entdecken, das artenreicher Flora und Fauna, darunter allein 400 Farn- und Blütenpflanzen, Luchsen und Wildkatzen eine Heimat bietet. Heute ist kaum noch zu verstehen, dass man in den vergangenen Dekaden das Hafenlohrtal überfluten und in einen Stausee verwandeln wollte. Nur dem zähen, 25 Jahre andauernden Einsatz der Bürgerinitiative Aktionsgemeinschaft Hafenlohrtal und der Naturschutzorganisation BUND ist es zu verdanken, dass diese Pläne im Jahr 2008 endgültig aufgegeben wurden. Dabei hatte schon Kurt Tucholsky bei einer Wanderung mit Freunden im Jahr 1927 die Naturschönheiten des Tals gepriesen. Neben dem **Europäischen Kulturweg Hafenlohrtal** (www.spessartprojekt.de/kul turwege) gibt es, von Rothenbuch startend, noch viele andere Wanderwege, zum Beispiel einen **Panoramaweg** rund um den Ort (14 km) oder den **Mühlenweg** (3 km), der bis zur **Alten Gemeindemühle** aus dem Jahr 1742 führt. Eine Infotafel findet man am Parkplatz Mühlenweg.

Lohr am Main

In Lohr kann man gut durch die Straßen der Altstadt bummeln, einkehren und einkaufen. Im 16. Jh. erlebte der Ort unter Graf Philipp III. von Rieneck eine Blütezeit. Viele Gebäude der historischen Altstadt, wie das **Alte Rathaus** von 1599, datieren noch aus dieser Zeit oder aus dem 17. Jahrhundert. Das denkmalgeschützte **Fischerviertel** ist noch original erhalten, vom **Bayersturm,** einem alten Wachturm aus dem 14. Jahrhundert, kann man den Blick darauf genießen.

Das **Lohrer Schloss** wurde von den Grafen von Rieneck bereits 1340 angelegt und von den Kurfürsten von Mainz im 16. Jahrhundert ausgebaut. Heute ist dort das **Spessartmuseum** (Schlossplatz 1, www.spessartmuseum.de) untergebracht. Es erlaubt einen Blick in die bewegte Vergangenheit des Spessarts mit seiner Industriegeschichte, aber auch mit seiner ländlichen Armut und den daraus resultierenden Räuberbanden.

Lohr hat außerdem das **Schneewittchen** der Brüder Grimm für sich verbucht: Angeblich ist nachgewiesen, dass die von Zwergen vor der bösen Stiefmutter gerettete Schönheit aus Lohr stammte. Sie soll hier 1725 im Lohrer Schloss geboren worden sein. So erinnern in der Stadt viele Memorabilia an die Märchengestalt. Es gibt sogar Märchenstunden, bei denen Schneewittchen Märchen vorliest, und im September ein **Schneewittchen-Fest.**

Tourist Info: Schlossplatz 5, www.lohr.de/tourismus-und-kultur

59 Stellplatz Parkplatz Mainlände

GPS 49.994647, 9.580342

Der Stellplatz liegt am öffentlichen Parkplatz unterhalb einer Straßenbrücke am Mainufer. Die Altstadt erreicht man zu Fuß in wenigen Minuten. Ver- und Entsorgung nur im Sommer. **Lage/Anfahrt:** von der B26 von Süden kommend auf Westtangente abbiegen und den Hinweisschildern zum Mainparkplatz/Osttangente folgen; **Platzanzahl:** 21; **Untergrund:** Pflaster, **Service:** Strom, Trinkwasser, Abwasser, Chemie-WC, WLAN; **Preiskat.:** €€; **Geöffnet:** ganzjährig, außer bei Hochwasser und Veranstaltungen; **Kontakt:** Osttangente, 97817 Lohr am Main, www.lohr.de

Bad Orbs Altstadt lockt mit historischem Fachwerk

Bad Orb

Neben dem Altstadtkern mit historischen Fachwerkbauten bieten der ausgedehnte **Kurpark** mit der **Toskana-Therme** (Horststr. 1, www.toskanaworld.net) und dem **Gradierwerk** sowie ein **Naturerlebnis-Freibad** (Am Orbgrund 19, www.kd-bad-orb.de/dienstleistungen/naturerlebnisbad) Spazier- und Erholungsmöglichkeiten. Aus den hiesigen Solequellen wurde früher Salz gewonnen, dann entdeckte man die gesundheitsfördernde Wirkung der Sole und das Kurbad entstand. Noch heute kann man an mehreren Quellen eine Trinkkur durchführen.

Das Denkmal von **Peter von Orb** am Untertor erinnert an einen der berüchtigsten Spessarträuber, der in den hiesigen Wäldern wie ein **Robin Hood** gehaust haben soll.

Auf einem Hügel steht die gotische **St. Martinskirche,** deren Innenräume im Barock umgestaltet wurden. In der ehemaligen Burg, ursprünglich aus dem 11. Jahrhundert, ist heute das **Museum Bad Orb** (Burgring 14) untergebracht. Von hier führt die **Kirchgasse** bis zum Marktplatz – sie prunkt mit Fachwerkhäusern aus dem 17. und 18. Jh., das schmalste darunter ist nur 1,58 m breit. Vom historischen,

TIPP AUF DEN SPUREN DER BRÜDER GRIMM

In der Landschaft des Spessarts fanden die Brüder Jacob und Wilhelm Grimm Inspirationen für ihre weltbekannten Märchen. Von den Bewohnern hörten sie Legenden und Erzählungen, die sie niederschrieben. In Hanau geboren, zog die Familie 1791 in einen verwinkelten Fachwerkbau aus dem 16. Jahrhundert in **Steinau an der Straße.** Heute ist dort das **Museum Brüder Grimm Haus** (Brüder Grimm-Straße 80, 36396 Steinau an der Straße, www.brueder-grimm-haus.de) mit einer interessanten Ausstellung über das Leben der Literaten und Gelehrten untergebracht. Sehenswert ist auch das **Schloss Steinau** (www.schloesser-hessen.de/schloss-steinau), das ebenfalls eine Ausstellung über die Brüder Grimm zeigt. Weitere Infos unter: www.spessart-tourismus.de/steinau.

TOUR WANDERN UM DEN UND BOOTSTOUREN AUF DEM KINZIG-STAUSEE

Nördlich von Bad Orb liegt der Kinzig-Stausee, eine Talsperre der Kinzig. Dort kann man rund um den See am Wasser entlang wandern oder im Sommer auf dem See mit dem Boot fahren (Bootsverleih und Kiosk, www.kinzigtal-stauseede.de.rs).

60 Stellplatz am Kurpark Bad Orb

GPS 50.216297, 9.355724

Der Stellplatz liegt am Kurpark mit Zugang zum Gradierwerk, zu Wander- und Radwegen, fußläufig zur Innenstadt. In der Nähe gibt es außerdem Minigolf sowie ein Freibad. **Lage/Anfahrt:** von der A66 Ausfahrt 44, dann L3199 ins Stadtzentrum, dann Schildern zur Toskana Therme folgen; **Platzanzahl:** 9; **Untergrund:** Schotter, **Service:** Strom, Trinkwasser, Abwasser, Chemie-WC; **Preiskat.:** €€; **Geöffnet:** ganzjährig; **Kontakt:** Spessartstraße 13, 63619 Bad Orb, www.bad-orb.info

stillgelegten Bahnhof (Austraße) verkehrt im Sommer die **Dampfkleinbahn Emma** auf einer sieben Kilometer langen Schmalspurstrecke bis Wächtersbach.

Tourist-Info, Kurparkstraße 2, www.bad-orb.info

Alzenau

Den Blickfang in dem langgestreckten Ort bildet die am östlichen Ortsausgang gelegene **Burg Alzenau.** Der einstige Verwaltungssitz der Mainzer Kurfürsten ist heute bei Veranstaltungen, wie den Burgfestspielen zugänglich. Führungen können bei der Stadt gebucht werden. Darunter liegt der hübsche Ortskern mit der Kirche St. Justinus, wo donnerstags der **Wochenmarkt** stattfindet.

61 Stellplatz Bad Soden-Salmünster

GPS 50.289264, 9.363133

Ausweichplätze während der Modernisierung des Stellplatzes östlich der Spessart-Therme. Die Innenstadt des Kurorts mit guter Infrastruktur liegt in Fußnähe. Ver- und Entsorgung erfolgt bei Waschservice Gebauer (Ahler Straße 4, Stadtteil Salmünster). **Lage/Anfahrt:** von der A66 Ausfahrt 44 auf die Bad-Sodener-Straße, dann links in die Thermalstraße und rechts in die Sprudelallee; **Platzanzahl:** 6 Behelfsplätze während Umbaus; **Untergrund:** Pflaster, **Service:** Strom, Trinkwasser, Abwasser, Chemie-WC, WLAN; **Preiskat.:** €; **Geöffnet:** ganzjährig; **Kontakt:** Sprudelallee, 63628 Bad Soden-Salmünster, www.badsoden-salmuenster.de/tourismus/wohnmobil.html

Blickfang des Orts ist die Burg Alzenau

Landschaftlich besonders schön wird es in Richtung Nordosten im Stadtteil **Michelbach.** Am südlichen Ortsausgang befindet sich der Hausberg **Hahnenkamm** mit dem Aussichtspunkt **Ludwigsturm** und einem **Berggasthof** (www.berggasthofhahnenkamm.de). Eine noch schönere Aussicht auf die Landschaft bietet jedoch der Lehrpfad im Weinberg von Alzenau. Der Einstieg liegt am östlichen Ausgang des Stadtteils Michelbach an der St2305 bei der Herrnmühle. Vom Aussichtspunkt in der Weinlage **Michelbacher Apostelgarten** eröffnet sich hier ein weiter Blick bis hin nach Frankfurt. In Michelbach befindet sich auch das barocke **Schlösschen Michelbach** (Schloßstraße 13) mit dem **Museum** der Stadt Alzenau.

TOUR IM KAHLGRUND

Gut wandern und radfahren lässt es sich im Kahlgrund, der Landschaft in der Nachbarschaft des Flüsschens Kahl, das von Alzenau in Richtung Südosten verläuft. Entlang der landschaftlich ansprechenden Route kann man historische Kleinode wie das Kupferbergwerk Wilhelmine in Sommerkahl besuchen. Einen Zugang zum Radweg gibt es gleich hinter dem Stellplatz (https://kahlgruender.de/unser-kahlgrund).

www.alzenau.de

Im **Hofladen Erdbeer-Ranch** östlich der Burg Alzenau an der Kahl gibt es Bio-Obst und -Gemüse sowie andere Waren regionaler Anbieter wie Käse, Wurst, Honig und Eier (Märkerstraße, https://erdbeer-ranch.de).

62 Stellplatz Alzenau

GPS 50.086309, 9.042939

Der Platz liegt neben einem Biergarten am Badesee Meerhofsee. Hinter dem Platz verläuft das Flüsschen Kahl, entlang dessen man in den Ort (3 km entfernt) spazieren oder radeln kann. **Lage/Anfahrt:** von der A45 bei Alzenau Mitte auf Hanauer Straße Richtung Zentrum, dann zweite Straße rechts Richtung Meerhofsee. **Platzanzahl:** 25; **Untergrund:** Schotter; **Service:** Strom, Trinkwasser, Abwasser, Chemie-WC, WLAN; **Preiskat.:** €€; **Geöffnet:** ganzjährig; **Kontakt:** Meerhof 1, Meerhofsee, Tel. 0162 3690906, www.alzenau.de

Daniel Fort

Das Taubertal

Die Tauber ist ein ca. 130 km langer Fluss, der am Westfuß der Frankenhöhe entspringt und sich in nordwestlicher Richtung bis zur Mündung in den Main schlängelt. Zahlreiche Weinberge finden sich an den Hängen des Taubertals. Das Weinland Taubertal erstreckt sich von der traumhaft über dem Flusstal gelegenen, ebenso weltbekannten wie sehenswerten Kleinstadt Rothenburg ob der Tauber mit ihrer weitgehend erhaltenen mittelalterlichen Altstadt bis nach Wertheim am Main. Rund 1100 ha werden von den Winzern für den Weinbau genutzt. Davon sind ca. 65 % mit Weißwein- und 35 % mit Rotweinsorten bestockt. Die bekanntesten Sorten, die in der Region angebaut werden, sind Müller-Thurgau, Silvaner, Riesling, Burgunder, Kerner, Bacchus, Schwarzriesling, Spätburgunder,

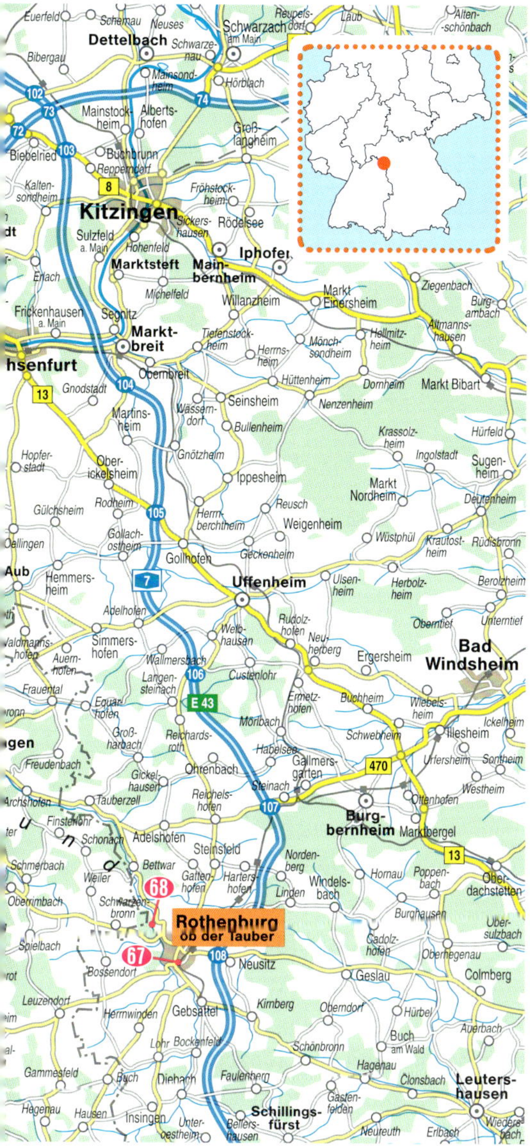

TOUREN-ÜBERBLICK

Routenempfehlung: Reicholzheim – Weikersheim – Röttingen – Rothenburg o. d. Tauber
Länge gesamt: ca. 96 km
Dauer: ca. 3–7 Tage
Reisezeit: ganzjährig. Das reichhaltige Kulturangebot der Weinregion und ein gut ausgebautes Wegenetz für Wanderer und Radfahrer machen eine Reise durch das Taubertal zu allen Jahreszeiten zu einem wunderbaren Erlebnis.

Dornfelder und die regionale Spezialität Tauberschwarz. Eine bedeutende Stellung in der Kultivierung und Entwicklung des hiesigen Weinbaus nahm das um 1151 gegründete Zisterzienserkloster Bronnbach nahe Wertheim ein. Der Austragungsort der Frankenfestspiele Röttingen oder der kleine Ort Reicholzheim mit dem letzten Terrassenweinberg im Taubertal, dem Reicholzheimer Satzenberg, eignen sich hervorragend, um die Weinkultur der Region bei verschiedenen Weinerlebnissen kennenzulernen.

Weitere kulturelle Angebote bietet die Residenzstadt Weikersheim mit der 2019 eröffneten Tauberphilharmonie und dem Weikersheimer Schloss mit Schlossgarten und Orangerie.

Sportlich aktiven Reisenden ermöglichen der ca. 130 km lange Panoramaweg, zahlreiche Rund- und Themenwanderwege sowie der rund 100 km lange Radweg „Lieblichs Taubertal", die malerische Landschaft hautnah zu erleben.

www.taubertal.de, www.liebliches-taubertal.de, www.weinlandtaubertal.de, www.frankentourismus.de/gebiete/liebliches-taubertal

Kloster Bronnbach liegt nur wenige Kilometer von Reicholzheim entfernt

Reicholzheim

Am gewundenen Unterlauf der Tauber, unweit ihrer Mündung in den Main bei Wertheim, liegt das 1300 Einwohner zählende Weindorf Reichholzheim. Der Weinbau stellt seit Jahrhunderten einen wichtigen Erwerbszweig dar. Der südsüdwestlich des Orts gelegene historische **Reichholzheimer Satzenberg** ist die letzte bewirtschaftete Terrassenanlage im Taubertal und wurde vermutlich bereits im 8. Jh. angelegt. Der **Heiligenweinberg,** in unmittelbarer Nähe der **Pfarrkirche St. Georg** (St. Georg-Str. 5) gelegen, wird als älteste Weinlage des Orts beschrieben. Der Hobbyweinberg stellt keine offizielle Reblage dar, unterstreicht jedoch die Weinbautradition des Dorfs. Der Weinbau des Orts ist eng mit dem nahe gelegenen **Kloster Bronnbach** (Bronnbach 9, www.kloster-bronnbach) verbunden. Das Anbaugebiet gehörte den Grundherren, die ab Mitte des 12. Jh. im Kloster residierten. Zudem konnten in den Kellern des Klosters die Weinfässer lagern und reifen und somit Fehl- oder Überernten ausgeglichen werden. Heute kann die Klosteranlage besichtigt werden. Diverse Führungen, der Klosterladen, die Vinothek, das **Gasthaus** (Bronnbach 1, www.gasthaus-klosterhof.de), das **Restaurant Orangerie** (Bronnbach 10, www.hotel-kloster-bronnbach.de), der Klostergarten u. v. m. machen einen Besuch im Kloster zu einem spannenden kulturellen Erlebnis. Vom Reichholzheimer Ortskern kann die Klosteranlage über einen etwa 2,5 km langen Wanderweg zu Fuß erreicht werden. An diesem alten Höhenweg zwischen Reichholzheim und Bronnbach befindet sich mit 14 Kreuzen das mutmaßlich größte **Steinkreuznest** Deutschlands (www.suehnekreuz.de/bw/reicholzheim.htm).

Der 6,5 km lange **Reichholzheimer Rundwanderweg,** der vom **Heimatverein Reichholzheim** (www.reichelze.de/heimatverein-reicholzheim) angelegt wurde, führt nicht nur an den Steinkreuzen und historischen Weinbergen vorbei, sondern erschließt zudem weitere sehenswerte Orte wie die Dreifaltigkeitskapelle oder das Kriegerdenkmal.

Um die Weinvielfalt dieser Region zu entdecken, kann der **Winzerkeller Taubertal**

(St. Georg-Str. 1–3, www.gwf-frankenwein.de/winzerkeller/winzerkeller-im-taubertal-weine) für eine Weinprobe besucht werden.

Touristen Information,
www.reicholzheim.de

INFO STEINKREUZNESTER

Steinkreuznester sind Ansammlungen von steinernen Kreuzen, deren ursprüngliche Bestimmung unklar ist. Diese Kulturdenkmäler sind überwiegend in ländlichen Regionen vorzufinden, vermutlich, weil sie dort nicht von Siedlungen und Industrie verdrängt wurden.

Aufgrund des teilweise unterschiedlichen Alters der Kreuze wird jedoch auch davon ausgegangen, dass die Steinkreuznester in einigen Fällen von verschiedenen Standorten zu derartigen Gruppen zusammengetragen wurden. Es ist auch denkbar, dass neben Sühne- und Gedenkkreuzen ehemalige Grabkreuze diesen Ansammlungen hinzugefügt wurden.

An solchen Standorten wurden in der Vergangenheit häufig die gerichtlichen Sühnen für schwere Verbrechen abgehalten. Es wird daher vermutet, dass die Steinkreuze Symbole für verurteilte und hingerichtete Verbrecher darstellen oder dass einem Täter das Errichten eines Sühnekreuzes an dieser bestimmten Stelle auferlegt wurde.

Auf einigen Kreuzen sind Embleme wie Schwert, Hammer oder Armbrust zu finden, die Rückschlüsse auf den Beruf oder die Tatwaffe des Verurteilten geben könnten.

Die Steinkreuze bei Reicholzheim wurden erstmals im Dorfbrief von 1494 erwähnt. Der Bildstock stammt aus dem Jahre 1722.

63 Camping Forelle

GPS 49.73325, 9.51731

Ruhig und idyllisch direkt an der Tauber gelegener Naturcampingplatz. Der Platz ist bewaldet und somit überwiegend schattig. Eine Gaststätte befindet sich am Platz. Ein Radweg führt direkt am Platz vorbei. Zum Kloster Bronnbach sind es etwa 4,5 km.
Lage/Anfahrt: westlich des Ortskerns; über L506, im Ort auf die Alte Heerstraße nach Westen fahren und die Tauber überqueren, nach etwa 300 m in Zum Ottersberg biegen und dem Verlauf bis zum Platz folgen; **Platzanzahl:** 85; **Untergrund:** Wiese; **Service:** Strom, Trinkwasser, Abwasser, Chemie-WC; **Preiskat.:** €€; **Geöffnet:** April–Sept.; **Kontakt:** Zum Ottersberg 14, 97877 Wertheim, Tel. 09342 4435, www.campingplatz-forelle.de

Weikersheim

Das bekannteste Bauwerk von Weikersheim ist das gut erhaltene **Renaissanceschloss Weikersheim** (Marktplatz 11, www.schloss-weikersheim.de) mit seinem eindrucksvollen barocken Schlossgarten mit Orangerie und dessen überaus großem Reichtum an Figuren. Im Innenhof des Schlosses befindet sich ein **Alchemiemuseum,** das der Leidenschaft des einstigen Schlossherrn, Wolfgang II., gewidmet ist. Verschiedene Themen- und Kostümführungen vermitteln auf unterhaltsame Weise die Geschichte und Besonderheiten der Anlage und bieten Einblicke in das Leben zu Hofe.

Ein weiteres kulturelles Highlight stellt die erst 2019 eröffnete **Tauberphilharmonie** (August-Laukhuff-Str. 19, www.tauberphilharmonie.de) dar. Hier finden neben hochkarätigen Konzerten auch Kabarett- und Comedy-Veranstaltungen, Festivals sowie Kinovorstellungen statt. Das Gebäude gilt als Pilotprojekt für eine akustisch wie architektonisch herausragende Bauweise abseits großer Metropolen.

TOUR WANDERN RUND UM WEIKERSHEIM UND LAUDENBACH

15 Rundwanderwege erschließen die Kulturlandschaft rund um die beiden Orte. Die Routen haben verschiedene Längen und Schwierigkeitsgrade und bieten somit für jeden eine passende Variante (www.weikersheim.de/sport-und-freizeit/wandern).

Vor den Toren des Schlosses können der sehenswerte Marktplatz und die kleine, verträumte Altstadt besichtigt werden. Direkt am Marktplatz kann das **Tauberländer Dorfmuseum** (www.tauberlaender-dorfmuseum.de) im ehemaligen Kornbau besucht werden. Es ist dem Alltagsleben des 18. und 19. Jahrhunderts in Tauberfranken gewidmet, was einen interessanten Kontrast zur Darstellung des höfischen Lebens im Schloss bildet. Das **Stadtmuseum** (Hauptstr. 42) im **Gänseturm** bietet neben

Das Weikersheimer Schloss vom Marktplatz aus gesehen

einer schönen Aussicht Einblicke in die Geschichte der Stadt.
Etwas abseits, nahe der Ortschaft Laudenbach gelegen, präsentiert sich die **Bergkirche Laudenbach „Zur schmerzenden Mutter“** (Bergkirche 1) als lohnendes Ziel für Wanderer. Sie liegt unweit des Campingplatzes Schwabenmühle auf einer Anhöhe und ist über Wanderwege in gut 30 Minuten zu erreichen.

Touristen Information, Markplatz 2. 97990 Weikersheim, www.weikersheim.de

64 Camping Schwabenmühle

GPS 49.457887, 9.926737

Auf einer Halbinsel zwischen Vorbach und Mühlbach gelegen, Bäume umgeben die Wiesenfläche und spenden teilweise Schatten. Die Scheune der ehemaligen Schwabenmühle wurde zum Rezeptions- und Sanitärgebäude umgebaut. Die Landschaft mit Weinbergen rund um den Platz und den Weinort Laudenbach lädt zu Wanderungen und Radtouren ein. Ein Radweg verbindet die Orte Laudenbach und Weikersheim. Kleiner Kiosk, Campingbücherei und E-Bike-Verleih vorhanden. **Lage/Anfahrt:** in Laudenbach ca. 4 km südöstlich von Weikersheim, über L1001; **Platzanzahl:** 70; **Untergrund:** Wiese, fest; **Service:** Strom, Trinkwasser, Abwasser, Chemie-WC, WLAN; **Preiskat.:** €€€; **Geöffnet:** April–Okt.; **Kontakt:** Weikersheimer Str. 21, 97990 Weikersheim, Tel. 07934 992223, www.camping-schwabenmuehle.de

TOUR TAUBERSCHWARZ-WANDERWEG

Die alte regionale Rebsorte Tauberschwarz war Mitte des letzten Jahrhunderts beinahe ausgestorben. In den 1970er-Jahren wurden in Ebertsbronn noch einige verbliebene Pflanzen entdeckt, sodass die Sorte nachgezüchtet werden konnte. Heute sind wieder rund 14 Hektar mit dieser Rebsorte bebaut. Die einheimische Rebsorte wurde von der Organisation Slow Food, die sich dem genussvollen, bewussten und regionalen Essen sowie dem Erhalt gefährdeter Lebensmittel, Pflanzen und Nutztierrassen verschrieben hat, in die Arche des Geschmacks aufgenommen.
Der 8 km lange und beschilderte Wanderweg, der am Julius Echter Keller oder am Sportplatz Laudenbach beginnt, führt durch die Weinberge rund um Laudenbach und erschließt die interessante Geschichte dieses besonderen Weins (www.markelsheimer-wein.de/freizeitgestaltung).

Die Tauberbrücke ist ein lohnendes Ziel für Rad- und Wandertouren

Röttingen

Das malerische, über 900 Jahre alte Städtchen ist vor allem als Weinort und Austragungsstätte der auf **Burg Brattenstein** (Herrnstr. 1) jährlich inszenierten **Frankenfestspiele** (www.frankenfestspiele-roettingen.de) bekannt. Der historische Stadtkern wird von einer mittelalterlichen Stadtmauer mit sieben noch erhaltenen Wehrtürmen umschlossen. Im historischen Ambiente kann man in Röttingen der Weinbautradition des Taubertals nachspüren. Jährlich an Pfingsten findet im Ort das **Weinfest** statt. Auf dem Marktplatz mit seinem **barocken Rathaus** (Marktpl. 1) oder in den Scheunen und Höfen der Winzer können verschiedene Weine der Region, kulinarische Spezialitäten und ein abwechslungsreiches Programm genossen werden. Im **Weinmuseum** (Lagerweg) auf Burg Brattenstein wird Besuchern Wissenswertes über den lokalen Weinbau und den „Röttinger Feuerstein" vermittelt. Ergänzend zum Museum befindet sich südwestlich der Altstadt ein **Museumsweinberg.** Bei einer Wanderung durch die drei Parzellen kann der ursprüngliche Weinbau nachvollzogen werden, der hier nach wie vor ohne Pestizide und in Handarbeit betrieben wird.

TOUR RADTOUR ZUR TAUBERBRÜCKE

Die einzige erhaltene Steinbrücke von Balthasar Neumann in Tauberrettersheim liegt etwa 3,5 km von Röttingen entfernt und ist auf verschiedenen Wegen entlang der Tauber gut mit dem Fahrrad zu erreichen (www.tauberrettersheim.de/gemeinde-tauberrettersheim/die-gemeinde/bruecke, www.adfc-radtourismus.de/liebliches-taubertal).

Als „Stadt der Sonnenuhren" präsentiert Röttingen auf einem zwei Kilometer langen **Sonnenuhrenweg** (www.roettingen.de/tourismus/de/roettingen-entdecken/sehenswertes/sonnenuhrenweg), der innerhalb der und um die Stadtmauer verläuft, 25 verschiedene Sonnenuhren und deren unterschiedliche Formen und Funktionsweisen.

Zahlreiche Veranstaltungen wie das **Gauvolksfest** Ende August, der **Kulturherbst** im September und Oktober oder der **Winterzauber** zur Adventszeit unterstreichen den kulturellen Anspruch.

ℹ **Touristen Information,** Marktplatz 1, 97285 Röttingen, www.roettingen.de

TOUR WANDERUNG ZUM STOODBLICK MIT WEINLIEFERSERVICE

Vom idyllischen Stoodblick eröffnet sich ein wunderbarer Blick auf den Ort und das Taubertal. Holzbänke laden zum Verweilen ein. Die teilweise ausgeschilderte, rund 2,5 km lange Wanderung kann am Parkplatz gegenüber dem Jakobstor begonnen werden und mit einem Abstecher zum Museumsweinberg kombiniert werden. Als besonderen Service kann man sich vom Weingut Engelhardt bis 20 Uhr Rot- und Weißweine zum Aussichtspunkt liefern lassen, sodass der Aufstieg mit nur leichtem Gepäck erfolgen kann (Tel. 09338 993500, www.weingut-engelhardt.de).

66 Wohnmobilstellplatz Weinbau Bach

GPS 49.50717, 9.97276

Direkt am Winzerhof Bach, an der Tauber gelegener Stellplatz. Bei Weinkauf ab 50 € ist eine Übernachtung kostenlos. **Lage/ Anfahrt:** südlich des Ortskerns, über St2269/2268, an der Kapelle St. Georg in Röttinger Str. fahren, an der Bäckerei Roth links in die Untergasse biegen, nach etwa 200 m links auf die Neubronnerstr. fahren, am Festplatz links in die Klingener Str. biegen; **Platzanzahl:** ca. 10; **Untergrund:** Schotter, fest; **Service:** Strom; **Preiskat.:** €; **Geöffnet:** ganzjährig; **Kontakt:** Klingenerstraße 1, 97285 Röttingen, Tel. 09338 980507, www.weinbau-bach.de/wohnmobil

65 Wohnmobilstellplatz Röttingen

GPS 49.507495, 9.969738

Am Ufer der Tauber gelegen. Der Marktplatz liegt nur 300 m entfernt. **Lage/ Anfahrt:** südlich der Altstadt auf dem Festplatz, über St2269/2268, an der Kapelle St. Georg in Röttinger Str. fahren, an der Bäckerei Roth links in die Untergasse biegen, nach etwa 200 m links auf die Neubronnerstr. fahren; **Platzanzahl:** ca. 20; **Untergrund:** Schotter, Schotterrasen; **Service:** Strom, Trinkwasser, Abwasser, Chemie-WC; **Preiskat.:** €; **Geöffnet:** April–Okt., gesperrt zum Gauvolksfest (Ende Aug.); **Kontakt:** Neubronner Str., 97285 Röttingen, Tel. 09338 972855, www.roettingen.de/tourismus/de/info-buchen/wohnmobilstellplatz

Rothenburg ob der Tauber

Die weitgehend erhaltene mittelalterliche Altstadt und die begehbare, rund vier Kilometer lange **Stadtbefestigung** (www.rothenburg-tourismus.de/entdecken/zeitreise/stadtmauer-erleben) mit ihren zahlreichen Türmen machen die Kleinstadt zu einem weithin bekannten und sehenswerten Tourismusziel. Ihre Ursprünge reichen ins 11. Jahrhundert zurück. Die zu dieser Zeit vom Grafen von Comburg auf dem Gelände des sogenannten Essigkrugs im Südwesten der heutigen Stadt angelegte Burg markiert den Beginn der Bebauung. Doch erst durch die Errichtung der Reichsburg durch den Stauferkönig Konrad III. (reg. 1138–1152) auf dem Gelände des heutigen Burggartens gewann der Ort ab 1142 an Bedeutung. Ab 1444 ist für diese zweite Burg die Bezeichnung Rothenburg belegt. Östlich der Reichsburg entwickelte sich noch im 12. Jahrhundert eine vermutlich von Beginn an als Stadt geplante Siedlung, die ab 1274 unter Rudolf von Habsburg (reg. 1273–1291) als Reichsstadt anerkannt war. Die Blütezeit Rothenburgs ist mit dem Namen Heinrich Toppler (1349–1408) verbunden. Seit den 1370er-Jahren wurde Toppler bis zu seinem Tod fast jedes zweite Jahr zum Bürgermeister gewählt (direkt aufeinanderfolgende Amtszeiten waren nicht gestattet). Toppler, zu einem der reichsten und angesehensten Patrizier im Reich aufgestiegen, erweiterte das Territorium der Stadt beträchtlich und erwarb in den knapp vierzig Jahren seiner Amtszeit als Bürgermeister ein Gebiet von fast 400 km². In den folgenden Jahrhunderten stagnierte die Entwicklung Rothenburgs. Es gelangte schließlich 1803 als hochverschuldete Stadt an Bayern. Heutige Besucher erblicken einen Ort, der sich über dem kaum bebauten Flusstal der Tauber erhebt, in dem Wanderer so manche Sehenswürdigkeit wie die katholische Kirche **Unsere liebe Frau zu Kobolzell**

Der Rathausturm auf dem Marktplatz ist weithin sichtbar

TIPP NACHTWÄCHTERWANDERUNG
Bei einer lebendigen Stadtführung mit dem Nachtwächter erfährt man allerlei Wissenswertes und Unterhaltsames über den historischen Ort. Die Führungen beginnen am Marktplatz (www.rothenburg-tourismus.de/planen-buchen/top10-aktivitaeten/tour-mit-dem-nachtwaechter).

Die Stadtbefestigung von Rothenburg ist nahezu vollständig erhalten und begehbar

(Weinsteige 8) aus dem 13. Jh., die historische **Doppelbrücke** (Leuzenbronner Str.) oder das spätmittelalterliche **Topplerschlösschen** (Taubertalweg 100), das von Bürgermeister Toppler als Sommerhaus errichtet wurde, besuchen können.

Innerhalb der Stadtmauern laden zahlreiche enge, verwinkelte Gassen zu einem Rundgang ein, um die reichlich vorhandenen Sehenswürdigkeiten zu erkunden. Besonders im Herbst spürt man den mittelalterlichen Geist, wenn man früh am Morgen durch die leeren, nebelverhangenen Gassen schlendert. Das **Plönlein** (Untere Schmiedegasse), ein beliebtes Fotomotiv, befindet sich am Eingang zum **Spitalviertel.** Zum Ensemble gehören der **Siebersturm** (Plönlein 14) und das **Kobolzeller Tor** (Kobolzeller Steige).

Der **Marktplatz** mit seinem imposanten **Rathaus** (Markt 1) im Renaissancestil und dem begehbaren **Rathausturm** dient als Austragungsort zahlreicher Veranstaltungen. An Pfingsten und im September wird auf dem Marktplatz der **historische Schäfertanz** (www.schaefertanzrothenburg.de) aufgeführt. Während der **Reichsstadt-Festtage** am ersten Wochenende im September ziehen Gruppen

TOUR WANDERN UND RADFAHREN RUND UM ROTHENBURG

Das umfangreiche Wegenetz rund um Rothenburg bietet immer wieder wundervolle Ausblicke auf die Altstadt. Besonders der 6,9 km lange **Rothenburger Panoramaweg** (W6) eröffnet fantastische Ausblicke auf die Stadt und führt auf die Anhöhen der westlichen Taubertalseite. Der Wanderer kommt in den Genuss der urwüchsigen Landschaft und durchquert romantische Täler, Felder und lichte Wälder (www.rothenburg-tourismus.de/entdecken/aktiv/wandern).

Auch für Radfahrer finden sich rund um Rothenburg wunderschöne Tourangebote. Hier beginnt beispielsweise der ca. 102 km lange Radweg „Liebliches Taubertal", der dem Verlauf der Tauber folgt und sich hervorragend eignet, um das romantische Flusstal zu entdecken. Geführte Radtouren erschließen die schönsten Aussichtsplätze, interessantesten historischen Orte und zahlreichen Mühlen des alten Rothenburger Gebiets und bieten eine reizvolle Mischung aus Besichtigung, Bewegung und Landschaftsgenuss (www.rothenburg-tourismus.de/entdecken/aktiv/radfahren).

Das wohl beliebteste Fotomotiv der Stadt: das Plönlein mit Siebersturm (links) und Kobolzeller Tor

in historischen Gewändern durch die Stadt. Am Marktplatz kann dann bereits freitags ein **Fassadenfeuerwerk** bestaunt werden. Ab Mitte August präsentieren lokale gastronomische Betriebe mit ihren Partner-Winzern für mehrere Tage fränkische Qualitätsweine im **Rothenburger Weindorf.** Hierzu werden regionale Spezialitäten serviert.

Das historische Festspiel **Der Meistertrunk** (www.meistertrunk.de) greift die Eroberung der Stadt durch die Truppen von General Tilly im Dreißigjährigen Krieg auf und findet jedes Jahr zum Pfingstwochenende in der gesamten Altstadt statt. Und mehrmals im Jahr werden an verschiedenen Standorten die Schwänke des Schuhmacherpoeten Hans Sachs (s. S. 131) in den Aufführungen der **Hans-Sachs-Spiele** gewürdigt.

Schöne Ausblicke auf das Stadtpanorama und das Taubertal eröffnen sich bei einem Spaziergang durch den **Burggarten** (Alte Burg), dem Standort der einstigen Stauferburg. Zahlreiche Museen wie das **Mittelalterliche Kriminalmuseum** (Burggasse 3–5, www.kriminalmuseum.

TIPP BALLONFAHRT ÜBER ROTHENBURG

Wer die Stadt und das Taubertal aus der Luft erleben möchte, kann morgens mit Sonnenaufgang oder abends zum Sonnenuntergang zu einer Ballonfahrt starten (Happy Ballooning, Spitalgasse 19, www.happy-ballooning.de).

TIPP KLETTERWALD ROTHENBURG

Über 145 Kletterelemente in 14 Parcours mit unterschiedlichen Schwierigkeitsgraden bieten Abenteuer und Spaß für die ganze Familie. Die Parcours führen auf einer Höhe von 1 bis 17 Metern durch den Wald. Tarzanseile, wacklige Brücken oder Seilrutschen von bis zu 120 Metern Länge erfordern Geschicklichkeit (www.kletterwald-rothenburg.com).

eu) das **Rothenburg Museum** (Klosterhof 5, www.rothenburgmuseum.de) sowie das **Käthe Wohlfahrt Weihnachtsmuseum** (Herrngasse 1, www.weihnachtsmuseum.de) führen durch die Vergangenheit der Stadt und versprechen Einblicke in Tradition und Brauchtum.

Besondere **Einkaufserlebnisse** ermöglichen die vielseitigen lokalen Manufakturen, Geschäfte und Märkte, die einzigartige regionale Produkte anbieten. Die Initiative **Handmade in Rothenburg** (www.rothenburg-handmade.com) bietet Einblicke in die Produktionsprozesse. Für Weihnachtsenthusiasten ist ein Besuch des **Käthe Wohlfahrt Weihnachtsdorfs** (Herrngasse 1, www.kaethe-wohlfahrt.com) oder des **Reiterlesmarktes** in der Vorweihnachtszeit ein Muss.

67 Wohnmobilstellplatz Rothenburg am P2

GPS 49.37023, 10.183296

Wenige Gehminuten vom Spitaltor am südlichen Eingang der historischen Altstadt gelegen, ist dieser Stellplatz ideal für eine Stadtbesichtigung. Einkaufsmöglichkeiten befinden sich in unmittelbarer Nähe. **Lage/Anfahrt:** Nähe Spitaltor; über St2268, St2419, Beschilderung P2 folgen; **Platzanzahl:** ca. 50; **Untergrund:** Asphalt, Rasengitter, Pflaster; **Service:** Strom, Trinkwasser, Abwasser, Chemie-WC; **Preiskat.:** €€; **Geöffnet:** ganzjährig; **Kontakt:** Nördlinger Str. 6, 91541 Rothenburg ob der Tauber, Tel. 09861 404800, www.rothenburg-tourismus.de/planen-buchen/gastgeber/camping-wohnmobil

INFO HANS SACHS

Der deutsche Schuhmacher, Spruchdichter, Meistersinger und Dramatiker wurde am 5. November 1494 in Nürnberg geboren und starb am 19. Januar 1576 ebenda. Sachs war ein Befürworter der Reformation und verbreitete in Werken wie „Die Wittenbergische Nachtigall" (1523) die Lehren Martin Luthers. Mit diesem Gedicht erlangte er erste Anerkennung. In den folgenden Jahren schuf er mehr als 6000 Werke, viele davon in sogenannten Knittelversen oder Reimversen. Sachs' Werk gilt als bedeutendes Zeugnis der reichsstädtischen bürgerlichen Kultur des 16. Jahrhunderts. Bereits zu Lebzeiten wurden seine Werke bei Lesungen und Theateraufführungen präsentiert. Die „Fastnachtsspiele" gelten als seine herausragendsten Werke und werden heute noch gerne aufgeführt.

Neben der künstlerischen Tätigkeit übte Sachs weiterhin seinen Beruf als Schuhmacher aus. Soweit bekannt, wurden sog. Meistersinger für Kompositionen oder Vorführungen nicht bezahlt. Die 1921 gegründeten Rothenburger Hans-Sachs-Spiele ehren den Dichter mit heiteren und beschwingten Aufführungen (www.hans-sachs-rothenburg.de).

Touristen Information, Marktplatz 2, www.rothenburg-tourismus.de

Die Original **Rothenburger Schneeballen** blicken auf eine über 300 Jahre alte Tradition zurück. Das früher in Schmalz, heute in Pflanzenfett in speziellen Schneeballeneisen gebackene und im Original mit Puderzucker bestäubte fränkische Mürbegebäck wird heute in vielen Variationen und mit unterschiedlichen Füllungen verkauft. Ehemals wurden die Schneeballen zu feierlichen Anlässen wie Hochzeiten und Kirchweihen sowie bei Veranstaltungen des Hochadels als Festgebäck verzehrt. Das Gebäck ist in zahlreichen Konditoreien wie Diller Schneeballenträume (Schmiedgasse 7, www.schneeballen.eu) oder der Konditorei Walter Friedel (Markt 8, www.original-rothenburger-schneeballen.de) erhältlich.

Das Topplerschlösschen passiert man unweigerlich, wenn man durch das Taubertal unterhalb von Rothenburg wandert.

68 Camping Tauberromantik

GPS 49.387693, 10.167915

Im gemütlichen und ruhigen Dorf Detwang, im idyllischen Taubertal nahe dem Fluss gelegen, führen zahlreiche Wander- und Fußwege vom Platz aus in die Umgebung. Der Radweg Liebliches Taubertal ist direkt vom Platz aus zu erreichen. Üppiger Baumbestand ziert das Gelände. Ein kleiner SB-Laden und das Restaurant Eulenstübchen gehören zum Platz. Eine Bushaltestelle befindet sich etwa 80 m von der Einfahrt entfernt. Das Ortszentrum von Rothenburg kann in ca. 25 Gehminuten erreicht werden. **Lage/Anfahrt:** im Dorf Detwang, ca. 2 km vom Rothenburger Marktplatz entfernt, über St2268; **Platzanzahl:** ca. 100; **Untergrund:** Wiese, fest; **Service:** Strom, Trinkwasser, Abwasser, Chemie-WC, WLAN; **Preiskat.:** €€€; **Geöffnet:** Ende Mai–Anfang Nov., Ende Nov.–Anfang Jan.; **Kontakt:** Detwang 39, 91541 Rothenburg o.d. Tauber, Tel. 09861 6191, www.camping-tauberromantik.de

Daniel Fort

Bergstraße-Odenwald

Hattersheim
Neu-Isenburg
Obertshausen
Heusenstamm
Seligenstadt
Dreieich
Dietzenbach
Rodgau
Babenhausen
Rödermark
Aschaffenburg
Groß-Gerau
Weiterstadt
Messel
69
Darmstadt
Dieburg
Griesheim
Groß-Zimmern
Groß-Umstadt
Ober-Ramstadt
Reinheim
Groß-Bieberau
Mühltal
Pfungstadt
Seeheim-Jugenheim
Alsbach-Hähnlein
Zwingenberg
Lautertal (Odenwald)
Lindenfels
Gronau
74
73
72
Bensheim
Lorsch
75
Michelstadt
70
Erbach
Bad König
Höchst i. Odenwald
Breuberg
Obernburg a. Main
Erlenbach a. Main
Wörth a. Main
Klingenberg am Main
Miltenberg
Amorbach
Fürth
Hammelbach
71
Rimbach
Heppenheim (Bergstraße)
Grasellenbach
Wald-Michelbach
Beerfelden
Hemsbach
Viernheim
Weinheim
Mannheim
Ladenburg
Schriesheim
Hirschhorn (Neckar)
Eberbach
Buchen (Odenwald)
Heidelberg
Neckargemünd
Neckarsteinach
Schwetzingen
Leimen
Odenwald
Neckar
Main
0 4 km
© Reise Know-How 2022

TOUREN-ÜBERBLICK

Routenempfehlung: Grube Messel – Michelstadt – Grasellenbach-Hammelbach – Lindenfels – Bensheim-Gronau – Kloster Lorsch
Länge gesamt: ca. 112 km
Dauer: ca. 3–7 Tage
Reisezeit: ganzjährig, kulturelle Sehenswürdigkeiten, die zu allen Jahreszeiten zugänglich sind, und die sanfte, malerische Hügellandschaft machen den Odenwald ganzjährig zu einem attraktiven Reiseziel für Outdoor-Enthusiasten und Kulturliebhaber.

Zahlreiche Wanderwege führen durch die Odenwälder Landschaft des Meerbachtals

Zwischen Rhein, Main und Neckar erstreckt sich die reizvolle Mittelgebirgslandschaft des bis zu 627 m hohen Odenwalds. Die Naturlandschaft des UNESCO Geoparks Bergstraße-Odenwald lädt zum Wandern, Mountainbiken und Radfahren ein. Die Westgrenze des Odenwalds markiert eine äußerst geradlinige Abbruchkante zur Oberrheinischen Tiefebene. Zwischen Darmstadt und Wiesloch erheben sich auf einer Länge von ca. 70 km plötzlich steile, bewaldete Bergflanken, die mehrere hundert Meter emporsteigen. Durch diese, von mildem südländischem Klima geprägte Landschaft verläuft die Bergstraße, vorbei an zahlreichen Burgen, Schlössern, dem UNESCO-Welterbe Kloster Lorsch, Weinbergen und historischen Städten wie Bensheim oder Heppenheim.

Die Nordgrenze zeichnet sich weniger markant ab und läuft im Reinheimer Hügelland aus. Weniger als 20 km von Reinheim entfernt gewährt das UNESCO-Weltnaturerbe Grube Messel Einblicke in 48 Millionen Jahre Erdgeschichte. Im Herzen des Odenwalds zeugen der Limes bei Lützelbach oder die verwinkelten Gassen und romantischen Fachwerkhäuser Michelstadts von einer bedeutenden Vergangenheit. Im Süden windet sich der Neckar durch das Mittelgebirge.

Bei einer Wanderung zum Siegfriedbrunnen bei Hammelbach und Grasellenbach oder bei einem Besuch des Deutschen Drachenmuseums unterhalb der Burgruine Lindenfels kann man der sagenumwobenen Welt der Nibelungen nachspüren. Ein beliebtes Ausflugsziel bildet das imposante, von der Natur geschaffene Felsenmeer in Lautertal. Im Informationszentrum dieser faszinierenden Steinlandschaft kann die bewegende Erdgeschichte und die Nutzung durch römische Steinmetze vor 1700 Jahren nachvollzogen werden.

i www.bergstraße-odenwald.de, www.nibelungenland.net, www.geo-naturpark.net, www.diebergstraße.de, www.tg-odenwald.de

UNESCO-Weltnaturerbe Grube Messel

Die **Fossillagerstätte Grube Messel** (Roßdörfer Str. 108, www.grube-messel.de) wurde 1995 als erste Weltnaturerbestätte Deutschlands in die UNESCO-Welterbeliste aufgenommen.

Der Ort blickt auf eine bewegte Vergangenheit zurück. 1876 wurden während des Abbaus von Ölschiefer in der 190 m dicken Ölschieferschicht erste fossile Relikte von Krokodilen gefunden. Nach Beendigung des Rohstoffabbaus war geplant, hier eine Mülldeponie einzurichten, was jedoch dank einer Bürgerinitiative scheiterte. Letztendlich wurde die Grube zum UNESCO-Welterbe ernannt.

Heute gilt die Grube als Zeitarchiv. Wissenschaftler haben hier Einblick in rund 48 Millionen Jahre Erdgeschichte. Fossilien von mehr als 1000 verschiedenen Tier- und Pflanzenarten wurden entdeckt, zudem fand man bisher 30 vollständig gegliederte Skelette. Die Ursprünge heutigen Lebens, die Entwicklungsprozesse von Klima, Umwelt, Flora und Fauna, der Wandel von Landschaft sowie die Entstehung von Kontinenten und Ozeanen werden bei Führungen durch den Maarvulkan (durch Wasserdampfexplosion beim Zusammentreffen von Grundwasser und heißem Magma entstandene schüssel- oder trichterförmige Mulde) und im Besucherzentrum vermittelt.

Im 4 km entfernten Ort Messel lädt das **Fossilien- und Heimatmuseum Messel** (Langgasse 2, www.messelmuseum.de) zu einem Streifzug durch die Geschichte des Orts und der Region ein, die eng mit der Grube Messel als Ölschiefertagebau und einzigartige Fossilienfundstelle verbunden ist.

Einen Einblick in die römische Geschichte gewährt der **Limes bei Lützelbach** (www.luetzelbach.de/limes.html) der bei einem Abstecher auf dem Weg nach Michelstadt besucht werden kann. Er verläuft in Nord-Süd-Richtung durch das Gemeindegebiet und diente ab 100 n. Chr. für ca. 60 Jahre als Schutzwall vor den Germanen.

ℹ www.messel.de

Blick auf den Maarvulkan Grube Messel

69 Wohnmobilstellplatz Messel

GPS 49.938903, 10.167915

Gebührenfreier Stellplatz am Ortsrand von Messel. Bis zum UNESCO-Weltnaturerbe Grube Messel sind es ca. 4 km. Ein Radweg führt vom Ort bis zur Grube. **Lage/Anfahrt:** über L3097, L3317, in Darmstädter Str. biegen, anschließend links in Bornweg fahren, zuletzt rechts in Am Sportplatz biegen; **Platzanzahl:** 4; **Untergrund:** Pflaster; **Service:** Strom, Trinkwasser, Abwasser, Chemie-WC; **Preiskat.:** kostenlos; **Geöffnet:** ganzjährig; **Kontakt:** Am Sportplatz 1, 64409 Messel, www.messel.de/freizeit-und-familie/wohnmobilstellplaetze

Michelstadt

Weitbekannt ist das von unbekannten Baumeistern im Jahr 1484 errichtete **Michelstädter Fachwerk-Rathaus** (Marktplatz). Es steht inmitten der verwinkelten, charmanten Gassen und zahlreichen Fachwerkhäusern der Altstadt. Kleine Geschäfte, Cafés und urige Gasthäuser laden zum Bummeln ein.

Der aufmerksame Reisende kann beim Schlendern durch die Gassen zahlreiche historische Gebäude wie das **Löwenhof- und Thurn-und-Taxis-Gebäude** (Marktplatz 1), den **Marktbrunnen** (Marktplatz), die **Kellerei** (Einhardspforte 3), das **Stadtmuseum** (Einhardspforte 3), die **Kainsbacher Mühle** (Einhardspforte 2) und die **Synagoge** (Mauerstraße 21) entdecken.

Auch außerhalb der romantischen Altstadt gewähren Sehenswürdigkeiten wie das **Schloss Fürstenau** (Schloßplatz 1–2) aus dem 14 Jh., die im 9. Jh. errichtete **Einhardsbasilika** (Schlossstraße 17) oder der 400 ha große **Englische Garten am Jagdschloss Eulbach** (An der B47) Einlass.

Die **Nicolaus-Matz-Bibliothek** (Marktplatz 1) ist für Bücherfreunde ein Highlight. Ihre Ursprünge reichen in das Jahr 1499 zurück. Hier ist die 117 gebundene Bücher umfassende Sammlung von Nicolaus Matz zu bestaunen, die den Grundstock der Bibliothek bildet. Als einer von sechs Sexpräbendaren (Priester) des Domstifts Speyer vermachte er seine private Büchersammlung seiner Heimatstadt, um die Weiterbildung der Prediger, aber auch gelehrter Michelstädter Bürger zu fördern.

Das historische Stadtzentrum von Michelstadt mit dem Michelstädter Fachwerk-Rathaus.

ⓘ **Touristen Information,** Markplatz 1, www.michelstadt.de

TIPP KUNSTHANDWERK IM ODENWALD

Zahlreiche Kunsthandwerker finden in Michelstadt und im Odenwald Inspiration. Ihre Werkstätten stehen für Besucher offen und in Kursen vermitteln sie ihr Wissen. Alljährlich präsentieren die Künstler und Kunsthandwerker in Michelstadt auf dem Kunsthandwerker Markt ihre vielfältigen Werke (www.kunsthandwerkodenwald.de).

70 Wohnmobilstellplatz Michelstadt

GPS 49.679968, 9.001068

Stellplatz in unmittelbarer Nähe des historischen Zentrums. Die Altstadt ist in 5 Minuten fußläufig zu erreichen. **Lage/ Anfahrt:** am Westrand der Altstadt, von der B45 aus kommend in den Hammerweg einbiegen, anschließend direkt links in Wiesenweg, Beschilderung P Stadtmitte folgen; **Platzanzahl:** 12; **Untergrund:** Schotter; **Service:** Strom, Trinkwasser, Abwasser, Chemie-WC; **Preiskat.:** kostenlos (Strom, Wasser und Entsorgung gebührenpflichtig); **Geöffnet:** ganzjährig; **Kontakt:** Großparkplatz „Altstadt" Marktstraße/Wiesenweg, 64720 Michelstadt, Tel. 06061 74610, www.michelstadt.de/tourismus-kultur/kulturamt-mit-gaesteinformation/wohnmobilstellplatz

Grasellenbach-Hammelbach

In der Gemeinde Grasellenbach lässt es sich länger verweilen. Der geheimnisvolle Sagenschatz der Nibelungen verleiht der Region einen besonderen Reiz. Etwa 2 km südöstlich des Ortszentrums von Gras-Ellenbach befindet sich einer der bekanntesten **Siegfriedbrunnen.** Hier soll der Drachentöter Siegfried heimtückisch von Hagen von Tronje ermordet worden sein.

Am südlichen Ortsausgang von Hammelbach liegt in einem Wäldchen östlich der Straße nach Litzelbach-Wahlen der einzige natürliche Springbrunnen des Odenwalds. Die Wasserfontäne des **Kalten Brunnens** erreicht eine Höhe von bis zu vier Meter.

Neben der Natur- und Sagenwelt findet sich in Grasellenbach auch so manches historische Mauerwerk und Museum. In Hammelbach kann die Ruine der um 1400 erbauten **Zentkirche** besichtigt werden und nördlich der Gemeinde erhebt sich der Kapellenberg, auf dessen Anhöhe die **Walburgiskapelle** erbaut wurde. Das **Museum für alte Läden und Reklame** (Schulstr. 38, www.alte-laeden-reklame-museum.de) beherbergt vier eingerichtete Läden aus der Zeit von 1900 bis in die 1960er-Jahre. Hunderte originale Artikel und Emaille-Reklameschilder sind in historischem Ambiente zu besichtigen und lassen den Besucher in die Einkaufs- und Werbekultur des vergangenen Jahrhunderts eintauchen.

Das **Freibad Hammelbach** (Am Schwimmbad, www.hammelbach.de/freibad) ist aufgrund seines frischen Wassers beliebt. Das Wasserbecken wird aus einer eigenen Quelle gespeist.

Die Schulstraße verläuft durch den ruhigen Luftkurort Hammelbach

TOUR WANDERWEGE RUND UM GRASELLENBACH

Umgeben von herrlichen bewaldeten Hügeln locken rund um die Ortsteile Hammelbach und Grasellenbach abwechslungsreiche **Wanderwege** (www.vorderer-odenwald.de/staedte-und-gemeinden/grasellenbach/wandern).

Der **Siegfriedbrunnen** liegt etwa 4,5 km vom Campingplatz 71 entfernt und ist über einen Wanderweg, der nach etwa 2 km in den Qualitätswanderweg **Nibelungensteig** (www.nibelungensteig.info) und den **Geopfad Nibelungenweg** (www.geo-naturpark.net/deutsch/wandern/pfade/alle-pfade/grasellenbach.php) mündet, zu erreichen. Die Geschichten von Liebe, Hass, Treue, Macht und Verrat werden in chronologischer Reihenfolge auf Tafeln, die den Pfad zum Siegfriedbrunnen säumen, nacherzählt.

Auf dem 8 km langen **Hammelbacher Klangwanderweg** (www.hammelbach.de/klangwanderweg) können an zehn Stationen verschiedenartige Klänge erzeugt und wahrgenommen werden.

Von März bis Dezember ist das **Hof Theater Tromm** (Auf der Tromm 13, www.hof-theater-tromm.de) an Wochenenden geöffnet. Kabarett, Kindertheater, Musik und Schauspiel werden auf dem romantischen Bauernhof präsentiert. Am ersten Augustwochenende findet der „Trommer Sommer" statt. Auf dem überregional bekannten Kunst- und Kulturfestival treten deutsche und internationale Künstler auf. Theaterkurse und wechselnde Ausstellungen runden das Angebot ab.

Touristen Information, Am Kurpark 1, www.gemeinde-grasellenbach.de, www.hammelbach.de/touristik

In Litzelbach, etwa 1,5 km südlich von Hammelbach, befindet sich der kleine Laden **Odenwälder Feine Spezialitäten,** in dem handwerklich und regional produzierte Produkte wie Brände und Liköre, Fruchtaufstriche und Chutneys probiert und erworben werden können (Scharbacher Str. 7, www.odw-feine-spezialitaeten.eu).

Idyllische Landschaft rund um den Ortsteil Hammelbach

71 Camping Park Hammelbach

GPS 49.632117, 10.167915

Campingplatz in sehr schöner Lage auf einer Anhöhe. Großzügige Plätze mit teilweise wunderschönem Blick ins Tal. Idealer Ausganspunkt für Wanderungen in der idyllischen Landschaft des Odenwaldes. Eine Wellnessoase mit Sauna, Dampfbad, Solarium, Hydro-Jet-Massage und Außenbereich mit Tauchbecken und Liegewiese kann genutzt werden. **Lage/ Anfahrt:** südlicher Ortsrand von Hammelbach, über B460, in Weschnitz auf L3346 fahren, in Hammelbach in Schulstr. und anschließend links in Gasse biegen; **Platzanzahl:** 35; **Untergrund:** Schotter, Wiese, fest; **Service:** Strom, Trinkwasser, Abwasser, Chemie-WC, WLAN; **Preiskat.:** €€€; **Geöffnet:** April–Okt., **Kontakt:** Gasse 17, 64689 Grasellenbach/Hammelbach, Tel. 06253 3831, www.camping-hammelbach.de

Lindenfels

Von Mischwäldern umgeben, liegt der Ort Lindenfels malerisch auf einer Anhöhe. Über der mittelalterlichen Altstadt thront die **Burgruine Lindenfels** (Burgstr. 41, www.nibelungenland.net/media/attraktionen/burg-lindenfels). Immer wieder bieten sich beim Spaziergang durch das Zentrum wunderbare Ausblicke auf die idyllische Hügellandschaft des Odenwalds.

Vor der Kulisse der Burg finden regelmäßig Veranstaltungen statt. Das alljährlich stattfindende **Burg- und Trachtenfest** (www.burgfest-lindenfels.de) und das Klassik-Open-Air erfreuen sich besonderer Beliebtheit.

Auch in Lindenfels hat die Nibelungensage ihre Spuren hinterlassen. Im ersten **Deutschen Drachenmuseum** (In der Stadt 2, www.deutsches-drachenmuseum.de) kann diesem Fabelwesen, das im Nibelungenlied eine bedeutende Rolle spielt, seinem Mythos und tatsächlich existierenden Tierarten, die dem Drachen ähneln, nachgespürt werden. Zudem sind im Drachengarten zwischen Drachen-

Das historische Zentrum von Lindenfels mit Drachenmuseum

Die erhabene Lage der Burgruine Lindenfels ermöglicht Ausblicke auf die Landschaft des Odenwalds

72 Wohnmobilstellplatz Lindenfels

GPS 49.680377, 8.783218

Vom Stellplatz aus ist die Burg Lindenfels in etwa 15 Min. zu Fuß erreichbar. Ein Selbstbedienungsautomat mit regionalen Produkten steht am Platz zur Verfügung. **Lage/Anfahrt:** am Ostrand des Orts, über B47 und Kappstr. Beschilderung „Parkplatz Kappstr." folgen; **Platzanzahl:** ca. 10; **Untergrund:** Schotter, Wiese; **Service:** Strom, Trinkwasser; **Preiskat.:** €; **Geöffnet:** ganzjährig; **Kontakt:** Kappstr., 64678 Lindenfels, Tel. 06255 30644, www.lindenfels.de/tourismus/touristische-angebote/wohnmobilstellplatz

73 Terrassencamping Schlierbach

GPS 49.68201, 8.77036

In Terrassen angelegter, idyllisch am Fuß der Burgruine Lindenfels gelegener Platz. Die Anlage ist von Wald und Wiese umgeben. Vereinzelte Bäume und Hecken trennen die Stellplätze. Über Wanderwege ist das Ortszentrum gut zu erreichen. **Lage/Anfahrt:** im Stadtteil Schlierbach, über B47, in Lindenfels links in Almenweg (später Schwimmbadstr.) fahren, dann links auf Fürther Str., zuletzt links in A. d. Kirchenspitz, geradeaus in Zentbuckel; **Platzanzahl:** 34; **Untergrund:** Schotter, Schotterrasen, Wiese; **Service:** Strom, Trinkwasser, Abwasser, Chemie-WC, WLAN; **Preiskat.:** €€€; **Geöffnet:** April–Okt.; **Kontakt:** Am Zentbuckel 11, 64678 Lindenfels, Tel. 06255 630, www.terrassencamping-schlierbach.de

museum und Bürgerturm verschiedene Drachenskulpturen zu besichtigen. Interessierte Besucher können im **Lindenfelser Museum** (Burgstr. 39, www.museen-in-hessen.de/de/museen/lindenfelser_museum) Einblicke in die regionale Kulturgeschichte und in funktionstüchtige Handwerksstätten erhalten.

Auch **Wanderer** kommen im einzigen staatlich anerkannten heilklimatischen Kurort des Odenwalds voll auf ihre Kosten. So bietet beispielsweise der rund 12 km lange **Erlebniswanderweg Lindenfels** (**Markierung** Li 6, www.bergstrasse-odenwald.de) immer wieder beeindruckende Ausblicke.

Touristen Information, Burgstr. 37, www.lindenfels.de/tourismus

TIPP BERGTIERPARK ERLENBACH

Der ganzjährig geöffnete Tierpark bietet Einblicke in die Welt der Gebirgstiere. Auf dem ca. 1 km langen Rundweg lassen sich mehr als 200 Tiere aus fünf Erdteilen bestaunen. Die idyllische Anlage lädt zum Spazieren und Schlendern ein (Werner-Krauß-Str., 64658 Fürth-Erlenbach, www.bergtierpark-erlenbach.de).

Bensheim-Gronau

Der Bensheimer Stadtteil liegt im schönen Meerbachtal, eingebettet zwischen Weinbergen, Feldern und Wäldern. Die von Bensheim führende Kreisstraße endet im Tal, sodass der Ort von Durchgansverkehr verschont bleibt.

Durch die Landschaft mit einem der schönsten Talabschlüsse des Odenwalds führen zahlreiche Wanderwege. Wirklich sehenswert sind die teilweise auffallend stark ausgeprägten Hohlwege, die sich über einen **Hohlwege-Lehrpfad** (www.geo-naturpark.net/deutsch/wandern/pfade/alle-pfade/bensheim.php) erkunden lassen, der über das für diese Region so typische Landschaftselement informiert.

Ein weiteres lohnenswertes Wanderziel stellt der 22 m hohe Bismarckturm dar, der landläufig als **Hemsbergturm** (www.hemsbergturm-verein.de) bekannt ist. Um die Aussicht zu genießen, kann man ihn über eine Holztreppe besteigen. Bei gehisster Fahne hat der Wirt die gemütliche Schänke des Turms geöffnet und man kann sich mit gekühlten Getränken und Hausmannskost verwöhnen lassen.

Die Weine des kleinsten Weinanbaugebiets Deutschlands können zum Beispiel im **Weingut Dingeldey** (Hintergasse 28, www.weingut-dingeldey.de) probiert und erworben werden. Im Ortsteil Zell lädt das **Weinlokal des Weinguts Götzinger** (Gronauer Straße 152, www.weingut-goetzinger.de) dazu ein, regionale Weine und traditionelle Speisen zu genießen.

Historischer Hof nahe dem Campingplatz (s. r.), links am Gebäude entlang führt ein Wanderweg in die Weinberge

Eine besondere Naturattraktion bildet die Steinlandschaft des etwa 6 km entfernten **Felsenmeers in Lautertal** (Felsenmeer 3, www.felsenmeer-zentrum.de). Auf etwa 1 km Länge stapeln sich mächtige Felsblöcke, die vor Jahrmillionen während der Verschiebung der Kontinente und durch vulkanische Aktivität entstanden sind. Das **Informationszentrum,** das über die Entstehungsgeschichte und die Nutzung durch römische Steinmetze aufklärt, kann von Gronau über Wanderwege oder bei einem Zwischenstopp mit dem Wohnmobil (eine Übernachtung möglich) erreicht werden. In Bensheim laden die historische, von Fachwerk geprägte Altstadt, Teile der alten Stadtmauer, das **Schloss Auerbach** (Ernst-Ludwig-Promenade, www.schloss-auerbach.de) mit Erlebnisgastronomie und vielem mehr zu einer Besichtigung ein. Das alljährlich im September stattfindende **Bergsträßer Winzerfest** gehört zu den größten Weinfesten Deutschlands.

ℹ **Touristen Information,** Hauptstr. 39, www.bensheim.de/tourismus

Früh am Morgen in den Weinbergen oberhalb von Gronau

74 Oase der Ruhe

GPS 49.68556, 8.66987

Idyllisch und ruhig im Meerbachtal gelegener Platz. Naturnah angelegte Flächen. Die wunderschöne Umgebung lädt zu ausgedehnten Wanderungen. Gastronomie und Wainbaubetriebe finden sich in der Nähe. Bensheim liegt 5 km entfernt. Die Buslinie 675 und ein Ruftaxi verkehren in die Stadt. Nur Barzahlung möglich. **Lage/Anfahrt:** im Stadtteil Gronau, über Bensheim, in Bensheim der Gronauer Str. folgen, später Märkerwaldstr.; **Platzanzahl:** 25; **Untergrund:** Schotter, Wiese; **Service:** Strom, Trinkwasser, Abwasser, Chemie-WC; **Preiskat.:** €€; **Geöffnet:** März–Okt.; **Kontakt:** Hintenausweg 10, 64625 Bensheim, Tel. 06251 61138, www.camping-bergstrasse.de

TOUR WEINLAGENWANDERUNG

Jedes Jahr am 1. Mai wird von den Jungwinzern in den Weinbergen zwischen Heppenheim und Zwingenberg eine Weinwanderung veranstaltet. Entlang der Strecke stehen sieben Probierstätten bereit. Wer ganzjährig individuell wandern möchte, kann der Beschilderung (weißer Römer) folgen (www.bergstraesser-wein.de/weinlagenwanderung).

UNESCO-Weltkulturerbe Kloster Lorsch

Unweit von Bensheim, etwa 6 km westlich der Abbruchkante zum Oberrheinischen Tiefland, liegt das **Kloster Lorsch** (Nibelungenstraße 32, www.kloster-lorsch.de). Seit 1991 wird es in der Liste des Weltkulturerbes der UNESCO geführt und ist zugleich geschütztes Kulturgut nach der Haager Konvention. Das Kloster besteht seit dem Jahr 764 und wurde vermutlich an der Stelle eines römischen Gutshofs erbaut. Es galt bis in das hohe Mittelalter als Macht-, Geistes- und Kulturzentrum.

Das Areal des Klosters Lorsch besteht aus zwei Kernzonen: Kloster Altenmünster als Ort der Klostergründung und der etwa 800 m westlich gelegenen, im Jahr 774 geweihten, größeren Abtei. Unter anderem sind die Karolingische Torhalle, die Zehntscheune, ein Kräutergarten nach dem Lorscher Arzneibuch und das benachbarte Museumszentrum auf dem heutigen Gelände des Klosters zu besichtigen. Im Norden des Welterbe-Areals befindet sich das **Karolingische Modelldorf Herrenhof Lauresham** (www.kloster-lorsch.de/freilichtlabor) samt dem Besucherzentrum. Auf einem ca. 2 km langen Rundweg können diese Einrichtungen erwandert werden.

Das Basilikafragment des Klosters Lorsch stammt aus dem frühen 12. Jh.

Von Lorsch aus lassen sich die Orte Bensheim und die mit 180 Hektar Rebfläche größte Weinstadt an der Bergstraße, **Heppenheim,** mit ihrer sehenswerten Altstadt und der auf dem 295 Meter hohen Schlossberg erbauten **Starkenburg** mit **Burgschänke** (Starkenburgweg 51, www.burgschaenke-starkenburg.de) und nahegelegener **Sternwarte** (Starkenburgweg 41, www.starkenburg-sternwarte.de) bequem in etwa 20 Minuten mit dem Fahrrad erreichen und erkunden.

Touristen Information, Stiftstraße 1, www.lorsch.de

75 Wohnmobilstellplatz Lorsch

GPS 49.652103, 8.578941

Schön gelegener Stellplatz, gesäumt von Wiesen, Feldern und Bäumen. Das Areal des Klosters Lorsch und die Stadtmitte liegen etwa 1 km entfernt. **Lage/Anfahrt:** östlicher Ortsrand von Lorsch, über B47, dann B460, rechts in Friedensstr., am Kreisverkehr erste Ausfahrt in die Odenwaldallee; **Platzanzahl:** 16; **Untergrund:** Schotter, Wiese; **Service:** Strom, Trinkwasser, Abwasser, Chemie-WC; **Preiskat.:** €; **Kontakt:** Odenwaldallee/Ecke Heppenheimer Straße, 64653 Lorsch, Tel. 06251 59670, https://lorsch.de/de/tourismus/wohnmobilstellplatz.php

Gaby Gölz

Die Burgenstraße

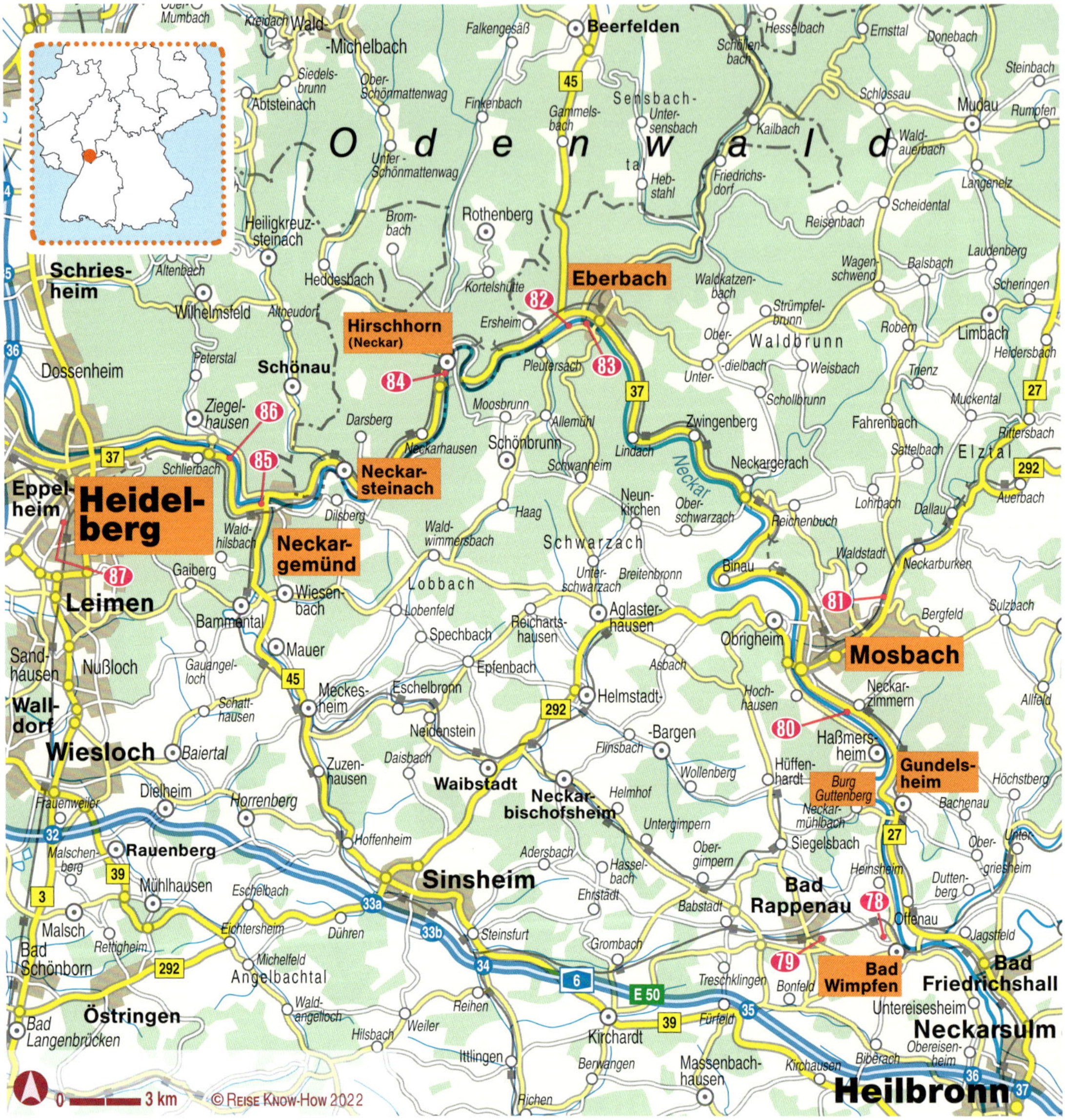

Die 1954 eingerichtete Burgenstraße gehört zu den ältesten Ferienstraßen in Deutschland. Sie ist 780 km lang und führt von Mannheim nach Bayreuth. Der Abschnitt am Neckar entlang an Bad Wimpfen nach Heidelberg ist geprägt vom Lauf des Neckars, der sich zunächst durch die Weinregion und dann durch die bewaldeten Hänge der Odenwaldausläufer windet. Immer wieder blitzen malerische Burgen und Schlösser in Bilderbuchlage zwischen den grünen Wäldern hervor. Mal trutzig wehrhaft, mal mit verspielter Renaissancefassade prägen sie die abwechslungsreiche Landschaft. Wunderschöne gemütliche Fachwerkstädtchen mit guter Gastronomie laden zum Verweilen ein. Stell- und Campingplätze liegen meist direkt am Neckar und sind ideale Ausgangspunkte für Wanderungen und Radtouren. Die

TOUREN-ÜBERBLICK

Routenempfehlung: Bad Wimpfen – Burg Gutenberg – Gundelsheim – Mosbach – Eberbach – Hirschhorn – Neckarsteinach – Neckargmünd – Heidelberg
Länge gesamt: ca. 100 km
Dauer: ca. 4–5 Tage
Reisezeit: Frühjahr bis Herbst

gesamte Route kann auf dem Neckarsteig erwandert oder auf dem Radweg der Odenwaldetappe bzw. Etappe Heilbronnerland erradelt werden. Die Rückfahrt zum Wohnmobil geht dann bequem mit der Bahn. Wer eine Erfrischung braucht, springt in eines der vielen Freibäder. Für Wellness in Sole und Salz gibt es die Heilbäder in Bad Rappenau und Bad Wimpfen. Was jetzt noch fehlt, ist eine gemütliche Schifffahrt auf dem Neckar und der Besuch der Deutschen Greifenwarte. Krönender Abschluss ist Heidelberg. Schon Goethe spricht der Stadt „etwas Ideales" zu.

Bad Wimpfen

Im Früh- und Hochmittelalter hatte das römisch-deutsche Königs- bzw. Kaiserreich keine Hauptstadt. Der Herrscher zog mit seinem Hofstaat von Pfalz zu Pfalz (befestigte Burganlagen). So war es auch in Wimpfen, in deren Kaiserpfalz auch der Staufer Friedrich I. Barbarossa Hof hielt. Mit den Maßen 215 auf 88 m gehört sie zu den größten Staufer Anlagen. Einige Zeugen dieser Zeit sind bis heute erhalten und geben eine gute Übersicht über das damalige Gebäudeensemble. Alles überragt der 1170 als Bergfried erbaute **Blaue Turm** mit seinen vier Türmchen. Direkt daneben steht das **Steinhaus,** ehemals Kemenate der Kaiserin, einer der größten romanischen Profanbauten in Deutschland. Der **Rote Turm,** ein Wehrturm aus imposanten Quadersteinen, war als letzte Rückzugsmöglichkeit für den Kaiser bei einem Angriff konzipiert. Vom staufischen **Palas** von 1200 sind noch die Arkaden des ehemals zweigeschossigen Königssaals mit seinen Rundbögen, Würfelkapitellen und Säulen erhalten.

Das Wahrzeichen von Bad Wimpfen ist der imposante Blaue Turm

Die Stiftskirche St. Peter wurde auf römischen Fundamenten erbaut

TOUR RADTOUR

Der gut markierte **Salz & Sole Radweg** ist 37,5 km lang und ein Einstieg ist sowohl bei der Tourist-Information Bad Wimpfen als auch im Salinenpark Bad Rappenau möglich. 16 Tafeln entlang des Rundkurses widmen sich dem Thema Salzgewinnung in der Region (www.badwimpfen.de). Einen **Fahrrad- und E-Bike-Verleih mit mobilem Pannenservice** gibt es in der Rappenauer Straße 1, www.lauterbikes.de.

TOUR WANDERUNG ZUR WALDSCHÄNKE

Die schöne Aussicht auf Bad Wimpfen, den Odenwald und das Heilbronner Land, das Tilly-Denkmal, das an die Schlacht im Dreißigjährigen Krieg erinnert und natürlich die gemütliche Einkehr in der Waldschänke sind Gründe genug, um sich auf die 9,8 km lange Wanderung zu begeben. Sie startet am Bahnhof Bad Wimpfen und ist gut markiert (www.badwimpfen.de).

Mit dem Siegel von 1250 stieg Wimpfen zur freien Reichsstadt auf. Das entsprechende Symbol, ein den Wormser Schlüssel tragender Reichsadler, schmückt die Brunnenanlage von 1576 am Zugang zum Markt. Handwerk, Handel und Landwirtschaft brachten Wohlstand in die Stadt und viele prachtvolle Bürgerhäuser mit alemannisch-fränkischem Fachwerk entstanden. Beispiele dafür sind das **Bürgermeister-Elsässer-Haus,** das ehemalige **Gasthaus zur Krone,** das schmale Bügelhaus u. v. m.

Im **Alten Spital** (Hauptstraße 45, www.badwimpfen.de) von 1230 zeigt das **Reichsstädtische Museum** einen faszinierenden Einblick in die Stadtgeschichte.

Die **Ritterstiftskirche St. Peter** mit Kloster unten im Tal gilt als ein sehr interessantes Beispiel der Neckarschwäbischen Gotik (10.–13. Jh.) Die hier – meist ohne Gelübde lebenden – Chorherren waren nachgeborene Adlige ohne eigenen Gebietsanspruch.

Das Mineralfreibad (Erich-Sailer-Straße 101) und das **Solebad** (Osterbergstraße 16, www.

78 Wohnmobilstellplatz Gesundheitszentrum, Bad Wimpfen

GPS 49.23392, 9.15065

Plätze in schöner, ruhiger Lage, Kurpark und Spielplatz i. d. Nähe, Zentrum 1 km, keine Müllentsorgung. **Lage/Anfahrt:** in Rappenau der Beschilderung Gesundheitszentrum folgen; **Platzanzahl:** 8; **Untergrund:** Pflaster; **Service:** Strom, Trinkwasser, Abwasser mit Schlauch, Chemie-WC; **Preiskat.:** €€; **Geöffnet:** ganzjährig; **Kontakt:** Bei der alten Saline 2, 74206 Bad Wimpfen, Tel. 07063 520, www.srh.de

solebad-badwimpfen.de) sorgen für Erfrischung und Entspannung.

Mit dem Personenschiff „Neckarbummler" oder der „Fee" starten **Schiffstouren** von der Anlegestelle Alte Steige 5 (www.schifftours-heilbronn.de).

Kultur- & Tourist-Information, Hauptstraße 45, www.badwimpfen.de

TOUR SOLE-RUNDWANDERWEG

Die kleine Rundtour von 6,9 km Länge startet beim Parkplatz P1. Vorbei am Gradierwerk und der historischen Soleförderanlage wandert man Richtung Bad Wimpfen. Auf dem Rückweg gibt es die Möglichkeit, im Ausflugslokal Fleckinger Mühle (www.fleckingermühle.de) einzukehren (www.badrappenau-tourismus.de).

Bad Rappenau

1822 wurde im Stadtgebiet des heutigen Bad Rappenau ein reiches Flöz entdeckt, 1834 eröffnete hier das erste Solebad im Großherzogtum Baden. 1930 bekam Rappenau das Prädikat „Bad" verliehen. Heute wird in den Kurkliniken hochgesättigte **Sole** als Heilmittel bei Atemwegserkrankungen, Rheuma und Allergien eingesetzt. Frei zugänglich ist das **Gradierwerk,** ein Freiluft-Inhalatorium im Salinenpark. Im **RappSodie Sole- und Saunaparadies** (Salinenstraße 37, www.rappsodie.info) kommen auch Kurzurlauber in den erholsamen Genuss der Sole. Oasen der Ruhe sind der **Salinengarten** mit der historischen Soleförderanlage, der **Kurpark** und der **Schlosspark** mit dem hübschen **Wasserschloss** von 1601. Aktive Gäste finden **Wan-**

der- und Fahrradtouren unter www.badrappenau-tourismus.de/entdecken-erleben, ein Rundweg von 4,5 km ist ideal für **Inlineskating** und im Kurpark gibt es eine **DiscGolf-Anlage.** Langeweile kommt hier bestimmt nicht auf.

Gäste-Information im Bahnhof, Bahnhofstraße 13, www.badrappenau-tourismus.de

79 Wohnmobilstellplatz Salinenpark, Bad Rappenau

GPS 49.235244, 9.114133

Plätze in schöner Lage am Gradierwerk, teilweise Schatten, zentral, nachts sehr ruhig. **Lage/Anfahrt:** Richtung Gradierwerk, ausgeschildert; **Platzanzahl:** 40; **Untergrund:** Rasengitter; **Service:** Strom, Trinkwasser, Abwasser, Chemie-WC; **Preiskat.:** €€; **Geöffnet:** ganzjährig; **Kontakt:** Weinbrennerstraße, 74906 Bad Rappenau, Tel. 07264 922391, www.badrappenau-tourismus.de

Die historische Soleförderanlage im Salinengarten von Bad Rappenau

Burg Guttenberg

Auf einem Bergsporn hoch über dem Neckartal, umgeben von Weinbergen und weiten Wäldern, liegt **Burg Guttenberg** (https://burg-guttenberg.de). Bis ins 12. Jh. reichen die Wurzeln der zur Sicherung der Stauferpfalz in Wimpfen gegründeten Anlage zurück. Die hohe, wehrhafte Schildmauer und der Bergfried sorgten dafür, dass sie nie zerstört wurde. Bereits seit 1449, inzwischen in 17. Generation, ist sie im Besitz der Freiherrn von Gemmingen. Neben der Burgschänke, die auf Voranmeldung auch Rittermahle anbietet, ist besonders die **Deutsche Greifenwarte** (https://burg-guttenberg.de/greifenwarte) ein Anziehungspunkt. Täglich fliegen Adler, Geier und Eulen bei der Vogelschau frei übers Neckartal. 80 Greifvögel und Eulen haben ihr Zuhause in der Wehranlage. Hunde dürfen nicht mit zur Vogelschau!

Gundelsheim

Die Deutschordensstadt Gundelsheim entdeckt man am einfachsten auf einem Spaziergang über den **historischen Pfad** (www.gundelsheim.de/tourismus-freizeit/sehens wertes-aktivitaeten/historischer-pfad). Oberhalb der Altstadt thront **Schloss Horneck** aus dem 13. Jh. Zwischen 1254 und 1805 war es Besitztum des Deutschen Ordens, von 1425 bis 1525 sogar Sitz ihres Deutschmeisters. Das 1525 beim Bauernaufstand niedergebrannte Gebäude erhielt beim Wiederaufbau eine Renaissancefassade. 1724 kamen unter dem Ordensbaumeister Keller Barockelemente wie das Eingangsportal dazu.

Die Schokoladenmanufaktur **Schell Schokoladen** (Schloßstr. 31, www.schell-schokola den.de) legt Wert auf hochwertige, handgeschöpfte Kreationen, gerne auch in Harmonie mit Weinen. Die vorzüglichen Torten im Café Schell sind eine Sünde wert.

Tourismusbüro, Tiefenbacher Straße 16, www.gundelsheim.de

Blick über den Neckar auf Schloss Horneck hoch über Gundelsheim

Die spätmittelalterliche Höhenburg Guttenberg

Burg Hornberg in exponierter Lage über Neckarzimmern war die Heimat von Götz von Berlichingen

TOUR AUF DEN SPUREN DES GÖTZ VON BERLICHINGEN

Eine 17,5 km lange Rundwanderung beginnt in der lieblichen Altstadt von Gundelsheim und führt auf den Spuren des Götz von Berlichingen vorbei an Burgen und Schloss Horneck durch das Neckartal bis zur Burg Hornberg (www.heilbronner land.de/tour/n7-goetz-tour-wanderung).

Burg Hornberg

Die Burg Hornberg (www.burg-hornberg.de) ist die älteste Burg im Neckartal (11. Jh.) und war von 1517 an 45 Jahre Wohnstatt des berühmten **Ritters Götz von Berlichingen.** Der Ritter mit der eisernen Hand führte 1525 die Bauern im Bauernkrieg an und erhielt dafür vom schwäbischen Bund 11 Jahre Hausarrest

80 Camping Cimbria, Neckarzimmern

GPS 49.319284, 9.125123

Großzügiger Campingplatz mit separaten Stellplätzen in sehr schöner, ruhiger Lage am Neckar, Brötchenservice, Restaurant, Pool, wenig Schatten. **Lage/Anfahrt:** an der B27 ausgeschildert; **Platzanzahl:** 150; **Service:** Strom, Trinkwasser, Abwasser, Chemie-WC, WLAN; **Preiskat.:** SP €€, CP €€€–€€€€; **Geöffnet:** Apr.–Okt., SP ganzjährig; **Kontakt:** Wiesenweg 1, 74865 Neckarzimmern, Tel. 06261 2562, www.cimbria-camping.de

auf seiner Burg. Seine originalgetreu nachgearbeitete, 30 kg schwere Rüstung kann man bei einer Burgbesichtigung bewundern.
Da die Zufahrt für Wohnmobile nur über die ausgeschilderte Strecke für Busse möglich und die Straße schmal ist und nur wenige Parkplätze zur Verfügung stehen, empfiehlt sich eine **Wanderung** (siehe links) oder **Fahrradtour** (www.neckartalradweg-bw.de) zur Burg.

Mosbach

Prachtvolles Fachwerk aus dem 15. und 16. Jh. prägt das Bild der Altstadt von Mosbach. Die ehemalige kurpfälzische Residenz blickt auf eine 1200-jährige Geschichte zurück.
Besonders sticht dabei das **Palm'sche Haus** (1610) mit seiner schmucken Fassade mit Schnitzereien und bunter Bemalung heraus. Das imposanteste Gebäude am Marktplatz ist das 1554 auf den Resten der Cäcilienkirche erbaute **Rathaus** im Renaissancestil. Die Bauherren verwendeten den ehemaligen Kirchturm mit gotischem Kreuzgewölbe, stockten ihn auf 34 m Höhe auf und bekamen einen repräsentativen **Rathausturm.** Nur 52 m² Fläche, auf drei Stockwerke verteilt, hat das schmale **Haus Kickelhain.** Eine Besonderheit ist die schlichte spätgotische **Stiftskirche.** Seit 1708 teilt sie eine Trennmauer in einen katholischen und einen evangelischen Bereich. Mosbach ist durch seine Lage an den bewaldeten Hängen des Odenwalds ein guter Ausgangspunkt für **Wanderer** und **Radfahrer** (www.mosbach.de/radwandern, www.mosbach.de/wandern).

Tourist-Information, Marktplatz 4, www.mosbach.de

Mosbach mit seinen malerischen Gassen und hübschen Fachwerkhäusern hat einen ganz besonderen Charme

TOUR WANDERN AUF DEM NECKARSTEIG

Ein interessantes, 13 km langes Stück des Neckarsteigs windet sich zwischen Mosbach und der Altstadt von Gundelsheim. Die Wanderetappe beginnt bei der Tourist-Info Mosbach und erreicht unterwegs Burg Hornberg, Schloss Horneck und die Michaelskapelle. Die Tour ist Teil des 128 km langen Neckarsteigs und gut mit dem Neckarsteig-Emblem – blaue Welle auf weißem Grund – markiert. Die Höhendifferenz ist mit 500 m beachtlich und so bietet sich für den Rückweg die Fahrt mit der Bahn an.

TIPP BALLONFAHRT ÜBERS NECKARTAL

Eine reizvolle Möglichkeit, das Neckartal, die Altstadt von Bad Wimpfen oder die Burg Guttenberg aus der Vogelperspektive zu genießen, ist die Fahrt mit dem Heißluftballon. Der jeweilige Startpunkt einer Ballonfahrt ist von den Wind- und Wetterverhältnissen abhängig und wird den Fahrgästen bei der Anmeldung mitgeteilt (www.ballonfreunde-neckartal.de).

81 Wohnmobilstellplatz Wasemweg, Mosbach

GPS 49.36027, 9.14723

Gepflegter Platz in ruhiger Lage am Park, Zentrum 500 m, max. Standzeit 3 Nächte. **Lage/Anfahrt:** an der B27 ausgeschildert; **Platzanzahl:** 16; **Untergrund:** Pflaster, Schotter; **Service:** Strom, Trinkwasser, Abwasser, Chemie-WC; **Preiskat.:** kostenlos; **Geöffnet:** ganzjährig; **Kontakt:** Wasemweg 8, 74821 Mosbach, Tel. 06261 91880

Einer der vielen Türme von Eberbach ist der Haspelturm am Lindenplatz

Eberbach

Umrahmt von den bewaldeten Hügeln des Odenwalds, spiegelt sich das historische Eberbach im Neckar. Gegründet 1227, erhält das Städtchen durch viele geschichtsträchtige Gebäude seinen mittelalterlichen Charme. Die Stadtkulisse prägen der **Pulverturm** (13. Jh.), der **Ohrsbergturm,** der markante Stadtturm **Blauer Hut** (14. Jh.), der massige **Haspelturm** (14. Jh.) und der runde **Rosenturm** (13. Jh.). Auffallend sind die mit **Sgrafitto-Malerei** verzierten Häuser in der Altstadt. Diese Kratztechnik zeigt sich beispielhaft am Hotel Karpfen, das mit 14 Szenen aus der Geschichte Eberbachs verziert ist.

Überragt wird die Stadt von der **Burgruine Eberbach** aus dem 11. Jh. Sie diente der Schifffahrtskontrolle am Neckar.

Einen Hochgenuss verspricht der Besuch des **Café Viktoria** (Friedrichstraße 5–9). Hier wird die Viktoria-von-Eberbach-Torte, eine Komposition mit Orangensaft und Wein, umhüllt von Biskuitrouladen, kredenzt.

Spiel, Spaß, Fitness und Erholung für die ganze Familie versprechen das **Freibad,** das **Hallenbad** und die **Sauna** (In der Au 2, www.stadtwerke-eberbach.de).

Eine Bootspartie gefällig? Die **Eberbacher Personenschifffahrt Kappes** (Tickets am Schiff, www.eps-kappes.de) bietet Rundfahrten ab der Anlegestelle Uferstraße an.

Anregungen für **Wanderungen** und **Radtouren** gibt es in der Touristeninformation. Ein kleiner Spaziergang von 1,7 km Länge auf beinahe ebener Strecke ist der **Panoramaweg Ohrsberg Runde.** Er beginnt am Bahnhof Eberbach und ist mit einem „Roten R" markiert.

Kultur-Tourismus-Stadtinformation, Leopoldsplatz 1, www.eberbach.de

82 Stellplatz in der Au, Eberbach

GPS 49.46222, 8.97443

Plätze beim Sportzentrum in schöner, nachts ruhiger Lage am Fahrradweg. Zentrum 1,8 km, max. Standzeit 2 Nächte. **Lage/Anfahrt:** zunächst Richtung CP (s. u.), daran vorbei, dann ausgeschildert; **Platzanzahl:** 6; **Untergrund:** Schotterrasen; **Service:** Strom, Trinkwasser, Abwasser, Chemie-WC; **Preiskat.:** €; **Geöffnet:** ganzjährig; **Kontakt:** In der Au, 69412 Eberbach, Tel. 06271 4899

83 Campingpark Eberbach

GPS 49.46055, 8.98230

Platz in schöner Lage am Neckar, Restaurant, Brötchenservice, Frei- und Hallenbad angrenzend, Fahrradweg angrenzend. **Lage/Anfahrt:** an der B37 ausgeschildert; **Platzanzahl:** 100; **Untergrund:** Wiese; **Service:** Strom, Trinkwasser, Chemie-WC; **Preiskat.:** €€€; **Geöffnet:** Apr.–Okt.; **Kontakt:** Alte Pleutersbacher Straße 8, 69412 Eberbach, Tel. 06271 1071, www.campingpark-eberbach.de

TOUR RADTOUR AM NECKAR ENTLANG IN DEN KLEINEN ODENWALD

Auf 36,5 km Länge, mit einer Höhendifferenz von 360 m, führt der landschaftlich reizvolle Radweg zunächst am Neckar entlang und dann in den kleinen Odenwald. Start- und Zielpunkt ist der Bahnhof Eberbach (www.outdooractive.com/de/19225193).

Hirschhorn

Die „Perle des Neckartals" – so wird Hirschhorn wegen seiner traumhaften Lage an einer Neckarschleife gerne genannt. Der Anblick des Städtchens mit beinahe vollständig erhaltener Stadtmauer unterhalb des Schlosses Hirschhorn ist unbedingt ein Foto wert.

Diese Aussicht lohnt den Aufstieg zur Burg in Hirschhorn

84 Wohnmobilstellplatz Zur Perle, Hirschhorn

GPS 49.44238, 8.89779

Platz in sehr schöner, ruhiger Lage am Neckar, Ort fußläufig, gute Fahrrad- und Wandermöglichkeiten. **Lage/Anfahrt:** An der B37 ausgeschildert; **Platzanzahl:** 28; **Untergrund:** Wiese; **Service:** Strom, Trinkwasser, Abwasser, Chemie-WC; **Preiskat.:** €€; **Geöffnet:** ganzjährig; **Kontakt:** Jahnstraße, 69434 Hirschhorn, Tel. 06272 2980,//sportsbar-zur-perle.de

Um 1250 entschlossen sich die Herren vom Hirschhorn, in exponierter Lage die **Burg** mit mächtiger Schildmauer zu bauen. Im 16. Jh. kamen der **Renaissancepalas,** heute Schlosshotel, und die Terrassengärten dazu. Das Panorama über das Neckartal ist beeindruckend. Wer über die vielen Treppen hinaufsteigt, passiert die **Klosterkirche** des ehemaligen Karmeliterklosters (um 1400). Schon hier ist die Sicht über die Altstadtdächer auf den Neckar und die **Staustufe** (1933) sehr imposant.
Viele malerische Winkel gilt es in der **Altstadt** zu entdecken. Besonders sehenswerte Fachwerkhäuser aus dem 15.–17. Jh. stehen entlang der Hauptstraße.
Die älteste gotische **Kirche** im gesamten Neckartal ist die Friedhofskapelle in **Ersheim.** Der mit Fresken aus dem 14. Jh. ausgekleidete Innenraum ist Grablege der Hirschhorner Grafen.

Tourist-Information, Alleeweg 2, www.hirschhorn.de

Neckarsteinach sollte man auf dem historischen Stadtrundgang erkunden

TOUR WANDERN AUF DEM NECKARSTEIG

Ein weiterer lohnender Abschnitt des Neckarsteigs führt über eine Strecke von 16,5 km von Hirschhorn nach Neckarsteinach. Schloss Hirschhorn, das Freischärler Grab, der Aussichtspunkt Goetheblick und natürlich die Neckarsteinacher Burgen sind die Sehenswürdigkeiten entlang der Strecke. Für den Rückweg nimmt man wieder die bequeme Variante mit der Bahn (https://neckarsteig.de).

Neckarsteinach

Neckarsteinach hat einen Superlativ zu bieten: Als **Vierburgenstadt** ist sie die heimliche Königin an der Burgenstraße. Da ist zunächst die älteste, die **Vorderburg,** erbaut um 1142, von der heute noch der Bergfried und der Palas zu sehen sind. Die **Mittelburg** entstand um 1200, wurde 1551 teilweise im Renaissance- und 1835 im neogotischen Stil umgebaut. Die **Hinterburg** wurde ab 1180 in guter strategischer Lage mit Sicht ins Neckar- und ins Steinachtal erbaut. Imposant ist der massive Bergfried, einst Vorratsspeicher, Wachturm und letzte Zuflucht der Bewohner. Im Steilhang über dem Neckar entstand schließlich um 1260 **Burg Schadeck.** Wegen ihrer Lage wird sie auch Schwalbennest genannt. Der Verlauf eines **historischen Stadtrundgangs** zu den Sehenswürdigkeiten steht zum Download bereit (www.neckarsteinach.com/freizeit-tourismus/tourismus/historischer-rundgang). Auf der gleichen Website ist auch ein PDF mit **Wandervorschlägen** hinterlegt.

Tourist-Information, Neckarstraße 47, www.neckarsteinach.com

TOUR WANDERUNG ZU DEN VIER BURGEN

Die Hauptattraktionen von Neckarsteinach sind die vier Burgen, die man auf einem 2 km langen Weg erkunden sollte. Start der markierten Rundtour ist beim Parkplatz Naturpark (GPS 49.40867, 8.82803) am Ortsrand.

Neckargemünd

Wo die Elsenz in den Neckar mündet, liegt seit 998 Gmundi, wie Neckargemünd damals hieß. Von 1230 bis 1395 war sie freie Reichsstadt. In den schmalen Gassen versteckt sich so manches Fachwerkhaus mit interessanter Geschichte. Geleitet von einem für das Smartphone entwickelten **Stadtrundgang** (http://neckargemuend.stadt-per-handy.de/poi) können Besucher mehr über die 1000-jährige Geschichte erfahren.

Das **Terrassen-Freischwimmbad** (Schwimmbadstraße 26) ist wegen seiner schönen Lage im Neckartal sehr beliebt. Auf der Website der Stadt finden sich verschiedene Vorschläge für **Wanderungen** und **Radtouren** (www.neckargemuend.de/start/entdecken/radfahren+_+wandern).

Ein romantisches Kleinod ist der **Stadtteil Dilsberg** in 288 m Höhe. Ein Bummel durch den malerischen Ortskern mit den hübschen Fachwerkhäusern lohnt sich. Seit Mitte des 12. Jh. thront die **Bergfeste Dilsberg** auf dem Bergkegel über Neckargemünd. Im Laufe der Jahrzehnte siedelten sich immer mehr Menschen rund um die Feste an. Ab 1347 wurde Dilsberg zur Stadt erhoben. Nach dem Umbau durch die Heidelberger Pfalzgrafen im 14. Jh. entstand ein wichtiger militärischer Stützpunkt mit Schildmauer, Wohnburg und Vorburg. Burg Dilsberg galt als uneinnehmbar, selbst der berühmte Heerführer Tilly musste sich geschlagen geben. Erst nachdem Heidelberg gefallen war, öffnete auch Dilsberg 1622 die Burgtore. Neben dem berühmten Panoramablick von der 16 m hohen Mantelmauer sollte man den Gang in den tiefen Brunnenstollen nicht verpassen.

Tourist-Information, Neckarstraße 36, www.neckargemuend.de

Das malerische Dilsberg ist ein Stadtteil von Neckargemünd

85 Camping an der Friedensbrücke, Neckargemünd

GPS 49.39627, 8.79438

Platz in schöner, relativ ruhiger Lage (Straße) am Neckar, Mini-Markt, Gaststätte, Altstadt fußläufig, Heidelberg mit Fahrrad oder Bus. Nur Barzahlung. **Lage/Anfahrt:** ausgeschildert; **Platzanzahl:** 150; **Untergrund:** Schotterrasen; **Service:** Strom, Trinkwasser, Abwasser, Chemie-WC, WLAN; **Preiskat.:** €€€–€€€€; **Geöffnet:** Apr.–Okt.; **Kontakt:** Falltorstr. 4, 69151 Neckargemünd, Tel. 06223 2178, https://campingplatz-am-neckar.de

TOUR FAHRRADTOUR IN DEN KLEINEN ODENWALD

Diese landschaftlich wie historisch interessante, 34,7 km lange Tour startet am Bahnhof Neckargemünd. Sie führt hinauf nach Dilsberg, weiter über Mauer und Bammental und wieder zurück zum Startpunkt. Die Höhendifferenz von über 300 m muss v. a. im ersten Teil des Rundkurses überwunden werden (www.neckartalradweg-bw.de).

Versteckt in den Wäldern liegt Burg Schadeck

TOUR WANDERN AUF DEM NECKARSTEIG

Zwei wunderschöne Teilabschnitte des Neckarsteigs sind ab Neckargemünd empfehlenswert. Da wäre zunächst die 12,7 km Strecke über das Felsenmeer und den Aussichtspunkt Königstuhl direkt zum Heidelberger Schloss. Dabei sind allerdings 600 Höhenmeter zu bewältigen.

Die zweite Wanderung ist nur 9 km lang und auch die Höhendifferenz ist mit 350 m moderater. Sie berührt die interessante Burgfeste Dilsberg und endet in der Altstadt von Neckarsteinach.

Für beide Wanderungen wählt man für den Rückweg am besten die Bahn. Die Beschilderung ist eine blaue Welle auf weißem Grund (https://neckarsteig.de).

Die Alte Brücke von Heidelberg mit dem Brückentor

Das Hotel „Zum Ritter" von 1592 ist das älteste Bürgerhaus Heidelbergs

Heidelberg

Ist es die Atmosphäre? Oder die romantische Schlossruine? Oder die bezaubernde Lage am Neckar? Oder vielleicht sind es die urigen Studentenkneipen? Alles zusammen macht den einzigartigen Charme von Heidelberg aus und lässt Besucher aus nah und fern schwärmen. Über den Dächern der Altstadt schwebt die Schlossruine aus rotem Sandstein am Nordhang des Königstuhls. Besonders schön ist der Blick von der anderen Neckarseite mit der **Alten Brücke,** einer mittelalterlichen Steinbrücke mit markantem Brückentor. Ein noch breiteres Panorama bietet sich vom 440 m hohen **Heiligenberg** gegenüber dem Schloss: Über den Schlangenweg geht es steil hinauf auf den **Philosophenweg** zum Aussichtspunkt mit atemberaubender Weitsicht. Zum Schlossbesuch rumpelt man mit der **Bergbahn** vom Kornmarkt hinauf. Von dort ist die

Das Heidelberger Schloss ist eine der bekanntesten Ruinen Deutschlands

Weiterfahrt über Molkenkur zum 570 m hohen Hausberg **Königstuhl** möglich. Oben erwartet den Besucher ein herrliches Panorama, ein **Freizeitpark** (www.maerchen-paradies.de) und die **Falknerei Tinnunculus** (www.tinnunculus-heidelberg.de).

Als Burg wurde die **Schlossanlage** 1300 begonnen, zu Bedeutung gelangte sie, als die Pfälzer Wittelsbacher ihre Residenz hierher verlegten. Zunächst ausgebaut zu einer wehrhaften Burg, wurde diese im 16. Jh. zum repräsentativen Schloss mit reich geschmückter Schaufassade im Stil der Renaissance umgestaltet. 1693 von französischen Truppen schwer beschädigt, endete 1720 die Geschichte als Kurfürstensitz und die Anlage verfiel. Künstler wie Victor Hugo entdeckten sie als Inspiration und so stieg die Ruine im 19. Jh. zum Inbegriff deutscher Romantik auf.

Bei einem Bummel durch die Fußgängerzone in der Altstadt kommt man am **Rathaus** (1701), am Spätrenaissance-Gebäude **Ritter,** der **Kurfürstlichen Hofapotheke** (1701) und der **Heiliggeistkirche** (1398) vorbei.

Gegründet 1386, gilt die **Ruprechts-Karls-Universität** als die älteste Uni in Deutschland. Allein elf Nobelpreisträger gingen aus dieser als Exzellenzuniversität ausgezeichneten Lehranstalt hervor. In der Augustinergasse kann man im **Studentenkarzer** nachspüren, wie sich die wegen „Kavaliersdelikten" Verurteilten gefühlt haben müssen.

TIPP HEIDELBERGCARD

Für eine Dauer von einem, zwei oder vier Tagen sowie als Familienkarte kann man die HeidelbergCARD erstehen. Mit ihr hat man freie Fahrt im ÖPNV und der Bergbahn, freien Zugang zum Schloss und erhält diverse Ermäßigungen bei anderen Sehenswürdigkeiten.

Tourist-Information, Willy-Brandt-Platz 1, www.heidelberg-marketing.de

86 Camping Heidelberg

GPS 49.41425, 8.76993

Platz in sehr schöner, relativ ruhiger Lage (Straße) am Neckar, Brötchenservice, Heidelberg 5 km mit Fahrrad oder Bus. **Lage/Anfahrt:** an der B37 ausgeschildert; **Platzanzahl:** 24; **Untergrund:** Wiese; **Service:** Strom, Trinkwasser, Abwasser, Chemie-WC, WLAN; **Sicherheit:** beleuchtet; **Preiskat.:** €€€; **Geöffnet:** 15.Apr.–Okt.; **Kontakt:** Schlierbacher Landstraße 151, 69118 Heidelberg, Tel. 06221 802506, www.camping-heidelberg.com

87 Wohnmobilplatz Heidelberg

GPS 49.39149, 8.67269

Parzellierte Plätze mit wenig Schatten, Biergarten, Strandbereich, Einkaufsläden 800 m, Zentrum 5 km mit Rad oder ÖPNV. **Lage/Anfahrt:** vom Autobahnkreuz Heidelberg/Schwetzingen auf die B535 und die Speyerer Straße wechseln, ausgeschildert; **Platzanzahl:** 48; **Untergrund:** Schotter; **Service:** Strom, Trinkwasser, Abwasser, Chemie-WC, WLAN im Biergarten; **Preiskat.:** €€; **Geöffnet:** ganzjährig; **Kontakt:** Harbigweg 3, 69124 Heidelberg, Tel. 622167419669, www.wohnmobilstellplatz-heidelberg.com

Gaby Gölz

Mittlerer Schwarzwald

Offenburg
Oberkirch
Gengenbach
Zell a.Harmersbach
Haslach im Kinzigtal
Hausach
Wolfach
Schiltach
Freudenstadt
Baiersbronn
Alpirsbach
Schramberg
Lahr /Schwarzwald
Ettenheim
Kenzingen
Emmendingen
Waldkirch
Elzach
Hornberg
Triberg i.Schwarzwald
St. Georgen i.Schwarzwald
Furtwangen i.Schwarzwald
Villingen-Schwenningen
Donaueschingen
Freiburg i.Breisgau
St. Peter
Titisee-Neustadt
Löffingen
Todtnau
Hochschwarzwald
Schwarzwald
Simonswälder Tal
Höllental
Feldberg 1493
88
89
90
91
92
93
94
95
© Reise Know-How 2022

TOUREN-ÜBERBLICK

Routenempfehlung: Gengenbach – Zell am Harmersbach – Haslach – Freilichtmuseum Vogtsbauernhof – Triberg – Furtwangen – St. Peter
Länge gesamt: ca. 100 km
Dauer: ca. 4–6 Tage
Reisezeit: ganzjährig, in Furtwangen gibt es Wintersportmöglichkeiten

Besonders abwechslungsreich – landschaftlich wie auch kulturhistorisch – ist die Region zwischen Gengenbach und St. Peter. Von hier kommt die typische Schwarzwälder Tracht mit Bollenhut, hier stehen viele Eindachbauernhöfe mit ihren tief heruntergezogenen Dächern, von hier stammt die weltbekannte Kuckucksuhr, hier führt die B500 durch eine faszinierende Landschaft. Ein malerisches Städtchen reiht sich ans andere, sodass man kaum sagen kann, welches das „Schönste hier im Land" ist. Sie heißen Gengenbach, Zell am Harmersbach, Haslach und Triberg und bergen hinter ihren Stadtmauern so manches malerische Fleckchen. Die höchsten Wasserfälle Deutschlands liegen in Triberg und eine der Hauptattraktionen im Schwarzwald, das Freilichtmuseum Vogtsbauernhof, findet sich ebenfalls hier. Das interessanteste Teilstück der Schwarzwaldbahn führt von Hausach nach St. Georgen. Eine Fahrt mit dieser Mittelgebirgsbahn sollte man nicht versäumen. Die Historie der Uhrenherstellung, insbesondere von Kuckucksuhren, präsentiert das Uhrenmuseum in Furtwangen. Zu kaufen gibt es Kuckucksuhren in verschiedensten Varianten in den Geschäften Tribergs. Die barocke Prachtentfaltung der ehemaligen Benediktinerabtei St. Peter mit historischer Bibliothek ist überaus beeindruckend. Wandern und Radfahren sind sehr beliebt und jeder findet seine ideale Strecke.

Die typische Landschaft des Mittleren Schwarzwalds

Gengenbach ist während der Adventszeit ein gefragtes Ausflugsziel

Gengenbach

Gengenbach wurde weit über die Landesgrenzen hinaus durch seinen Adventskalender bekannt. Das imposante **Rathaus** verwandelt sich jedes Jahr im Dezember in den **größten Adventskalender der Welt.** Mit musikalischer Untermalung wird jeden Abend um 18 Uhr eines der 24 Rathausfenster geöffnet. Ein **Adventsmarkt** mit vielen Ess- und Verkaufsständen tut ein Übriges, um Weihnachtsstimmung aufkommen zu lassen.

Doch nicht nur zur Adventszeit lohnt Gengenbach einen Besuch. Mit seinen trutzigen Stadttürmen, den blumengeschmückten Fachwerk- und barocken Patrizierhäusern, den mit Kopfstein gepflasterten Plätzen und dem frühklassizistischen Rathaus strahlt es zu jeder Jahreszeit einen heimeligen Charme aus. Im aus dem 14. Jahrhundert stammenden Niggelturm wird die Gengenbacher Fasnacht im **Narrenmuseum** (Hauptstr. 37, www.gengenbach.info) vorgestellt. Von hier und vom Kinzigtorturm mit dem wehrgeschichtlichen Museum hat man einen herrlichen Rundblick auf das Städtchen.

Die romanische **St. Marienkirche,** an die sich ein schlossähnliches ehemaliges Abteigebäude anschließt, wurde als dreischiffige Basilika mit Querhaus errichtet. Sie hat einen mit bunten Heiligengeschichten und üppigen Ornamenten bemalten ungewöhnlich gestalteten Innenraum. Im liebevoll angelegten Kräutergarten findet man Ruhe und Einkehr.

Kulturell wird im Städtchen mit verschiedenartigen Konzerten und dem Kultursommer einiges geboten (Termine unter www.stadt-gengenbach.de).

Wen es mehr ans Wasser zieht, besucht das Freizeitbad „Die Insel" (Grünstr.65) in herrlicher Lage.

ⓘ **Kultur- und Tourismus GmbH,** Im Winzerhof, www.stadt-gengenbach.de

88 WoMopark, Gengenbach

GPS 48.40224, 8.00754

Geräumiger Platz beim Schwimmbad, Zentrum fußläufig erreichbar, Supermarkt gegenüber, max. Standzeit 1 Nacht. **Lage/ Anfahrt:** in Gengenbach Richtung Berghaupten, dann ausgeschildert; **Platzanzahl:** 36; **Untergrund:** Schotter; **Service:** Strom, Trinkwasser, Abwasser, Chemie-WC; **Preiskat.:** €€; **Geöffnet:** ganzjährig; **Kontakt:** Berghauptener Str. 29, 77723 Gengenbach, Tel. 07824 6649670

89 Streuobstparadies Wild, Gengenbach

GPS 48.387648, 8.019557

Der Stellplatz ist schön, relativ ruhig und direkt bei einer Schnapsbrennerei mit der Möglichkeit zur Verkostung gelegen, das Zentrum von Gengenbach ist fußläufig erreichbar. Ebenso ist der Platz ein hervorragender Ausgangspunkt für Wanderungen und Fahrradtouren. **Lage/ Anfahrt:** B33 bei Gengenbach-Süd verlassen, dann Richtung Strohbach, ausgeschildert; **Platzanzahl:** 9; **Untergrund:** Schotter; **Service:** Strom, Trinkwasser, Chemie-WC; **Preise:** €€; **Geöffnet:** ganzjährig; **Kontakt:** Streuobstgarten 1, 77723 Gengenbach, Tel. 0171 3002655, www.wild-brennerei.de

TIPP RUNDGANG MIT DEM NACHTWÄCHTER

Von Mai bis Oktober immer mittwochs und samstags findet ein Rundgang mit dem Nachtwächter durch das charmante Städtchen statt (www.gengenbach.info/gengenbach-entdecken/altstadt/fuehrungen-in-gengenbach).

Zell am Harmersbach

Im idyllischen Harmersbachtal mit Streuobstwiesen, bewacht vom 945 m hohen Brandenkopf, liegt Zell. Der romantische Charme der ehemaligen Reichsstadt Zell mit ihren drei Baustilen Fachwerk, Jugendstil und Historismus zieht den Betrachter in seinen Bann. An der Hauptstraße fallen die ungewöhnlichen Fassaden im Stil des Historismus auf. Die in leuchtenden Farben gehaltenen Häuser entstanden anstelle der beim Großbrand von 1899 zerstörten Gebäude. Gegenüber, vor dem ehemaligen Gasthaus Badischer Hof, steht der **Narrenbrunnen.** Auf die fünfte, für die Zeller sehr bedeutende Jahreszeit, weisen die vier Zeller Fasendsnarren hin: Der Spielkarten-, der Schneckenhäusles-, der Welschkorn- und der aus der Erde steigende Bändelenarro.

Weitere sehenswerte Bauten sind das **Rathaus** von 1895 mit den hübschen bunt glasierten Dachziegeln und die barocke **Alte Kanzlei** (1760) mit ihrem Mansardendach im französischen Stil. Das Wahrzeichen Zells, der 25 m hohe **Storchen- oder Lange Turm** diente früher als Gefängnis und ist heute Museum. Alte Handwerksberufe wie Töpfer, Seiler, Zigarrenmacher, Bierbrauer und eine komplett eingerichtete Schmiede sind auf 780 m² Ausstellungsfläche zu erkunden. Das Herzstück der Ausstellung ist das Orchestrion Zamba aus Waldkirch. Mit einer Spende erklingt entweder das Badnerlied oder La Paloma durch das ganze Museum.

TIPP KONUS-KARTE

Die Konus-Karte ist ein **Touristenticket,** mit dem der öffentliche Nahverkehr im ganzen Schwarzwald kostenlos genutzt werden kann: eine großartige Sache und ein echter Anreiz, das Womo stehenzulassen und mit dem ÖPNV die Region zu erkunden. Wer in einem von ca. 150 Ferienorten auf Campingplätzen übernachtet, bekommt die Konus-Karte kostenlos. Auch bei einigen Stellplätzen ist sie inzwischen inkludiert (www.rvf.de/fahrkarten-tarife/konus).

Jugendstil, Historismus und Fachwerk in Zell am Harmersbach

Wer kennt sie nicht, die **Zeller Keramik** (Hauptstr. 2, www.zeller-keramik.de) mit dem berühmten Motiv „Hahn und Henne"? Der Obermaler Carl Schöner hat es 1898 anlässlich der Geburt seiner Tochter entworfen, ohne zu ahnen, dass er damit das Markenzeichen des Unternehmes schuf. Im Shop der Keramikproduktion mit 200 Jahre alter Firmengeschichte wird sicherlich kaum jemand widerstehen können, das eine oder andere Stück zu kaufen. Im **Familien-Freibad Zell** (Nordracherstr. 33) lässt es sich in vier Becken planschen und auf der Liegewiese oder im Strandkorb relaxen.

Tourist-Information, Alte Kanzlei, www.zell.de

90 Am Sportpark, Zell am Harmersbach

GPS 48.35110, 8.05893

Platz in sehr schöner, ruhiger Lage beim Freibad (1x Eintritt inkl.), Zentrum 1 km, Service bei GPS 48.35280, 8.05069. **Lage/ Anfahrt:** in Zell Richtung Nordrach, dann ausgeschildert; **Platzanzahl:** 8; **Untergrund:** Schotter, Rasengitter; **Service:** Strom, Trinkwasser, Abwasser, Chemie-WC; **Preiskat.:** €; **Geöffnet:** ganzjährig; **Kontakt:** Gasselhalde, 77736 Zell am Harmersbach, www.zell.de

TOUR WANDERUNGEN AB ZELL AM HARMERSBACH

11,9 km führt die aussichtsreiche Tour **über den Kuhhornkopf zum Mühlstein** mit 610 m Aufstieg über die Kuhhornkopfhütte (geöffnet sonn- und feiertags) durch Wälder und über Streuobstwiesen an einigen malerischen Schwarzwaldhöfen vorbei. Startpunkt ist der Gasthof Adler in Zell (www.schwarzwald-kinzigtal.info/touren/cbb5fef821).

Die Streckenwanderung **zum Besucherbergwerk in Haslach** ist 14,1 km lang und beginnt am Bahnhof in Zell a. H. Ziel ist das Besucherbergwerk „Segen Gottes" am kleinen Silbersee in Haslach. Neben der Besichtigung des Bergwerks rechtfertigt das eindrucksvolle Vogesenpanorama die 674 Meter Anstieg. Für die Rückfahrt wählt man am besten bequem die Bahn (www.touren-schwarzwald.info/tour/wanderungen/2807373).

TOUR MOUNTAINBIKE-STRECKEN AB ZELL

Die **Hahn-und-Henne-Tour 11** für Mountainbikes ist 21 km lang, markiert und verfügt über ein Höhenprofil von 590 m Auf- und Abstiegen. Start ist beim Wanderparkplatz Schwarzer Adler in Zell. Die einfache Strecke leitet durch das Tal zu einigen malerischen Schwarzwaldhöfen und lädt zum Abschluss zur Besichtigung der Fabrikation von Zeller Keramik (s. oben) ein (www.touren-schwarzwald.info/tour/mountainbike/2807372).

43,5 km lang und mit einer beachtlichen Höhendifferenz von 1022 m erkundet die **Reichsstadt-Genießer-Tour 12** die Grenzen der ehemals freien Reichsstadt. Etwas für Radler mit guter Kondition, Belohnung sind immer wieder die weiten Ausblicke (www.touren-schwarzwald.info/tour/mountainbike/2807377).

Haslach war einst ein bedeutender Marktflecken

Haslach

Das schon in der Römerzeit als Straßenstation besiedelte Haslach erlebte seine Blüte, als es im 13. Jh. Silberbergbauzentrum wurde. Das Marktrecht im 17. Jh. trug zur weiteren Entwicklung und zum Wohlstand der Haslacher Bevölkerung bei. Die ganze Altstadt steht unter Denkmalschutz und es macht sehr viel Freude, durch die vollständig erhaltenen Gassen und über die breite Marktstraße zu flanieren. Samstags beim Wochenmarkt herrscht quirlige Geschäftigkeit und die netten Cafés bieten Erfrischung und einen gemütlichen Platz, um das bunte Treiben zu betrachten.

Früher wurde an den Markttagen selbstverständlich die heimische Tracht getragen. Im **Schwarzwälder Trachtenmuseum** (Klosterstraße 1, www.haslach.de) stehen über 100 Figuren in Originaltrachten in zeittypischen Lebenssituationen. Untergebracht ist das Museum im ehemaligen Kapuzinerkloster, der einzig noch erhaltenen Klosteranlage dieses Ordens im süddeutschen Raum. Sie besteht aus dem Kreuzgang, der Klosterkirche (1632) mit der Grablege der Grafen zu Fürstenberg und der nach italienischem Vorbild erbauten Loretokapelle (1659) mit der schwarzen Muttergottes.

TOUR WANDERUNGEN BEI HASLACH

Auf den Spuren von Heinrich Hansjakob wandert man 11 km und über 364 m Höhendifferenz ab der Touristeninformation Haslach zu Plätzen, die der Heimatschriftsteller Hansjakob besucht und in seinen Büchern beschrieben hat (www.schwarzwald-tourismus.info/touren/84ea199d11). Der **Panoramaweg** macht seinem Namen alle Ehre. Auf 7,1 km und einer geringen Höhendifferenz von 164 m bietet die Wanderung wunderschöne Ausblicke. Start ist bei der Touristeninformation Haslach (www.schwarzwald-kinzigtal.info/touren/haslacher-panoramaweg-nord).

Haslachs berühmtester Sohn ist Heinrich Hansjakob (1837–1916). Er war Pfarrer, Schriftsteller, Politiker und Gründer der ersten badischen Winzergenossenschaft. Inmitten einer Parkanlage beherbergt der stattliche Freihof das **Hansjakob-Museum** (Hansjakobstraße 17).

800 Jahre Bergbau wollen in der **Silbergrube Segen Gottes** (Silberbergweg, www.haslach.de/bergwerk) auf drei Ebenen erkundet werden. Kristalldrusen, Sinter und Stalaktiten in seltener Vollkommenheit findet man beim Begehen der mit Schlägel und Eisen aus den Felsen herausgehauenen Stollen.

INFO DIE SCHWARZWÄLDER TRACHTEN

Roter Bollenhut, eine weiße Bluse, ein Mieder mit eingewebten Blümchen sowie ein schwarz glänzender Rock: diese Aufmachung gilt bis heute als die „Schwarzwälder Tracht". Aufgekommen ist diese Vorstellung durch Heimatfilme wie „Schwarzwaldmädel" und „Schwarzwaldmelodie", in denen die schmucke Kleidung häufig ins Bild kam. Richtig ist allerdings, dass die beschriebene Tracht ursprünglich nur in Gutach, Reichenbach und Kirnbach bei Wolfach üblich war. Traditionell wurde der Bollenhut von den jungen Mädchen zum ersten Mal bei der Konfirmation, später bei verschiedenen kirchlichen Anlässen aufgesetzt. Die 14 Bollen aus Wolle sind auf einem breitkrempigen Strohhut angeordnet, der dann bis zu zwei Kilogramm schwer werden kann. Rote Bollen tragen die ledigen, verheiratete Frauen dagegen schwarze. Unter dem Hut sitzt ein schwarzes Seidenhäubchen, das unter dem Kinn zu einer Schleife gebunden wird. Das männliche Gegenstück ist mit weißem Hemd mit schwarzem Schlips, dazu einer schwarzen Samtweste, einem wadenlangen rotgefütterten Samtmantel, weißen Strümpfen, schwarzen Schuhen sowie einem schwarzen, hohen Trachtenhut mit breiter Krempe ausgestattet.
Einen guten Überblick über die Trachten des Schwarzwalds bekommt man im Schwarzwälder Trachtenmuseum in Haslach im Kinzigtal.

TOUR STADT – LAND – FLUSS: DER KINZIGTAL RADWEG

Der Kinzigtal-Radweg verbindet auf einer Länge von 95 km die Städte Freudenstadt und Offenburg. Man fährt am besten, solange man Lust hat, und nimmt für den Rückweg die S-Bahn.

Mit dem Motto „Sonne – Spaß – Bad" wirbt das beheizte **Freibad** (Steinacher Str. 30), mit 63 m langer Rutsche und Dreimetersprungturm.

Tourist-Information, Im Alten Kapuzinerkloster, www.haslach.de

Die Schwarzwaldbahn bei Hornberg

TIPP FAHRT MIT DER SCHWARZWALDBAHN

Robert Gerwig baute ab 1863 die 150 km lange Schwarzwaldbahn zwischen Offenburg und Singen am Hohentwiel. Die älteste und wohl schönste Mittelgebirgsbahn mit einer grandiosen Streckenführung hat beinahe alpinen Charakter. Sie windet sich größtenteils am Hang entlang und kommt deshalb, außer beim Hornberger Viadukt, ohne Brücken aus. Die Besonderheit liegt in den 39 Tunnels und den beiden Kehrschleifen, die hier beim Bau erstmals als Mittel genutzt wurden, um den extremen Höhenunterschied zu bewältigen. Auf der Gesamtstrecke überwindet die Bahn 670 m Höhenunterschied. Besonders reizvoll ist die 40 Kilometer lange Strecke von Hausach über Hornberg und Triberg nach St. Georgen. Wie kurvenreich die Fahrt ist, sieht man daran, dass Triberg von Sommerau nur 11 km Luftlinie entfernt ist, die Bahnstreckenlänge jedoch 26 km aufweist. Dafür liegt die maximale Steigung auf diesem Abschnitt bei nur 20 Promille. Fahrten im normalen Linienverkehr oder bei Sonderfahrten mit Dampfloks sind ein Highlight für Eisenbahnromantiker (https://regional.bahn.de).

Freilichtmuseum Vogtsbauernhof

Der Vogtsbauernhof steht hier bereits seit 1612 und war 1963 der Anlass, ein **Museum** (B33, 77793 Gutach, www.vogtsbauernhof.org) zu gründen. Im Laufe der Jahre wurden historische Bauten vom stattlichen Eindachhhof bis zum einfachen Tagelöhnerhaus aus Oberprechtal hierher versetzt. Inzwischen sind es sechs voll eingerichtete Höfe sowie 20 Nebengebäude wie Mühlen, Sägen, Kapellen und Speicher. Zum Leben erweckt wird das Museum durch Kühe, Schafe, Ziegen und Hühner, die sich im Stall und auf den Weiden tummeln. In den Bauern- und Kräutergärten blühen die Blumen und wächst das Gemüse.

Auf Zeitreise im Freilichtmuseum Vogtsbauernhof

91 Landgasthof Engel, Gutach

GPS 48.234279, 8.215401

Plätze hinter dem Landgasthof in schöner, relativ ruhiger Lage (Straße). Brötchenservice, Busverbindung zu den Vogtsbauernhöfen. **Lage/Anfahrt:** an der B33 ausgeschildert; **Platzanzahl:** 20; **Untergrund:** Wiese; **Service:** Strom, Trinkwasser, Abwasser, Chemie-WC; **Preiskat.:** €€; **Geöffnet:** ganzjährig; **Kontakt:** Steingrün 16, 77793 Gutach, Tel. 07833 9555630, https://engel-gutach.de

Im täglichen Wechsel zeigen in den Sommermonaten Handwerker ihr Können. Bereiche, die besonders für Kinder konzipiert sind, zeigt „Menne“ an, ein lustiger gemalter Bub mit roten Haaren. Er nimmt die Kinder mit zu seinen Lieblingsplätzen wie dem Wasserspielbereich, dem Erlebnisspielplatz, der Spieltenne, dem Waldlabyrinth und sogar einem alten Strohbett, in das man sich hineinlegen kann. Hunde dürfen auch mit ins Freilichtmuseum.

Triberg

Die Hauptattraktion von Triberg sind Deutschlands höchste **Wasserfälle.** 163 m stürzt sich die Gutach über sieben Fallstufen hinab ins Tal. Auf drei verschiedenen Wegen von 45, 60 und 90 Minuten Länge kann man die Fälle und die Umgebung erwandern, sich auf Tafeln über Tiere und Pflanzen informieren und die vielen zutraulichen Eichhörnchen

Die Triberger Wasserfälle sind ein beeindruckendes Naturschauspiel

TOUR HEILKLIMA-STEIG
Ein echter Genießerpfad ist der 11,6 km lange, ausgeschilderte Heilklima-Steig mit 220 m Anstieg und Relax-Liegen am Wegesrand. Startpunkt der Wanderung durch das heilsame Reizklima über schmale Pfade ist die Tourist-Information in Schönwald (www.hochschwarzwald.de/touren/b572a7998b).

beobachten. Abends sind die Fälle beleuchtet, über Weihnachten bis Anfang Januar sogar mit über 750.000 Lichtern.

1926 schuf Karl Josef Fortwängler, genannt der Schnitzersepp, den beachtenswerten **Saal** im **Rathaus** (Hauptstr. 57, www.triberg.de) im Weinbrennerstil, der auch zu besichtigen ist.

Entlang der Hauptstraße werden von unzähligen Geschäften die unterschiedlichsten **Kuckucksuhren** zum Kauf angeboten. Ob schlicht oder mit vielen, mehr oder weniger kitschigen Details ausgestattet, die „Black Forest Clocks" werden von Touristen aus der ganzen Welt gerne gekauft, um ein Stück deutscher Gemütlichkeit mit nach Hause zu nehmen. Das weltgrößte Exemplar mit einem sechs Tonnen schweren Uhrwerk steht am Ortseingang. Sie hat einen Kuckuck mit einem stolzen Gewicht von 150 kg. Er erscheint zu jeder vollen Stunde. Schöne historische Schwarzwalduhren und ihre mühevolle Herstellung in Heimarbeit sieht man im **Schwarzwaldmuseum** (Wallfahrtsstraße 4, www.schwarzwaldmuseum.de). Ein großes Diorama der faszinierenden Streckenführung der Schwarzwaldbahn, wertvolle Schnitzereien, die typischen Trachten der Gegend, einen originalgetreu aufgebauten Bergwerksstollen mit Mineralien, eine große Drehorgelsammlung, ein funktionsfähiges Orchestrion und noch vieles Interessantes mehr gibt es in der alten Gewerbehalle zu bewundern.

Tourist-Information, Wallfahrtstr. 4, www.triberg.de

92 Schöne Aussicht, Hornberg

GPS 48.19532, 8.18563

Separate Plätze bei einem Restaurant, in sehr schöner, ruhiger Lage im Grünen, 6 km in den Ort. **Lage/Anfahrt:** in Schonach am Ortsende rechts 6 km zum Platz, ausgeschildert; **Platzanzahl:** 8; **Untergrund:** Rasengitter; **Service:** Strom, Trinkwasser, Abwasser, Chemie-WC, WLAN; **Preiskat.:** €€; **Geöffnet:** ganzjährig; **Kontakt:** Niedergrieß, 78132 Hornberg, Tel. 07833 93690, www.schoeneaussicht.com

93 Lynx Camp, Schönwald

GPS 48.10788, 8.20083

Platz in sehr schöner, ruhiger Lage im Wald, Brötchenservice, 3,5 km zu den Wasserfällen, schönes Wandergebiet. **Lage/Anfahrt:** von der B500 ausgeschildert; **Platzanzahl:** 40; **Untergrund:** Schotter, Wiese; **Service:** Strom, Trinkwasser, Abwasser, Chemie-WC, WLAN; **Preiskat.:** €€€; **Geöffnet:** ganzjährig; **Kontakt:** Friedhofstr. 18, 78141 Schönwald im Schwarzwald, Tel. 07722 8686786, www.lynx.camp

INFO DIE SCHWARZWÄLDER UHREN

Ende des 17. Jh. wurden im Schwarzwald – inspiriert durch Uhren aus Böhmen – die ersten schlichten Holzuhren gefertigt. Bald fabrizierten die meisten Schwarzwaldhöfe im Nebenerwerb Uhrwerke oder bemalten Uhrenschilder. Im 18. Jh. waren die preiswerten Uhren aus dem Schwarzwald überaus beliebt und fanden in ganz Europa Abnehmer. Besonders begehrt waren Uhren mit Musikwerk oder Figurenautomaten. Uhrenhändler mit beladenen Buckelkrätzen (Tragegestelle aus Holz) wanderten zu Fuß bis Spanien, England, Frankreich, Rumänien und Skandinavien. Zurück in die Heimat brachten sie neue Ideen und Kundenwünsche für die Gestaltung der Lackschilder. Im Laufe der Jahre entwickelte sich daraus ein einträgliches Geschäft.

Doch um 1850 fanden die Lackschilduhren plötzlich keine Abnehmer mehr. Um neue innovative Ideen zu verwirklichen, wurde in Furtwangen die Uhrenschule von Robert Gerwig gegründet. Er wollte eine attraktive, moderne Uhr bauen und Friedrich Eisenlohr, Architekt bei der Badischen Eisenbahn, hatte mit dem Bau der Kuckucksuhr die zündende Idee. In Anlehnung an ein Bahnhäusle wurde ein Holzkasten um die Uhrmechanik gebaut, mit Schnitzereien verschönt, mit einer Tür versehen, aus der ein Kuckuck ruft: Fertig war der Verkaufsschlager Kuckucksuhr.

Die Gegend um Furtwangen ist ein Wanderparadies

Furtwangen

Das von Robert Gerwig, dem Direktor der Uhrenschule, gegründete **Deutsche Uhrenmuseum** (Robert-Gerwig-Platz 1, www.deutsches-uhrenmuseum.de) blickt heute auf eine 150-jährige Tradition zurück. Die umfangreiche, 8000 Objekte zählende Uhrensammlung ist weltweit einmalig. Gezeigt werden in chronologischer Reihenfolge Schmiedeeisenuhren um 1500, repräsentative Renaissanceuhren mit Federaufzug anstelle von Gewichten und die sehr viel genaueren Pendeluhren mit Ankerhemmung von 1656. Alle diese Uhren waren teuer und für einfache Leute unerschwinglich. Dies änderte sich durch den Bau günstiger Holzuhren Ende des 17. Jh. Den Mittelpunkt des Museums bildet eine reiche Sammlung sehr unterschiedlich gestalteter Uhren aus dieser Region. Lustige Details gibt es an den Uhren mit Figurenautomaten wie dem „Knödel essenden Mann", dem „Schlachtenden Metzger" oder der Stempeluhr für den Nachtwächter zu entdecken. Der Impuls zur Entstehung der weltbekannten Kuckucksuhr ging 1850 von Furtwangen aus, sie nimmt deshalb einen großen Teil der Ausstellung ein. Die älteste sicher aus dem Schwarzwald stammende Kuckucksuhr von 1780 gehört auch dazu. Eine

TIPP FAHRT MIT DEM PANORAMABUS

Der Panoramabus fährt ganzjährig an Sams- und Sonntagen die Route Triberg – Schönwald – Furtwangen – Kalte Herberge – Thurner – Neustadt. Allein wegen der wunderschönen Aussicht ist die Fahrt zu empfehlen. Zusätzlich bietet sie die Möglichkeit, die Region ohne Womo zu erkunden und zu erwandern.

94 Campingplatz zum wilden Michel, Furtwangen

GPS 48.02450, 8.22697

Kleiner Campingplatz auf naturbelassenem Gelände in wunderschöner Lage, lockere Atmosphäre, für Womos bis 7 m Länge (größere auf Anfrage), zu einigen Plätze Anfahrt etwas schwierig, Fr.–So. gemütliches, rustikales Vesperstüble, ideal für Kinder und Radfahrer. **Lage/Anfahrt:** Von der B500 Richtung Linach abbiegen, dann noch 4,5 km.; **Platzanzahl:** 32; **Untergrund:** Wiese; **Service:** Strom, Trinkwasser, Abwasser, WC nur mit speziellem Zusatz; **Preiskat.:** €€.; **Geöffnet:** ganzjährig; **Kontakt:** Linach 9, 78120 Furtwangen, Tel. 07723 7420, www.zumwildenmichel.de

Taschen- und Armbanduhrensammlung sowie Exponate, die die weitere Entwicklung der Uhr zum Alltagsgegenstand nachzeichnen, runden die umfassende Uhrensammlung ab.

Ein einsamer Berghof bei St. Peter

St. Peter

In 720 m Höhe, am Fuß des Kandels, liegt St. Peter in sanft gewellter Landschaft. Seine barocke **Klosteranlage** (Klosterhof 2, www.geistliches-zentrum.org) stiftete um 1093 Bertold II. von Zähringen als Grablege für sein Adelsgeschlecht. Zunächst als romanische Basilika konzipiert, wurde sie nach einigen Bränden im frühen 18. Jahrhundert vom Vorarlberger Baumeister Peter Thumb in barockem Stil

Die Basilika von St. Peter

erneuert. Im Rahmen einer Führung sieht man auch das Prunkstück des Klosters: die Bibliothek mit dem prächtigen Deckengemälde von Benedikt Gambs sowie den Kreuzgang und den Festsaal.

Das schmucke St. Peter war in den 1950er-Jahren Kulisse für den Heimatfilm „Schwarzwaldmädel" mit Sonja Ziemann und auch „Die Schwarzwaldklinik" und „Die Fallers" hatten hier Drehtermine.

95 Camping Steingrubenhof, St. Peter

GPS 48.02337, 8.03409

Terrassenplatz in sehr schöner, ruhiger Lage, Restaurant. **Lage/Anfahrt:** Hinter St. Peter Richtung Glottertal, ausgeschildert; **Platzanzahl:** 160; **Untergrund:** Wiese; **Service:** Strom, Trinkwasser, Abwasser, Chemie-WC, WLAN; **Preiskat.:** €€–€€€; **Geöffnet:** Ende März–Mitte Jan.; **Kontakt:** Holdenweg 3, 79271 St. Peter, Tel. 07660 1604, www.camping-steingrubenhof.de

TOUR WANDERUNG UND MOUNTAINBIKE-TOUR AB ST. PETER

Der **Panoramaweg nach St. Märgen** ist 8,63 km lang und bietet unterwegs immer wieder atemberaubende Aussichten. Er ist gut markiert und wem der Rückweg zu weit ist, nimmt einfach den Bus von St. Märgen nach St. Peter (www.hochschwarzwald.de/touren/029af11e37).

Die **Mountainbike-Tour rund um St. Märgen und St. Peter** ist mit 44,2 km Länge und 1250 m Höhendifferenz nur für Fahrer mit entsprechender Kondition geeignet. Der beste Startpunkt für Wohnmobilreisende ist in St. Peter, da hier die Parkmöglichkeiten besser sind (www.hochschwarzwald.de/touren/98bc0d905e).

Gaby Gölz

Der Kaiserstuhl

Rebterrassen, romantische Winzerdörfer, idyllische Natur und weite Ausblicke prägen die Landschaft des Kaiserstuhls. Die hohen Durchschnittstemperaturen und der Lössboden bieten ideale Bedingungen für anspruchsvollen Weinbau. Ein einheitlich markiertes Wander- und Fahrradwegenetz gibt dem Gast die Möglichkeit aktiver Erholung und der Begegnung mit Flora und Fauna zwischen Schwarzwald und Vogesen: Smaragdeidechsen, wilde Orchideen, Lösshohlgassen, seltene Vogelarten und weitere Naturbesonderheiten, die zum Teil einzigartig in Deutschland sind. Weinkennern klingen Namen wie Ihringen, Achkarren und Sasbach wie Musik in den Ohren. Einer Verkostung in den vielen Ge-

Das heimelige Mittelalterstädtchen Endingen

TOUREN-ÜBERBLICK

Routenempfehlung: Endingen – Jechtingen – Burkheim – Breisach – Ihringen – Eichstetten
Länge gesamt: ca. 40 km
Dauer: ca. 3–5 Tage
Reisezeit: Frühjahr bis Spätherbst

nossenschaften und Weingütern steht nichts im Wege. Doch auch die Küche am Kaiserstuhl kann sich „schmecken" lassen, sie kommt herzhaft und deftig mit einem französischen Einschlag daher. Typische Weinstädtchen sind das reizvolle mittelalterliche Burkheim, Königschaffhausen und der wärmste Ort Deutschlands, Ihringen. Hoch über Breisach thront auf einem Vulkanfelsen das monumentale St. Stephansmünster, ein kulturelles Highlight im Kaiserstuhlgebiet. Die Bewohner gelten als besonders lebenslustig und „feierfreudig". So gibt es viele gemütliche Weinfeste – das größte am letzten Wochenende im August in Breisach. In der wärmsten Region Deutschlands lässt es sich genießen.

Endingen

Endingen wurde bereits im Jahr 862 zum ersten Mal urkundlich erwähnt. Die Herren von Üsenberg verliehen Endingen 1285 das Stadtrecht. Ihr Geschlecht starb jedoch aus, sodass Endingen 1379 zu Habsburg und somit zu Vorderösterreich kam. 1805 übernahm das Großherzogtum Baden die Stadt. Endingens Geschichte wird mit den dazugehörigen Bildern und Urkunden im **Vorder-Österreich-Museum** (Adelshof 20) im wunderschön restaurierten spätgotischen Üsenberger Hof dokumentiert.
Zentrum der Gemeinde ist der Marktplatz. Hier stehen das **Alte Rathaus** mit Renaissancefassade und Barockportal aus dem Jahr 1527 und das **Rathaus** mit Staffelgiebel, das 1617 anfänglich als Kornlager erbaut wurde. Von der im frühen 14. Jh. errichteten Ringmauer mit vier Stadttoren ist einzig das Königschaffhauser Tor im Westen erhalten.
Einen hohen Stellenwert im Leben der Endinger haben die Brauchtumsfeste und dabei besonders die **alemannische Fasnet.** Die Leitfigur, der Jokili, trägt eine dreihörnige Narrenkappe, mit Zipfeln besetzte Kutte und Hose

96 Mathilde Kaffee und Wein, Endingen

GPS 48.13588, 7.71319

Platz bei einem Café (hausgemachte kleine Gerichte und Kuchen) mitten in den Weinbergen. Schöne, ruhige Lage, Brötchenservice, kein Schatten. Ins Zentrum 15 Min. Fußweg, Badeweiher 1,8 km. **Lage/Anfahrt:** in Endingen ausgeschildert; **Platzanzahl:** 24; **Untergrund:** Schotter; **Service:** Strom, Trinkwasser, Abwasser, Chemie-WC, WLAN; **Preiskat.:** €€; **Geöffnet:** ganzjährig; **Kontakt:** Schambachhof 3, 79346 Endingen, Tel. 07642 9217312, www.mathilde-kaffee-wein.de

TOUR VULKAN-TOUR

Diese etwas anspruchsvolle Strecke ist 33 Kilometer lang und hat eine Höhendifferenz von 580 Metern. Sie streift durch die traditionellen Winzerorte von Vogtsburg, durch Weinberge und Obstplantagen. Den Anstieg vom Vogelsang-Pass zum Aussichtsturm auf der Eichelspitze sollte man nicht auslassen (www.touren-schwarzwald.info).

97 Kirschenhof, Königschaffhausen

GPS 48.142582, 7.662194

Platz bei einem Kirschbauernhof mit Café in sehr schöner, ruhiger Lage, Brötchenservice. **Lage/Anfahrt:** in Königschaffhausen ausgeschildert; **Platzanzahl:** 28; **Untergrund:** Schotter, Wiese; **Service:** Strom, Trinkwasser, Abwasser, Chemie-WC, WLAN; **Preiskat.:** €€; **Geöffnet:** ganzjährig; **Kontakt:** Königsweg 5, 79346 Königschaffhausen, Tel. 07642 9282845, www.kirschenhof-schmidt.de

aus rotem Wollstoff, eine barocke weiße Halskrause und eine hölzerne, lächelnde Maske. Die Fasnet in Endingen ist ein ganz besonderes Erlebnis, auch für Touristen.

Etwas Außergewöhnliches gefällig? Wie wäre eine Fahrt mit einem **Oldtimer-Unimog** mit Weinverkostung in die Weinberge. Das gibt es beim Weingut Bastian (www.weingut-bastian.de/weinerlebnis).

Königschaffhausen, ein Ortsteil von Endingen, ist ein typisches Winzerdorf mit großen Torbögen an den Hofeinfahrten. Hier fühlen sich Genießer so richtig wohl! Dafür sorgt zunächst die **Winzergenossenschaft Königschaffhausen** (Kiechlinsbergerstr. 2–6, www.koenigschaffhauser-wein.de) mit Verkostung und Verkauf der vollmundigen Tropfen des Kaiserstuhls. Der **Gasthof Ochsen** (Endinger Straße 12, www.ochsen-hassler.de) serviert badisches Essen für das leibliche Wohl. Wem mehr nach Kuchen der Sinn steht, geht ins **Kirschencafé** auf dem Kirschenhof (Königsweg 1, www.kirschenhof-schmidt.de) und genießt die hausgemachten Leckereien. Auf dem zugehörigen Stellplatz (s. S. 184) kann man anschließend übernachten. Regionale

INFO DER KAISERSTUHL

Zwischen Mittelmeer und Nordeuropa senkte sich vor etwa 500 Millionen Jahren eine 200 km lange und 40 km breite Zone der Erdkruste ab, so entstand der Oberrheinische Tiefgraben. Gleichzeitig begann als Gegenbewegung das Auftürmen der Randgebirge. Im späten Tertiär, etwa vor 15 Millionen Jahren, drängte Magma aus dieser Senke nach oben und bildete Kaiserstuhl und Tuniberg. Sie erheben sich wie Inseln aus der Oberrheinischen Tiefebene. Zahlreiche Vulkanausbrüche formten den Hauptkamm des Kaiserstuhls, dessen höchste Erhebung der 557 m hohe Totenkopf ist. Der Kaiserstuhl hat eine Nord-Süd-Ausdehnung von 16 km, in West-Ost-Richtung misst er maximal 12,5 km. Sowohl geologisch als auch biologisch und klimatisch ist der Kaiserstuhl einmalig in Deutschland. Seine Halbtrockenrasen besitzen einen enormen Artenreichtum. Auf nur wenigen Quadratmetern findet man manchmal über 40 Pflanzenarten. Ab Anfang März erblüht bis in den späten Herbst hinein eine Vielzahl von Blumen, von Mai bis Juni auch die 36 am Kaiserstuhl heimischen Orchideenarten. An steilen, felsigen Hanglagen in Süd- und Südwestlage gibt es die sogenannten Volltrockenrasen, an denen im Sommer Bodentemperaturen von 60 bis 70 °C gemessen werden. Vorherrschend prägen Rebflächen und -böschungen das Landschaftsbild. Bereits vor vielen Jahrhunderten begann die Terrassierung, um den für den Weinbau wertvollen Lössboden vor dem Abrutschen zu schützen. Durch die Flurbereinigung der letzten 30 bis 50 Jahre hat sich das Landschaftsbild stark verändert. Aus Kleinflächen wurden Großterrassen und die Erziehung der Weinreben wurde vom Einzelstock auf spalierartige Drahtrahmen umgestellt. So konnte ein Teil des aufwendigen Weinbaus von harter Handarbeit auf maschinelle Arbeit umgestellt werden. Die flächendeckende Gründüngung der Rebunterstände kommt nicht nur dem Rebenwachstum, sondern auch der Artenvielfalt an Insekten und Vögeln zugute.

Produkte von hoher Qualität findet man im **Kaiserstühler Bauernladen** (Endinger Straße 21, www.home.regioseiten.com/bauernladen): Brot, Blechkuchen, Obst, Gemüse, Marmelade, Liköre, Schnäpse, Wein und Sauerkonserven, vieles aus eigener Produktion der Familie Sexauer.

TIPP DIE KAISERSTUHLBAHN

Die Kaiserstuhlbahn gibt es in zwei Varianten: Da ist zum einen die moderne, elektrifizierte Strecke mit der Breisach Bahn (Freiburg – Breisach) und der Kaiserstuhlbahn (Breisach – Endingen – Gottenheim), die den Kaiserstuhl westlich, östlich und nördlich als normaler ÖPNV umfahren (www.kaiserstuhl.eu und www.wsp.com) und gut zur Erkundung der Umgebung genutzt werden können, zum anderen die Sonderfahrten mit dem Rebenbummler, einem Museums-Dampfzug mit historischen Wagen. Für diese „Erlebnis-, Bummel- und Genießerrunde" zwischen Riegel und Breisach ist eine Reservierung unbedingt erforderlich (www.eisenbahnfreunde-breisgau.de).

Während der Traubenlese ist es am Kaiserstuhl besonders schön

Großer Beliebtheit erfreut sich an heißen Sommertagen der **Erleweiher** (GPS 48.13419, 7.70074) ein idyllisch gelegener Badesee.

Kaiserstühler Verkehrsbüro,
Adelshof 20, www.endingen.de

Jechtingen

Bereits in der Jungsteinzeit siedelten hier Menschen, somit ist Jechtingen der älteste bekannte Ort am Kaiserstuhl. Die höchste Erhebung, der Hochberg, ist mit seinen meterdicken Lössschichten eine gute Weinlage, besonders für Grünen Sylvaner oder Muskateller. Sehenswert ist die **Pfarrkirche** mit dem spätromanischen Turmerdgeschoß und – 2,5 km außerhalb – die **Burg Sponeck** (Sponeckstraße, in Privatbesitz, nur von außen zu besichtigen) auf einem Bergkegel über dem Rhein. Durch die urwüchsigen Auenwälder unterhalb der Burg geht es auf der unten beschriebenen Wanderung oder auf einem der bezeichneten Radwege Richtung Breisach oder Sasbach.

TOUR DURCH DIE RHEINAUEN

Bei Burg Sponeck startet die 8,8 km lange, leichte Wanderung durch die Rheinauen zum Badessee und ins reizende Städtchen Burkheim. Sie ist auch für Kinder gut geeignet. Im Sommer unbedingt an Mückenschutz denken (www.schwarzwald-tourismus.info).

Burkheim

Das reizende Burkheim ist umgeben von 157 Hektar Rebland und 232 Hektar Obst- und Ackerflächen. Im milden Klima des Kaiserstuhls gedeiht hier alles prächtig.

Stattliche Fachwerkhäuser, kopfsteingepflasterte Straßen, das Stadttor und die leere Fassade des Schlosses sind steingewordene Zeugen der langen Geschichte des Dorfs. Sie begann bereits im Jahr 762 und hatte ihren Tiefpunkt im Dreißigjährigen Krieg, als das Dorf zerstört und entvolkert wurde. Ab 1648 wanderten Menschen aus Tirol, der Schweiz, Lothringen und Burgund zu und bauten die Stadt wieder auf. Burkheim wirkt heute, als ob die Zeit stehen geblieben wäre. Kleine Kunsthandwerkerläden und einige Restaurants sorgen dafür, dass man gerne länger hier verweilt. Ein Hauch von Nostalgie weht von Ostern bis Ende Oktober jeden Sonntag und Mittwoch um 22 Uhr durch die Gassen, wenn der **Nachtwächter,** in Form einer **Stadtführung** vom Torhäusle aus,

98 Gutsschenke zur Scheune, Jechtingen

GPS 48.122895, 7.606307

Platz bei einer rustikalen Wirtschaft in schöner, ruhiger Lage. Wenig Schatten. Badesee Burkheim 6 km. Guter Ausgangspunkt für Radtouren. **Lage/Anfahrt:** am Ortsanfang von Jettingen ausgeschildert; **Platzanzahl:** 10; **Untergrund:** Schotter; **Service:** Strom, Trinkwasser, Abwasser, Chemie-WC; **Preiskat.:** €€; **Geöffnet:** ganzjährig; **Kontakt:** Rossmattenhöfe 1, 79361 Jechtingen, Tel. 07662 6979, www.gutsschenkezurscheune.de

Burkheims fotogenes Antlitz inmitten von Weinbergen

seine Runde dreht. Auf seinem Gang erfährt man von ihm viel Wissenswertes und Lustiges zur Stadtgeschichte: über die Dreiteilung in Ober-, Mittel und Unterstädtle, Lazarus von Schwendi, den strengen, aber gerechten Herrn über Burkheim (1560–1583), das Leben der Fischer im Unterdorf sowie das dunkle Kapitel der Hexenverbrennungen. Übrigens soll Lazarus von Schwendi am Kaiserstuhl die Ruländer-Rebe, die die Grundlage für den Tokajerwein ist, aus Ungarn eingeführt haben. Der Nachtwächter nimmt von Ostersonntag bis Ende Oktober immer am Mittwoch und Sonntag um 22 Uhr Gäste kostenlos und ohne Voranmeldung mit auf seinen **Rundgang** (www.burkheim-touristik.de). Was früher bittere Notwendigkeit war, ist heute eine faszinierende Reise in die Vergangenheit des Winzerstädtchens, die sich lohnt.

99 Parkplatz Rhinwald, Burkheim

GPS 48.09751, 7.59382

Platz in schöner Lage, 600 m zum Städtchen, Baggersee 1 km. Bezahlung bei www.mycabin.eu oder QR-Code scannen. **Lage/Anfahrt:** im unteren Ortsteil von der L104 in die Rheinstraße abbiegen; **Platzanzahl:** 36; **Untergrund:** Schotter; **Service:** kein Service; **Preiskat.:** €; **Geöffnet:** ganzjährig; **Kontakt:** Rheinstraße, 79235 Vogtsburg

Breisach

Alles überragend thront das Wahrzeichen von Breisach, das gotisch-romanische **St. Stephansmünster,** auf einem 600 m langen Vulkanfelsen. Die ältesten Gebäudeteile sind das Querschiff mit den Nebenabsiden, das Langschiff mit der schmalen Vorhalle, der Nordturm und der rechteckige Chor an der Ostseite. Das romanische Längsschiff wurde in Form einer dreischiffigen Säulenbasilika mit niedrigeren Seitenschiffen errichtet. Das spätgotische Sandsteintympanon des Westportals (Mitte des 14. Jh.) erzählt die Geschichte des Kirchenpatrons St. Stephanus. Der Ursprung des filigranen Lettners geht auf das Jahr 1496 zurück, als ein Unbekannter dieses spätgotische Meisterwerk der Steinmetzkunst schuf. Hinter den fünf Spitzbögen verbirgt sich im Chor einer der schönsten Schnitzaltäre Deutschlands. Der dreiflügelige **Hochaltar** wurde vermutlich von Hans Loy aus Lindenholz erschaffen. Ein weiterer Kunstschatz ist der silberne **Reliquienschrein,** der 1496 vom Goldschmied Peter

Berlyn über und über mit Szenen aus der Patronatslegende und Heiligenfiguren geschmückt wurde. Getragen von vier goldenen Löwen ruhen in ihm die Gebeine der Stadtpatrone.

Der berühmteste Maler dieser Region, Martin Schongauer, malte von 1488 bis 1491 die **Westhalle** mit der Darstellung des Jüngsten Gerichts aus. Der **Radbrunnenturm** steht ebenfalls auf dem Münsterberg. Sein 41 m tiefer Brunnen (1189) lieferte über ein hölzernes Tretrad Trinkwasser für die Menschen.

Die beste Sicht auf den Münsterberg hat man vom **Eckhardsberg,** eine im 17. und 18. Jh. erbaute Festung mit Zitadelle, die allerdings bereits 1741 geschleift wurde.

Rund um den hübschen Marktplatz laden einige Restaurants und Cafés zu einer Rast ein. Das **Rheintor** wurde 1678 nach Plänen von Vauban als Eingangstor zur damals französischen Stadt erbaut. Seit der Ingenieur Tulla den Rheinverlauf begradigt hat, steht es nur noch an einem kleinen Weiher. Heute beherbergt das repräsentative Festungstor mit Schmuckfassade das **Museum für Stadtgeschichte** (Rheintorplatz 1, https://stadt.breisach.de). Die Spezialität der **Ölmühle Fessinger** (Hochstetter Str. 54 c, http://fessingeroel.alfahosting.org) sind kaltgepresste Öle aus der eigenen Mühle. Essige und Walnussspezialitäten gehören auch zum Sortiment. Die **Breisacher Fahrgastschifffahrt** (Rheinuferstraße, Brücke 2, www.bfs-info.de) hat verschiedene Rheinfahrten wie Rund- und Schleusenfahrten, aber auch kulinarische Thementouren, teilweise mit Livemusik, im Angebot.

i **Breisgau-Touristik,** Marktplatz 16, www.breisach.de

Das St. Stephansmünster dominiert die Stadtansicht von Breisach

100 Am Rheinufer, Breisach

GPS 48.02983, 7.57542

Platz direkt am Rhein in zentrumsnaher Lage. Bei Weinfesten geschlossen, max. Standzeit 3 Nächte, Brötchenservice. **Lage/Anfahrt:** in Richtung Breisach-Nord abbiegen und immer geradeaus auf der Hafenstraße zum Platz; **Platzanzahl:** 30; **Untergrund:** Asphalt; **Service:** Trinkwasser, Abwasser, Chemie-WC; **Preiskat.:** €; **Geöffnet:** ganzjährig; **Kontakt:** Josef-Bueb-Straße 5A, 79206 Breisach

101 Campingplatz Münsterblick, Breisach

GPS 48.01912, 7.60925

Campingplatz in schöner, ruhiger Lage, Restaurant, Brötchenservice, 3,5 km ins Zentrum, Busverbindung. **Lage/Anfahrt:** an der B31 ausgeschildert; **Platzanzahl:** 50; **Untergrund:** Schotterrasen; **Service:** Strom, Trinkwasser, Chemie-WC; **Preiskat.:** €€€; **Geöffnet:** Ende März–Anf. Nov.; **Kontakt:** Hochstetter Str. 11, 79206 Breisach, Tel. 07667 93930, www.adler-breisach.de

Ihringen

Ganz im Süden des Kaiserstuhls, umsäumt von Obstbäumen und Rebhängen, liegt Ihringen. Ob beim Fest-Hock oder beim Wandern durch die Weinberge: Immer hat man das Gefühl, willkommen zu sein. In der rustikalen Straußenwirtschaft wie im gutbürgerlichen Gasthof wird man herzlich begrüßt und mit regionalen Leckereien verwöhnt. Brägele (Bratkartoffeln), Kratzede (zerrissene Pfannkuchen) und Schäufele (geräucherte Schweineschulter) sollte man unbedingt probieren. Dazu „schlotzt“ man einen kräftigen Spätburgunder, einen spritzigen Silvaner oder einen eleganten Weißburgunder.

Sehr schön angelegt ist das **Kaiserstuhlbad** (Sportzentrum Nachtwaid 1), ein beheiztes Freibad mit großer Liegewiese direkt am Campingplatz (s. rechts.).

TOUR KINDERWANDERUNG WENDELIN WIEDEHOPF

Eine abwechslungsreiche Familienwanderung beginnt am Bahnhof in Ihringen. Wendelin Wiedehopf informiert die Kleinen auf 3,4 km Länge an sieben Stationen über das Leben in den Weinbergen. Die Tour ist nicht für Kinderwagen geeignet.

102 Winzer Sexauer, Ihringen

GPS 48.04204, 7.63565

Plätze bei der Winzer- und Brennerfamilie Sexauer in schöner, ruhiger Lage an den Weinbergen. **Lage/Anfahrt:** im Ort in die Poststraße abbiegen, dann ausgeschildert; **Platzanzahl:** 5; **Untergrund:** Wiese/Pflaster; **Service:** Strom, Trinkwasser, Abwasser; **Preiskat.:** €€; **Geöffnet:** ganzjährig; **Kontakt:** Führhäupterweg 3, 79241 Ihringen, www.weingut-sexauer.de

Sehr beliebt bei den Gästen aus nah und fern ist die **Straußenwirtschaft Martinshofschenke** (Martinshöfe 2, www.martinshof-ihringen.de). Neben Fleisch aus der eigenen Geflügelzucht gibt es eine saisonal abgestimmte Karte. Die Spezialität des Hauses ist Putenschnitzel mit Senfkruste.

103 Kaiserstuhl-Camping Ihringen

GPS 48.03032, 7.65727

Komfortabler Campingplatz in schöner, ruhiger Lage, Brötchenservice, Restaurant, Freibad und Sauna angrenzend, Zentrum 2 km, Rad- und Wanderwege i. d. Nähe. **Lage/Anfahrt:** in Ihringen ausgeschildert; **Platzanzahl:** 50; **Untergrund:** Wiese, Rasengitter; **Service:** Strom, Trinkwasser, Abwasser, Chemie-WC, WLAN; **Preiskat.:** €€€€; **Geöffnet:** Mitte März–Okt.; **Kontakt:** Nachtwaid 5, 79241 Ihringen, Tel. 07668 950065, www.kaiserstuhlcamping.de

TOUR FAHRRADTOUREN AB IHRINGEN

Eine Rheintour mit 49 km Länge führt entlang dem kleinen Weinort Bickensohl und dem Weinmuseum in Achkarren, aber auch zum herrlichen Panoramapunkt Mondhalde. Zurück geht es am Rhein entlang bis Breisach.
Die Tuniberg-Tour ist 35 km lang und mit nur 100 m Höhendifferenz einfach zu befahren. In Wasenweiler lohnt sich ein Abstecher ins bezaubernde Lilienthal mit seinem Arboretum (www.ihringen-touristik.de, dort auch weitere Vorschläge für Radtouren ab Ihringen).

Weinreben finden sich rund um den Kaiserstuhl

Im sehenswerten Gewölbekeller des **Staatsweinguts Blankenhornsberg** (staatsweingut-freiburg.de) reift der Wein in 60 Jahre alten Holzfässern. Die Vinothek ist sehr stilvoll im historischen Gutsgebäude untergebracht.

TOUR WINZER-RUNDWANDERWEG OST

Der 7,1 km lange Rundweg führt über 180 Höhenmeter durch ein abwechslungsreiches Landschaftsbild. Start ist an der Kaiserstuhlhalle Ihringen, von dort ist der Weg ausgeschildert. Eine Einkehrmöglichkeit findet sich in der Martinshofschenke (Martinshöfe 2, www.martinshof-ihringen.de, Infos zur Wanderung www.schwarzwald-tourismus.info).

Im Arboretum Liliental gibt es viel zu entdecken

Klingt das nicht verlockend: Weinverkostung auf der Panoramaterrasse mit Sicht auf Vogesen und Schwarzwald?

TIPP DAS ARBORETUM LILIENTAL

Zwischen Ihringen und Wasenweiler können Campingbusse und Womos bis 7 m Länge einen Abstecher zur Forstlichen Versuchs- und Forschungsanstalt Freiburg mit dem Arboretum Liliental machen. Umweltschonender nimmt man von Ihringen aus das Rad. Riesige, 1960 gepflanzte Mammutbäume sind die größte Attraktion des 255 Hektar großen Geländes. Auf den Trockenrasen umschwirren von Mai bis August viele zauberhafte Schmetterlinge 20 verschiedene Orchideenarten. Seltene Tiere wie Gottesanbeterinnen, Smaragdeidechsen und Bienenfresser fühlen sich hier wohl. Ein kinderwagentauglicher Lehrpfad von 3 km Länge mit Infotafeln führt zu den schönsten Plätzen. Wie wäre es anschließend mit einer stärkenden Rast im Gasthof zur Lilie (Lilienhof 5, www.lilie-liliental.de) mit Kinderspielplatz? (Arboretum Liliental, Lilienhof 7, www.fva-bw.de)

TOUR MIT DEM RAD RUND UM KAISERSTUHL UND TUNIBERG

Einen umfassenden Überblick über die reizvolle Natur und die kleinen Dörfer an Kaiserstuhl und Tuniberg bekommt der ambitionierte Radler auf dieser 64-km-Tour. Da sie mehrere bereits beschriebene Orte berührt, können verschiedene Einstiegsmöglichkeiten gewählt werden (Kaiserstuhl Radweg Tagestour, www.ihringen-touristik.de/de-de/aktiv_sein-sich_bewegen/radfahren_am_kaiserstuhl).

Der Samengarten von Eichstetten

Eichstetten

Eichstetten hat auch einen Wasserturm

Der „Gemüsegarten des Kaiserstuhls", wie Eichstetten auch bezeichnet wird, liegt zwischen 189 und 520 m ü. N. N. Entlang der Hauptstraße reihen sich die typischen Bauernhöfe der Region mit den großen, Schwibbogen genannten Toreinfahrten. Im **Samengarten** am Ortsrand (Altweg 129) will die Stiftung Kaiserstühler Garten die Vielfalt der regionalen Kulturpflanzen erhalten. Ihr Anspruch ist es, samenfestes, gesundes Saatgut an zukünftige Generationen weiterzugeben: ein kleiner, aber wichtiger Schritt gegen die globale Privatisierung des Saatguts und des damit verbundenen Aussterbens vieler Sorten. Der Schaugarten und das Obstmuseum mit vielen alten, regionalen Obstbäumen und Sträuchern sind frei zugänglich. Verkostet wird beim **Weingut Köbelin** (Altweg 131, www.weingut-koebelin.de) im modernen, minimalistisch eingerichteten Probierraum. Arndt und Monika Köberlin erzeugen nach ökologischen Prinzipien Weine, Sekte und Edelbrände.

TOUR DREISAM-FAHRRADTOUR

Diese geruhsame Tour mit geringen Steigungen führt durch einige hübsche Dörfer und entlang der „Alten" und der „Neuen" Dreisam. Unterwegs bietet sich ein erfrischendes Bad im Löhlinsee an. Wem mehr nach Kunst und Kultur ist, besucht den Mithras-Tempel oder die Kunsthalle Messmer in Riegel (www.tourismus-bw.de/touren/0dd0ba7faa).

TOUR WANDERUNG ZUR EICHELSPITZE

Vom Stellplatz Köbelin folgt man der Markierung (gelbe Raute) sieben Kilometer hinauf zum stählernen Aussichtssturm auf der Eichelspitze. Der Turm wurde 2006 erbaut und ist 42,5 m hoch. Von oben bietet sich ein herrlicher Rundumblick. Auf demselben Weg geht es zurück.

104 Weingut Köbelin, Eichstetten

GPS 48.09507, 7.72056

Platz auf einem Winzerhof in sehr schöner, ruhiger Lage, 1,5 km ins Zentrum, Weinverkauf und -verkostung. **Lage/Anfahrt:** auf der Hauptstraße durch Eichstetten, dann ausgeschildert; **Platzanzahl:** 4; **Untergrund:** Schotter; **Service:** Strom, Trinkwasser, Abwasser (mit Schlauch), Chemie-WC; **Preiskat.:** €€; **Geöffnet:** ganzjährig; **Kontakt:** Altweg 131, 79356 Eichstetten, Tel. 07663 1414, www.weingut-koebelin.de

Gaby Gölz

Der Hochschwarzwald

Mitten im Herzen des Hochschwarzwalds liegen die beiden großen Seen, der Schluchsee und der Titisee, sowie der Feldberg. Die unvergleichliche Natur erkundet man am besten auf Schusters Rappen oder mit dem Rad. Ob man den Panoramaweg bei Bernau, den Wasserfallsteig auf dem Feldberg, den Geißenpfad bei Menzenschwand oder den Lebküchlerweg bei Todtmoos wählt – die wunderschöne Natur erfreut Herz und Seele. Wegen der manchmal doch etwas langen Anstiege fühlen sich vor allem ambitionierte Mountainbiker hier wohl, dem Gelegenheitsradler sei ein E-Bike anempfohlen. Nicht zu vergessen: Am Feldberg ist auch der Wintersport zu Hause. Mit 41 Skiliften und 65 Pistenkilometern kann sich das Skigebiet sehen lassen. Über die Landschaft im Wandel der letzten Jahrzehnte

Schifffahrt auf dem Titisee

TOUREN-ÜBERBLICK

Routenempfehlung: Titisee-Neustadt – Feldberg – Schluchsee – St. Blasien – Bernau – Todtmoos – Bad Säckingen
Länge gesamt: ca. 100 km
Dauer: ca. 4–6 Tage
Reisezeit: ganzjährig, auf dem Feldberg, in Häusern und in Bernau Wintersport

informiert auf humorvolle Art das interaktive Haus der Natur am Feldberg. Das idyllische Schwarzwaldbild wird in Bernau und Menzenschwand durch mächtige Schwarzwaldhöfe in herrlicher Lage gepflegt. Im tief eingeschnittenen Tal der Alb in St. Blasien überrascht der drittgrößte sakrale Kuppelbau Nordeuropas mit seinen Dimensionen. Unten am Hochrhein wartet das sehenswerte Städtchen Bad Säckingen mit imposant überdachter Holzbrücke auf. Die faszinierende Landschaft, die glasklaren Seen, die sprudelnden Wasserfälle: Grund genug, im Hochschwarzwald ein paar Tage zu verbringen.

Titisee-Neustadt

Der Titisee, entstanden durch eine Moräne des Feldberggletschers, hat eine Fläche von 107 Hektar und ist bis zu 20 m tief.
Wenn in den Wintermonaten der Titisee dunkel und ruhig zwischen den bewaldeten Bergen des Südschwarzwalds liegt, kann man sich gut vorstellen, dass hier Fantasie und Aberglaube angeregt wurden, die in zahlreichen Volkssagen zum Ausdruck kamen. Im Sommer ist an der Seepromenade jedoch kein Platz für mystische Geschichten, denn dann haben hier die Touristen das Sagen. Tret- und Ruderboote, Elektromotorboote, Bade- und Fischerboote schaukeln im Wasser und warten auf Kundschaft.

TOUR WANDERUNG UM DEN TITISEE
Auf dem mit „Titisee-Rundweg" beschilderten, 7,4 km langen Weg mit 148 m Höhendifferenz umrundet man den Titisee einmal und lernt so seine verschiedenen Facetten kennen. Sie reichen von ruhigen bis zu sehr touristisch geprägten Abschnitten. Unterwegs gibt es Bademöglichkeiten.

⑩⑤ Camping Bankenhof, Titisee-Neustadt

GPS 47.88639, 8.13052

Familiär geführter Platz in sehr schöner, ruhiger Lage, Miet- und Kinderbad, Restaurant, Laden, Massagen, Yogakurse, Kinderspielplatz. Separater SP vor der Schranke. **Lage/Anfahrt:** im Ort ausgeschildert; **Service:** Strom, Trinkwasser, Abwasser, Chemie-WC, WLAN; **Preiskat.:** €€€–€€€€ (SP €€); **Geöffnet:** ganzjährig; **Kontakt:** Bruderhalde 31a, 79856 Hinterzarten am Titisee, Tel. 07652 1351, www.camping-bankenhof.de

Der Titisee – umrahmt von hohen Schwarzwaldgipfeln

Im **Badeparadies Schwarzwald** (Am Badeparadies, www.badeparadies-schwarzwald.de) kann man zu jeder Jahreszeit unter echten Palmen in 33 °C warmem Wasser schwimmen, saunieren oder sich im Spaßbad mit zahlreichen Rutschen u. Ä. vergnügen.

Der Hochfirst mit 1192 m Höhe hat der größten Naturschanze Deutschlands ihren Namen gegeben: **Hochfirstschanze.** Hier finden Wettbewerbe des Skisprung-Weltcups statt. Wer sich nicht zur Weltklasse im Wintersport zählt, bleibt auf dem Boden und findet Loipen, eine Eisbahn, Rodelbahnen und Abfahrtspisten für Könner und Anfänger.

Tourist-Information, Strandbadstr, 4, www.schwarzwald-tourismus.info

INFO KONUS-KARTE

Das Touristenticket Konus-Karte (s. S. 170), das die kostenlose Nutzung des öffentlichen Nahverkehrs erlaubt, ist natürlich auch im Südschwarzwald zu haben.

Feldberg

Ursprüngliche Wälder und blütenübersäte Bergwiesen im Sommer, glitzernder Pulverschnee und tief verschneite Landschaften, durchzogen von Pisten und Loipen, im Winter, das ist der **Feldberg** – ein Erlebnis zu jeder Jahreszeit. Mit 1493 m ist er die höchste Erhebung im Schwarzwald. Ganz bequem schwebt man mit der Feldbergbahn auf 1450 m Höhe. Von hier sind es noch wenige Minuten zum **Feldbergturm,** von dessen Plattform man einen Rundblick über die Vogesen bis zu den Alpengipfeln Mönch, Jungfrau und Zugspitze hat.

Der Feldberg ist besonders im Winter ein beliebtes Ausflugsziel

Das überaus sehenswerte **Haus der Natur** (Dr.-Pilet-Spur 4, www.naz-feldberg.de) will dem Besucher einen unverkrampften Blick auf die Natur vermitteln, denn nur, was man kennt und liebt, achtet man auch. Das Naturschutzprojekt soll die vielfältige Kulturlandschaft des Südschwarzwalds mit ihren seltenen Lebensräumen für gefährdete Pflanzen und Tierarten erhalten und entwickeln. Wer ein angestaubtes Museum erwartet, wird erstaunt feststellen, wie hier mit modernster Technik gearbeitet wird. Ein virtueller Ballonflug ist ebenso im Programm wie ein virtuelle Ranger, der auf humorvolle Art und Weise Fragen beantwortet, die immer wieder gestellt werden.

TOUR WANDERUNGEN UND MOUNTAINBIKE-TOUR AB FELDBERG

Auf dem Genießerpfad **Feldberg-Steig** lässt sich auf 12,5 km Länge und 468 m Höhendifferenz gut die Feldbergregion mit dem Feldbergturm, dem Feldsee und den vielen urigen Almhütten erkunden. Grandios ist besonders die Rundumsicht vom Turm aus (www.hochschwarzwald.de/touren/9800dccd10).

Der Premiumweg **Wasserfallsteig** ist 12,4 km lang, hat 411 m Auf- und 623 m Abstieg und beginnt am Feldbergpass. Die Streckenwanderung führt durch die herrliche Berglandschaft am Fahler und Todtnauer Wasserfall vorbei nach Todtnauberg (Bushaltestelle Sternen). Von hier besteht eine Rückfahrtmöglichkeit mit dem Bus (www.hochschwarzwald.de/touren/9069394c27).

Die **Mountainbike-Tour rund um den Gipfel** beginnt am Haus der Natur und macht sich dann an den Aufstieg zum Feldberggipfel. Die Gesamtlänge ist 17 km, die Höhendifferenz beträgt 621 m. Der idyllische Feldbergsee, die großartige Fernsicht bis zu den Alpen, eine Einkehr in die rustikalen Berghütten: Faktoren, die für einen erlebnisreichen Tag sprechen (www.hochschwarzwald.de/touren/5c6ce6a80b).

⑩⑥ WoMo Feldberg, Altglashütten

GPS 47.85878, 8.11511

Plätze in schöner, nachts ruhiger Lage beim Bahnhof, kein Schatten, Bistro, Bäcker 500 m, Anbindung an ÖPNV, Wander- und Fahrradwege. **Lage/Anfahrt:** von der B500 Richtung Altglashütten abbiegen, ausgeschildert; **Platzanzahl:** 16; **Untergrund:** Schotter; **Service:** Strom, Trinkwasser, Abwasser, Chemie-WC; **Preiskat.:** €€; **Geöffnet:** ganzjährig; **Kontakt:** Dreiseenbahnweg/Falkauerstraße, 79869 Altglashütten

TIPP MIT ÖFFENTLICHEN VERKEHRSMITTELN ZUM FELDBERG

Da rund um den Feldberg die Parkplatzsituation häufig sehr angespannt ist, sollte man das Womo einfach mal stehen lassen und vom Stellplatz in Altglashütten mit dem Zug bis Bärental fahren, dort in den Bus Nr. 7300 wechseln und so bequem und ohne Parkplatzsorgen auf dem Feldberg ankommen. Auch von Titisee-Neustadt gibt es die Möglichkeit, mit dem Zug bis Bärental zu fahren.

TIPP DREISEENBAHN

Von Ende Mai bis Anfang Oktober verkehrt sonntags ein historischer Dampfzug auf der Dreiseenbahn zwischen Titisee und Schluchsee. Auf der 19 km langen Fahrt durchquert man die fantastische Landschaft und kommt am Windgfällweiher vorbei. Das ganze Jahr über fährt die Deutsche Bahn die elektrifizierte Strecke bis Freiburg – auch ohne Dampf eine erlebnisreiche Fahrt (www.3seenbahn.de).

TIPP HASENHORN-COASTERBAHN

Einen kleinen Adrenalinschub gefällig? Dann auf nach Todtnau. Die Sesselbahn bringt Wagemutige bequem auf das Hasenhorn hinauf, hinunter geht es 2,9 km in rasanter Fahrt mit einigen steilen Kurven auf der schienengeführten Schlittenbahn (www.hasenhorn-rodelbahn.de).

Auf der Hasenhorn-Coasterbahn mit Schwung ins Tal

Der Schluchsee – im Frühjahr und Herbst ruhig und beschaulich

Schluchsee

Durch die Vergletscherung des Feldberggebiets entstand hier in der Urzeit ein ca. 3 km langer See. 1929–1932 wurde er durch den Bau einer Staumauer auf 7,5 km Länge und 1,5 km Breite angestaut. Mit seinem Speichervolumen von 108 Mio. m³ speist der See auch ein Pumpspeicherkraftwerk. Vom Schluchsee bis hinunter zum Hochrhein fällt der Schwarzwald rund 600 m steil ab. Durch die große Fallhöhe entsteht Wasserdruck, den die Kraftwerke der Schluchsee AG in elektrischen Strom umwandeln. Den Gästen am Schluchsee ist dies egal, denn für sie ist der herrliche See ein einziges Freizeitparadies. Ob bei Seerundfahrten, beim Schwimmen im frischen, klaren Wasser oder bei Wanderungen mit herrlicher Seesicht – hier findet man viele Möglichkeiten, spannende Urlaubstage zu verbringen.

Die besondere Attraktion der Badestelle **Aqua Fun** (Freiburger Str. 16) ist die 105 m lange Riesenrutsche.

Mit dem Linienverkehr der **Seerundfahrten** (www.seerundfahrten.de) geht es auf Schiffen über den ganzen See.

Kurverwaltung, Fischbachstr. 7, www.hochschwarzwald.info

TOUR WANDERN, E-BIKE- UND MOUNTAINBIKETOUREN AB SCHLUCHSEE

Wanderung auf dem Jägersteig

Der markierte Premiumwanderweg **Jägersteig** ist 11,3 km lang und hat eine Höhendifferenz von 236 m. Seine Besonderheit sind die teilweise schmalen, naturbelassenen Pfade, die reizvollen Ausblicke und die schöne Landschaft des Hochschwarzwalds (www.schluchtensteig.de/de/geniesserpfade/jaegersteig_schluchsee.php).

Mit 67 km Länge und einer Steigung von 749 m ist die Radtour **Seenradweg** besonders für E-Bikes prädestiniert. Schluchsee, Feldsee, Titisee und Windgfällweiher sind die kleinen und großen Wasserschönheiten, eingebettet in die einzigartige Schwarzwaldlandschaft. Badesachen nicht vergessen! (www.hochschwarzwald.de/touren/8858b088d6)

Die **Vesperstube Unterkrummenhof** liegt direkt am See in toller Lage und ist zu Fuß, mit dem Rad oder mit dem Schiff gut zu erreichen. Schmackhafte Gerichte und für Kinder ein kleines Paradies (Seeweg 3, www.unterkrummenhof.info).

⑩⑦ Camping Schluchsee

GPS 47.82224, 8.16275

Kinderfreundlicher Terrassenplatz in sehr schöner, ruhiger Panoramalage, Kinderbad, Restaurant, Minimarkt, Spielplatz, Kinderanimation. Zentrum 3 km. **Lage/ Anfahrt:** vor Schluchsee Ort rechts Richtung See abbiegen, ausgeschildert; **Platzanzahl:** 200; **Untergrund:** Wiese; **Service:** Strom, Trinkwasser, Abwasser, Chemie-WC, WLAN; **Preiskat.:** €€€–€€€€.; **Geöffnet:** ganzjährig; **Kontakt:** Gewann Zeltplatz 1, 79859 Schluchsee, Tel. 07656 573, www.camping-schluchsee.de

⑩⑧ Faulenfürststraße, Schluchsee

GPS 47.81526, 8.18124

Plätze auf einem separaten Teil eines großen Parkplatzes, in schöner, relativ ruhiger Lage, zum See durch Fußgängerunterführung, weniger Stromanschlüsse als Plätze, Zentrum fußläufig. **Lage/Anfahrt:** am Ortsende Richtung Faulenfürst abbiegen, dann gleich rechts auf den Parkplatz; **Platzanzahl:** 20; **Untergrund:** Schotter; **Service:** Strom, Trinkwasser, Abwasser, Chemie-WC; **Preiskat.:** €€; **Geöffnet:** ganzjährig; **Kontakt:** Faulenfürststraße, 79859 Schluchsee

Häusern

Das freundliche Häusern liegt auf einem sonnigen Hochsattel, umgeben von Weiden und Wiesen. Sehr gute Einkaufsmöglichkeiten, der schöne Stellplatz, viele Wander- und Fahrradwege sowie die gute Anbindung an den ÖPNV sind die idealen Voraussetzungen, um hier etwas länger zu bleiben. Im Winter sind es die Loipe mit geringem Höhenunterschied, der 300 m lange Skilift Oberlehen (Höchenschwander Straße) und die Rodelbahn, die Aktive hierherziehen.
Die **Wittlisberger Kapelle** ist nur 1,3 km vom Stellplatz entfernt. Hier findet zu Ehren von „Anna", der Schutzpatronin der Wittlisberger Kapelle, im Juli das beliebte Anna-Fest statt. Besonders stimmungsvoll ist es an der Kapelle, wenn am 23. Dezember die sogenannte Waldweihnacht das christliche Fest einläutet.

Tourist-Information, St.-Fridolin-Str. 5, www.schwarzwald-gemeinde.de

TOUR WANDERUNG ZUM WASSERFALL, DOM ST. BLASIEN UND STAUSEE

Das Womo steht gut auf dem Stellplatz in Häusern und so bietet sich die Gelegenheit, zu Fuß die Sehenswürdigkeiten wie den Dom in St. Blasien, die Wittlisberger Kapelle und den Albsee zu erkunden. 9,8 km ist die Strecke lang und hat 188 m Auf- und Abstieg (www.bergwelten.com/t/w/30036).

St. Blasien

Bereits seit 800 Jahren bestand in St. Blasien ein Benediktinerkloster, in dessen Mauern sich die Reliquien des armenischen Märtyrer-Bischofs Blasius befanden. Daraus leitet sich der Name St. Blasien ab. 1807 verließen die Mönche St. Blasien, es zog eine Spinnerei in die heiligen Mauern ein und der Dom wurde Pfarrkirche. Seit 1934 ist ein Jesuitenkolleg mit Internat im ehemaligen Benediktinerkloster beheimatet.

109 Reisemobilplatz Häusern

GPS 47.75258, 8.17408

Sehr gepflegter Platz in schöner, ruhiger Ortsrandlage. Bäcker, Laden in der Nähe. SAT-Empfang teilweise eingeschränkt, Minigolf, Kinderspielplatz. **Lage/Anfahrt:** im Ort ausgeschildert; **Platzanzahl:** 6; **Untergrund:** Schotter; **Service:** Strom, Trinkwasser, Abwasser, Chemie-WC; **Preiskat.:** €€; **Geöffnet:** ganzjährig; **Kontakt:** Schwand 2, 79837 Häusern

Das Ortsbild dominiert die imposante Kuppel des Doms. Mit einem Durchmesser von 36 m und einer Höhe von 62 m ist der **Dom von St. Blasien** (www.dom-st-blasien.de) der drittgrößte sakrale Kuppelbau in Europa. Der frühklassizistische Bau wurde von 1772 bis 1781 auf Betreiben des Fürstabtes Martin Gerbert anstelle des abgebrannten barocken Vorgängerbaus errichtet. Beim Betreten der Rotunde ist man gebannt von der Größe, der architektonischen Harmonie und der Lichtfülle.

Ein Ortsteil von St. Blasien ist das Bilderbuchdorf **Menzenschwand.** In dem idyllischen Tal am Fuß des Feldbergs stehen besonders malerische Schwarzwaldhöfe mit tief heruntergezogenen Dächern. Vom Feldberg kommt auch das Wasser, das eine bis zu 30 m tiefe Schlucht ins Gestein eingegraben hat. Ein romantisches Erlebnis ist ein Spaziergang in der Dämmerung bis zum **Wasserfall,** wenn dieser von Mai bis Oktober mittwochs, samstags und sonntags beleuchtet wird.

Nach Wanderung, Skifahrt oder Fahrradtour genießt man ein Bad im fluoridhaltigen Heilwasser des **Radon Revital Bades** (In der Friedrichsruhe 13, www.radonrevitalbad.de). Ob im Außenbecken oder im mit viel Glas luftig-leicht wirkenden Innenbereich schweift der Blick hinaus in die faszinierende Landschaft. Saunen von 70 ° und 90 °C sowie eine Blockhaussauna ergänzen die Wohlfühloase.

Le Petit Salon (Hinterdorfstr. 15, www.winterhalter-menzenschwand.de) ist den Malerbrüdern Franz Xaver und Hermann Winterhalter gewidmet. Franz Xaver (1805–1873) stieg aus einfachen Verhältnissen zu einem der

Der heilklimatische Kurort St. Blasien liegt im Tal der Alb

Menzenschwand – ein besonders malerisches Schwarzwalddorf

beliebtesten und bekanntesten Maler an den Höfen der europäischen Aristokratie auf. Von ihm stammt auch das bezaubernde Bild von Kaiserin Sissi, die in ihren Haaren Diamanten, die sogenannten Edelweiß-Sterne trägt.

Tourist-Info, Am Kurgarten 1–3, www.stblasien.de

TOUR WANDERUNG AB MENZENSCHWAND

13,9 km lang ist die anspruchsvolle Wanderung mit teilweise steilem Aufstieg (585 m Höhendifferenz) über den Krunkelbachsattel hinauf zum **Herzogenhorn** mit seinem weiten Panorama. Auf dem Rückweg kommt man an den malerischen Menzenschwander Wasserfällen vorbei. Start ist im Hinterdorf am Mösle-Parkplatz (www.hochschwarzwald.de/touren/d1af0fdf8f). Der Genießerweg **Geißenpfad** von 10,8 km Länge und einer Höhendifferenz von 313 m startet am Parkplatz Mösle. Die gemütliche Tour auf schmalen Pfaden passiert Ziegenhof und Wasserfall, mit sehr viel Glück trifft man sogar auf Gämsen (www.hochschwarzwald.de/touren/42ff97b9a3).

110 Rehbach, Menzenschwand

GPS 47.81339, 8.06922

Platz in sehr schöner, ruhiger Lage bei einem kleinen Skilift und der Loipe, Wasser im Winter abgestellt. Bäcker, Restaurant und Hallenbad im Ort (500 m), gute Wandermöglichkeiten. **Lage/Anfahrt:** in Menzenschwand Vorderhof ausgeschildert; **Platzanzahl:** 20; **Untergrund:** Schotter; **Service:** Strom, Trinkwasser, Abwasser, Chemie-WC; **Preiskat.:** €€; **Geöffnet:** ganzjährig; **Kontakt:** Rehbachweg, 79837 Menzenschwand

Bernau

Das Bernauer Hochtal erstreckt sich über eine Länge von 8 km, eine Breite von 4 km und eine Höhe von 900 bis 1415 m auf dem Herzogenhorn. Im Winter sorgen zwei **Skigebiete** mit fünf Liften und zehn Loipen mit insgesamt 50 km Länge sowie neun **Winterwanderwege** mit 40 km Länge für viel Schneespaß.

Bernau liegt eingebettet in Wiesen, Weiden und Wälder

TOUR WANDERUNGEN AB BERNAU

Eine Wanderung auf dem **Panoramaweg** oder dem **Hochtalsteig** gehört unbedingt zu einem Besuch in Bernau, denn nur so kommt man der herrlichen Landschaft wirklich nahe. Der gut markierte **Panoramaweg** ist 16 km lang und startet am Wanderparkplatz „Am Ankenbühl". Durch Wiesen und Weiden mit Himmelsliegen zum Ausruhen führt er durch das Hochtal. Auf dem Rückweg geht es am Flüsschen Bernauer Alb entlang bis zum Wanderparkplatz Ankenbühl (www.bernau-schwarzwald.de/eip/pages/panoramaweg.php). Der **Hochtal Steig** ist mit 685 m Höhenunterschied und 15,6 km Länge schon etwas anspruchsvoll, bietet aber beim Berggasthaus Krunkelbachhütte (www.krunkelbach.de) eine gemütliche Rast und immer wieder ein interessantes Panorama auf den südlichen Schwarzwald (www.bernau-schwarzwald.de/eip/pages/premiumweg-hochtal-steig.php).

Bernau wirbt damit, dass die meisten und auch die schönsten Bauernhöfe auf ihrem Gemeindegebiet liegen. Tatsächlich stehen hier die typischen Schwarzwaldhöfe, wie man sie aus den Werbeprospekten kennt. Ein besonders schönes Exemplar ist der **Resenhof** (Resenhofweg 2, www.resenhof.de). Ein Rundgang versetzt die Besucher ins Jahr 1789 zurück.

Tourist-Information, Rathausstraße 18, www.bernau-schwarzwald.de

111 Am Spitzenberg, Bernau

GPS 47.80601, 8.02843

Plätze im Sommer auf dem Parkplatz des Skilifts, im Winter auf dem kleinen Wintercampingplatz (Voranmeldung), Landmarkt in der Nähe, guter Ausgangspunkt für Wander- und Fahrradtouren. **Lage/ Anfahrt:** im Ortsteil Dorf links Richtung Kurhaus, ausgeschildert; **Platzanzahl:** 20; **Untergrund:** Asphalt, Wiese; **Service:** Strom, Trinkwasser, Abwasser, Chemie-WC; **Preiskat.:** €€ (Winter €€€); **Geöffnet:** Apr.–Sept., Winter Okt.–März nur nach Voranmeldung; **Kontakt:** Am Spitzberg, 79872 Bernau

Wandern – ein Erlebnis für die ganze Familie

Todtmoos

Weitverzweigt liegen die 13 Ortsteile von Todtmoos im weiten Tal und an den Wiesenhängen des Südschwarzwalds. Überragt wird Todtmoos vom 1263 m hohen **Hochkopf.**

Zum gekrönten Gnadenbild Mariens im Hochaltar der **Wallfahrtskirche Unserer Lieben Frau** pilgern Gläubige seit 750 Jahren. Von einem wertvollen Barockgewand ummantelt, sitzt Maria im Hochaltar und hält den leidenden Jesus im Arm. Die Wegzehrung der Wallfahrer sind seit dem 18. Jh. die fein gewürzten, lange haltbaren **Lebkuchen,** die den Todtmoosern den Spitznamen „Läbküechler" einbrachten. Die Spezialität kann man heute im Café Zimmermann (Kurparkweg 2) kaufen.

Heimelig mit Kachelofen, Herrgottswinkel, Schlafkammer und Rauchküche wirkt das mit viel Sinn fürs Detail eingerichtete **Heimatmuseum** (Murgtalstr. 15) in einem 250 Jahre alten Hochschwarzwaldhaus. Es gibt einen umfassenden Einblick in 700 Jahre Ortsgeschichte.

1798 fanden zwei Bauern auf einer Wiese im Ortsteil Mättle Erz und begründeten die **Bergbautradition** in Todtmoos. Zunächst wurde Erz, später Nickel abgebaut. Als die Vorkommen schrumpften, grub man ab 1934 weitere 360 m Stollen und 32 m Schächte, jedoch ohne Erfolg. 1937 stellte man den Abbau ein. Nach langen Jahren, in denen die Stollen in Vergessenheit geraten waren, wurde im Jahr 2000 das **Schaubergwerk Hoffnungsstollen** (www.hochschwarzwald.de) eröffnet.

TOUR WANDERUNGEN BEI TODTMOOS

Der 12,5 km lange **Lebküchlerweg** ist als Genießerpfad klassifiziert. Einstieg ist am Aqua-Treff-Parkplatz (s. S. 208). Die herrliche, aber mit 660 m Höhendifferenz auch Kondition erfordernde Aussichtswanderung lässt weite Ausblicke auf das Todtmooser Tal und den Hotzenwald zu. Es geht zum Todtmooser Wasserfall, durch eine kleine Schlucht und zum Schwarzen Felsen mit schöner Aussicht. Unterwegs laden Himmelsliegen zu einer Pause ein (www.hochschwarzwald.de/touren/359551442b).

Auf dem leichten, 6 km langen **Spürnasen-Pfad** begeben sich Kinder auf Spurensuche zu zehn mit einer Motorsäge erschaffenen Holzskulpturen. Ein Begleitheft liegt am Einstieg beim Skilift in Todtmoos-Strick aus (www.hochschwarzwald.de/touren/9a3489b96c).

Alljährlich im Januar fühlt man sich in Todtmoos in den hohen Norden nach Lappland oder Alaska versetzt, wenn hier internationale **Hundeschlittenrennen** ausgetragen werden. Umgeben von herrlicher Natur liegt das Freibad **Aqua Treff** (Schwimmbadweg) am Ortsrand.

ⓘ **Tourist-Information,** Wehratalstr. 19, www.todtmoos.de

112 Auf der Jägermatt, Todtmoos

GPS 47.73165, 8.00387

Gepflegte Plätze in schöner, ruhiger Lage umgeben von Wald, kein Schatten, ideal für Hundebesitzer, Supermarkt fußläufig, im gemütlichen Gastraum gibt es kleine Gerichte. **Lage/Anfahrt:** an der Umgehungsstraße ausgeschildert; **Platzanzahl:** 22; **Untergrund:** Schotter; **Service:** Strom, Trinkwasser, Abwasser, Chemie-WC, WLAN; **Preiskat.:** €€; **Geöffnet:** Apr.–Okt.; **Kontakt:** Jägermatt 4, 79682 Todtmoos, Tel. 01705445858

Der Trom… von Säck…

Bad Säckingen

Der Blick vom Rheinufer auf die 400 Jahre alte **Holzbrücke** ist einfach grandios. Sie verbindet mit ihrer imposanten Eichen- und Fichtenholzkonstruktion Deutschland und die Schweiz und ist mit 203,7 m die längste überdachte Holzbrücke Europas.

Im Schlosspark steht das um 1600 von den Herren von Schönau erbaute **Herrenhaus** mit Ecktürmchen und Mansardendach. An der Außentreppe des Schlosses wurde 1876 ein Denkmal für den berühmten **Trompeter von Säckingen** aufgestellt. Der Legende nach sollen sich der mittellose Bürgersohn Franz Werner Kirchhofer und die Freiherrentochter Ursula Maria sehr zugetan gewesen sein. Diese nicht standesgemäße Liebe fand nach einigen Wirrnissen doch noch ihre Erfüllung. Joseph Victor von Scheffel nahm dieses Liebespaar als Vorbild für das Mitte des 19. Jh. entstandene Versepos „Der Trompeter von Säckingen".

Am **Hallwyler Hof** und dem schönen **Rokoko-Haus** vorbei geht es zum Münsterplatz mit dem Wahrzeichen der Stadt: dem **Fridolinsmünster.** Romanische Krypta, gotischer Baukörper, 1678 Barockisierung und 1751 Ausschmückung im Rokokostil – das Fridolinsmünster vereinigt viele Baustilepochen und wirkt trotzdem harmonisch und geschlossen. Üppig bemalt und mit Stuck verziert ist der helle Innenraum, der den silbernen **Fridolinschrein** von 1764 beherbergt. In dieses Juwel der Silberschmiedekunst sind die Reliquien des Heiligen Fridolin gebettet.

Sechs Becken speist das zwischen 28° und 34 °C warme Mineralwasser in der **Aqualon Therme** (Bergseestr. 59, www.aqualon-therme.de) inklusive Saunawelt mit japanischem Saunadorf.

TIPP SCHIFFFAHRT AUF DEM RHEIN

Mit dem Motorschiff „Trompeter von Säckingen" die Landschaft um Bad Säckingen und die historische Holzbrücke vom Wasser aus zu erleben, ist etwas Besonderes (www.trompeter-schiff.de).

TOUR FAHRRADTOUR AB BAD SÄCKINGEN

Die **Rhein-Wälder-Fahrradtour** ist 25 km lang, hat 563 m Höhendifferenz, ist mit dem Zeichen „WT1" markiert und beginnt am Bad Säckinger Schloss Schönau. Am Anfang ist die Strecke hinauf zum Solfeldsen etwas anspruchsvoll, die Belohnung dafür ist die lange Abfahrt zurück nach Bad Säckingen (www.touren-schwarzwald.info/tour/radfahren/2809371).

Die Holzbrücke von Bad Säckingen verbindet Deutschland und die Schweiz

Tourist-Info, Hallwyler Hof, Rheinbrücke 48, www.badsaeckingen.de

TIPP KLETTERWALD AM BERGSEE

Sieben verschiedene Parcours mit 70 Kletterelementen, die in 4,5 m bis 16 m Höhe hinaufreichen, gilt es im Waldseilgarten zu erklimmen. Bereits Kinder ab 6 Jahren können sich hier versuchen (www.kletterwald-hochempor.de).

113 Am Rheinufer, Bad Säckingen

GPS 47.54894, 7.94731

Separater Platzteil eines großen Parkplatzes, relativ ruhig, zentrumsnah, auch für große Womos. **Lage/Anfahrt:** ausgeschildert; **Platzanzahl:** 28; **Untergrund:** Schotter; **Service:** Strom, Trinkwasser, Abwasser, Chemie-WC; **Preiskat.:** €€; **Geöffnet:** ganzjährig, März und Okt. teilweise wegen Markt gesperrt (s. Website); **Kontakt:** Austraße, 79713 Bad Säckingen, Tel. 07761 568300, www.badsaeckingen.de

114 Am Naturerlebnisbad, Murg

GPS 47.55210, 8.02403

Platz direkt am Rhein in schöner, ruhiger Lage, in der Saison ermäßigter Eintritt ins angrenzende Freibad, zentrumsnah, Restaurant und Läden in der Nähe. **Lage/Anfahrt:** den Schildern „MuRheNa“ folgen; **Platzanzahl:** 15; **Untergrund:** Schotter; **Service:** Strom, Trinkwasser, Abwasser, Chemie-WC, WLAN; **Preiskat.:** €€; **Geöffnet:** ganzjährig; **Kontakt:** Am Freibad, 79730 Murg

Gaby Gölz

Die Schwäbische Alb

Dank einzigartiger steinzeitlicher Funde wie den Figuren „Venus vom Hohle Fels" und „Pferdchen" im Vogelherd sowie dem „Löwenmensch" im Lonetal samt deren Anerkennung als UNESCO-Welterbe ist der Bekanntheitsgrad der Schwäbischen Alb weltweit in die Höhe geschnellt. Doch damit nicht genug der Ehre, sie ist ebenfalls UNESCO-Geopark und von der UNESCO anerkanntes Biosphärengebiet. Die Karstlandschaft der Schwäbischen Alb hat weitverzweigte Höhlensysteme, teilweise mit einem wahren Tropfsteinwald, entstehen lassen. Diese Wunderwelt unter Tage ist auf gut präparierten Wegen zugänglich. Erlebnisreiche Premiumwanderwege erschließen die alte Kulturlandschaft – die beste Möglichkeit, die teilweise seltene Flora mit viel Muße genau zu erkunden. Fahrradfahrer und E-Biker

In der wunderschönen Landschaft des Albtraufs, umgeben von Streuobstwiesen, liegt das Freilichtmuseum Beuren

TOUREN-ÜBERBLICK

Routenempfehlung: Beuren – Neuffen – Bad Urach – Münsingen – Blaubeuren – Laichinger Tiefenhöhle
Länge gesamt: ca. 80 km
Dauer: ca. 4–5 Tage
Reisezeit: ganzjährig, auch der Winter auf der Alb ist schön

finden auf gut markierten Radwegen sicher ihr Ziel. Und dann sind da noch die hübschen, gepflegten Städtchen wie Blaubeuren, Bad Urach und Münsingen mit manch idyllischem Plätzchen. Die örtliche Gastronomie hat sich besonders der Regionalität und teilweise auch der Bioqualität verschrieben. Die Touristiker der Schwäbischen Alb haben inzwischen auch die Wohnmobilfahrer für sich entdeckt, an vielen Ecken entstehen neue Stellplätze. Es gibt auf der beschaulichen, mit viel ursprünglicher Natur durchzogenen Alb für Aktive wie Ruhesuchende von Jung bis Alt viel zu sehen und zu erleben.

Beuren

Unterhalb des 743 m hohen Hohenneuffen liegt der freundliche Erholungsort mit Heilquellenkurbetrieb. Aus 755 bzw. 381 m Tiefe sprudelt in der **Panorama Therme** (Am Thermalbad 5, www.panorama-therme.de) aus zwei Quellen Thermalwasser in sieben Becken mit 1000 m² Wasserfläche. In den Innen- und Außenbecken sorgen Wassertemperaturen von 24–40 °C für ideale Bedingungen.

Vom „Bauernschloss“ zum Tagelöhnerhaus, vom Weberhaus übers Rathaus zum Fotoatelier reicht die Bandbreite des **Freilichtmuseums Beuren** (In den Herbstwiesen, www.frei

TOUR RADTOUREN

Die 21 km lange „Bauern-&-Dichter“-Radtour führt von Nürtingen nach Beuren. (Man kann sie natürlich auch in umgekehrter Richtung befahren.) Thema ist dabei das bäuerliche Leben in Beuren und das Leben in der malerischen Altstadt von Nürtingen. Unter www.schwaebischealb.de/rad/schoenste-tagestouren ist diese und viele andere Radtouren auf der Alb beschrieben.

115 Panorama Therme, Beuren

GPS 48.56626, 9.39957

Separate Stellplätze beim Thermalbad in schöner, relativ ruhiger Lage am Ortsrand. Bäckerei, Supermarkt fußläufig. Ab 2022 ist ein größerer Neubau in Planung. **Lage/Anfahrt:** Thermalbad ausgeschildert, dann an den Parkplätzen vorbei und rechts in die Goethestraße fahren; **Platzanzahl:** 4; **Untergrund:** Asphalt; **Service:** Strom; **Preiskat.:** €; **Geöffnet:** ganzjährig; **Kontakt:** Goethestraße, 72660 Beuren

TOUR WANDERWEGE „HOCHGEHBERGE“

Hinter der Bezeichnung „Hochgehberge“ verbergen sich gut ausgeschilderte Premiumwanderungen. Das Profil der Tour „Hochgehnießen“ ist auf Naturgenuss, schöne Aussicht und Wellness ausgelegt. 6,7 km Länge und eine Höhendifferenz von 110 m sind die Eckpunkte der Strecke. Neben dem Freilichtmuseum Beuren, dem Bodenlehrpfad und dem Blumentobel-See sind der Hohenneuffen-Blick und die Aussicht bei der Umrundung des Engelbergs lohnenswert.

Eine weitere Wanderung der „Hochgehberge“-Touren ist der 9,5 km lange „Hochgehfestigt“-Weg, der an der Therme in Beuren beginnt. Durch Wiesen und Wälder, mit interessanten Ausblicken auf den Beurener Fels und zurück ins Tal steigt man über 350 m hinauf und kann oben einen Abstecher zur Burg machen (https://hochgehberge.de/touren).

Auf der Wanderung „Hochgehkeltert“ bietet sich dieser fantastische Ausblick

Die Landschaft bei Neuffen vom Hohenneuffen aus gesehen

lichtmuseum-beuren.de). Zusammengetragen aus Dörfern der Schwäbischen Alb und des mittleren Neckarraums, belebt durch allerlei „Viehzeug" und bepflanzt mit Gemüse, erlebt der Gast eine kurzweilige Zeitreise. App oder Audioguide beleben den Besuch mit Geschichten der ehemaligen Bewohner.

Neuffen

Nach der ersten urkundlichen Erwähnung im Jahr 1100 unter dem Namen Nifen erhielt Neuffen 1232 das Stadtrecht. Ihre Blütezeit hatte die Stadt vom 14. bis 16. Jh., bis 1634 kaiserliche Truppen durch Brandlegung beinahe die ganze Stadt zerstörten. Um 1700 fielen zwei Drittel der Bevölkerung der Pest zum Opfer.
Heute ist Neuffen ein nettes, kleines Städtchen mit über 6000 Einwohnern und einigen historischen Gebäuden wie dem adeligen Freisitz **Großes Haus** von 1270. Zur Erkundung folgt man am besten dem historischen Stadtrundgang (Download unter www.neuffen.de/tourismus-freizeit/downloads).
Die Geschichte der Stadt ist seit Alters her mit dem Weinbau verbunden, der Täleswein gehört seit 1239 zu Neuffen.

TOUR WANDERUNG „HOCHGEHKELTERT"

Die Hochgeh-Touren möchte man am liebsten alle abwandern. Diese mit der Bezeichnung „Hochgehkeltert" ist 7,2 km lang und es sind 344 m Höhenunterschied zu überwinden. Startpunkt ist der Wanderparkplatz Schelmenwasen in Neuffen. Man wandert durch das Naturschutzgebiet und die Weinberge (daher der Name) hinauf zur idyllischen Burgruine mit traumhafter Aussicht hinunter auf Neuffen und Beuren (https://hochgehberge.de/touren).

116 Schützenhaus, Neuffen

GPS 48.54714, 9.37085

Plätze in sehr schöner, sehr ruhiger Aussichtslage außerhalb des Ortes. Schützenhaus mit Biergarten am Platz.
Lage/Anfahrt: im Ort ausgeschildert; **Platzanzahl:** 16; **Untergrund:** Schotter; **Service:** Strom, Trinkwasser, Abwasser, Chemie-WC; **Preiskat.:** €; **Geöffnet:** ganzjährig; **Kontakt:** Schützenhausweg, 72639 Neuffen

Imposant thront die Festungsruine Hohenneuffen über dem Städtchen Neuffen

TIPP FESTUNGSRUINE HOHENNEUFFEN

Auf dem markanten Felsen in 743 m Höhe stand vermutlich bereits im 11. Jh. eine mittelalterliche Höhenburg. Die erste urkundliche Erwähnung stammt von 1198, als sie zum Besitz der Edelfreien von Neuffen gehörte. Aus diesem Geschlecht stammt der berühmte Minnesänger Gottfried von Neuffen. 1301 kam die Burg zum Hause Württemberg und wuchs unter Herzog Ullrich im 16. Jh. zu einer eindrucksvollen Festungsanlage mit drei Rundbastionen. Wie wehrhaft sie war, sieht man daran, dass sie niemals mit Waffengewalt eingenommen werden konnte. Allerdings gab 1519 und 1635 (Dreißigjähriger Krieg) die Festungsbesatzung der Burg nach langer Belagerung auf. Im 18. Jh. erfolgte unter Herzog Karl Alexander die letzte Erweiterung. Er wollte eine Festung nach französischem Vorbild, doch sein Tod beendete die Bautätigkeit. Die Burg verfiel, bis sie schließlich 1801 zum Abbruch freigegeben wurde. Bedeutungsvoll ist die Burg Hohenneuffen auch für die Geschichte des Landes Baden-Württemberg. Ursprünglich bestand das Land aus drei Teilen: Württemberg-Baden, Württemberg-Hohenzollern und Baden. 1948 lud Reinhold Maier, Regierungschef von Württemberg-Baden, zu einer Konferenz mit dem Ziel des Zusammenschlusses der Landesteile in die Burg. Geglückt ist dies vier Jahre später im Jahr 1952, als das Land Baden-Württemberg aus der Taufe gehoben wurde.

Heute ist die Burg mit dem Burgrestaurant ein sehr beliebtes Ziel für Ausflügler und Wanderer. Das Panorama von den frei zugänglichen Aussichtsterrassen auf das Vorland bis nach Stuttgart und auf der anderen Seite über die Schwäbische Alb ist grandios. Man kann auch Führungen auf dem Burggelände buchen (www.festungsruine-hohenneuffen.de). Ebenfalls auf der Burg zeigt Wolfgang Weller seine spektakuläre **Greifvogelflugschau** (www.falkner-wolfgang-weller.de).

Bad Urach

Bad Urach ist reich an Geschichte, war es doch zwischen 1441 und 1482 während der Teilung der Grafschaft Württemberg Residenzstadt des südlichen Teils. Graf Ludwig erhob das schon seit Ende des 14. Jh. bestehende Schloss zum **Residenzschloss** (Bismarckstraße 18, www.schloss-urach.de). Hier wurde ihm 1445 sein Sohn Eberhard V. geboren, später berühmt als Eberhard im Bart. Ihm gelang die Wiedervereinigung der beiden Landesteile 1482. Urach verlor seinen Status und war fortan Jagdschloss der württembergischen Herzöge. Beim Rundgang kommt man zur mit gotischem Kreuzrippengewölbe verzierten Türnitz (geheizte Hofstube) und zum Goldenen Saal, ein Renaissancesaal mit prunkvoller Ausstattung. Die weltweit größte **Sammlung barocker Prunkschlitten** präsentiert das Landesmuseum ebenfalls im Uracher Schloss.

Das außerordentlich reizende **Fachwerkstädtchen** entdeckt man auf den beiden mit Infotafeln versehenen **Residenzrundwegen.** Sehenswert ist besonders der große Marktplatz mit dem spätgotischen Brunnen (1495), gespendet von Graf Eberhard im Bart anlässlich seiner Erhebung in den Reichsfürstenstand. Im Mittelpunkt steht das Rathaus von 1440, sein heutiges Aussehen stammt von 1562 und 1907.

Sechs Becken speist das 32° bis 38 °C warme Quellwasser aus 770 m Tiefe in den **Alb-Thermen** (Immanuel-Kant-Str. 29, albthermen.de). 3000 m^2 groß ist die Saunawelt mit Panoramasicht. Die Auswahl reicht vom Dampfbad bis zur finnischen Sauna.

TOUR FAHRRADTOUR VORDERER ALB-RADWEG

Startpunkt der 51,7 km langen Rundtour ist Bad Urach. Der Markierung R14 folgend, führt die Strecke mit 717 m Höhendifferenz in stetigem Auf und Ab über die Hochfläche der Uracher Alb und das flache Ermstal (www.tourismus-bw.de/touren/bb883e8183).

Das reizvolle Fachwerkstädtchen Bad Urach liegt im UNESCO-Biosphärenreservat

Wie das Wasser vom **Uracher Wasserfall** 37 m im freien Fall über die Tuffsteinkante in die Tiefe stürzt, kann man nach einer kurzen Wanderung bestaunen. Über steile Stufen immer wieder mit neuen Perspektiven auf den wohl schönsten Wasserfall der Schwäbischen Alb, erklimmt man die Brücke auf der Hochwiese.

Touristeninformation, Bei den Thermen 4, www.badurach-tourismus.de

117 AlbThermen, Bad Urach

GPS 48.500504, 9.377302

Separate Plätze in schöner Lage bei der Therme. Tagsüber ist die Straße etwas laut, wenig Schatten, ins Zentrum 2 km, Parkplatz Wasserfälle 700 m, Anbindung an öffentlichen Verkehr. **Lage/Anfahrt:** Richtung Therme, dann ausgeschildert; **Platzanzahl:** 26; **Untergrund:** Pflaster; **Service:** Strom, Trinkwasser, Abwasser, Chemie-WC, WLAN; **Preiskat.:** €€; **Geöffnet:** ganzjährig; **Kontakt:** Bäderstraße, 72574 Bad Urach, Tel. 07125 94320, www.badurach-tourismus.de

Eine typische Kalkmagerwiese auf der Schwäbischen Alb

INFO BIOSPHÄRENGEBIET SCHWÄBISCHE ALB

Auf 85.269 Hektar Fläche zwischen Weilheim/Teck im Norden, Zwiefalten im Süden, Schelklingen im Osten und Reutlingen im Westen erstreckt sich das 2009 von der UNESCO anerkannte Biosphärengebiet Schwäbische Alb. Es dient dem Schutz und der Bewahrung dieser einzigartigen Kulturlandschaft mit landschaftsprägenden Streuobstwiesen im Albvorland, den Hang- und Schluchtwelten am Albtrauf und den artenreichen, weitläufigen Wachholderheiden auf der Hochfläche. 18 Kommunen haben das Gebiet mit ausgezeichneten Premiumwanderwegen wie den „Hochgeh"-Wegen erschlossen.
Informationen zu Geologie, Landschaft, Flora und Fauna gibt es in den Info-Zentren in Münsingen, Bad Urach, Beuren, Schertelshöhle u. v. a. m.

118 Campingplatz Pfählhof, Bad Urach

GPS 48.50370, 9.42438

Familiär geführter Platz in schöner, ruhiger Lage, Gasthof, Brötchenservice, ins Zentrum 2,6 km, Wasserfall 4 km. Guter Startpunkt für Radtouren und Wanderungen. **Lage/Anfahrt:** in Urach ausgeschildert; **Platzanzahl:** 335; **Untergrund:** Wiese; **Service:** Strom, Trinkwasser, Abwasser, Chemie-WC, WLAN; **Preiskat.:** €€€; **Geöffnet:** Mitte Feb.–Anf. Januar; **Kontakt:** Pfählhof 1, 72574 Bad Urach, Tel. 07125 8098, pfaehlhof.de

Münsingen

Zwischen den sanften Kuppen der „rauen" Alb haben bereits im 7. Jh. Menschen gesiedelt. Aufwertung erfuhr Münsingen 1339 mit der Verleihung der Stadtrechte, im 15. Jh. mit Baumaßnahmen zur Vergrößerung von Schloss und Kirche und als der Ort, an dem 1482 der Münsinger Vertrag, der zur Wiedervereinigung Württembergs führte, unterzeichnet wurde.

Bei der Touristeninformation gibt es einen interessanten geschichtlichen Rundgang zu den Sehenswürdigkeiten wie dem Markplatz, dem Alten Rathaus, der ehemaligen Stadtburg und einem Teil der alten Stadtmauer.

Ein weiteres einschneidendes Datum ist das Jahr 1895, in dem ein **Truppenübungsplatz** für das Königlich Württembergische Armeekorps im Münsinger Hardt angelegt wurde.

TOUR WANDERUNG ZUR RUINE HOHENURACH

Das Wahrzeichen der Stadt, die Ruine Hohenurach, erreicht man auf dem 7,6 km langen Hohenurach-Steig vom P&R-Parkplatz am Bahnhof Bad Urach aus. Der Premiumweg steigt zunächst zügig hinauf zum Hanner Felsen, der einen einzigartigen Ausblick auf Stadt und Landschaft bietet (www.badurach-tourismus.de/media/touren/hohenurachsteig).

Bis 2005 wurde das 6700 Hektar große Gebiet zunächst von der Wehrmacht, später von französischen Truppen und schließlich der Bundeswehr militärisch genutzt und lediglich von Schafen beweidet. Seitdem das Militär das Gelände aufgegeben hat, kann man die wunderschöne Natur auf mehreren Rad- und Wanderwegen erkunden. Eine besonders interessante kurze Tour (hin und zurück 4 km) führt vom Wanderparkplatz Trailfinger Säge (GPS 48.43571, 9.550889) ausgeschildert über das Gelände des Truppenübungsplatzes zum aufgelassenen Dorf Gruorn. 1937 hatten die

Das Alte Lager in Münsingen

⑪⑨ Wiesentalstation, Münsingen

GPS 48.40955, 9.48629

Separate Plätze in schöner, ruhiger Ortsrandlage. Viele Wanderwege in der Nähe. **Lage/Anfahrt:** im Ort ausgeschildert; **Untergrund:** Schotter; **Service:** Strom, Trinkwasser, Abwasser, Chemie-WC; **Preiskat.:** €€; **Geöffnet:** ganzjährig; **Kontakt:** Grafenecker Straße, 72525 Münsingen

Bewohner nur zwei Jahre Zeit, um ihr Dorf wegen einer geplanten Übungsplatzerweiterung zu räumen. Die Kirche, der Friedhof, das Schulhaus mit Museum und einige Grundmauern erinnern noch heute an Gruorn. In der Gastwirtschaft wird man von Ostern bis Allerheiligen bewirtet.

Auf etwa 400 m² informiert das **Biosphärenzentrum** (Biosphärenallee 2–4, www.biosphaerenzentrum-alb.de) über die Besonderheiten der Region. Direkt dahinter befindet sich das **Alte Lager,** eine unter Denkmalschutz stehende ehemalige Truppenunterkunft. Interessante Manufakturen mit regionalen Wollwaren, Schokolade, Kaffee u. v. m. sowie die einladende Restauration Albgut (www.albgut.de) haben inzwischen die Gebäude eingenommen.

Touristik Münsingen, Hauptstraße 13, www.muensingen.com

TOUR E-BIKE-TOUREN

Die Stadt Münsingen hat auf ihrer Website einige sehr schöne E-Bike-Touren von unterschiedlicher Länge und Schwierigkeit aufgeführt. Auf ihnen kann man ganz umweltbewusst die Region auf dem Drahtesel erkunden (www.muensingen.com/aktivitaeten/e-bike-und-radfahren/e-bike-touren).

Da ist zum Beispiel die 62,4 km lange Tour 4. Die Sehenswürdigkeiten entlang des Wegs sind die **Burgen im Großen Lautertal,** die **Wimsener Höhle** (die einzige Höhle Deutschlands, die mit dem Boot befahren wird), das **Bauernmuseum** in Ödenwaldstetten und das **Haupt- und Landesgestüt Marbach.**

Die Tour 1 heißt **Gestütshof und Rutschenfelsen** und ist mit 45,3 km Länge und 633 m Höhendifferenz etwas kürzer. Auf ihr rollt man zum Aussichtspunkt Rutschenfelsen, zum Gestüt St. Johann und zum Aussichtspunkt Birkenhof. Für die Pause unterwegs wurde der Grillplatz Schwende angelegt.

Die Tour 2 hat die Bezeichnung **Märchenschloss Lichtenstein** und ist mit 60,4 km Länge und einer Höhendifferenz von 684 m als mittelschwer einzustufen. Bei der Rundfahrt durchs Große Lautertal, vorbei am Schloss Grafeneck und dem Haupt- und Landesgestüt Marbach ist das Wahrzeichen der Alb, Schloss Lichtenstein, das Ziel.

TOUR **WANDERUNG „HOCHGEHHÜTET“**

Die leichte Tour von nur 4,5 km Länge und einer geringen Höhendifferenz von 83 m zeigt unterwegs viel Landschaft rund um das Naturreservat Beutenlay (https://hochgehberge.de/touren).

In der **Fladhofbrennerei Wickies Schnapslädle** gibt es Außergewöhnliches wie Haferwhisky und Dinkelkorn sowie andere Schnäpse und Liköre aus eigener Herstellung, produziert ausschließlich aus eigenen landwirtschaftlichen Produkten (Fladhof 2, www.fladhof.de).

120 Camping Hofgut Hopfenburg, Münsingen

GPS 48.40287, 9.50564

Platz in sehr schöner, relativ ruhiger Lage bei einem Bauernhof mit Hofladen, Frühstück buchbar, ins Zentrum 1,5 km. Sehr beliebt bei Familien, Spielplatz, Streichelzoo mit Eseln. **Lage/Anfahrt:** an der B465 Richtung Ehingen ausgeschildert; **Platzanzahl:** 60; **Untergrund:** Wiese; **Service:** Strom, Trinkwasser, Abwasser, Chemie-WC; **Preiskat.:** €€€; **Geöffnet:** ganzjährig, im Winter telefonische Anmeldung; **Kontakt:** Hopfenburg 12, 72525 Münsingen, Tel. 07381 93119311, www.hofgut-hopfenburg.de

121 Womo-Stellplatz Gruorn, Münsingen

GPS 48.43383, 9.50306

Ein Platz, der durch seine Lage am Rand des Biosphärenreservats punktet, ideal für Touren auf dem ehemaligen Truppenübungsplatz. Brötchenservice. **Lage/Anfahrt:** im Teilort Trailfingen Richtung Wanderparkplatz, dann ausgeschildert; **Platzanzahl:** 14; **Untergrund:** Schotter; **Service:** Strom, Trinkwasser, Abwasser, Chemie-WC, WLAN; **Preiskat.:** €€; **Geöffnet:** ganzjährig; **Kontakt:** Tragolfstraße 59, 72525 Münsingen, Tel. 01626 280023, www.womo-stellplatz-trailfingen-gruorn.de

INFO UNESCO-WELTERBE ALTSTEINZEITLICHE HÖHLEN UND EISZEITKUNST

Die Steinzeit ist die früheste Epoche der Menschheit. Sie begann vor ca. 2,5 Millionen Jahren und endete vor ungefähr 4000 Jahren. Die früheste Spanne ist die Altsteinzeit (Palöolithikum), aus der zahlreiche Höhlenfunde der Schwäbischen Alb stammen, die Hauptfundstellen sind im Lonetal und im Ach- und Blautal.

In strategisch günstigen Höhlen lebten zunächst die Neandertaler (vor 120.000 Jahren) und später der vor 40.000 Jahren während einer Eiszeit aus Afrika über den Balkan eingewanderte Homo sapiens (anatomisch moderner Mensch).

Die Höhlen dienten unseren Vorfahren als gut belüftetes, geschütztes Winter- und Frühlingsquartier. Im Sommer und Herbst ging es mit Zelten in die Talauen um dort auf der Mammutsteppe Riesenhirsche, Moschusochsen, Rentiere, Bisons und Wildpferde zu jagen. Die ältesten Kunstwerke und Musikinstrumente der Menschheit entstanden hier in den Höhlen. Ganz typisch für die Figuren des schwäbischen Aurignaciens (Zeit der ersten Kultur, die figürliche Kunstwerke schuf) sind die mit Steinwerkzeugen eingeritzten Muster aus gekreuzten Linien und Punktreihen. Menschen wurden meist als Mischwesen aus Mensch und Tier dargestellt. Tierfiguren stellen große, eindrucksvolle oder schnelle, gefährliche Tiere dar.

Im Jahr 2007 erhielten die sechs Höhlen Geißenklösterle, Sirgenstein, Hohle Fels im Achtal sowie Bockstein, Hohlenstein und Vogelherd im Lonetal den Status eines UNESCO-Welterbes.

Sensationeller Steinzeitfund: die Venus vom Hohle Fels

Hohle Fels

Die größte Hallenhöhle der Schwäbischen Alb ist der Hohle Fels im Achtal bei Schelklingen. Hier fanden 1958 auf Initiative einer Heimatforscherin die ersten archäologischen Grabungen statt. 2008 war dann die Sensation komplett, als Mitarbeiter der Uni Tübingen hier eine geschnitzte Figur aus Mammut-Elfenbein fanden. Es ist die älteste figürliche Darstellung eines Menschen. Die „Venus vom Hohle Fels“ genannte Figur ist 59,7 mm lang, 34,6 mm breit, 31,3 mm dick und wiegt 33,3 g. Ihr Alter wird auf 35.000–40.000 Jahre datiert. Es ist schon ein erhabenes Gefühl, wenn man als moderner Mensch die riesige Höhle betritt und sich vergegenwärtigt, dass man hier auf den Spuren der Steinzeitmenschen wandelt. (Parken GPS 48.37943, 9.75251, www.museum-schelklingen.de)

Der Hohle Fels – Schatzkammer der Altsteinzeit

Blaubeuren

Blautopf, Benediktinerkloster, historische Altstadt, schöner Wohnmobilstellplatz, herrliche Wanderwege und seit 2017 mit den eiszeitlichen Fundhöhlen sogar Teil des UNESCO-Welterbes: Blaubeuren kann sich wahrlich sehen lassen.

1085 als romanisches **Kloster** gegründet und von Benediktinermönchen zwischen 1466 und 1510 als spätgotische Anlage neu erbaut, fand nach der Reformation hier ein evangelisch-theologisches Seminar seine Heimat. Sehenswert sind der Kreuzgang, das Badehaus, der Festsaal mit Seccomalerei, das Chorgestühl von 1493 und der doppelflügelige, spätgotische Wandaltar.

Gleich dahinter im felsigen Talkessel liegt der sagenumwobene **Blautopf.** Die Karstquelle mit ihrem trichterförmigen Quelltopf beeindruckt mit ihrer tiefblauen Farbe. Durch ihre 22 m Tiefe werden alle Spektralfarben bis auf blau resorbiert.

Das 1267 erstmals erwähnte Städtchen hat einen gut erhaltenen, malerischen Altstadtkern. Viele mittelalterliche Fachwerkhäuser, ehemalige Adelssitze, die gotische Stadtkirche Peter und Paul und das ehemalige Heilig-Geist-Spital zeugen vom Aufschwung durch das Kloster und der Lage an der alten Handelsroute.

Einmalige Schätze der Menschheitsgeschichte zeigt das **Urgeschichtliche Museum URMU** im Heilig-Geist-Spital. Eingebettet in das ganz besondere Ambiente dieses Gebäudes von

1420 und gekonnt informativ präsentiert, vermittelt das Museum die Welt des schwäbischen Aurignaciens. Die aus Mammutelfenbein gefertigte Venus vom Hohle Fels ist die älteste figürliche Darstellung eines Menschen. Dieser Sensationsfund mit üppigen Brüsten, breiten Schultern und gut sichtbarer Vulva wurde vermutlich als Amulett oder Schmuckstück getra-

122 Dodelweg, Blaubeuren

GPS 48.41507, 9.79083

Separate Stellplätze bei Sportstätten und Freibad, schöne, ruhige Lage, Schatten, zentrumsnah, Fahrzeuge bis 11 m Länge. Eintritt ins Bad inkl. **Lage/Anfahrt:** im Ort ausgeschildert; **Platzanzahl:** 16, +4 ohne Strom; **Untergrund:** Pflaster; **Service:** Strom, Trinkwasser, Abwasser, Chemie-WC, WLAN; **Preiskat.:** €€; **Geöffnet:** ganzjährig; **Kontakt:** Dodelweg 20, 89143 Blaubeuren, www.tw-blaubeuren.de

Der sagenumwobene Blautopf

INFO DER BLAUTOPF

Einstmals ein Wasserfall im Tal der Urdonau, wurde dieser vor 150.000 Jahren verschüttet und eine unterirdische Quelle mit einem Ausstoß von ca. 2300 l/Sek. (bei Hochwasser bis zu 32.000 l/Sek.) entstand. Der geheimnisvolle Topf war unerschöpflicher Quell für Märchen und Mythen. So schrieb Eduard Mörike die romantische „Historie von der schönen Lau", in der eine Nixe mithilfe der Blaubeurer Frauen das Lachen wieder erlernt.

Die Erforschung des Blautopfes begann 1957, als zwei Taucher bis zum 22 m tiefen Grund hinabtauchten. 1985 entdeckte Jochen Hasenmayer im Labyrinth hinter dem Blautopf eine riesige, luftgefüllte Halle, den Mörikedom. Inzwischen sind 1700 m des weitläufigen Höhlensystems vermessen und ein trockener Zugang, der „Stairway to Heaven", gebohrt.

Es sind Planungen im Gange, daraus eine Schauhöhle zu machen.

gen. Drei Flöten aus Schwanenflügelknochen, Mammutelfenbein und Gänsegeierknochen aus dem Geißenklösterle sind wohl die ältesten Musikinstrumente der Welt.

Tourist-Info, Kirchplatz 10, www.blaubeuren.de

TOUR WANDERUNG BLAUBEURER FELSENSTEIG

Alle Natursehenswürdigkeiten von Blaubeuren auf einer Wanderung zu erleben, ist auf dem 10,4 km langen Blaubeurer Felsensteig möglich. Er startet am sagenumwobenen Blautopf und nimmt dann zügig den Blaufels mit seinem herrlichen Aussichtspunkt in Angriff. Die Ruinen Rusenschloss und Günzelburg sowie das Felsenlabyrinth liegen ebenfalls entlang der Strecke mit 440 m Höhendifferenz (www.schwaebischealb.de/touren/alb-donau-kreis-eiszeitpfad-blaubeurer-felsenstieg).

INFO DIE KARSTHÖHLEN AUF DER SCHWÄBISCHEN ALB

Die Schwäbische Alb gehört zu den niederschlagsreichsten Regionen von Baden-Württemberg. Trotzdem sieht man nur wenige Bäche und Flüsse. Der Grund dafür liegt in der Landschaftsverkarstung (40 % der Landfläche). Das Niederschlagswasser versickert schnell in den Untergrund und fließt in unterirdische Höhlensysteme ab. Das kohlensäurehaltige Regenwasser löst den Kalk durch Korrosion aus dem Gestein und lässt so unterirdische Höhlensysteme entstehen. Das darin gesammelte Wasser tritt durch Quellen und Quelltöpfe wieder an die Oberfläche und der ausgelöste Kalk setzt sich als schimmernder Sinderbelag und faszinierende Tropfsteine in den Höhlen ab. Mehr als 2000 Höhlen sind im weißen Jura auf der Schwäbischen Alb bekannt, viele sind bis heute noch unerforscht und dienen den Fledermäusen als Winterquartier.

Es gibt nichts Schöneres, als die Alb zu erwandern und immer wieder das traumhafte Panorama zu genießen

Laichinger Tiefenhöhle

Als einzig begehbare Schachthöhle in Deutschland bringt es die Laichinger Tiefenhöhle auf eine Tiefe von 87 m und eine Länge von 1348 m. Für Besucher sind 330 m bis zu einer Tiefe von 55 m erschlossen. Man fühlt sich beinahe wie ein echter Höhlenforscher, wenn man durch schmale, natürlich entstandene Gänge und über steile Eisentreppen bis zur großen und kleinen Halle hinabsteigt. Immer wieder bieten sich faszinierende Ausblicke während des außergewöhnlichen Rundgangs.

1892 entdeckte Johann Georg Mack beim Schürfen nach Dolomitsand den Zugang zur Höhle. Forscher haben mit markiertem Wasser bewiesen, dass das Wasser aus Laichingen bis zum Blautopf fließt. Es braucht für die Strecke von 10 km 70 Stunden.

Ein angegliedertes kleines Museum erläutert die Höhlenforschungstätigkeit in der Region (www.tiefenhoehle.de).

Tief und steil hinunter geht es beim Höhlenrundgang in Laichingen

Schertelshöhle

Zunächst geht es über Treppen durch das „Kuhloch“ 24 m tief hinab. Prächtige Tropfsteine und schimmernde Sinterbildungen säumen den 212 m langen Weg durch zwei Gänge der Höhle. In der Schertelshöhle finden Fledermäuse ein gutes Winterquartier, deshalb ist sie in dieser Zeit für Besucher geschlossen.

An der **Infostelle des Biosphärengebiets** (Im Gwann 1, www.schertelshoehle.de) erfährt man vor dem Eingang alles über die Höhlenentstehung, Lebewesen in der Höhle, Höhlenfunde und Höhlenschutz.

123 Campingplatz Heidehof, Laichingen-Machtolsheim

GPS 48.47754, 9.74478

Großer Platz in schöner, ruhiger Lage, Pool, Restaurant. **Lage/Anfahrt:** in Laichingen ausgeschildet; **Platzanzahl:** 150; **Untergrund:** Schotterrasen; **Service:** Strom, Trinkwasser, Abwasser, Chemie-WC, WLAN; **Preiskat.:** €€€; **Geöffnet:** ganzjährig; **Kontakt:** Heidehofstraße 50, 89150 Laichingen-Machtolsheim, Tel. 07333 6408, www.camping-heidehof.de

Gaby Gölz

Am Nordufer des Bodensees

Der Bodensee ist nicht umsonst eine der beliebtesten Ferienregionen Deutschlands. Die Mixtur aus abwechslungsreicher Landschaft, mildem Klima, grandiosem Alpenpanorama, kulturhistorischen Sehenswürdigkeiten von Weltrang, sportlichen Betätigungsmöglichkeiten an Land und zu Wasser, kulinarischen Raffinessen, familienfreundlichen Freizeitangeboten und einer guten Infrastruktur für Wohnmobilreisende machen den Bodensee zu einem Reiseziel erster Güte. In dieser Region lässt sich nahe beieinander fast alles erleben, was einen perfekten Urlaub ausmacht: Schwimmen, Surfen, Kiten oder SUP, Ausflugsfahrten mit den Bodenseeschiffen, Bummel durch romantische Altstadtgassen und Ausflüge auf die Blumeninsel Mainau, zum Schloss Salem oder zum Weltkulturerbe Pfahlbautenmuseum. Aktive ra-

TOUREN-ÜBERBLICK

Routenempfehlung: Überlingen – Birnau – Unteruhldingen-Mühlhofen – Salem – Meersburg
Länge gesamt: ca. 35 km
Dauer: ca. 4–5 Tage
Reisezeit: Frühjahr bis Herbst

deln rund um den See und ins hügelige Hinterland oder wandern auf den ausgeschilderten Routen. Wenn im Sommer die Sonne kräftig scheint, bringen die Strandbäder Erfrischung, in der kühleren Jahreszeit verwöhnt die wohltuende Wärme in den Thermen von Überlingen und Meersburg. Die Lebensmittelpalette mit Obst und Gemüse aus regionalem Anbau, dem einzigartigen Bodenseefisch Felchen und den ausgezeichneten Weinen spiegelt sich auf den Speisekarten der Restaurants wider. Eine Region, um runterzukommen, sich wohlzufühlen, zu genießen und zu erleben.

Überlingen

Auf eine lange und stolze Geschichte blickt Überlingen am Bodensee zurück. Unter dem Namen „Iburinga villa publica" erstmals urkundlich erwähnt, wurde es Ende des 13. Jahrhunderts Freie Reichsstadt. Zu Wohlstand gelangte die Stadt durch regen Wein- und Getreidehandel. Zu ihrem Schutz wurde eine Stadtbefestigung errichtet, die im Dreißigjährigen Krieg 1632 und 1634 sogar den Angriffen der Schweden standhielt. Teile dieser Befestigungsanlagen sind, wie das spätgotische **Franziskanertor** (1494), heute noch im Stadtbild sichtbar.

Das historische Zentrum wird vom gotischen **Nikolaus-Münster** mit dem hochaufragenden Turm mit achteckiger Haube beherrscht. Die fünfschiffige Säulenbasilika verbirgt hinter einer Chorschranke den in nur drei Jahren von Jörg Zürn gearbeiteten Hochaltar aus Lindenholz. Das 1616 geweihte Meisterwerk gilt als der kunsthistorisch bedeutendste Altar im süddeutschen Raum.

Zum See hin zeigt Überlingen seine schönste Seite

An der **Hofstatt** steht das im italienischen Renaissancestil mit Rustika-Quadern verblendete **Rathaus.** Es besitzt einen spätgotischen, holzvertäfelten Ratssaal mit umlaufendem Arkadenfries, der mit 41 Statuen die Stände des Heiligen Römischen Reiches Deutscher Nation darstellt. Dieses einzigartige Kunstwerk hat der Ravensburger Bildhauer Jakob Russ im späten 15. Jh. geschaffen. Der angrenzende respektable **Pfennigturm** von 1513, die ehemalige Münze, wurde kurzerhand in das Ratsgebäude integriert.

Der 1462 ebenfalls mit Rustika-Quadern nach Florentiner Vorbild errichtete Patrizierpalast **Reichlin-von-Meldegg-Haus** (Reichlin-von-Meldegg-Straße, www.museum-ueberlingen.de) ist heute städtisches Museum. In dem für den Arzt und Humanisten erbauten Palast werden Objekte zur Stadt- und Regionalgeschichte und Kunstwerke aus dem Bodenseeraum gezeigt.

An der Seepromenade, der längsten Promenade am Bodensee, steht die **Greth,** in der in reichsstädtischer Zeit Getreide gelagert und Handel getrieben wurde. Durch die drei Tore

TIPP MIT DEM SCHIFF ZUR BLUMENINSEL MAINAU

Die **CMS Schifffahrt** (www.bodenseeschiff.de) schippert von Überlingen täglich zur **Insel Mainau.** Von Friedrich I. Großherzog von Baden (1826–1907) als Park auf der Mainau gegründet und von seinem Urenkel Lennart Graf Bernadotte und seiner Frau Sonja weiterentwickelt, ist das Blumenparadies Insel Mainau mit 1,2 Mio. Besuchern pro Jahr die größte Attraktion am Bodensee. Auf dem 45 Hektar großen Eiland wechselt die üppige, farbenfrohe Blütenpracht mit den Jahreszeiten und selbst im Winter gibt es viel zu sehen. Kinder fühlen sich auf dem Bauernhof mit Streichelzoo, beim Ponyreiten und auf dem Abenteuerspielplatz mit Wasserwelt wohl (www.mainau.de).

Die Blumen auf der Insel Mainau: ein Füllhorn voller Farben und Düfte

124 Reisemobilhafen, Überlingen

GPS 47.77602, 9.14841

Separater Teil des Park-and-Ride-Platzes in schöner, relativ ruhiger Lage (Straße), Shuttlebus ins Zentrum, Supermarkt angrenzend. **Lage/Anfahrt:** Ausfahrt Überlingen-Aufkirch, weiter Richtung Krankenhaus, dann P+R-Platz hinterer Teil; **Platzanzahl:** 42; **Untergrund:** Schotter; **Service:** Strom, Trinkwasser, Abwasser, Chemie-WC; **Preiskat.:** €€; **Geöffnet:** ganzjährig; **Kontakt:** Kurt-Hahn-Straße, 88662

direkt am Wasser wurden die Waren ins Gebäude gebracht. Ihr heutiges klassizistisches Aussehen bekam die Greth 1788. In den Cafés und Restaurants mit Außenbestuhlung sitzen Touristen und Überlinger, relaxen und genießen den wundervollen Seeblick.

Der **Brunnen von Peter Lenk** stellt den Schriftsteller Martin Walser auf einer alten Schindmähre als Bodenseereiter dar. Dieses Werk hat, wie bei Lenk üblich, zu heftigen Diskussionen angeregt.

Die **Landesgartenschau 2021** eröffnete Überlingen die Möglichkeit, Grünanlagen wie den Uferpark sowie die Villen-, Rosenobel-, Menzinger- und die Museumsgärten neu zu gestalten und über die Schau hinaus als grüne Oasen für die Allgemeinheit aufzuwerten.

Die **Bodenseetherme** (Bahnhofstr. 27, www.bodensee-therme.de) ist nicht nur für Ruhe- und Erholungssuchende die richtige Adresse, auch Familien mit Kindern finden mit der Reifenrutsche und dem Kinderbereich im vorderen Teil ideale Bedingungen vor. Weit reicht der Blick vom Thermalbecken, aus der Sauna und den Ruheräumen auf den See, die Mainau und die Alpenkette.

TOUR AUSSICHTSWANDERUNG ÜBER DIE HÖHEN NACH HÖDINGEN UND GOLDBACH

Die Panoramaroute von 6,9 km Länge startet direkt am Reisemobilhafen Überlingen. Die mittelschwere Runde bietet spektakuläre Ausblicke, die Natur des Spetzgarter Tobels, passiert die Wallfahrtskirche St. Bartolomäus in Hödingen und die Gletschermühle. Zur Einkehr bietet sich das Hofcafé Vogler (Brunnenstraße 14, https://hofcafe-vogler.de) an (www.ueberlingen-bodensee.de/aussichtsrunde-ueber-die-hoehen-nach-hoedingen-und-goldbach).

Tourist-Information, Landungsplatz 3–5, www.ueberlingen-bodensee.de

Entspannung pur: Radeln am Bodensee

TOUR KULINARISCHE RADTOUR ÜBERLINGEN

Die Radtour mit 36 km Gesamtlänge startet in Überlingen und führt über Uhldingen, Salem und Lippertsreute zurück nach Überlingen. Damit sie zu einem genussvollen Erlebnis wird, kann die Tour als 4-Gänge-Menü gebucht werden. Unterwegs bieten die vier Einkehrmöglichkeiten Vinogreth, Uhldinger Fischtheke, Gasthof Fachwerk 1 und Landgasthof Keller jeweils einen Gang an (www.echt-bodensee.de/erleben/rad fahren/kulinarische-radtour).

125 Camping Brändle-Köhne, Überlingen

GPS 47.74718, 9.21089

Kleiner, familiärer Platz in schöner, ruhiger Lage am See, nach Überlingen 5 km, Hunde nach Absprache. **Lage/Anfahrt:** B31 ausgeschildert; **Platzanzahl:** 50; **Untergrund:** Rasen; **Service:** Strom, Trinkwasser, Abwasser, Chemie-WC; **Preiskat.:** €€€; **Geöffnet:** April–Anf. Okt.; **Kontakt:** Untermaurach 4, 88662 Überlingen Nußdorf, 075518328888, www.untermaurach.de

Wallfahrtskirche Birnau

Vermutlich seit dem Frühmittelalter stand einige Kilometer von der heutigen Kirche entfernt eine Wallfahrtskapelle der Reichsabtei Salem. Ziel der Pilger war das wundertätige Mariengnadenbild von 1420. Nach heftigen Auseinandersetzungen zwischen der Stadt Überlingen und dem Abt wurden die alten Gebäude abgerissen und an heutiger Stelle die **Wallfahrtskirche Birnau** (Birnau-Maurach 5, www.birnau.de) erbaut. Zwischen 1747 und 1750 entfachten der Architekt Peter Thumb

126 Camping Maurach, Birnau

GPS 47.74104, 9.22631

Familiärer, kinderfreundlicher Platz in sehr schöner, ruhiger Lage, eigener Strand, Kinderspiel- und Sportplatz. Pfahlbauten 2,2 km, Restaurant, Bäcker in der Nähe. **Lage/Anfahrt:** ausgeschildert; **Platzanzahl:** 188; **Untergrund:** Wiese; **Service:** Strom, Trinkwasser, Abwasser, Chemie-WC, WLAN; **Preiskat.:** €€€–€€€€; **Geöffnet:** Mitte März–Ende Okt.; **Kontakt:** 88690 Uhldingen-Mühlhofen; Tel. 07556 6699, www.birnau-maurach.de

und der Stuckateur Joseph Anton Feuchtmayer mit dem Neubau ein wahres Feuerwerk barocker Baukunst. Gottfried Bernhard Goetz malte die prächtigen Deckengemälde und Fresken. Das Gesamtkunstwerk Birnau schwebt nahezu über der **Mauracher Bucht,** eingebettet zwischen Obstbäumen und Weinbergen. Von der breiten Aussichtsterrasse schweift der Blick über den See bis hin zu den Schweizer Alpen. Der Rausch in Gold und Weiß, die Putten, die Deckengemälde, die feinen Stuckarbeiten und das faszinierende Farben- und Lichtspiel im Innern lässt sich auf einen Blick kaum erfassen. Das spätgotische Gnadenbild zeigt eine sitzende Madonna mit Krone und Christuskind mit Kreuz auf dem Schoß. Im Deckengemälde des Langhauses hat sich Gottfried Bernhard Goetz als Pilger mit verbundenem Bein verewigt. Einen besonderen Akzent setzte Feuchtmayer mit dem Honigschlecker, einem Putto, der sich die mit Honig beschmierten Finger leckt.

Ein Meisterwerk barocker Baukunst: die Wallfahrtskirche Birnau

Uhldingen-Mühlhofen

Der Hauptanziehungspunkt der Region ist das idyllisch an einem Naturschutzgebiet gelegene **Pfahlbautenmuseum** (Strandpromenade 6, www.pfahlbauten.de). Zwischen der Stein- und der Eisenzeit entstanden an Seen und in Sümpfen Holzbauten auf Pfählen. Diese Bauweise schützte die Bewohner vor Hochwasser, Raubtieren und Feinden. Bereits 1922 rekonstruierte man in Unteruhldingen zwei Pfahlbauten, inzwischen sind es 23 Gebäude im ältesten Freiluftmuseum Deutschlands. Grundlage waren die hier im Schlamm unter Sauerstoffabschluss konservierten Funde.

Über aus Holzplanken und Baumstämmen gefertigte Stege geht es auf eine Zeitreise von der Stein- bis zur Bronzezeit. Das Bronzedorf Buchau (1050–850 v. Chr.) besteht aus den Häusern des Töpfers, des Bronzegießers, des Hirten und des Dorfoberhaupts. In die späte Bronzezeit (975–850 v. Chr.) taucht man in fünf rekonstruierten Häusern der Siedlung Unteruhldingen ein. Noch 3000 Jahre weiter zurück geht es im Steinzeitdorf Sipplingen. Lebensecht nachgestellte Szenen veranschaulichen das Leben in dieser Zeit. Die UNESCO-Welterbestätte ist unterhaltsam und informativ für Jung und Alt.

Im **Reptilienhaus** (Ehbachstr. 4, www.reptilienhaus.com) sind Reptilien in Terrarien mit authentisch eingerichteten Lebensräumen zu bewundern. Beeindruckend und für viele Gäste eine Reise zurück in die Kindheit ist der Besuch des **Auto- & Traktormuseums** (Gebhardsweiler 1, https://autoundtraktor.museum). So manchem älteren Besucher entschlüpft: „Oh, so etwas haben wir in meiner Kindheit auch gehabt!“ Denn das Museum zeigt auf 10.000 m² neben alten Fahrzeugen auch eine umfassende Sammlung von Blechspielzeug, Bügeleisen, Küchenwerkzeugen,

TOUR RADTOUREN AM BODENSEE

Eine große Tourenauswahl mit verschiedenen Längen und Schwierigkeitsgraden findet man unter www.bodenseetouren.de, z. B. eine Radtour um den Überlinger See, die man gut von Uhldingen aus starten kann.

Über den Steg spaziert man mehr als 3000 Jahre in die Vergangenheit

Schloss Salem hat eine wechselvolle Geschichte

Kaffeemühlen, Petroleumlampen, Tierfallen, Kettensägen, Geräte für die Milchwirtschaft, Handbohrmaschinen und Lötlampen. Aus der Sammlung Fritz B. Busch (1922–2010), einem bekannten Autotester und Journalisten, stammen unter anderem ein Jaguar E von 1961, ein Ford T Touring von 1926 und ein Fiat 501 von 1921.

Tourist-Information, Ehbachstraße 1, www.seeferien.com

Ein Besuch auf dem Affenberg ist ein großes Vergnügen für Jung und Alt

Salem

Eine der zwei Attraktionen von Salem ist der **Affenberg** (Mendlishauser Hof, www.affenberg-salem.de). In einem ca. 20 Hektar großen Waldgebiet leben an die 200 Berberaffen fast wie in freier Wildbahn. Die zutraulichen, zum Teil recht forsch auftretenden Tiere kommen den Besuchern ganz nahe und geben einen guten Einblick in ihre Verhaltensweisen. Die Heimat der Berberaffen ist das Atlasgebirge in Nordafrika, das klimatisch unseren Breiten recht nahekommt. Die auf der roten Liste gefährderter Arten stehenden Affen konnten von Salem schon zurück in ihre ursprüngliche Heimat ausgewildert werden. In einträchtiger Nachbarschaft zu den Affen brütet eine Kolonie Weißstörche und zieht dort in über 20 Horsten ihre Jungen auf. Auch im Damwildgehege mit einem kapitalen Hirsch und 20 Hirschkühen kommt man den Tieren ganz nah.

Sehenswert ist auch das **Schloss Salem** (www.salem.de). Inmitten des lieblichen Linzgaus liegt das 1137 gegründete Zisterzienserkloster. Es entwickelte sich zu einer der reichsten und bedeutendsten Abteien des Landes. 1803/1804 ging der Konvent infolge der Säkularisation in den Besitz der Markgrafen von Baden über und war seitdem als Schloss Salem deren

Familie Adebar richtet ihre „Wohnung" ein

TOUR WANDERUNG VON SALEM ZUR BIRNAU

Der ausgeschilderte Prälatenweg verbindet Kloster Salem mit der Wallfahrtskirche Birnau. Die Wanderung startet am Parkplatz Salem-Stefansfeld. Der insgesamt 16 km lange Rundweg führt durch liebliche Landschaften und man passiert mit dem Affenberg, Kloster Birnau und Schloss Salem einige der Highlights in der Region (www.bodenseetouren.de/tour/auf-dem-praelatenweg-zur-birnau).

Stammsitz. Mittlerweile gehört es größtenteils dem Land Baden-Württemberg.

Das Münster, erbaut um 1300, mit seiner strengen und schlichten Außenfassade ist eines der letzten großen gotischen Bauwerke des Zisterzienserordens. Schmückende Elemente sind lediglich die kunstvollen Maßwerkfenster und die Harfengiebel. Im Gegensatz zu seinem Äußeren ist der Innenraum prachtvoll ausgestattet. Es ist beinahe zu viel für das Auge: der frühklassizistische Alabasterschmuck, der spätgotische Tabernakel, das barocke Chorgestühl von Joseph Anton Feuchtmayer, überlebensgroße barocke Statuen im Mittelschiff und Deckenfresken von Franz Joseph Spiegler. Eingerahmt wird das Münster von der ehemaligen Prälatur, den späteren Schlossgebäuden. Nach einem verheerenden Brand 1697, der beinahe alle Klostergebäude vernichtete, wurde der Vorarlberger Baumeister Franz Beer mit dem barocken Neubau beauftragt. Die Prälatur beherbergt die Repräsentationsräume und die privaten Gemächer der Salemer Äbte. Sie bildet zusammen mit dem Kreuzgang mit

Auf der Wanderung von Salem nach Birnau

Der prunkvolle Kaisersaal von Schloss Salem

reichverzierter Stuckdecke und dem Konventgebäude eine 180 m lange, schlossartige Anlage. Zuletzt sei noch erwähnt, dass sich in den ehrwürdigen Mauern seit 1920 ein Gymnasium mit Internat für 700 Schülerinnen und Schüler befindet, das national und international hohes Renommee genießt.

127 Gern Campinghof, Salem

GPS 47.76972, 9.30717

Platz in sehr schöner, ruhiger Lage, Gaststätte, Sauna, Streichelzoo, Reitpferde, Abenteuerspielplatz, Badesee 10 Min. **Lage/Anfahrt:** in Salem ausgeschildert; **Platzanzahl:** 99; **Service:** Strom, Trinkwasser, Abwasser, Chemie-WC, WLAN; **Preiskat.:** €€€; **Geöffnet:** Apr.–Okt.; **Kontakt:** Weildorferstr. 56, 88682 Salem; Tel. 07553 829695, www.campinghof-salem.de

INFO FISCHFANG IM BODENSEE

Felchen, Kretzer, Zander, Hecht, Seeforelle und Saibling tummeln sich im klaren Bodenseewasser. Ca. 130 deutsche Berufsfischer ziehen die schweren Netze in harter Handarbeit in ihre Boote. Der Bodensee gehört als Trinkwasserspeicher für 5 Millionen Menschen zu den saubersten Seen der Welt. Doch dies birgt inzwischen für die Fischer ein Problem. Der durch fehlende Abwässer entstandene niedrige Nährstoffgehalt ließ das Algen- und Planktonwachstum stark abnehmen. Dadurch sinkt die Fangmenge von Felchen seit 1970 kontinuierlich.

Der Felchen gehört zur Familie der Lachsfische, hat ein festes weißes Fleisch und wenig Gräten. Er kann geräuchert, gedünstet, gebraten (z. B. mit Mandelkruste), gegrillt und als Fischsuppe gekocht werden.

Überall am See kann man direkt beim Fischer frischen oder geräucherten Fisch kaufen. Die Gasthöfe bieten eine reiche Auswahl herrlicher Fischgerichte an.

Schloss Meersburg: ein barockes Juwel am Ufer des Bodensees

Meersburg

Die schönste Art, sich Meersburg zu nähern, ist zweifellos per Schiff. Malerisch schmiegt sich das komplett erhaltene mittelalterliche Städtchen an die steilen Hänge über dem Bodensee. Wer mit dem Wohnmobil anreist, stellt sein Fahrzeug auf einem der drei Stellplätze ab und nimmt den Bus in die Stadt. Durch das **Obere Tor** betritt man so die Oberstadt.

Die trutzige **Burg Meersburg** (www.burg-meersburg.de), etwas unterhalb des Schlossplatzes, wurde bereits im 7. Jh. vom Merowingerkönig Dagobert I. an den steilen Hang gebaut und gilt heute als die älteste noch bewohnte Burg Deutschlands. Hinter der Zugbrücke beginnt die Reise zurück ins Mittelalter. Auf einem ausgeschilderten Rundweg kommt man durch die vollständig eingerichtete Burgküche, den Rittersaal, das Burgverlies, die Wehrgänge, die Dürnitz, den hohen Palas und auch zum Arbeits- und Sterbezimmer von **Annette von Droste-Hülshoff.** Die 1797 in Havixbeck im Münsterland geborene Dichterin verbrachte hier einige Jahre bei ihrer Schwester und ihrem Schwager Joseph Freiherr von Laßberg, um den Zwängen im Münsterland zu entfliehen. Sie starb 1848 in der Burg, angeblich aus unerfüllter Liebe zu Levin Schücking, einem 17 Jahre jüngeren Mann.

Nachdem im 18. Jh. die Burg nicht mehr standesgemäß war, gaben die Konstanzer Fürstbischöfe das **Neue Schloss** (Schlossplatz 12, www.meersburg.de) in Auftrag. Der berühmte Balthasar Neumann gestaltete das prunkvolle Barocktreppenhaus. In der Schlosskapelle arbeiteten Joseph Anton Feuchtmayer und Gottfried Bernhard Götz zusammen: eine Symbiose, die später noch solch grandiose Meisterwerke wie die Kirche in Birnau zu Wege brachte. Von der frei zugänglichen Schlossterrasse ist die Aussicht über Meersburg und den Bodensee atemberaubend.

Zwischen Burg und Schloss versteckt findet man das **Zeppelinmuseum** (Schlossplatz 8, www.zeppelinmuseum.com). Herr Urban sammelte viele Jahrzehnte Originale rund um den Zeppelin. Alles, von der Bordvase über

Geschirr, Handtücher, Winkelmesser und Funkgeräte bis zu Zeppelin-Modellen, stellt das private Museum aus.
Am Schlossplatz im ehemaligen Heilig-Geist-Spital ist das **Vineum** (Vorburggasse 11) untergebracht. Das rund um die älteste und größte Weinpresse Europas von 1607 entstandene, modern konzipierte Wein-Erlebnishaus, informiert unterhaltsam und für alle Sinne über die Geschichte und Kultur des Weines.
Das **Staatsweingut** (www.gutsschaenke-meersburg.de) residiert im ehemaligen Reithof der Fürstbischöfe aus dem späten 18. Jh. Traumhaft ist der Genuss auf der Terrasse der Gutsschenke: in der Hand ein Glas exzellenten Bodenseeweins und dazu ein unvergleichliches Panorama mit See und Alpengipfel am Horizont.
Über zahlreiche Stufen steigt man hinunter zur Schiffsanlegestelle. Hier steht auch die **Gred.** Um 1500 erbaut, war sie lange Handels- und Lagerplatz für die mit dem Schiff zu transportierenden Waren, besonders für den Korn- und Weinhandel mit der Schweiz. Am Ende der Hafenanlage gibt es mit der **Magischen Säule,** wie auch in Überlingen, ein Kunstwerk von Peter Lenk. Es zeigt satirische Porträts bekannter Persönlichkeiten aus der Meersburger Stadtgeschichte, unter anderem Annette von Droste-Hülshoff (als Möwe auf der Spitze) und ihren Schwager Freiherr Josef von Laßberg.
Außerhalb der Stadtmauern steht das **Fürstenhäusle** (Stettenerstr. 9, www.fuerstenhaeusle.de) mit dem Droste-Museum. Inmitten

Ein Gang durch die Jahrhunderte in den Straßen Meersburgs

TOUR WANDERUNGEN UND FAHRRADTOUR AB MEERSBURG

Der ausgeschilderte **Panoramaweg Weinkundewanderung** ist 6 km lang, startet am Obertor und informiert unterwegs auf 18 Infotafeln über Weinbau, Geologie und Rebenkultivierung.

Die 11 km lange **Rundwanderung von der Bischofsstadt Meersburg in die Steinzeit** bringt den Wanderer von Meersburg bis zu den Pfahlbauten in Unteruhldingen (www.bodenseetouren.de/tour/von-bischofsstadt-meersburg-steinzeit). Der Hinweg nach Unteruhldingen läuft oberhalb des Sees durch Laubwälder, der Rückweg am Seeufer entlang. Diese Tour ist ideal, um die Parkplatzsuche bei den Pfahlbauten in Unteruhldingen zu umgehen.

Eine richtig gemütliche Tour sind die 9,5 km **auf dem Rad nach Immenstaad** auf dem Bodenseeradweg von Meersburg nach Immenstaad. Für die Rückfahrt besteigt man kurzerhand eines der Bodenseeschiffe (www.bodensee-radweg.com).

von Weinbergen baute um 1600 der spätere Fürstbischof Jakob Fugger dieses reizende kleine Häuschen. Die Dichterin Annette von Droste-Hülshoff verliebte sich bei ihrem Aufenthalt auf der Burg in das Fürstenhäusle und ersteigerte es 1843. Ihr bis heute bekanntestes Werk, die Novelle „Die Judenbuche" erschien 1842 im Cotta Verlag, vom Honorar konnte sie sich diesen Traum erfüllen. Sie war begeistert, dass sie nun „grandiose Grundbesitzerin" sei und eine „unschätzbare Perle" gefunden habe. In dem sehr liebevoll erhaltenen Museum bekommt man einen tiefen Einblick in das Privatleben der Dichterin.

Wer Wellness sucht, wählt die **Meersburg Therme** (Uferpromenade 10–12, www.meersburg-therme.de) mit Thermal- und Erlebnisbecken. Für Erfrischung im Sommer sorgt das **Frei- und Strandbad** (Uferpromenade 10) mit Kiesstrand, Beachvolleyballfeld sowie Sport- und Spaßbecken.

ⓘ **Tourist-Information,** Kirchstr. 4, www.meersburg. de

Die Meersburger Uferpromenade ist ideal zum Flanieren

INFO DIE BODENSEEWEINE

Denkt man an den Bodensee, denkt man an Bootsfahrten, Segeln, Schwimmen, eben an alles, was mit Wasser zu tun hat. Doch Bodensee ist nicht nur Wasser, Bodensee ist auch Wein, und zwar international höchst prämierter. In der Gegend um Meersburg, Hagnau, Nonnenhorn, Wasserburg und Immenstaad wachsen hervorragende Spitzengewächse auf einer ca. 500 Hektar großen Anbaufläche. Die Bodenseeregion und das Markgräfler Land sind die südlichsten Weinanbaugebiete Deutschlands. Zusätzlich zu dem ganzjährig herrschenden milden Klima profitieren die Bodenseeweinbauern von einer kostenlosen Heizung! Die Wasserfläche des Bodensees reflektiert die Sonneneinstrahlung hinauf an die bis zu 450 m hohen Rebhänge und sorgt so für einen guten Reifeprozess der Trauben.

Der Gasthof Bären wurde im 13. Jh. gegründet

128 Allmend 1, Meersburg

GPS 47.702094, 9.270382

Stellplatz am Ortsrand von Meersburg in relativ ruhiger Lage, 1 km ins Zentrum, Shuttlebus, Supermarkt in der Nähe, max. Standzeit 3 Nächte. Direkt hinter Allmend 1 befindet sich der Stellplatz Allmend 2 (GPS 47.70169, 9.27172), jedoch ohne Stromversorgung. **Lage/Anfahrt:** ausgeschildert; **Platzanzahl:** 20 (30); **Untergrund:** Schotter; **Service:** Strom, Trinkwasser, Abwasser, Chemie-WC; **Preiskat.:** €€; **Geöffnet:** ganzjährig; **Kontakt:** Allmendstraße, 88709 Meersburg

129 Ergeten, Meersburg

GPS 47.70113, 9.26864

Platz in ruhiger Lage, Shuttlebus ins Zentrum inklusive, Supermarkt in der Nähe, max. Standzeit 3 Nächte. **Lage/Anfahrt:** ausgeschildert; **Platzanzahl:** 36; **Untergrund:** Schotter; **Service:** Strom, Trinkwasser, Abwasser, Chemie-WC; **Preiskat.:** €€; **Geöffnet:** ganzjährig; **Kontakt:** Daisendorferstraße, 88709 Meersburg

130 Alte Brennerei, Stetten

GPS 47.69291, 9.29826

Platz bei einer Brennerei mit ausgezeichneter Vesperstube, parzellierte Plätze mit Grünfläche in schöner und ruhiger Lage. Bäcker in der Nähe. Busanbindung. **Lage/Anfahrt:** Von der B31 auf die B33 wechseln und in Stetten Richtung Riedetsweiler, dann ausgeschildert; **Platzanzahl:** 40; **Untergrund:** Schotter, Wiese; **Service:** Strom, Trinkwasser, Abwasser, Chemie-WC; **Preiskat.:** €€; **Geöffnet:** ganzjährig; **Kontakt:** Riedetsweilerstr. 5, 88719 Stetten am Bodensee; Tel. 07532 5709, www.zuraltenbrennerei.de.

131 Hundweilerhof, Markdorf

GPS 47.69213, 9.34557

Der Platz befindet sich zwischen Obstbäumen in sehr schöner Lage auf einem Obsthof. Brötchenservice, Hofladen mit Obst und Gemüse, hausgemachten Schnäpsen, Marmeladen usw. Zwei Restaurants fußläufig, See 5 km. Entsorgung bei einer Tankstelle in der Nähe. Reservierung empfohlen. **Lage/Anfahrt:** An der B33 in Ittendorf Richtung Kippenhausen; **Platzanzahl:** 5; **Untergrund:** Wiese; **Service:** Strom, Trinkwasser; **Preiskat.:** €€; **Geöffnet:** Woche vor Ostern–Anf. Nov.; **Kontakt:** Hundweiler 6, 88677 Markdorf-Ittendorf, www.hundweilerhof.de

Gaby Gölz

Oberschwaben

Sanfte Hügel, Wiesen, Wälder, eine Vielzahl von Seen und Weihern, geheimnisvolle Ried- und Moorlandschaften und in der Ferne das imposante Alpenpanorama prägen das Bild Oberschwabens zwischen Bodensee, Donau, Allgäu und Schwäbischer Alb. Das Naturerlebnis bei einer Wanderung durch das Wurzacher Ried – das größte intakte Moorgebiet Mitteleuropas – und entlang des Federsees ist einzigartig. Wer wohltuende Wärme und Wellness sucht, ist in den Thermalbädern Oberschwabens genau richtig. Das heilbringende Thermalwasser entfaltet durch seine angenehme Wärme eine wohltuende Wirkung auf Körper und Seele. Gut ausgestattete Saunalandschaften und Wellnesszentren mit reichem Anwendungs- und Massageangebot ergänzen die modernen Badelandschaften. Die Betrei-

Die sanfte Hügellandschaft des Allgäus

TOUREN-ÜBERBLICK

Routenempfehlung: Biberach an der Riß – Bad Buchau – Steinhausen – Bad Schussenried – Bad Saulgau – Bad Waldsee – Bad Wurzach
Länge gesamt: ca. 90 km
Dauer: ca. 4–5 Tage
Reisezeit: ganzjährig

ber haben dabei auch Wohnmobilfahrer fest im Auge: Stellplätze in unmittelbarer Nähe zu den Thermen sorgen für einen angenehmen Aufenthalt. Ein wahres Feuerwerk barocker Bauten erwartet den Besucher entlang der Oberschwäbischen Barockstraße. Die prunkvoll ausgestattete „Dorfkirche" Steinhausen ist ein ausgezeichnetes Beispiel dafür. Für die Ausgestaltung der grandiosen Deckenfresken zeichnet Johann Baptist Zimmermann verantwortlich. Mit elegant geschwungenen Bücherwänden gestaltet ist die Bibliothek in Bad Schussenried ein wahres Juwel des Rokoko. Gemütliche Städtchen mit guter Gastronomie runden das Angebot in Oberschwaben ab.

Biberach an der Riß

Ein Bummel über den malerischen **Marktplatz** Biberachs gehört sicherlich zu einem der Höhepunkte der Reise durch Oberschwaben. Besonders am Samstag und Mittwoch herrscht hier zwischen den vielfältig bestückten Marktständen wuseliges Treiben.

Auf dem **Marktbrunnen** hält eine Ritterfigur stolz das Wappen der Stadt, einen goldenen Biber auf blauem Grund. Ebenfalls auf dem Platz steht das im Jahr 2000 entstandene Werk **Der Esel** von Peter Lenk. Er verarbeitete auf seine spezielle, immer etwas provokante Weise in dieser Skulptur den satirischen Roman „Prozess um des Esels Schatten" von C.M. Wieland (1733–1813). Das **Alte Rathaus,** eine alemannische Holzkonstruktion von 1432, wurde ursprünglich als Neue Mezg (Verkaufsstand der Metzger) erbaut. Das **Neue Rathaus** ist ein spätgotischer Backsteinbau von 1497–1503. Wegen des morastigen Untergrunds wurde es auf 1800 Pfählen erbaut.

Eine Besonderheit stellt die gotische **Simultaneum-Stadtkirche St. Martin** (erbaut zwischen 1320 und1360) dar. Sie dient seit 1548 sowohl der evangelischen als auch der katho-

132 Rißstraße, Biberach an der Riß

GPS 48.10283, 9.79589

Separater Teil eines Parkplatzes an einem Mischgebiet, relativ ruhige Lage (Straße), 800 m ins Zentrum. **Lage/Anfahrt:** von der B465 ausgeschildert; **Platzanzahl:** 20; **Untergrund:** Schotter; **Service:** Strom, Trinkwasser, Abwasser, Chemie-WC; **Preiskat.:** €; **Geöffnet:** ganzjährig; **Kontakt:** Rißstraße, 88400 Biberach an der Riß

lischen Gemeinde als Gotteshaus. Ihr barockisierter Innenraum wurde von Johannes Zick 1746 mit monumentalen Deckengemälden geschmückt.

Eine interessante architektonische Verbindung gelang beim **Museum Biberach** (Museumstr. 6, www.museum-biberach.de) zwischen dem historischen Heilig-Geist Hospital (1258) und einer modernen Glaskonstruktion. Die Sammlung des wichtigen deutschen Expressionisten Ernst Ludwig Kirchner (1880–1938) ist beeindruckend. Biberach hatte Glück, denn ein Bruder Kirchners lebte hier und so können immer wieder Sonderausstellungen mit Teilen seines Werks gezeigt werden. Der weitere Höhepunkt der Museumsausstellung sind die vollständig erhaltenen Künstlerateliers der Münchner Tiermaler Anton Braith und Christian Mali.

Tourismus & Stadtmarketing, Neues Rathaus, www.biberach-riss.de

Biberach hat sehr viel Reizvolles für seine Gäste zu bieten

TIPP BÄDERTIPP

Die **Therme Jordanbad** hat auf 9000 m² sehr viel Abwechslung zu bieten, sowohl im Innen- wie im Außenbereich. In der Saunalandschaft reicht das Spektrum von der finnischen Aufguss-Sauna bis zur Kamin- und Kräutersauna und der sanften Dampfgrotte (Im Jordanbad 2, www.jordanbad.de).

TIPP MIT KINDERN UNTERWEGS

Die **Wieland-LiteraTOUR** ist eine interaktive Stadtrallye für Kinder, die rund um den Dichter Christoph Martin Wieland gestrickt ist. Ein Dokument mit dem Streckenverlauf und QR-Codes zu den einzelnen Stationen kann heruntergeladen werden (www.wieland-museum.de/de/museumspaedagogik.html).

Mit neun Parcours und 85 Kletterelementen ist der **Kletterwald** im Biberacher Burrenwald für die ganze Familie interessant (www.kletterwald-biberach.de).

Bad Buchau

Natur, Kultur und Gesundheit sind die Eckpfeiler des Tourismus in Bad Buchau. Der Begriff Natur bezieht sich auf das herrliche **Naturschutzgebiet Federsee.** Das Federseemoor ist das größte Moor Südwestdeutschlands und Lebensraum für ein einzigartiges Nebeneinander zahlreicher Tier- und Pflanzenarten. Allein 264 Vogelarten wurden hier nachgewiesen. Ein unvergessliches Naturerlebnis ist der Spaziergang auf dem 1486 m langen **Federsee-Holzbohlensteg** über den Schilf- und Moorgürtel bis zur Wasserfläche.

Das Stadtgebiet von Bad Buchau liegt auf einer 1,7 km langen mineralischen Insel im Moor. Sie bot bereits in der Steinzeit gute Bedingungen zum Bau von Siedlungen. Für die Zeit zwischen 2000 und 500 v. Chr. lassen sich starke Siedlungsaktivitäten sowohl mit Häusern auf Stelzen als auch mit ebenerdigen Bauten am Seeufer und in den Mooren nachweisen.

Auf Zeitreise im Federseemuseum

133 Am Kurpark, Bad Buchau

GPS 48.068727, 9.606549

Separater Teil eines großen Parkplatzes am Kurpark in schöner, ruhiger Lage, Extraplätze für große Womos, Zentrum 500 m. **Lage/Anfahrt:** in Bad Buchau ausgeschildert; **Platzanzahl:** 21; **Untergrund:** Pflaster; **Service:** Strom, Trinkwasser, Abwasser, Chemie-WC, WLAN; **Preiskat.:** €€; **Geöffnet:** ganzjährig; **Kontakt:** Seegasse, 88422 Bad Buchau

134 Stellplatz am Federseemuseum

GPS 48.07011, 9.60951

Teil eines Parkplatzes, zentrumsnah. **Lage/Anfahrt:** den Hinweisschildern zum Federseemuseum folgen; **Platzanzahl:** 12; **Untergrund:** Asphalt; **Service:** Strom; **Preiskat.:** €; **Geöffnet:** ganzjährig; **Kontakt:** Wellerstraße, 88422 Bad Buchau

Rekonstruktionen dieser unterschiedlichen Gebäude sind im **Federseemuseum** (August-Gröber-Platz, www.federseemuseum.de) zu sehen: ein prähistorisches Erlebnis mit allen Sinnen.

Verspannt vom vielen Autofahren? Da hilft bestimmt ein Besuch der **Adelindis-Therme** (s. S. 249). Mit 1100 m² Wasserfläche, verteilt auf acht Thermalbecken, verschiedenen Ruheräumen (zum Beispiel mit oberschwäbischem Nachthimmel) und einer Saunawelt (Temperaturen zwischen 55 und 95 °C) gibt es ein sehr breites Angebot für Gesundheit und Wellness.

TOUR FAHRRADTOUREN

Eine besonders interessante Radrundfahrt ist die **Federsee-Bussen-Fahrradtour.** Auf der 40 km langen Rundfahrt werden Radfahrer, ausgehend vom Federseemuseum, durch die sanfte Hügellandschaft zum heiligen Berg Oberschwabens, dem Bussen, geleitet. Die Nummer 13 ist die durchgängige Markierung dieser Route (www.bad-buchau.de/gaeste-neu/de/natur/radfahren/radwege).

135 Rondell, Bad Buchau

GPS 48.06816, 9.60930

Separater Platz für Womos, kreisförmig angelegt in schöner, ruhiger Lage, nur Fahrzeuge bis 7,50 m Länge, Zentrum 300 m. **Lage/Anfahrt:** im Ort ausgeschildert; **Platzanzahl:** 17; **Untergrund:** Pflaster; **Service:** Strom, Trinkwasser, Abwasser, Chemie-WC, WLAN; **Preiskat.:** €€; **Geöffnet:** ganzjährig; **Kontakt:** Seegasse, 88422 Bad Buchau

Tourist-Information, Marktplatz 6, www.bad-buchau.de

TOUR WANDERUNGEN BEI BAD BUCHAU

Der **Archäologische Moorlehrpfad** (9,5 km) beginnt am Federseemuseum. Die Markierung mit der gelb-orangenen Ziffer 4 leitet durch die Riedwiesen zu den Fundstätten von vier bedeutenden Moorsiedlungen am Federsee.

Nur 600 m lang ist der lustige **Wackelwald-Pfad,** der am Federseemuseum beginnt. Hier kann man die Bäume wackeln lassen und erfährt an acht Stationen allerlei Interessantes zum Thema Moor. Der bequeme Weg ist auch für Kinderwagen geeignet.

In 15,5 km mit minimaler Höhendifferenz geht die Wanderung **Rund um den Federsee.** Start und Ziel ist das Federseemuseum. Bei der erlebenswerten Rundtour bieten sich immer wieder tolle Ausblicke auf den See (www.bad-buchau.de/gaeste-neu/de/natur/wanderwege).

Rund um Bad Buchau ist viel Platz zum Wandern

TIPP BÄDERTIPP

Großzügig gestaltet ist die **Adelindis-Therme.** Drei Außen- und drei Innenbecken, gespeist von 47 °C heißem Thermalwasser aus 800 m Tiefe, und eine Saunalandschaft mit verglaster, trocken-heißer Keltensauna sowie rustikaler Erdsauna bieten Entspannung und Erholung. Das Freibad (Friedhofstr. 17) mit Breitrutsche, Schaukelbucht, einem separaten Kinderbecken garantiert an heißen Tagen viel Badespaß (Teuchelweg 2, www.adelindistherme.de).

Die Wallfahrtskirche St. Peter und Paul in Steinhausen

INFO DER FEDERSEE

Der See entstand, als in der Eiszeit der Rheingletscher abschmolz. Die dabei übriggebliebenen Moränenhügel bildeten ein abgeriegeltes Becken, das sich nach und nach mit Wasser füllte. Seit 5000 v. Chr. ist das Gebiet besiedelt, die Menschen betrieben Ackerbau, wie sich anhand von gefundenen Getreidepollen nachweisen lässt. Durch Erhöhung der Jahrestemperaturen begann der Federsee zu verlanden. Im frühen Mittelalter maß er noch 11 km² und Hauptwirtschaftsfaktor war der Fischfang. Da kam die Idee auf, den See trockenzulegen und das Moor kultivierbar zu machen. Bei den künstlichen Seefällungen von 1789 und 1809 durch Entwässerungsgräben senkte sich der Wasserspiegel um 2 m. Der ausgetrocknete Torf zersetzte sich und mit ihm einmalige archäologische Relikte. Erst 1970 wurde die gewerbsmäßige Torfgewinnung endgültig eingestellt. Heute hat sich die natürliche Verlandung reduziert, der See misst inzwischen 1,4 km² und hat eine durchschnittliche Tiefe von 3 m. Schon Ende des 19. Jh. schätzten Gäste das Moor als Naturparadies, ab 1920 erkannte man die Heilkraft der Moorerde und die Zahlen der Heilsuchenden stieg ständig an.

Steinhausen

Schon bei der Anfahrt fällt die **Wallfahrtskirche St. Peter und Paul** in **Steinhausen** ins Auge. Das Rokokojuwel überragt mit seinem 75 m hohen, von einer Haube gekrönten Turm die Häuser des 500-Seelen-Dorfs.

Zunächst war der erstmals 1283 bezeugte Vorgängerbau im 17. Jahrhundert erweitert worden. Die zunehmende Anzahl von Wallfahrten zum Gnadenbild machte einen Neubau unter dem Baumeister Dominikus Zimmermann erforderlich. Zwischen 1728 und 1731 erfolgte er im Stil des späten Rokoko.

Überrascht wird der Besucher, wenn er den lichten, pfeilergesäumten, elliptischen Innenraum betritt. Der ovale Entwurf ist der erste Bau dieser Art diesseits der Alpen. Durch die Pfeilerabfolge erreicht der Baumeister eine Raumtiefe, die in der Mitte des Deckenfreskos ins Unendliche zu streben scheint. Wände und Pfeiler sind in strahlendem Weiß gehalten, während die Kapitelle mit Ranken, Blumen, Blattwerk und Putten in zarte Pastellfarben gefasst sind. Das farbenprächtige Deckenfresko malte der Bruder des Baumeisters, Johann Baptist Zimmermann von 1730 bis 1731. Hier verschmelzen Stuckatur und Malerei zu einer Einheit.

Das gotische **Gnadenbild der Schmerzensmutter** (1415), die Pieta vom Ulmer Meister Hartmann im Hochaltar, ist das Herzstück der Kirche. Es zeigt Maria, wie sie, vom Leid erstarrt, ihren toten Sohn auf dem Schoß hält. Die Kirche in Steinhausen ist ein gelungenes Gesamtkunstwerk und trägt zu Recht den Beinamen „Schönste Dorfkirche der Welt".

136 Campingplatz Reiterhof, Steinhausen

GPS 48.02833, 9.69785

Kleiner, familiärer Platz in schöner, ruhiger Lage, Kirche fußläufig, Laden 4 km, Bäcker kommt 3x pro Woche. **Lage/Anfahrt:** in Steinhausen ausgeschildert; **Platzanzahl:** 30; **Untergrund:** Wiese; **Service:** Strom, Trinkwasser, Chemie-WC; **Preiskat.:** €€€; **Geöffnet:** ganzjährig; **Kontakt:** Dorfstr. 8, 88427 Bad Schussenried-Steinhausen, Tel. 075833060, www.camping-steinhausen.de

Bad Schussenried

Zwischen Donau, Iller und Bodensee liegt Bad Schussenried im Herzen Oberschwabens. Das 1183 durch Prämonstratenser gegründete **Kloster Schussenried** (Neues Kloster 1, www.kloster-schussenried.de) gehört heute sicherlich zu den wichtigsten Kulturdenkmälern in der Region. Durch Schenkungen und Landkäufe, bezahlt durch Einnahmen von Pachtzins und Wallfahrerspenden, wuchs der Klosterbesitz bis ins 18. Jh. stetig an. Bald reichte die Besitzfläche von Biberach über Waldsee und Aulendorf bis nach Buchau. Höhepunkt war 1440 die Erhebung des Klosters zur selbstständigen Abtei mit Richtstätte und Richtschwert

Das Chorgestühl der Kirche St. Magnus in Bad Schussenried

137 Bierkrugmuseum, Bad Schussenried

GPS 48.00322, 9.65967

Einfache Plätze bei einer Brauerei mit Bierkrugmuseum und Gaststätte in zentraler, ruhiger Lage, Bäcker in unmittelbarer Nähe. **Lage/Anfahrt:** im Ort den Hinweisschildern „Bierkrug Museum" folgen; **Platzanzahl:** 30; **Untergrund:** Schotter; **Service:** Strom, Trinkwasser, Abwasser, Chemie-WC; **Preiskat.:** €€; **Geöffnet:** ganzjährig; **Kontakt:** Wilhelm-Schussen-Str. 12, 88427 Bad Schussenried, Tel. 07583 40411, www.schussenrieder.de

Zünftiger Biergarten beim Bierkrugmuseum

im Klosterwappen. Im Dreißigjährigen Krieg wurde Kloster Schussenried mehrfach geplündert und große Teile der Anlage brannten ab. 1752 legte Abt Manus Kleber den Grundstein für eine Neuanlage im Barockstil, die jedoch wegen Geldmangel nie vollendet wurde. Die Säkularisation brachte auch in Schussenried die Auflösung des klösterlichen Lebens. 1845 wurde hier eine königliche Heil- und Pflegeanstalt untergebracht.

Der absolute Höhepunkt einer Klosterbesichtigung ist die lichtdurchflutete **Bibliothek.** Der über zwei Stockwerke reichende Saal diente neben dem Bücherstudium auch Repräsentationszwecken. Der Abt scheute keine Kosten, den Raum prunkvoll auszustatten, um damit seine Gäste zu beeindrucken. Baumeister Zimmermann plante den Saal mit umlaufender Galerie, die von 12 Säulenpaaren aus Stuckmarmor mit goldverzierten Kapitellen getragen wird. 24 herrlich gearbeitete Alabasterfiguren stellen Allegorien dar. Das Deckenfresko trägt die Handschrift von Franz Georg Hermann. Bekannt wurde die Darstellung des Chorherrn Caspar Mohr, der im 17. Jh. die Schwerkraft bezwingen wollte. Er ist mit seinem Flugapparat aus Federn auf dem Deckenfresko zu finden.

1183 als romanische Pfeilerbasilika errichtet, 1440 erweitert und zur Abteikirche erhoben, ist die **St. Magnus-Kirche** besonders wegen ihres reichverzierten **Chorgestühls** aus Nussbaum unbedingt einen Besuch wert.

Etwas profaner geht es im **Bierkrugmuseum** (Wilhelm-Schussen-Str. 12) zu. Was zunächst eine private Sammlung des Brauereichefs Jürgen Josef Ott war, ist heute ein Museum mit rund 1200 historischen Bierkrügen. Sie geben Einblick in die Trinkkultur aus aller Welt zwischen 1550 und 1925.

Erfrischung gefällig? Im Naturbad Zellersee ist sie garantiert

Tourist-Information, Wilhelm-Schussen-Str. 36, www.bad-schussenried.de

TIPP NATURBAD ZELLERSEE

Ganz in der Nähe des Kurparks von Bad Schussenried liegt die Naturbadestelle Zellersee. Nach dem Sprung ins moorige Wasser finden die Badegäste auf großen Liegewiesen Ruhe und Erholung (Zellerseeweg, www.bad-schussenried.de).

INFO PFERDE- UND KRÄMERMARKT

Ein Höhepunkt im Jahreskalender ist für die Bad Schussenrieder Bevölkerung und die gesamte Region der jährlich Freitag und Samstag vor dem ersten Advent stattfindende Pferde- und Krämermarkt. Aus ganz Deutschland treffen sich die Pferdefreunde auf dem Gelände der Brauerei, um hier mit ca. 150 Pferden – vom Sport- bis zum Arbeitstier – Handel zu treiben. Gleichzeitig findet ein weihnachtlicher Krämermarkt mit stimmungsvoller Musik auf dem festlich geschmückten Marktplatz statt (www.bad-schussenried.de/de/freizeit-kultur/maerkte-feste/pferde-und-kraemermarkt).

TIPP FREILICHTMUSEUM

Etwas außerhalb von Bad Schussenried, in Kürnbach, sollte man im **Freilichtmuseum** Station machen. Hierher wurden 30 Gebäude und 20 authentisch eingerichtete Werkstätten versetzt. Angeordnet wie ein typisches Dorf mit teilweise strohgedeckten Bauernhöfen, einer Kapelle, einem Tanz- und Rathaus und sogar einer Kegelbahn und eingebettet in ein großes Gelände mit Wiesen und Feldern, bevölkert von Kühen, Hühnern, Schafen und Schweinen, ist es genau der richtige Ort, um die Alltagskultur vergangener Zeiten kennenzulernen. Hier stehen nicht nur die vollständig eingerichteten Häuser und Werkstätten, sondern es wird auch die Geschichte ihrer ehemaligen Bewohner erzählt.
Höhepunkte im Museumsjahr sind verschiedene Feste wie der Handwerkertag, das Dampffest mit spektakulären Dampfmaschinen in Betrieb und der Biertag, an dem auch kräftig probiert werden kann. Genaue Termine gibt es im Internet (Griesweg 30, www.museumsdorf-kuernbach.de).

Bad Saulgau

Reizvoll ist das Zentrum rund um den Marktplatz mit einigen schön restaurierten Häusern und vielen Straßencafés. Der ehrenwerte Anton von Störck geleitet die Gäste höchst persönlich (interaktiv) auf dem Stadtrundgang (www.raetsel-des-freiherrn.de).

Etwas außerhalb auf einem sanften Hügel liegt die **Sonnenhof-Therme,** sicherlich die Hauptattraktion des Kurortes. Das schwefelhaltige Thermalwasser lindert bei degenerativen und rheumatischen Erkrankungen die Beschwerden.

TIPP BÄDERTIPP

Die **Sonnenhoftherme** ist die wärmste Schwefeltherme Baden-Württembergs. Erholungssuchende finden in sieben Außen- und Innenbecken mit Massagedüsen, Düsenstraße, Kaskadenbecken mit Wasserfällen, Kneippbecken, Dampfbädern, Quellbecken und in der Saunawelt Wellness und Entspannung (Im Schönen Moos, www.sonnenhof-therme.de).

Bad Saulgau hat neben seiner attraktiven Therme auch einen hübschen Altstadtkern

138 Sonnenhof-Therme, Bad Saulgau

GPS 48.01686, 9.48867

Etwas schmale Plätze in schöner, relativ ruhiger Lage (Straße) auf einem separaten Teil des Thermenparkplatzes, Brötchenservice, Zentrum 1 km, Rabatt bei Thermenbesuch. **Lage/Anfahrt:** den Hinweisschildern Therme folgen; **Platzanzahl:** 53; **Untergrund:** Rasengitter; **Service:** Strom, Trinkwasser, Abwasser, Chemie-WC, WLAN; **Preiskat.:** €€; **Geöffnet:** ganzjährig; **Kontakt:** Am schönen Moos, 88348 Bad Saulgau

Bad Waldsee

In Waldsee gibt es heilkräftige Quellen. Aus 1800 m Tiefe sprudelt das fluorid- und schwefelhaltige Thermalwasser mit 62,5 °C an die Oberfläche, um dann für die **Waldsee-Therme** auf 28° bis 38 °C heruntergekühlt zu werden.

Nach dem Thermalbadbesuch gehört ein Bummel durch das Städtchen und eine gemütliche Pause in einem der zahlreichen Restaurants unbedingt zu einem Verwöhntag dazu. Entlang der Hauptstraße herrscht eine gemütliche, einladende Atmosphäre. Hier stehen auch das

1426 erbaute spätgotische **Rathaus** mit dem markanten Giebel. Gegenüber im **Kornhaus** (Hauptstr. 40) mit Abmessungen von 30 m auf 13 m wurde Getreide gelagert, heute ist darin eine Sammlung beheimatet, die Kunst, Kultur und Geschichte der Stadt thematisiert.

Das **Heilig-Geist-Spital** ist bereits seit 1300 bekannt. Es war neben Krankenhaus auch Alters-, Waisen- und Armenheim. Das **Wurzacher Tor** entstand um 1400 und schließt die Altstadt zum Kurgebiet hin ab. Truchsess Georg IV. ließ um 1550 ein **Wasserschloss** errichten. Ab 1745 wurde es im zeitgenössischen Geschmack umgebaut, d.h. außen schlicht und innen im Stil des beginnenden Klassizismus. Das Schloss ist heute noch im Privatbesitz der Fürsten von Waldburg-Wolfegg-Waldsee und kann nicht besichtigt werden.

Etwas außerhalb, im Industriegebiet Wasserstall, findet man das **Erwin Hymer Museum** (Robert-Bosch-Str. 7, www.erwin-hymer-museum.de). Auf 6000 m² Ausstellungsfläche startet eine Zeitreise, beginnend beim ersten

Ein Muss für Womoreisende: das Hymer Museum

In der historischen Altstadt von Bad Waldsee

„Wohnauto" Deutschlands von Arist Dethleffs. Anschließend geht es auf einer „Straße" steil hinauf zum ersten gewerbsmäßig vertriebenen Wohnanhänger „Tourist". Viele interessante Exponate unterschiedlicher Konstrukteure säumen den Weg: z. B. der skurrile Hippie-VW-Bus, der Wohnwagen Hartmann-Falter IV, dessen Dach abgenommen und als Boot verwendet werden konnte oder selbstgebaute Wohnanhänger aus der DDR. Ein sehr lohnender Besuch, nicht nur für Hymerfahrer!

Kurverwaltung, Ravensburger Str. 3, www.bad-waldsee.de

TIPP BÄDERTIPP

Die Thermalquelle sprudelt im Gesundheitszentrum **Waldsee-Therme** auf 720 m² Wasserfläche. Vier Innen- und zwei Außenbecken mit Gegenstromanlage, Sprudelliegen, Wasserpilz und vielem mehr sorgen für Entspannung pur (Badstr. 16, www.waldsee-therme.de).

139 Therme, Bad Waldsee

GPS 47.91436, 9.76049

Platz in schöner, ruhiger Lage bei der Therme, Zentrum fußläufig, Brötchenservice. Am Platz beginnen zwei Spaziergänge (TK1 mit 1,8 km und TK2 mit 2,3 km Länge). **Lage/Anfahrt:** B30 Ausfahrt Süd verlassen, dann ausgeschildert; **Platzanzahl:** 39; **Untergrund:** Pflaster; **Service:** Strom, Trinkwasser, Abwasser, Chemie-WC; **Preiskat.:** €€; **Geöffnet:** ganzjährig; **Kontakt:** Unterurbacher Weg, 88339 Bad Waldsee

Bad Wurzach

Die Kleinstadt mit etwa 5200 Einwohnern hat neun Teilgemeinden und liegt wunderschön zwischen Seen und Wäldern. Auch in Bad Wurzach ist, wie in Bad Buchau, durch den Rheingletscher in der Eiszeit ein Moorgebiet entstanden, das **Wurzacher Ried.**

Unter dem Oberbegriff „Extrem" macht das **MoorExtrem-Museum** (Rosengarten 1, www.moorextrem.de) auf die Besonderheiten der Moore aufmerksam: „Extrem kostbar", „Extrem trickreich", „Extrem gefährlich", „Extrem langsam" und „Extrem vielseitig" lauten die Titel der Ausstellungsteile. Die moderne, beinahe futuristische Ausstellung führt den Besucher in stoffbezogene Inforöhren, sogenannte Tubes.

Ein Spaziergang auf dem **Torflehrpfad** durch das Ried oder, wenn man an einem der Betriebstage des **Torfbähnles** (https://torfbahn.de) kommt, eine Fahrt entlang des Riedkanals und die Besichtigung des Torfmuseums (Dr.-Harry-Wiegand-Straße 4) gehören zu einem Besuch von Bad Wurzach einfach dazu. Ebenfalls einen Blick wert ist das zweiläufige, elegant geschwungene Treppenhaus

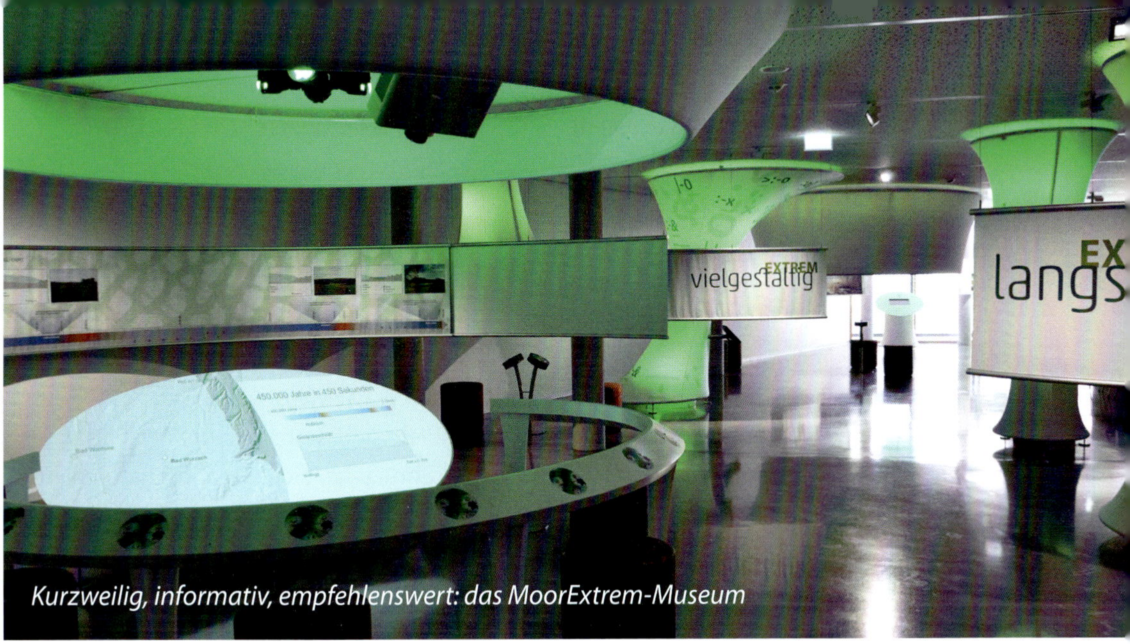

Kurzweilig, informativ, empfehlenswert: das MoorExtrem-Museum

im **Wurzacher Schloss** (Marktstraße 9, www.stiftung-heilig-geist.de). Der ovale Raum mit Stuckornamenten, Balustraden und fantastischer Illusionsmalerei gipfelt im fulminanten Deckengemälde.

Bad Wurzach Info, Rosengarten 1, www.bad-wurzach.de

TIPP BÄDERTIPP

Die wohltuende Wirkung des Thermalwassers spürt man beim Bad in den 32–38 °C warmen Becken des **Vitaliums.** Zwei Innen- und zwei Außenbecken, Liegebecken, Whirlpool und eine Saunalandschaft mit Schwitzbad, Bio-Farblicht-, Sonnentau- und Riedsauna lassen keine Wünsche offen (Karl-Wilhelm-Heck-Str. 8, www.vitalium-bad-wurzach.de).

Für sportliche Schwimmer gibt es das supermoderne **Sportbad.** Das Sportbecken mit einer Größe von 25x10 m mit Kinderbecken und Dampfbad ist barrierefrei (Kirchbühlstraße 3, hallenbad.bad-wurzach.de).

140 Vitalium, Bad Wurzach

GPS 47.91439, 9.90405

Separater Platz in schöner, ruhiger Lage am Rande des Naturschutzgebiets und unterhalb der Therme, einchecken in der Therme, Zentrum 700 m. **Lage/Anfahrt:** im Ort ausgeschildert; **Platzanzahl:** 17; **Untergrund:** Asphalt; **Service:** Strom, Trinkwasser, Chemie-WC; **Preiskat.:** €; **Geöffnet:** ganzjährig; **Kontakt:** Riedhalde, 88410 Bad Wurzach

TOUR WANDERUNGEN UND FAHRRADTOUR AB BAD WURZACH

Beim Torfmuseum (Am Reischberg 12, https://torfbahn.de/torfmuseum) startet der nur 1,5 km lange **Torflehrpfad,** der anhand von 12 Stationen die Geschichte und die Technik des Torfabbaus erklärt.

8 km lang mit ca. 100 m Höhendifferenz ist die interessante **Wanderung** durch die Feuchtzonen zu den fünf Seen rund um Bad Wurzach. Startpunkt ist der Parkplatz bei der Turn- und Festhalle. Badesachen nicht vergessen! (www.oberschwaben-tourismus.de/touren/bad-wurzach-5-seen-wanderung)

Bei der abwechslungsreichen Fahrradtour **Rund ums Wurzacher Ried** (22 km) mit einigen kurzen Anstiegen und Abfahrten bekommt man einen guten Gesamteindruck von der Gegend und herrliche Ausblicke aufs Hochmoor (www.wurzacher-ried.de/radfahren).

INFO DAS WURZACHER RIED

Ein Gletscher hat das Wurzacher Becken im Laufe von 450.000 Jahren geformt. Am Ende der Eiszeit bildeten sich darin Seen, Torfe und Moore. Durch diese Lage und das daraus resultierende geringe Gefälle der abfließenden Ach wurde hier nie großflächig in den Wasserhaushalt eingegriffen. Viele Gebiete sind deshalb heute noch als unberührte eiszeitliche Urlandschaft erhalten. Besonders die Hochmoorflächen sind von menschlichen Einflüssen weitestgehend frei geblieben. Da sie nährsalzarm sind, haben sich hier auch fleischfressende Pflanzen wie der Sonnentau und der Wasserschlauch angesiedelt. Sie fangen mit speziellen Fallen Tiere, verdauen sie und entnehmen ihnen so Nährsalz für ihren Organismus.

Bei einer Wanderung durch das Wurzacher Ried

Gaby Gölz

Das Württembergische Allgäu

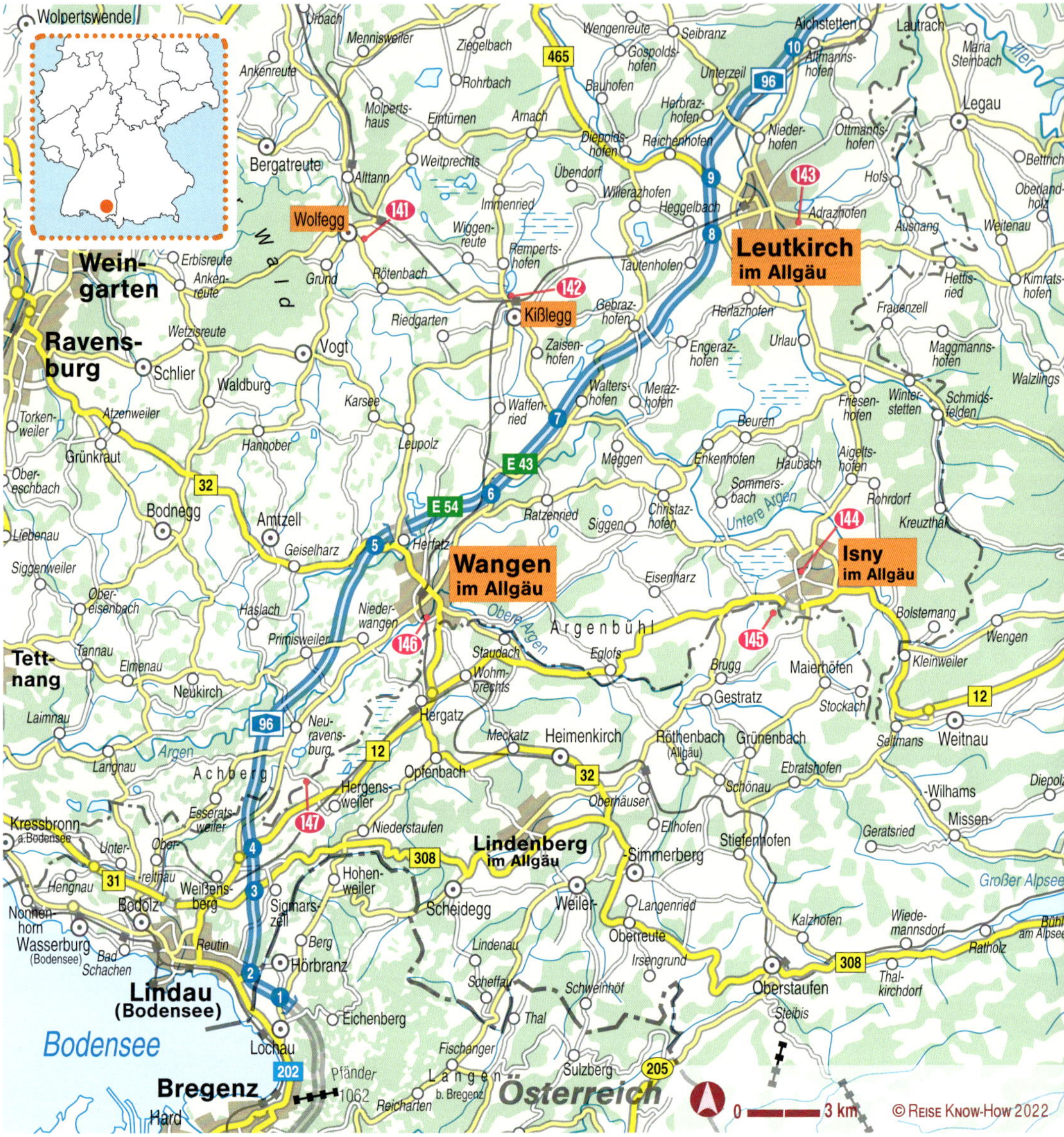

Das Württembergische Allgäu ist eine sanfte Hügellandschaft mit saftigen Grasflächen und urigen Mooren. Historische Städtchen mit prächtigen Patrizierhäusern und trutzigen Stadttoren finden sich hier. Dies ist ein Ort für herrliche Wanderungen und Fahrradtouren durch die himmlische Landschaft. Barocke Schlösser und Kirchen sprühen nur so vor Lebensfreude und hohem künstlerischen Können. Kühe ziehen mit ihren Glocken bimmelnd über die bunten, herrlich duftenden Kräuterwiesen und der tiefblaue Himmel überspannt beinahe klischeehaft diese herrliche Kulisse. Wohlschmeckende Käsesorten, kleine Hausbrauereien und bodenständige, gemütliche Gasthöfe sorgen für das leibliche Wohl, naturnahe Badeseen mit wohltuendem Moorwasser und gepflegte Freibäder für Entspan-

So einladend schön ist die Landschaft im Württembergischen Allgäu

TOUREN-ÜBERBLICK

Routenempfehlung: Wolfegg – Kißlegg – Leutkirch – Isny i. A. – Wangen i. A.
Länge gesamt: ca. 80 km
Dauer: ca. 3–5 Tage
Reisezeit: das ganze Jahr über, auch im Winter reizvoll

nung. Das lebendige Bauernhausmuseum in Wolfegg fasziniert mit vielen sehenswerten, historischen Gebäuden. Und dann ist da noch der Eistobel, eine Schlucht mit gewaltigen Felswänden, Strudellöchern und Wasserfällen. Zentrumsnahe Wohnmobilstellplätze mit guter Infrastruktur und angenehme Campingplätze in wunderschöner Lage tun ein Übriges. In dieser Landschaft wie aus dem Bilderbuch findet man Ruhe, Beschaulichkeit und den freundlichen, humorvollen Allgäuer Menschenschlag. Genau das Richtige für einige geruhsame oder sportlich aktive Tage.

Wolfegg

Eingebettet in eine sanfte Hügellandschaft liegt der heilklimatische Kurort Wolfegg. Die weiträumig angelegte Dorfmitte wird beherrscht vom **Renaissanceschloss** der Fürsten von Waldburg-Wolfegg-Waldsee, einem Paradebeispiel einer oberschwäbischen Adelsresidenz. Die große vierflügelige Anlage mit massigen Ecktürmen ist auch heute noch Hauptwohnsitz der Adelsfamilie und kann deshalb nur von außen besichtigt werden. Mit dem Bau der prächtigen barocken **Stiftskirche St. Katharina** vom Anfang des 18. Jh. wird das malerische Residenzareal vervollständigt.

1978 begann mit einem Fischerhaus von 1788 die Geschichte des **Bauernhaus-Museums** (Vogter Str. 4, www.bauernhaus-museum.de) in Wolfegg. Als Haus für den fürstlichen Hoffischer an dieser Stelle erbaut, bildet es den Grundstock von inzwischen 16 historischen Gebäuden auf einer Fläche von 10 Hektar. Die originalgetreu eingerichteten Gebäude, die liebevoll bepflanzten Bauerngärten, Hühner, Schafe, Ziegen und Kühe versetzen den Besu-

TOUR WANDERUNGEN UND RADTOUR AB WOLFEGG

Auf den Spuren der **Schwabenkinder** wandert man 7 km vom Bahnhof Wolfegg aus (Einstieg auch beim Loretopark möglich). Der bezeichnete Weg hat 85 m Höhendifferenz und kommt an einigen Gehöften, in denen Schwabenkinder arbeiteten, und am sehenswerten Bauernhofmuseum vorbei (www.bauernhofmuseum-wolfegg.de).

Die **Wanderung Alpenblick** ist 8,4 km lang und hat eine Höhendifferenz von 133 m. Start und Ziel ist am Hofgarten, es kann aber auch direkt am Stellplatz Loretopark eingestiegen werden. Wer der Markierung folgt, wird immer wieder mit einem herrlichen Alpenpanorama belohnt (www.wolfegg.de/tourismus-freizeit/freizeit/wandern).

Wer lieber auf das Fahrrad steigt, wählt vielleicht die aussichtsreiche **Radrunde Fürstliche Seen** mit 47,5 km Länge und 287 m Höhendifferenz. Sie beginnt am Hofgarten und ist sehr gut mit einem grünen Schild mit Emblem markiert. Badesachen nicht vergessen! (www.wolfegg.de/tourismus-freizeit/freizeit/radfahren-im-allgäu)

cher zurück in längst vergangene Zeiten. Besonders lebendig ist das Museum, wenn man an einem der vielen Aktionstage kommt. Beim Kräuter- und Blümlesmarkt, Eselstreffen, Museumsfest sowie beim Apfel- und Kartoffeltag herrscht buntes Treiben mit vielen Möglichkeiten, traditionelle Leckereien zu kosten.
Ein weiteres interessantes Museum im Städtchen ist das **Automuseum** an zwei Orten im Schlossareal. Schwerpunkte der Ausstellung sind Fahrzeuge aus den 1960er-, 1970er- und

141 Loretopark, Wolfegg

GPS 47.815751, 9.798058

Separater Stellplatz, von Wiesen umgeben, Ortsstraße in Hörweite, 400 m ins Zentrum mit Bäcker, Laden, Restaurant. **Lage/Anfahrt:** im Ort ausgeschildert; **Platzanzahl:** 12; **Untergrund:** Schotter; **Service:** Strom, Trinkwasser, Abwasser, Chemie-WC, WLAN; **Preiskat.:** €; **Geöffnet:** ganzjährig; **Kontakt:** Rötenbacher Straße, 88364 Wolfegg

1980er-Jahren, ergänzt durch Exoten aus neuerer Zeit. Die Fahrzeuge sind Leihgaben und werden jährlich ausgewechselt.
Für aktive, gesundheitsbewusste Gäste sind viele gut bezeichnete **Wander- und Fahrradwege** angelegt. Den kleinen Spaziergang hinauf zur Loretokapelle, um von dort das fantastische Alpenpanorama zu bewundern, sollte jeder unternehmen.

Wolfegg Information, Rötenbacher Str. 13, www.wolfegg.de

Kißlegg

Der Luftkurort Kißlegg begrüßt Wohnmobilgäste mit einem Stellplatz direkt am **Strandbad** des Obersees. An heißen Sommertagen gibt es nichts Schöneres, als unter den großen Bäumen der 3,2 Hektar großen Liegewiese vor sich hin zu träumen, ab und zu eine Runde zu schwimmen oder in einem Tret- und Ruderboot über den See zu gleiten. Derart erfrischt kann man die Kißlegger Innenstadt erkunden. Der Ortskern sieht im Wesentlichen noch so aus wie nach dem Wiederaufbau anlässlich des Stadtbrandes von 1704. Das **Alte Schloss** stammt aus der 2. Hälfte des 16. Jh. Eine Besichtigung ist nicht möglich, es wird heute noch von der gräflichen Familie zu Waldburg-Wolfegg bewohnt. Das **Neue Schloss** (1721–1727) hingegen steht Besuchern offen. Seit 1960 ist es in Gemeindebesitz und wurde seither aufwendig restauriert. Bemerkenswert sind besonders die Stuckdecken und Deckenfresken sowie acht lebensgroße Sibyllen-Skulpturen des berühmten Rokokokünstlers Joseph Anton Feuchtmayer im Treppenhaus.

INFO SCHWABENKINDER

Schwaben- oder Hütekinder: So wurden Kinder genannt, die ab 1625 aus dem Alpenraum nach Oberschwaben zum Arbeiten kamen. Sie stammten aus armen, kinderreichen Familien aus Österreich und der Schweiz, die mit Landwirtschaft und Nebenerwerb nicht genügend zum Leben für ihre großen Familien erwirtschaften konnten. So wurden 6- bis 14-jährige Buben und Mädchen im Frühjahr auf die strapaziöse Reise nach Deutschland geschickt. Sie arbeiteten bis zum Herbst in Haus, Stall und auf dem Feld. Die Behandlung durch die „Arbeitgeber" war nicht immer gut.

TOUR RADFAHREN UM DIE SEENPLATTE

Die Kißlegger Seenplatte ist ein Eldorado für Radfahrer. Die Touristeninformation hält kostenlos einen Flyer mit Routenvorschlägen bereit, er kann auch unter www.kisslegg.de/gaeste/planen-buchen/prospektbestellung heruntergeladen werden.

Die Innenansicht von St. Gallus und Ulrich ist ein wahrer Augenschmaus

TOUR AUF FEDERNDEN PFADEN DURCHS BURGERMOOS

Wo früher eine kleine Bahn den Torf aus dem Moor brachte, können heute Wanderer über Holzbohlenpfade auf 3,9 km Länge das Burgermoos erkunden. Unterwegs wurden interessante Mitmachstationen und Aktionsfelder installiert (www.kisslegg.de/gaeste/erleben-entdecken/ausflugsziele/erlebnispfad-burgermoos).

142 Strandbad Obersee, Kißlegg

GPS 47.79548, 9.87952

Platz in schöner Lage beim Badesee (teilweise Lärmbelästigung durch angrenzendes Betonwerk), Zentrum 800 m. **Lage/Anfahrt:** in Kißlegg Richtung Strandbad, ausgeschildert; **Platzanzahl:** 24; **Untergrund:** Schotter; **Service:** Strom, Trinkwasser, Abwasser, Chemie-WC; **Preiskat.:** €; **Kontakt:** Strandbadweg, 88353 Kißlegg

Die **Pfarrkirche St. Gallus und Ulrich** wurde nach dem großen Stadtbrand in den Jahren 1734–1738 barock umgebaut. Beherrscht wird das Kirchenschiff von dem 351 m² großen Tonnenfresko, das die Verherrlichung Gottes darstellt. Das Gotteshaus bewahrt auf der vorderen Empore den sogenannten Augsburger Silberschatz, den der Kißlegger Pfarrer Franz Joseph Lohr (1732–1775) erwarb. Der 21-teilige Kunstschatz ist im Rahmen von einmal wöchentlich stattfindenden Führungen zu besichtigen.

Gäste- und Bürgerbüro, Schlossstr. 8, www.kisslegg.de

Leutkirch

In der herrlichen Landschaft des Württembergischen Allgäus liegt Leutkirch mit seinen 22.000 Einwohnern. Rasch entwickelte sich eine Stadt rund um die namensgebende „Leutekirche“ St. Martin, die 766 erstmals in einer Urkunde erwähnt wurde. 1293 verlieh

König Adolf von Nassau Leutkirch das Stadtrecht und 1397 bekam sie die Hohe Gerichtsbarkeit und damit Privilegien einer Freien Reichsstadt. Seit jeher ist der **Gänsbühl** das heimelige Zentrum der Stadt. Hier steht das 1740/1741 errichtete, repräsentative barocke **Rathaus.** Stuckwerk, Gesimse, Pilaster und die rot bemalte Fassade zeugen vom Bürgerstolz der Bewohner. Während der Öffnungszeiten der Stadtverwaltung kann man einen Blick in die Beletage im vierten Stock werfen. Im Ratssaal mit einer figürlichen Stuckdecke von Johannes Schütz ermahnen die allegorischen Figuren die Ratsherren, korrekt und tugendhaft zu handeln. Da heute hier auch Trauungen stattfinden, kann dies vielleicht auch auf die zukünftigen Ehepaare übertragen werden. Ebenfalls am Gänsbühl stehen mit **Bock**- und **Pulverturm** von 1693 die letzten Reste der alten Stadtbefestigung. Das **Museum im Bock** (Gänsebühl 9) befasst sich mit der Geschichte der Stadt. Komplett eingerichtete Werkstätten, Objekte der Volkskunst und ein Kinderzimmer mit Spielzeug sowie Puppenstube und -küche vervollständigen die große Sammlung. Rund um die Leutekirche St. Martin gruppiert sich das sogenannte Geistliche Viertel mit ruhigen, idyllischen Gässchen, Plätzen und Treppen. Die mit einem Zwiebelturm gekrönte Kirche bekam ihr heutiges Aussehen 1519. Das respektable Pfarrhaus, das Klostergebäude und das 1418 gegründete Spital vervollständigen das geistliche Areal.

Das **Freibad Stadtweiher** (Kemptener Str. 65) ist eine Kombination von Schwimmbecken und Badesee mit guter Infrastruktur.

Touristinfo, Marktstraße 32,
www.leutkirch.de

Leutkirch mit seiner „hoimeligen" Innenstadt

TOUR WALKING- UND FAHRRAD-TOUR AB LEUTKIRCH

Vom Parkplatz am Freibad starten drei gut ausgeschilderte **Nordic-Walking-Parcours** mit 5,5 km, 8 km und 9,9 km Länge in den Schwierigkeitsgraden leicht, mittel und schwer.

Eine **Radtour nach Schmidsfelden** ist sehr lohnend, verlangt aber mit 50 km Länge und 470 Höhenmetern etwas Kondition. Startpunkt ist der Bahnhof in Leutkirch, weiter geht es über die ehemalige Bahnlinie und entlang der Eschach in das hübsche alte Glasbläserdorf Schmidsfelden.

143 Stadtweiher, Leutkirch

GPS 47.82211, 10.03934

Großzügige Stellplätze (6x12 m) in schöner, relativ ruhiger Lage, ins Zentrum 1,4 km, 1x kostenfreier Eintritt ins Strandbad gegenüber, Bezahlung nur mit Münzen. Gute Anbindung ans Radnetz. **Lage/ Anfahrt:** über die Umgehungsstraße ausgeschildert; **Platzanzahl:** 14; **Untergrund:** Rasengitter; **Service:** Strom, Trinkwasser, Abwasser, WLAN; **Preiskat.:** €; **Geöffnet:** ganzjährig; **Kontakt:** Kemptener Straße, 88299 Leutkirch

Etwas außerhalb bietet der **Gasthof Rössle** sehr schmackhafte, regionale Gerichte in einer lockeren Atmosphäre, im Sommer auch im schönen Biergarten. Ideal für Radfahrer und Kinder (Haselburg 1, www.roessle-haselburg.de).

Isny i. A.

Die kleinste der ehemaligen freien Reichsstädte, Isny im Allgäu, ist beinahe vollständig von einem ovalen Mauergürtel mit zwei noch erhaltenen Stadttoren (Espan- und Wassertor) umgeben. Graf Wolfrad von Vehringen stiftete 1042 für das Seelenheil seines verstorbenen Sohnes eine Kirche, die später von Benediktinern aus Hirsau zum Kloster ausgebaut wurde. Die inzwischen um das Kloster herum entstandene Marktsiedlung konnte ab 1171 erweitert werden. 1284, 1401 und 1631 vernichteten verheerende Brände Stadt und Kloster. Bei der Feuersbrunst von 1631 blieben von 390 Häusern nur 50 von den Flammen verschont. Dazu gehörten auch einige dreigeschossige Patrizierhäuser an der **Espantorstraße,** sodass man dort auch heute noch einen guten Eindruck vom Stadtbild vergangener Tage bekommt. Zu einigem Wohlstand kam Isny durch den **Leinenhandel.** Die Region ist wegen der hohen Niederschläge sehr gut für den Anbau von Flachs geeignet. Er wurde in der Stadt zu großen Leinenballen gewoben, außerhalb auf den großen Wiesenflächen ausgerollt, mehrmals mit Wasser übergossen und dann von der Sonne gebleicht. Der Dreißigjährige Krieg brachte das Ende des Leinenhandels in Isny.

Die **Nikolaikirche,** die frühere Leutekirche des Klosters, ist seit der Reformation evangelische Stadtkirche. Die spätromanische Säulenbasilika besticht durch ihren schlichten Innenraum und die herrliche Holzdecke. Ihr größter

Isny liegt an der Grenze von Baden-Württemberg zu Bayern

Schatz ist jedoch die **Predigerbibliothek,** eine original erhaltene Stiftsbibliothek aus dem 15. Jh.
Hinter der evangelischen Kirche steht die ehemalige Klosterkirche **St. Georg und Jakobus.** Sie wurde 1720 im Rokokostil umgestaltet und spiegelt in ihren asymmetrischen Formen und den hellen Pastellfarben Lebensfreude wider.
Das Gebäude, das heute noch **Schloss** genannt wird, war von 1096 bis zur Säkularisation Benediktinerkloster. Danach gehörte es zunächst den Grafen von Quadt-Wykradt, diente dann der Stadt Stuttgart als geriatrische Klinik und heute beherbergt es die **Kunsthalle** (Schloss 1, https://kunsthalle-schloss-isny.de).
Aus drei ehemaligen Patrizierhäusern, wie dem Albrechtschen Haus mit der frühgoti-

144 Untere Mühle, Isny i. A.

GPS 47.69456, 10.03774

Platz in schöner, relativ ruhiger Lage, zentrumsnah, schmale Stellplätze. Platzwartin kommt mehrmals täglich, max. Standzeit 2 Nächte. **Lage/Anfahrt:** im Ort ausgeschildert; **Platzanzahl:** 16; **Untergrund:** Schotter; **Service:** Strom, Trinkwasser, Abwasser, Chemie-WC; **Preiskat.:** €€; **Geöffnet:** ganzjährig; **Kontakt:** Seidenstraße, 88316 Isny i. Allgäu

schen Säulenhalle im Erdgeschoss, entstand der repräsentative Rathausbau. Bei einer Stadtführung besichtigt man auch den wunderschönen Winterthurer Fayencekachelofen aus dem 17. Jh. im ersten Stock.

Gegenüber dem Rathaus steht der **Blaserturm** aus dem 15. Jh. Hier hielt ein Mann Tag und Nacht Wache und gab bei Gefahr mit einem Signalhorn Alarm.

Gästeinformation, Unterer Grabenweg 18, Tel. 07562 975630

Noch 740 Meter der ehemaligen Befestigungsanlagen von Isny sind erhalten

145 Waldbad Camping, Isny i. A.

GPS 47.67831, 10.03070

Familiär geführter Platz in sehr schöner, ruhiger Lage, 8 Komfortplätze mit Wasser-, Abwasser-, Strom- und Fernsehanschluss. Der Platz ist sehr schön in die Landschaft eingefügt mit eigenem Badesee und Gaststätte, ins Zentrum sind es 1,5 km. **Lage/Anfahrt:** Richtung Maierhöfen fahren, dann am Ortsrand ausgeschildert; **Platzanzahl:** 50; **Untergrund:** Rasengitter; **Service:** Strom, Trinkwasser, Abwasser, Chemie-WC, WLAN; **Preiskat.:** €€€; **Geöffnet:** ganzjährig; **Kontakt:** Lohbauerstr. 59–69, 88316 Isny i. Allgäu, Tel. 07562 2389, www.waldbad-camping-isny.de

TIPP KÄSEREI KÄSKÜCHE

Die Milch, die in der Käsküche verarbeitet wird, stammt von Biobauern im Umkreis von 10 km, die ökologisch wirtschaften und ihre Kühe artgerecht halten. Diese werden ganzjährig mit Heu- und Gras gefüttert, bekommen keine Silo- und Kraftfutterbeimengung. Kälber werden mit Muttermilch aufgezogen und alle Kühe dürfen ihre Hörner behalten. Außer den eigenen Sorten wie Adelegger, Allgäuer Bockshornklee, Isnyer Ur-Bergkäse, Blütenzauber und Sternschnuppe gibt es auch Sorten anderer Käsereien im Laden zu kaufen. Bei einer Führung erfährt man viel über die Käseherstellung (Maierhöfener Str. 78, www.kaeskueche-isny.de).

Es gibt unzählige Möglichkeiten, die herrliche Natur zu Fuß oder mit dem Rad zu erkunden

TOUR WANDERUNGEN UND RADTOUREN AB ISNY

12 km führt die Rundwanderung **Untere Argen** entlang der wilden, weil unverbauten Argen und zum artenreichen Herbisweiher mit zehn Infotafeln. Die Markierung ist ein blaues Quadrat mit grünem und blauem S und der Zahl 26. Start und Endpunkt ist der Wanderparkplatz Schwanden (GPS 47.72334, 10.04400).

Am Wanderparkplatz Großholzleute (GPS 47.67807, 10.08862) startet der mit einem A auf blauem Quadrat markierte Erlebnisweg **Schwarzer Grat** von 10,8 km Länge und 370 m Höhendifferenz. Höhepunkt ist der Aufstieg auf die höchste Erhebung Württembergs, den Schwarzen Grat mit Aussichtssturm. Bereits entlang der Strecke warten Picknickplätze, Himmelsliegen und ein großer Spielplatz auf kleine und große Wanderer. Beim Wanderschild in 1041 m Höhe lohnt sich der Abstecher zur Wenger-Egg-Alpe (ca. 10 Min.). Dort kann man von Mitte Mai bis Ende September in der gemütlichen Gaststube oder auf der großen Sonnenterrasse einkehren (www.isny.de/urlaub-aktiv/wandern-natur/berge/schwarzer-grat.html).

Eine verkehrsarme **Familienfahrradtour** von 14,2 km Länge und einer Höhendifferenz von 80 m beginnt am Kurhaus Isny. Durch die schöne Allgäuer Hügellandschaft mit reizvollem Alpenpanorama rollt die ganze Familie völlig entspannt. Der Besuch der Käsküche Isny (Maierhöfener Str. 78, www.kaeskueche-isny.de) und der Wassertretanlage sorgen unterwegs für Abwechslung.

Ambitionierter ist die 51,9 km lange und mit einem Aufstieg von 443 m anspruchsvolle **Radtour durch die Adelegg.** Start ist am Kurhaus Isny, dann fährt man durch Wiesen und Weiden bis zum voralpinen Höhenzug Schwarzer Grat – anstrengend, aber sehr lohnenswert (www.isny.de/urlaub-aktiv/radfahren-allgaeu/radfahren-planer.html).

TOUR EISTOBEL

Vor 15.000 Jahren, am Ende der letzten Eiszeit, bildete sich im Talkessel von Ebratshofen ein Schmelzwassersee. Sein Abfluss grub die bis zu 130 m tiefe Schlucht des Eistobels in das Gestein. Der Obere Argen stürzt über harte Nagelfluhgesteinsstufen hinab und gräbt dabei in weichere Gesteinsschichten faszinierende Strudellöcher und Kolke.

Auf gesicherten Wegen führt die Wanderung durch die Schlucht, allerdings ist besonders bei Feuchtigkeit auf gutes Schuhwerk zu achten. Vorbei an Wasserfällen, Kaskaden und hohen Felswänden „durchquert" man einen geologischen Zeitraum von mehreren Millionen Jahren. Neben der seltenen Wasseramsel sieht man immer wieder Blauflügel-Prachtlibellen, Bachforellen und im Wald wächst der Riesenschachtelhalm.

Am Ende, beim Eistobelsteg, gibt es zwei Varianten für den Rückweg: entweder nach rechts über Staufenberg mit einer Gesamtwanderstrecke von 4,5 km oder nach links über die Brücke Richtung Riedholzer Kugel mit einer Gesamtstrecke von 9 km.

Der Eistobel liegt zwischen Maierhöfen und Grünenbach (GPS 47.64116, 10.02636, Infos und PDF-Bröschüre www.isny.de/urlaub-aktiv/wandern-natur/schluchten-tobel.html).

Wangen i. A.

„z'Wanga bleibt ma hanga!" Was das Gästeamt heute auf den Touristen bezieht, dem es hier so gut gefällt, dass er nicht mehr gehen will, geht eigentlich auf das Mittelalter zurück. Damals war Wangen für seine strenge und direkte Gerichtsbarkeit bekannt. Wenn man hier hängen blieb, war es am Galgen.

Der Postplatz wird von der spätgotischen Rückseite des **Rathauses,** dem **Waaghaus** und dem imposanten **Kornhaus** von 1600 eingerahmt. Durch den Torbogen geht es hinauf zum Marktplatz. Vorsicht! Hier kann es passieren, dass man nass gespritzt wird: Eine der metallenen Allgäuer Figuren, gefertigt 1997 von Joseph Neustifter, spuckt regelmäßig Wasser auf die Passanten. Der **Brunnen „Verdruckte Allgäuer"** stellt sechs aufeinander „gebeigte" (gestapelte) Allgäuer dar. Sinnbildlich wird hier gezeigt, dass der oberste genauso „verdruckt" (hier ist nicht zerdrückt, sondern schlitzohrig gemeint) ist wie der unterste.

Der Marktplatz wird auch gern die „gute Stube der Stadt" genannt

Die ehemalige Reichsstadt Wangen hat viele herrlich restaurierte Gebäude

Den Marktplatz flankiert die andere Seite des Rathauses, diesmal ausgestattet mit einer Barockfassade, das **Hinderofenhaus** mit Renaissancefassade und die **St. Martins-Kirche,** eines der ältesten Gebäude der Stadt. Am Ende der Paradiesstraße steht das **St.-Martins-Tor** (auch Lindauer Tor genannt) als Abschluss der Altstadt. Man bummelt über die **Herrenstraße** mit ihrem spätgotischen Gepräge an der Mariensäule vorbei bis zum **Frauentor** (auch Ravensburger Tor genannt) im Stil der Renaissance.

Die **Schmiedegasse,** in der früher die Schmiede ihrem Handwerk nachgingen, führt zur historischen **Eselsmühle** (Eselsberg 1). Hier wurde eine vielseitige **Museumslandschaft** untergebracht. Neben der Stadtgeschichte zeigt man mechanische Musikinstrumente sowie einiges Interessante über die Käserei, die Fastnacht und den Flachsanbau. Das Literaturmuseum erinnert an Joseph Freiherr von Eichendorff und die frühneuzeitliche Badestube mit Kreuzgewölbe dokumentiert die Geschichte des Badewesens in der Stadt.

Das Freibad Stefanshöhe (Burgelitz 15, www.stefanshoehe.de) ist eine großzügige Anlage, umgeben von Wiesen und Wald.

146 Stellplatz P18, Wangen i. A.

GPS 47.67923, 9.83245

Neu angelegter Platz, Eröffnung im Jahr 2022 geplant, Lage am Südring und unterhalb der Eisenbahn in relativ ruhiger Lage, Zentrum 700 m. **Lage/Anfahrt:** am Südring ausgeschildert; **Platzanzahl:** 39; **Untergrund:** Pflaster; **Service:** Strom, Trinkwasser, Abwasser, Chemie-WC, WLAN; **Preiskat.:** noch nicht bekannt; **Geöffnet:** ganzjährig; **Kontakt:** Südring, 88239 Wangen i. A.

TOUR RADTOUR NATURSCHATZKAMMERN

Start- und Endpunkt dieser 33,3 km langen Rundtour mit 129 m Anstieg ist der Parkplatz P2 in Wangen. Die Strecke durch das Allgäuer Hügelland bietet ein Naturerlebnis und eine interessante Geologiestunde (www.wuerttembergisches-allgaeu.info/41531406/radreisen).

Gästeamt, Bindstr. 10, www.wangen.de

Traditionell, bodenständig, regional – das sind die Kriterien, nach denen **Leonhardts Stall-Besen** betrieben wird. Umgeben von viel Natur werden entweder im rustikalen Gastraum oder auf der Terrasse deftige Gerichte serviert. Gekrönt wird das Ganze für Womo-Touristen von einem Stellplatz mit Stromanschluss gleich hinterm Haus, von Wiesen umgeben mit schöner Aussicht. Anmeldung empfehlenswert (Humbrechts 1, www.stall-besen.de).

Der **Fidelisbäck** mit seiner rustikalen Gaststube ist eine Institution in Wangen. Der Leberkäse ist legendär (Paradiesstr. 3, www.fidelis1505.de).

In der **Käserei Zurwies** wird nach den gleichen biologischen Grundsätzen gearbeitet wie in der Käsküche in Isny. Luise Holzinger stellt allerdings ausschließlich Weichkäse her (Zurwies 11, www.zurwies.com). Die kleine **Bauern-Käserei Leupolz** erzeugt Allgäuer Bergkäse in Demeter-Qualität (Steinbergstraße 1).

147 Hundrisshof, Wangen

GPS 47.62154, 9.76405

Platz in schöner Lage, Aufenthaltsraum mit Bierkühlschrank, geringe Lärmbelästigung durch Straße, Wangen 11 km, Supermarkt in der Nähe, guter Ausgangpunkt für Radtouren. **Lage/Anfahrt:** von der B12 ausgeschildert; **Platzanzahl:** 14; **Untergrund:** Pflaster; **Service:** Strom, Trinkwasser, Abwasser, Chemie-WC; **Preiskat.:** €€; **Geöffnet:** Mitte März–Mitte Nov.; **Kontakt:** Dabetsweiler 21, 88239 Wangen, Tel. 01731 886474

Daniel Fort

Das Oberallgäu

Die beliebte Urlaubsregion im Süden Deutschlands lockt mit einer Vielzahl kultureller und landschaftlicher Highlights. In voralpinen und hochalpinen Landschaften, die sich bis auf über 2600 m erheben, finden sich zahlreiche Naturdenkmäler. Der Illersprung und die Breitachklamm bei Oberstdorf oder der Lechfall bei Füssen sind lohnenswerte Ziele. Bergbahnen ermöglichen auch Nichtalpinisten den Zugang zu hochalpinen Regionen und Gipfeln wie Tegelberg, Nebelhorn, Fellhorn oder Hochgrat. Der Forggensee oder der Große Alpsee bieten Wassersportlern und Familien viel Spielraum am und im Wasser. Das Allgäu lässt zu jeder Jahreszeit kaum Wünsche offen. Im Sommer finden Wanderer, Bergsteiger und Radfahrer ideale Bedingungen vor. Als größtes Wintersportzentrum Deutschlands bekannt, ist das Allgäu aber auch in der kalten Jahreszeit eine Reise wert.

Nach wie vor werden diverse Traditionen und Feste in der von Alm- und Milchwirtschaft sowie Grünwirtschaft geprägten Region gepflegt. Das Johannisfeuer und der Almauftrieb im Mai/Juni, der Viehscheid im September oder das Funkenfeuer am ersten Fastensonn-

Vom Entschenkopf blickt man weit in die Allgäuer Bergwelt

TOUREN-ÜBERBLICK

Routenempfehlung: Forggensee – Füssen – Kempten – Bad Hindelang – Oberstdorf – Großer Alpsee – Oberstaufen

Streckenlänge: ca. 150 km

Dauer: ca. 5–10 Tage

Reisezeit: ganzjährig. Alpine und voralpine Landschaften, malerische Orte und Schlösser bieten zu jeder Jahreszeit genügend Erlebnisraum für Liebhaber von Kultur und Natur.

tag des Jahres, um den Winter auszutreiben, sind sehenswerte Ereignisse.

Einblick in traditionelles Handwerk und nachhaltig produzierte Produkte erhält man beispielsweise in den Orten Bad Hindelang und Oberstaufen.

Das Allgäu gehört zu den größten Alpgebieten in Deutschland und zu den ältesten Kulturlandschaften des Landes. Der Naturpark Nagelfluhkette bildet mit mehr als 160 Alpen das größte zusammenhängende Hochweidegebiet Bayerns. Frisch zubereitete Milchprodukte können auf den zahlreichen Sennalpen probiert und erworben werden. Die größte und höchstgelegene Bergkäserei Deutschlands, die Alpe Schlappold, kann in der Nähe von Oberstdorf besichtigt werden.

Kulturelle Highlights stellen die weltbekannten Schlösser Neuschwanstein und Hohenschwangau, die für ihre Instumentenbautradition bekannte Stadt Füssen im Königswinkel sowie die einstige Römerstadt Kempten dar.

www.allgaeu.de, www.suedliches-allgaeu.de, www.oberallgaeu.de

148 Camping Brunnen

GPS 47.597439, 10.73707

Attraktiv direkt am See gelegener Platz. Die Berge sind in Sichtweite, die Schlösser Neuschwanstein und Hohenschwangau sowie die Stadt Füssen befinden sich nur wenige Kilometer entfernt. Wellnessbereich mit Saunaanlage (nicht in der Stellplatzgebühr enthalten), Fahrräder und E-Bikes können geliehen werden. Ein Restaurant und ein Minimarkt befinden sich ebenfalls am Platz. **Lage/Anfahrt:** auf einer Landzunge, am östlichen Ufer des Forggensees, über die B17, in Schwangau in die König-Ludwig-Straße biegen, anschließend dem Krehtalweg Richtung Nordosten folgen, zuletzt der Seestraße bis zum Platz folgen; **Platzanzahl:** ca. 240; **Untergrund:** Schotter, Schotterrasen, Wiese, fest; **Service:** Strom, Trinkwasser, Abwasser, Chemie-WC, WLAN; **Preiskat.:** €€€€; **Geöffnet:** ganzjährig; **Kontakt:** Seestr. 81, 87645 Schwangau/Brunnen, Tel. 08362 8273, www.camping-brunnen.de

Auf allen Campingplätzen ist zu den Ferienzeiten unbedingt rechtzeitige Reservierung zu empfehlen, da das Allgäu ein überaus beliebtes Urlaubsziel darstellt.

Forggensee

Der Forggensee ist mit seinen 16 km² der fünftgrößte See Bayerns sowie der größte künstlich angelegte Stausee Deutschlands. Der im Jahr 1954 überflutete Ort Forggen ist Namensgeber des Sees. Der See wird vom Lech durchflossen und liegt in unmittelbarer Nähe der Stadt Füssen im Königswinkel. Der gesamte Uferbereich darf nicht bebaut werden. So ist nahezu das gesamte Seeufer frei zugänglich und die Natur des Sees bleibt erhalten.

Die Wassertemperatur liegt im Juli und August bei angenehmen 20–24 °C. Baden und diverse Wassersportarten sind somit die beliebtesten Aktivitäten. Eine SUP-Ausrüstung lässt sich z. B. an der **Station Brunnen** (www.sup-forggensee.de) ausleihen.

Von Juni bis Oktober verkehren die Schiffe der **Forggensee-Schifffahrt** (www.forggensee-schifffahrt.de) auf dem See. Neben den

Blick vom Tegelberghaus auf Forggensee und Bannwaldsee

klassischen Rundfahrten werden in den Sommermonaten jeden Mittwoch ab 19.30 Uhr zweistündige Abendrundfahrten angeboten. Angler kommen in den fischreichen Gewässern der Region auf ihre Kosten. Der **Kreisfischereiverein Füssen** (www.kfv-fuessen.de) pflegt knapp zweitausend Hektar Fischgewässer. In der landschaftlich reizvollen Umgebung kann zahlreichen Fischarten nachgestellt werden.

Touristen-Information, Münchener Straße 2, 87645 Schwangau, www.myforggensee.de, www.schwangau.de

Füssen

Füssen besticht durch seine außerordentlich schöne Lage am Fuß der Alpen, umgeben von Hügeln und Seen sowie ihrem gut erhaltenen Stadtkern mit Stadtmauer. Die Ursprünge der Stadt am Lech reichen bis in die Römerzeit zurück. Die nahen, imposanten Hochgebirgsgipfel vervollständigen das Stadtpanorama. Enge Gassen, Bürgerhäuser, barocke Kirchen, das **Benediktinerkloster St. Mang** (Lechhalde 3, www.allgaeu.de/a-benediktinerkloster-st-mang), kleine Geschäfte, Straßencafés und das **Hohe Schloss** (www.burgenregion.de/burgen/schloss/hohes-schloss-fuessen) laden zu einem Bummel durch die romantische Altstadt ein.

Begünstigt durch die Lage an der alten Handelsverbindung Via Claudia Augusta und den Lech als Transportweg für den Rohstoff Holz gilt Füssen als die Wiege des Lauten- und Geigenbaus in Europa. Heute lässt sich diese Tradition im **Museum der Stadt Füssen** (Lechhalde 3, www.stadt-fuessen.org/museum) in einer Dauerausstellung nachvollziehen. Auch das **Festival vielsaitig** (https://stadt-fuessen.org/vielsaitig) ist dieser Kunst gewidmet und findet jedes Jahr statt. Die **Kaisersaalkonzerte** laden kulturinteressierte Besucher in den barocken Festsaal des Klosters St. Mang und beziehen sich ebenfalls auf die Lauten- und Geigenbautradition.
Nicht zu vergessen ist das kulturelle Angebot, das dem Märchenkönig König Ludwig II geschuldet ist. In der idyllischen Bergwelt des Königswinkels thronen die weltberühmten Schlösser **Neuschwanstein** (www.neuschwanstein.de) und **Hohenschwangau** (www.hohenschwangau.de). Außerdem lässt sich im **Museum der bayerischen Könige** (Alpseestraße 27, 87645 Hohenschwangau) dem Mythos des Königs nachspüren und in die Welt der Wittelsbacher-Dynastie eintauchen. Als weiteres kulturelles Highlight ist das **Festspielhaus Neuschwanstein** (www.das-festspielhaus.de) zu nennen. Hier kann der Besucher das **Ludwig²-Musical** und einen bunten Mix aus Konzerten, Varietés und Open Airs genießen.

Das weltbekannte Schloss Neuschwanstein thront am Rande der Ammergauer Alpen

Blick auf die Altstadt von Füssen und das Hohe Schloss

Auch für körperliche Aktivitäten bietet die attraktive Umgebung Füssens viele Gelegenheiten. So ermöglicht beispielsweise das **Strandbad** (Weidachstr. 69–77) zwischen Füssener Bootshafen und dem Festspielhaus Zugang zum Forggensee.

Die traumhafte Landschaft dieser Region lässt auch für Wanderer und Radfahrer kaum Wünsche offen. Verschiedene Routen führen durch das Voralpenland sowie in die höheren Lagen des Gebirges.

Mit der **Tegelbergbahn** (Tegelbergstr. 33, 87645 Schwangau, www.tegelbergbahn.de) lässt sich der Aufstieg in die Hochgebirgsregionen der **Ammergauer Alpen** (www.naturpark-ammergauer-alpen.de) verkürzen und die grandiose Aussicht auf das Voralpenland genießen.

Touristen Information, Kaiser-Maximilian-Platz 1, www.fuessen.de (u. a. Wander- und Radtourentipps)

TIPP WALDERLEBNISZENTRUM FÜSSEN-ZIEGELWIES

Ein Baumkronenweg, Erlebnispfade, Ausstellungen, Spielgeräte und Veranstaltungen lassen den Besucher den Lebensraum Wald zwischen Wildfluss Lech und den Steilhängen des Allgäuer Bergwalds mit allen Sinnen erfahren (Tiroler Str. 10, www.walderlebniszentrum.eu, www.baumkronenweg.eu).

149 Wohnmobilstellplatz Camper's Stop

GPS 47.581615, 10.701049

Der Stellplatz liegt ca. 20 Gehminuten von der Füssener Altstadt entfernt. Das Festspielhaus Neuschwanstein und der Forggensee sind in wenigen Gehminuten zu erreichen. Einkaufsmöglichkeiten befinden sich direkt gegenüber. Das Café und Restaurant „Am Platzerl" ist dem Stellplatz zugehörig. **Lage/Anfahrt:** an der B310 und B16, am nördlichen Ortsrand von Füssen; über B310 und/oder B16, anschließend Hopfener Str. und Abt-Hafner-Str.; **Platzanzahl:** ca. 80; **Untergrund:** Schotter; **Service:** Strom, Trinkwasser, Abwasser, Chemie-WC, WLAN; **Preiskat.:** €€; **Geöffnet:** ganzjährig; **Kontakt:** Abt-Hafner-Straße 9, 87629 Füssen, Tel. 08362 940104, www.wohnmobilplatz.de

150 Wohnmobilpark Füssen

GPS 47.582385, 10.701984

Direkt neben dem Camper's Stop gelegen, 20 Gehminuten von der Füssener Altstadt entfernt. **Lage/Anfahrt:** an der B310 und B16, am nördlichen Ortsrand von Füssen; über B310 und/oder B16, anschließend Hopfener Str. und Abt-Hafner-Str.; **Platzanzahl:** 42; **Untergrund:** Schotter; **Service:** Strom, Trinkwasser, Abwasser, Chemie-WC, WLAN; **Sicherheit:** umzäunt; **Preiskat.:** €€; **Geöffnet:** ganzjährig; **Kontakt:** Abt-Hafner-Str. 7a, 87629 Füssen, Tel. 08362 9262180, www.wohnmobilpark-fuessen.de

Die einladenden Restaurants und Cafés machen den Rathausplatz zu einem beliebten Treffpunkt

Kempten

Kempten blickt auf eine lange Geschichte zurück. Die einstige Römerstadt gilt als eine der ältesten Städte Deutschlands. Den Ursprüngen Kemptens lässt sich vielerorts nachspüren. Im **Archäologischen Park Cambodunum** (Cambodunumweg 3, www.apc-kempten.de), im unterirdischen **Schauraum Erasmuskapelle** (St.-Mang-Platz), in den **Prunkräumen der Residenz Kempten** (Residenzplatz 4–6) oder im **Kempten-Museum im Zumsteinhaus** (Residenzplatz 31, www.kempten-museum.de) wird ihre Vergangenheit lebendig. Zu einem gemütlichen Stadtbummel laden die historische Altstadt mit dem **Rathaus** am sehenswerten Rathausplatz, die **barocke Gartenanlage des Hofgartens** (Residenzplatz 6) sowie zahlreiche Geschäfte, Cafés und Restaurants ein.

Um regionale Produkte und Kulinarik zu genießen, bieten die verschiedenen Märkte Kemptens reichlich Gelegenheit. Der **Wochenmarkt** (Hildegardplatz, Mi. und Sa., 7–13 Uhr) findet ganzjährig statt. Der kleine **Bauernmarkt** (Anna-Schwegelin-Brunnen, Residenzplatz) lockt einmal wöchentlich mit saisonalen und regionalen Schmankerln und der **Weihnachtsmarkt** gilt als einer der schönsten im Allgäu. Er verwöhnt den Besucher mit gemütlicher Atmosphäre, verschiedenen Leckereien sowie stimmungsvollem Rahmenprogramm und bietet zahlreiche Stände mit handwerklichen Produkten. Für Spaß und Action sorgen die Schausteller und Fahrgeschäfte des zweimal jährlich stattfindenden **Jahrmarkts** auf dem Königsplatz. Parallel hierzu findet sich in der Innenstadt ein dreitägiger **Händlermarkt** mit ca. 80 Ständen.

Für sportlich Aktive bietet das **Alpinzentrum Swoboda Alpin** (www.dav-kempten.de/swoboda-alpin) zahlreiche Kletterrouten, Bouldern und Kurse bei jedem Wetter. Gemütlicher geht es in der **Kemptener Salzgrotte** (www.kemptner-salzgrotte.de) zu. In der aus pakistanischem rosa Salz nachgebauten Höhle lässt es sich im Mikroklima eines Salzbergwerks bei Licht, Musik und Plätschern der Sole in den Salinen entspannen.

Touristen Information, Rathausplatz 24, www.kempten-tourismus.de

151 Stellplatz Illerstadion

GPS 47.729445, 10.319226

Zentral gelegener, ruhiger Stellplatz. Die Altstadt ist wenige Gehminuten entfernt. Barzahlung am Automaten. **Lage/Anfahrt:** am Illerstadion, über B19 und Illerdamm; **Platzanzahl:** 7; **Untergrund:** Schotter; **Service:** Trinkwasser, Abwasser, Chemie-WC; **Preiskat.:** €; **Geöffnet:** ganzjährig; **Kontakt:** Jahnweg 12, 87437 Kempten, www.kempten-tourismus.de/wohnmobilstellplatz.html

152 Campinghof Sommer

GPS 47.67691, 10.31621

Charmanter, kleiner Campingplatz auf einem Bauernhof mit Bergblick. Die unparzellierten Plätze liegen auf einer Obstbaumwiese. Die sanitären Anlagen befinden sich in einer ehemaligen Scheune. Die Altstadt von Kempten lässt sich mit dem Fahrrad in ca. 25 Minuten erreichen. Nur Barzahlung möglich. **Lage/Anfahrt:** nordöstlich von Waltenhofen, Nähe Iller, auf A980 Ausfahrt Waltenhofen, B19 Richtung Kempten, dann Industriestraße, zuletzt Veitser Str. bis Campingplatz folgen; **Platzanzahl:** ca. 20; **Untergrund:** Wiese; **Service:** Strom, Trinkwasser, Abwasser, Chemie-WC, WLAN; **Preiskat.:** €€€; **Geöffnet:** Mai–Oktober; **Kontakt:** Fischen 6, 87448 Waltenhofen, Tel. 01512 8346153, www.ferienhof-sommer.de

Bad Hindelang

Die im idyllischen Ostrachtal am nördlichen Rand der Kalkalpen gelegene Gemeinde ist **heilklimatischer Kurort und Kneipheilbad.** Sie liegt zu Füßen des 1178 m hohen **Oberjochpasses,** der als kurvenreichste Straße Deutschlands gilt und dessen Asphaltband der historischen Salzstraße folgt, deren Ursprünge bis ins 16 Jh. zurückreichen. Außerdem ist die Bergstraße für ihre gute Bergsicht bekannt. Von den Aussichtspunkten **Jochstraße** und **Kanzel** bieten sich sehenswerte Ausblicke auf die Bergwelt rund um Bad Hindelang.

Ein Großteil der Gemeindefläche liegt in **Landschafts- und Naturschutzgebieten.** So ist es naheliegend, dass sich der Ort hervorragend als Ausgangspunkt für Outdooraktivitäten aller Art in der Allgäuer Bergwelt eignet.

Die **Hornbahn** (www.hornbahn-hindelang.de) bringt Naturfreunde auf 1320 Meter Höhe. Hier kommen Radfahrer und Wanderer auf ihre Kosten. Regionale Speisen können an der Bergstation im Berggasthof **Zum Oberen Horn** (www.zum-oberen-horn.de) genossen werden. Das **Naturbad Hindelang** (Ostrachstraße 21) lädt im Sommer zum Schwimmen und Relaxen ein. Kulturell sehenswert sind das **Kunsthaus Lipp** (Gailenberg 13, https://kilianlipp.de) und das **Kutschenmuseum Hinterstein** (OT Hinterstein, Facebookseite).

Der jedes Jahr am 11. September stattfindende **Viehscheid** ist ein sehenswertes kulturelles Highlight. Der traditionelle Almabtrieb, der im gesamten **Allgäu** (www.allgaeu-viehscheid.de) zu verschiedenen Terminen stattfindet, ist das größte Fest des Tals und gilt im Ort als Feiertag.

Blick vom Aussichtspunkt Kanzel auf Ostrachtal und Bad Hindelang

Touristen Information, Unterer Buigenweg 2, www.badhindelang.de

TOUR WANDERPARADIES BAD HINDELANG

Rund 300 Kilometer ausgeschilderter Wanderwege bieten zahlreiche Tourenmöglichkeiten. Verschiedene Schwierigkeitsgrade können gewählt werden. Hochalpine Touren, Klettersteige sowie Familienwanderwege stehen zur Auswahl (www.badhindelang.de/wandern-klettern/wanderwege-bad-hindelang).

Das **Ökomodell Hindelang,** ein langjähriges Projekt zur nachhaltigen Bewirtschaftung der Region, bietet vielseitige Möglichkeiten, nachhaltige und lokale Produkte zu erwerben und zu probieren. In lokalen Geschäften, direkt ab Hof oder auf dem Hindelanger Wochen-, Bio- und Bauernmarkt können Milchprodukte, Honig, Eier oder Fleisch erworben werden (www.badhindelang.de/traditionell-nachhaltig/oekomodell-hindelang).

Zahlreiche **Werkstätten traditioneller Handwerksberufe** wie Schmied, Lederschneider, Näher oder Holzkünstler sind im Ort ansässig. Die Handwerker öffnen gerne ihre Werkstätten für Besucher. Dort sowie in Ateliers und Galerien lassen sich die handgefertigten Produkte erwerben (www.badhindelang.de/traditionell-nachhaltig/handwerk-kunst/pois).

153 Wohnmobilstellplatz Wiesengrund

GPS 47.499722, 10.372222

Idyllisch gelegener Stellplatz südlich des Ortszentrums von Bad Hindelang. Bäume umschließen den Platz, dennoch sind die Berge zu sehen. Das Naturbad Hindelang und die Hornbahn liegen in unmittelbarer Nähe. Zahlreiche Wanderwege und im Winter Langlaufloipen führen direkt am Stellplatz vorbei. **Lage/Anfahrt:** über B308 und Ostrachstr.; **Platzanzahl:** 30; **Untergrund:** Schotter, Schotterrasen, Wiese; **Service:** Strom, Trinkwasser, Abwasser, Chemie-WC, WLAN; **Preiskat.:** €€; **Geöffnet:** ganzjährig; **Kontakt:** Ostracherstr. 23, 87541 Bad Hindelang, Tel. 08324 2219, www.wohnmobil-stellplatz-hindelang.de

Das 1957 m hohe Rubihorn und das Tal der Iller vom Entschenkopf aus gesehen

Oberstdorf

Die südlichste Gemeinde Deutschlands bietet hervorragende Möglichkeiten, um die Hochgebirgswelt der **Allgäuer Alpen** zu erleben. Die umliegenden Gipfel erreichen Höhen von über 2600 m. Das **Nebelhorn,** der 2224 m hohe Hausberg von Oberstdorf, sowie das **Fellhorn,** der **Ifen** und das **Walmendingerhorn** sind durch **Bergbahnen** (www.ok-bergbahnen.com) erschlossen. Ein über 200 km langes **Wander- und Radwegenetz** (www.oberstdorf.de/sommer/wandern) zieht sich durch die reizvolle Landschaft dieser Region. Das Angebot reicht von gemütlichen Spazierwegen bis hin zu anspruchsvollen Höhenwegen und Klettersteigen.

Neben den Höhenlagen bietet Oberstdorf auch Ausflüge in tiefere Gefilde. Die tiefste Felsenschlucht Mitteleuropas, die **Breitachklamm** (www.breitachklamm.com), ist ein einzigartiges Naturdenkmal und gehört zu den beliebtesten Attraktionen im Allgäu. Die Schlucht lässt sich auf gesicherten Pfaden bequem erkunden.

Oberstdorf trägt das Prädikat **Heilklimatischer-Kneippkurort** und ermöglicht somit gesundheitsbewussten und ruheliebenden Besuchern einen Wohlfühlaufenthalt der besonderen Art.

Die saftigen, grünen Bergwiesen begünstigen eine florierende **Alpwirtschaft.** Auf den zahlreichen Sennalpen der Oberstdorfer Berge können Käse, Milch, Butter, Joghurt, geräucherter Schinken und Kaminwurzen verkostet

INFO DER WILDE-MÄNDLE-TANZ

Für Kulturinteressierte bietet Oberstdorf reichlich **Tradition und Brauchtum** der Alpenregion. Neben den alljährlichen Viehscheiden Mitte September ist der **Wilde-Mändle-Tanz** ein sehenswertes Spektakel. Er gilt als ältester Kulttanz der Alpenländer und seine Wurzeln reichen bis in die Keltenzeit zurück. Nur noch in Oberstdorf alle 5 Jahre aufgeführt, ist er ein seltenes Schauspiel. Wer die Gelegenheit hat, Zeuge dieser Aufführung zu werden, sollte sie nicht verpassen (www.trachtenverein-oberstdorf.de/wilde-maendle.html).

und erworben werden. Auf der größten und höchstgelegenen Bergkäserei Deutschlands, der **Alpe Schlappold** (Fellhorn, www.alpe-schlappold.de), kann man einem Senner bei der Käseherstellung zusehen.

Für weitere kulturelle Streifzüge oder als Schlechtwetteralternativen können das **Trettachhäusle** (Oststraße 39, www.galerie-oberst dorf.de) oder das **Heimatmuseum** (Oststraße 13, www.heimatmuseum-oberstdorf.de) mit dem größtem Lederskischuh der Welt besucht werden.

Die sogenannte **Bergschau** (www.oberstdorf.de/dorfleben/museen-sehenswert/bergschau.html) bietet an verschiedenen Standorten informative Ausstellungen zu Flora und Fauna der Allgäuer Alpen, so im Rathaus, in der Gipfelstation am Fellhorn und im Eingangsgebäude der Breitachklamm.

Das alljährliche Auftaktspringen der **Vierschanzentournee** (www.vierschanzentournee.com) stellt mit rund 40.000 Zuschauern die größte Veranstaltung an diesem Austragungsort für zahlreiche internationale Wintersportwettkämpfe dar. Diesem Umstand verdankt Oberstdorf seine herausragende Stellung im **Wintertourismus.** Der **NTC-Snowpark** setzt dabei mehr auf Fun als auf ernsthaften Sport (www.ntc-oberstdorf.de/snowpark.html).

Touristen Information, Prinzregenten-Platz 1, www.oberstdorf.de, https://allgaeu-erleben.com

Das Restaurant und Naturfreibad **Moorstüble,** ca. 4 km von Oberstdorf entfernt, bietet regionale Spezialitäten und einen gemütlichen Biergarten. Die Abkühlung im Moorbad garantiert einen entspannten Aufenthalt etwas abseits der Touristenströme (Reichenbach 70, www.moorstueble.de).

Die Fellhornbahn erschließt die Bergwelt rund um das Fellhorn, im Vordergrund der Schlappoltsee

154 Wohnmobilstellplatz Oberstdorf

GPS 47.408114, 10.285157

Mitten in Oberstdorf gelegener Stellplatz. Nebelhornbahnen, Wanderwege, zahlreiche Freizeitaktivitäten und Einkaufsmöglichkeiten sind bequem zu Fuß erreichbar. **Lage/Anfahrt:** über B19, Sonthofener Str., dann Beschilderung folgen; **Platzanzahl:** ca. 200; **Untergrund:** Asphalt, Schotter, Wiese, fest; **Service:** Strom, Trinkwasser, Abwasser, Chemie-WC, WLAN, Gas-Service; **Preiskat.:** €€€; **Geöffnet:** ganzjährig; **Kontakt:** Hermann-von-Barth-Str. 9, 87561 Oberstdorf, Tel. 08322 18–0, www.wohnmobilstellplatz-oberstdorf.de

155 Campingplatz Rubi-Camp

GPS 47.42377, 10.2784

An der Trettach gelegener Campingplatz nördlich von Oberstdorf, Bistro und Laden mit Produkten aus der Region und Brötchenservice. Das Zentrum von Oberstdorf ist in ca. 20 Gehminuten zu erreichen. **Lage/Anfahrt:** über B19, Sonthofener Str. und Rubinger Str.; **Platzanzahl:** 100; **Untergrund:** Rasengitter, Pflaster, Wiese; **Service:** Strom, Trinkwasser, Abwasser, Chemie-WC, WLAN, Gas-Service; **Preiskat.:** €€€€; **Geöffnet:** ganzjährig; **Kontakt:** Rubinger Str. 34, 87561 Oberstdorf, Tel. 08322 959202, www.rubi-camp.de

Der Große Alpsee ist für Wassersport bestens geeignet

Großer Alpsee

Der Große Alpsee bietet durch seine Lage im breiten, ostwärts gerichteten Konstanzer Tal gute Windbedingungen für Segler, Surfer und Kitesurfer. Wer nicht eigenständig unterwegs sein möchte, kann eine Fahrt mit dem historischen Ausflugssegler **Santa Maria Loreto** (www.alpseesegler.de) buchen. Die Region ist ein vielseitiges **Freizeitparadies.** Neben weiteren Wassersportarten wie SUP, Kajakfahren oder Schwimmen stehen auch für Wanderer und Radfahrer zahlreiche Tourenmöglichkeiten offen.

Der im **Naturpark Nagelfluhkette** gelegene See und das **Naturparkzentrum** bilden das Tor zu diesem Großschutzgebiet zwischen Allgäu und Bregenzerwald. Die artenreiche Kulturlandschaft des Naturparks bietet vielfältige Möglichkeiten der Freizeitgestaltung und genussreiche Einkehrmöglichkeiten. Ein gut ausgebautes Wanderwegenetz macht den Park für Besucher zugänglich und erlebbar.

Naturparkzentrum Nagelfluhkette, Seestr. 10, www.nagelfluhkette.info, www.immenstadt.de

TIPP FREIZEITPARK ALPSEE BERGWELT

Der Freizeitpark bietet Spaß, Erholung und Genuss für die ganze Familie. Der Alpsee Coaster, der Kletterwald „Bärenfalle" oder die Abenteuer Alpe garantieren einen erlebnisreichen Tag. Wer es ruhiger angehen möchte, kann mithilfe der Sesselbahn die Wanderwege der Alpsee Bergwelt und der Nagelfluhkette erkunden. Für das leibliche Wohl können beispielsweise der Rodelwirt, die Berghütte Bärenfalle oder die Alpe Obere Kalle besucht werden (Ratholz 24, 87509 Immenstadt, www.alpsee-bergwelt.de.).

156 Alpsee Camping

GPS 47.57253, 10.19316

Der Campingplatz bietet eine gehobene Ausstattung und überzeugt durch seine direkte Lage am Alpsee. Unter anderem finden sich ein Kiosk und SB-Restaurant sowie ein Wellnessbereich mit Pool und Saunalandschaft auf dem Gelände. **Lage/Anfahrt:** am Ostufer des Alpsees, über B308, Seestraße und Forellenweg (beschildert), oder Fischerweg, In der Hub und Trieblingser Weg; **Platzanzahl:** 200; **Untergrund:** Asphalt, Schotter, Wiese, fest; **Service:** Strom, Trinkwasser, Abwasser, Chemie-WC, WLAN; **Preiskat.:** €€€€; **Geöffnet:** Ende März–Anf. Januar; **Kontakt:** Seestr. 25, 87509 Immenstadt/Bühl, Tel. 08323 7726, www.alpsee-camping.de

Oberstaufen

Der heilklimatische Kurort liegt am **Naturpark Nagelfluhkette** und bietet neben guten Einkaufsmöglichkeiten und vielseitiger Gastronomie den besten Zugang zu den höchsten Gipfeln der Nagelfluhkette. Der **Hochgrat** (www.hochgrat.de) stellt mit seinen 1834 m die höchste Erhebung dieses Gebirgszugs und des westlichen Allgäus dar. Die Fernsicht ist bei gutem Wetter beeindruckend. Die Hochgratbahn, deren Bergstation auf 1708 m Höhe liegt, befördert täglich Besucher in Gipfelnähe. Neben dem regulären Betrieb bietet die Hochgratbahn **Erlebnisfahrten** an. Vollmond- sowie Sonnenauf- oder untergangsfahrten ermöglichen einmalige und stimmungsvolle Ausblicke.

Für Wanderer bietet der **Premiumwanderort** (www.oberstaufen.de/aktiv-bergen/wandern) ein vielseitiges Tourenangebot in unterschied-

Blick vom Hochgrat Richtung Oberstdorf: Anfang Mai kann in den Allgäuer Alpen noch reichlich Schnee liegen

lichen Schwierigkeitsstufen. Einsteiger können auf Erlebniswanderpfaden oder geführten Wanderungen die Region erkunden.

Mehr als 160 Alpen rund um Oberstaufen bilden das größte zusammenhängende Alpgebiet Bayerns. Für kulinarische Entdeckungen können zahlreiche Sennereien wie die **Baldauf Käserei** (Hopfen 12, 88167 Stiefenhofen, www.baldauf-kaese.de) die **Heumilch Sennerei Rutzhofen** (Hugo-v.-Königsegg-str. 7, www.sennerei-rutzhofen.de) oder die **Bergkäserei Steibis** (Im Dorf 12, Steibis, www.berg-kaese.de) besucht werden.

Nach einem erlebnisreichen Tag lässt es sich im **Aquaria Erlebnisbad** (Alpenstraße 5, www.aquaria.de) wunderbar entspannen.

Oberstaufen mit dem Hochgrat im Hintergrund

Für Freunde ökologisch hergestellter Produkte lohnt sich ein Abstecher in den **Allgäuer Kräutergarten Artemisia.** Neben einem Besuch im Hofladen oder einem Streifzug durch die Gärtnerei können auch Kaffee und Kuchen in der Teestube oder im Garten genossen werden (Hopfen 29, 88167 Stiefenhofen, www.artemisia.de).

TIPP GOLF OBERSTAUFEN

Unweit des Wohnmobilstellplatzes bietet der Golfclub Oberstaufen-Steibis eine in die idyllische Landschaft eingebettete 18-Loch-Anlage (In der Au 5, www.golf-oberstaufen.de).

TOUR RADFAHREN IN OBERSTAUFEN

Für Mountainbiker sowie Genussradler bietet Oberstaufen vielseitige, ausgeschilderte Tourenmöglichkeiten. Fahrräder können ggf. vor Ort ausgeliehen werden (www.oberstaufen.de/aktiv-bergen/radfahren).

Touristen Information, Hugo von Königsegg-Str. 8 und Im Dorf 22, Steibis, www.oberstaufen.de

157 Wohnmobilstellplatz Hochgratblick

GPS 47.526824, 10.027509

Der Stellplatz Hochgratblick besticht durch seine wunderbare Aussicht auf den Hochgrat und die Umgebung. Er ist ideal gelegen, um die Bergwelt von Oberstaufen zu entdecken. **Lage/Anfahrt:** am südlichen Ortsausgang von Steibis, über B308, St 2005, OA 25, Richtung Steibis; **Platzanzahl:** ca. 40; **Untergrund:** Asphalt; **Service:** Strom, Trinkwasser, Abwasser, Chemie-WC, WLAN, Gasflaschenservice; **Preiskat.:** €€; **Geöffnet:** ganzjährig; **Kontakt:** Am Hössl 10, 87534 Oberstaufen, Tel. 08386 8180, www.womo-hochgratblick.de

Daniel Fort

Die Deutsche Alpenstraße

Wer früh unterwegs ist, wird rund um den Spitzingsee mit atemberaubenden Ausblicken belohnt

Die insgesamt 484 km lange Route der Deutschen Alpenstraße führt durch die beliebten Ferienregionen Allgäu und Oberbayern. Begrenzt wird sie von den Orten Lindau am Bodensee und Schönau am Königssee. Die Route ist in beide Richtungen beschildert. Nachfolgend wird das Teilstück von Garmisch-Partenkirchen bis Prien am Chiemsee beschrieben. Hier kommt man in den Genuss einer vielfältigen alpinen Landschaft. Hochalpine Regionen wie das Wettersteingebirge mit Deutschlands höchster Erhebung, der Zugspitze, zahlreiche Seen wie Walchensee, Sylvenstein-Stausee, Schliersee oder Chiemsee, voralpine Landschaften, idyllische Täler und bewaldete Mittelgebirgskuppen, wie sie rund um Bad Tölz und Lenggries vorzufinden sind, laden zum Erkunden ein.

Für aktive Urlauber bietet diese Region ganzjährig eine Vielzahl von Outdoor-Aktivitäten

TOUREN-ÜBERBLICK

Routenempfehlung: Garmisch-Partenkirchen – Walchensee – Bad Tölz und Lenggries – Sylvenstein-Stausee – Schliersee – Prien am Chiemsee
Länge gesamt: ca. 220 km
Dauer: ca. 5–10 Tage
Reisezeit: ganzjährig. Die vielseitige alpine Landschaft und Kultur bieten zu jeder Jahreszeit ein abwechslungsreiches Freizeitangebot.

wie Wandern, Mountainbiken, Kanufahren, Windsurfen, Segeln, Gleitschirmfliegen, Skifahren, Langlaufen oder Schneeschuhwandern. Wer es gemütlicher mag, kann über die Heuwiesen der Täler spazieren oder am Ufer eines Sees oder Flusses entlangflanieren. Auch Nichtalpinisten können die hochalpinen Höhenlagen erschliessen, beispielsweise mithilfe der Seilbahn Zugspitze, der Bayerischen Zugspitzbahn, der Alpspitzbahn, der Wankbahn oder der Brauneck Bergbahn.

Kulturinteressierten präsentieren Orte wie Garmisch-Partenkirchen oder Bad Tölz historische Straßenzüge mit prächtig bemalten Hausfassaden, traditionelles Handwerk und überliefertes Brauchtum, alteingesessene Geschäfte, exklusive Boutiquen, alpinen Lifestyle und natürlich die berühmte bayerische Gastronomie.

Auf allen Campingplätzen ist zu den Ferienzeiten unbedingt eine rechtzeitige Reservierung zu empfehlen, da die Alpenregion ein überaus beliebtes Urlaubsziel darstellt.

ⓘ www.deutsche-alpenstraße.de

Die Deutsche Alpenstraße führt über die Staumauer des Sylvenstein-Stausees

Die historische Ludwigstraße im Ortsteil Partenkirchen lädt zum Flanieren und Shoppen

Garmisch-Partenkirchen

Am Zusammenfluss von Loisach und Partnach erstrecken sich die beiden Ortsteile Garmisch und Partenkirchen in einem weiten Talkessel. Umgeben von Ammergebirge, Estergebirge und Wettersteingebirge stellt der Ort ein Zentrum für alpine Aktivitäten dar. Im Südwesten des Ortes thront Deutschlands höchster Berg, die 2962 m hohe **Zugspitze** (www.zugspitze.de), über dem Tal.
Näheres über die Geschichte, Kunst und regionales Brauchtum der Zugspitzregion erfährt man im **Museum Werdenfels** (Ludwigstr. 47, https://museum-werdenfels.de). In der sehenswerten historischen **Ludwigstraße** gelegen, veranschaulicht das Museum auf 1000 m² 1000 Jahre Geschichte. Zu einem gemütlichen Spaziergang lädt die historische **Frühlingstraße** im Ortsteil Garmisch ein. Die überwiegend aus dem 18. Jh. stammenden Häuser sind mit farbenfroher Lüftlmalerei geschmückt. Musikliebhaber können im **Richard-Strauss-Institut** (Schnitzschulstr. 19, www.richard-strauss-institut.de) auf den Spuren des weltberühmten Komponisten wandeln. Er war mehr als 40 Jahre in Garmisch-Partenkirchen zu Hause, wo er vorwiegend die Frühlings- und Sommermonate verbrachte.

Touristen-Information, Richard-Strauss-Platz 2, www.garmisch-partenkirchen-info.de, www.gapa.de, www.zugspitz-region.de

Touristen-Information, Parkweg 8, 82491 Grainau, 08821981850, www.grainau.de

Zahlreiche Handwerksbetriebe, die **traditionelle regionale Produkte** herstellen, sind in der Zugspitz-Region angesiedelt. Schumacher, Metallgestallter, Holzbildhauer, Seifenhersteller, Trachtenmanufakturen, Chocolatiers und viele mehr sind hier zu Hause (www.inser-hoamat.de).

Mit der Bayerischen Zugspitzbahn geht es auf den höchsten Berg Deutschlands

TOUR ZUGSPITZE, ALPSPITZE UND CO.: BERGWANDERN

Als einfachste Route auf die Zugspitze gilt der Zustieg über das **Reintal** (www.grainau.de/a-durch-das-reintal-auf-die-zugspitze), der bis auf den Schlussanstieg kaum technische Schwierigkeiten aufweist. Gleichzeitig ist dies die längste und einsamste Variante. Der Anstieg durch das Höllental und die spektakuläre **Höllentalklamm** (www.hoellentalklamm-info.de, www.grainau.de/hoellentalklamm) ist abwechslungsreich, technisch anspruchsvoll und sollte nur von erfahrenen Alpinisten gewählt werden. Der kürzeste und direkteste Aufstieg zum Gipfel führt vom **Eibsee** (www.eibsee.de) über die Wiener-Neustädter-Hütte. Für routinierte Bergsteiger stellt der berühmte **Jubiläumsgrat** zwischen den Gipfeln der Zugspitze und **Alpspitze** (www.alpspitze.org) ein besonderes Highlight dar. Für Nichtalpinisten können die beiden Gipfel mithilfe der **Seilbahn Zugspitze** (Am Eibsee 6, https://zugspitze.de/de/zugspitze/sommer/seilbahn-zugspitze), der **Bayerischen Zugspitzbahn** (https://zugspitze.de/de/preise/sommer/zugspitze-ticket-sommer) und der **Alpspitzbahn** (Am Kreuzeckbahnhof 12, www.grainau.de/bergbahn-alpspitze-kreuzeck) erreicht werden. Etwas oberhalb der Bergstation der Alpspitzbahn bietet die Aussichtsplattform **AlpspiX** (https://zugspitze.de/de/garmisch-classic/sommer/alpspix) einen beeindruckenden Rundumblick.

Etwas gemächlicher geht es auf dem 1780 m hohen **Wank** zu, der entweder über die **Wankbahn** (Wankbahnstr. 2, https://zugspitze.de/de/preise/sommer/wank) oder über verschiedene leichte Wanderwege zu erreichen ist. Vom Restaurant **Sonnenalm** (https://zugspitze.de/de/wank/sonnenalm) in der Bergstation bietet sich ein wunderbarer Blick auf die Region. Ebenfalls ohne alpinistische Vorkenntnisse gut zugänglich, ist die **Partnachklamm** (www.partnachklamm.de) als weiteres sehenswertes Naturdenkmal zu empfehlen.

INFO LÜFTLMALEREI

Die Lüftlmalerei ist eine Kunstform der Fassadenmalerei, die Architekturelemente imitiert. Sie ist eine Variante der Trompe-l'œil (Scheinmalerei) aus dem Barock. Die Herkunft der Bezeichnung „Lüftlmalerei" ist nicht geklärt. Vermutlich geht ihr Ursprung auf den Lüftlmaler Franz Seraph Zwinck aus Oberammergau zurück, dessen Heimathaus den Namen „Zum Lüftl" trägt. Eine weitere Theorie geht davon aus, dass der Künstler auch seiner Tätigkeit nachging, wenn ein „Lüftl" um das Haus wehte. Die Tatsache, dass die Kunstwerke mithilfe eines Gerüsts in luftiger Höhe angefertigt wurden, könnte ebenfalls eine Begriffserklärung sein. Neben klassischer Bauernmalerei und Spruchbändern sind auch Motive, die den ländlichen Alltag und die Jagd thematisieren, eingebettet. Auch die Darstellung des Hauspatrons oder des Hauszeichens sowie biblische Elemente oder ein Abbild der Sonnenuhr sind beliebte Sujets. Die in Freskotechnik ausgeführten Wandmalereien sind im kleinstädtischen und ländlichen Raum Süddeutschlands und Österreichs verbreitet.

Lüftlmalerei an einem Gasthaus in der Ludwigstraße

158 Alpencamp am Wank (Stellplatz Wankbahn)

GPS 47.504436, 11.107046

Stellplatz direkt an der Talstation Wankbahn. Idealer Ausgangspunkt für Unternehmungen im angrenzenden Estergebirge. Einstieg zu zahlreichen Wanderwegen z. B. auf den Wank. An der Talstation befindet sich eine Haltestelle der Ortsbuslinie. **Lage/Anfahrt:** über B2, Münchner Str. und Wankbahnstr.; **Platzanzahl:** ca. 100; **Untergrund:** Asphalt; **Service:** Strom, Trinkwasser, Abwasser, Chemie-WC, WLAN; **Preiskat.:** €€€; **Geöffnet:** ganzjährig; **Kontakt:** Wankbahnstraße 2, 82467 Garmisch-Partenkirchen, Tel. 08821 7972550, https://zugspitze.de/camp

159 Camping Resort Zugspitze

GPS 47.477436, 11.052006

Premium-Campinganlage mit Fitness, Wellness und Saunabereich. Auf Wunsch Privatbad und feste Gasanschlüsse. Schöner Blick auf das Zugspitzmassiv. Supermärkte und Bushaltestelle in unmittelbarer Nähe. Der Startpunkt der Höllentalwanderung ist in ca. 30 Min., die Alpspitzbahn in ca. 35 Min. zu Fuß zu erreichen. Das Zentrum von Garmisch-Partenkirchen liegt ca. 5 km entfernt. **Lage/Anfahrt:** an der B23 bei Grainau, B23 Richtung Grainau und Ehrwald (Österreich); **Platzanzahl:** 125; **Untergrund:** Schotter, Schotterrasen, Wiese; **Service:** Strom, Trinkwasser, Abwasser, Chemie-WC, WLAN; **Preiskat.:** €€€€; **Geöffnet:** ganzjährig; **Kontakt:** Griesener Straße 9, 82491 Grainau, Tel. 08821 9439115, www.perfect-camping.de

160 Camping Erlebnis Zugspitze

GPS 47.480639, 11.054047

An der Loisach gelegener Campingplatz. Mit Hecken und teilweise noch junger Bepflanzung abgetrennte Stellplätze. Blick auf das Zugspitzmassiv. Supermärkte und Bushaltestelle auf der gegenüberliegenden Straßenseite. Camping- und Freizeitshop am Platz. Der Startpunkt der Höllentalwanderung ist zu Fuß in ca. 30 Min., die Alpspitzbahn in ca. 35 Min. zu erreichen. Das Zentrum von Garmisch-Partenkirchen liegt ca. 5 km entfernt. Günstigere Stellplätze im Wohnmobilhafen (€€€). **Lage/Anfahrt:** an der B23 Richtung Grainau und Ehrwald (Österreich); **Platzanzahl:** 175; **Untergrund:** Schotter, Schotterrasen, Wiese; **Service:** Strom, Trinkwasser, Abwasser, Chemie-WC, WLAN; **Preiskat.:** €€€€; **Geöffnet:** ganzjährig; **Kontakt:** Griesener Straße 2, 82491 Grainau, Tel. 08821 9439113, www.pure-camping.de

Der Walchensee ist ein Eldorado für Wassersportler, links im Bild der Ort Walchensee

Walchensee

Der malerisch in die Bayerischen Voralpen gebettete See ist mit 190 m Tiefe einer der tiefsten und zugleich größten Alpenseen Deutschlands. Bewaldete Berge umrahmen das Gewässer und bieten viel Raum für ausgedehnte Wanderungen auf ihre Gipfel. Im Nordwesten ragt die **Herzogstand-Heimgartengruppe** mit dem 1731 m hohen **Herzogstand** auf. Von seinem Gipfel bietet sich ein beeindruckender Ausblick über das bayerische Voralpenland. Am Fuß des berühmten Bergs liegt der malerische Ort **Walchensee.** Von hier aus ist der Gipfel in ca. 2,5 Stunden zu Fuß zu erreichen. Wer es bequemer bevorzugt, kann sich mit der **Herzogstandbahn** (Am Tanneneck 6, www.herzogstandbahn.de) bis auf ca. 1600 m befördern lassen. Unweit der Bergstation lädt der **Berggasthof Herzogstand** (www.berggasthaus-herzogstand.de) zur Einkehr mit wunderbarer Aussicht ein.

Neben einem vielseitigen Tourenangebot für Wanderer (www.zwei-seen-land.de/wandern) bietet der Walchensee auch hervorragende Bedingungen für **Wassersportler** (www.zwei-seen-land.de/wassersport). Vor allem bei Surfern ist der See aufgrund seiner guten Windbedingungen beliebt.

Touristen Information, Ringstraße 1, www.zwei-seen-land.de/walchensee, www.walchensee.net, www.walchensee-kochelsee.de

TOUR RADTOUR UM DEN WALCHENSEE

Die 26 km lange, relativ flache Tour bietet wunderschöne Ausblicke auf den See und die Bergwelt rund um den Walchensee. Einkehrmöglichkeiten und Badestellen laden immer wieder zur Rast ein (www.walchensee-kochelsee.de/tipps/radtour-walchensee).

161 Camping Walchensee

GPS 47.583249, 11.310586

Direkt am Walchensee gelegener Platz. Ein Großteil der Stellplätze befindet sich direkt am Wasser. Ein Paradies für Wasser- und Bergsportler. Zahlreiche Wandermöglichkeiten in unmittelbarer Nähe. Minimarkt sowie Café am Platz. **Lage/ Anfahrt:** auf einer Halbinsel, über B11; **Platzanzahl:** 75; **Untergrund:** Schotter, fest; **Service:** Strom, Trinkwasser, Abwasser, Chemie-WC, WLAN; **Preiskat.:** €€€; **Geöffnet:** Ende April–Anfang Okt.; **Kontakt:** Lobisau 8, 82432 Walchensee, Tel. 08858 929168, www.camping-walchensee.de

Bad Tölz und Lenggries

Die an der Isar gelegene Kreisstadt **Bad Tölz** mit ihrem sehenswerten Ortskern liegt auf der Grenze zum **Isarwinkel.** Das Zentrum durchläuft die malerische **Marktstraße** mit ihren aus dem 18. Jh. stammenden und vielfach mit Lüftlmalerei verzierten Fassaden. Ein schöner Blick über die Stadt und über das Isartal Richtung Süden eröffnet sich vom Kalvarienberg. Hier thronen weithin sichtbar die barocke **Kalvarienberg-Kirche** (Aufgang zum Kalvarienberg 20) und die **Leonhardikapelle.**
Durch die Fernsehserie „Der Bulle von Tölz" ist der Ort deutschlandweit bekannt geworden. Im **Bulle von Tölz Museum** (Kapellengasteig 3, www.dasbullevontoelzmuseum.de) finden Fans der Kultserie eine Ausstellung mit Requisiten, Erinnerungsstücken und Pro-

Die Marktstraße mit ihren verzierten Fassaden bildet das Zentrum von Bad Tölz

duktionsinformationen. Im unweit gelegenen, mehr als 100 Jahre alten **Tölzer Stadtmuseum** (Marktstr. 48, www.bad-toelz.de/de/entdecken/toelzer-stadtmuseum.html) können Besucher in die Geschichte des Tölzer Landes eintauchen.

Die Region rund um den wenige Kilometer südlich, im Isarwinkel, gelegenen Ort **Lenggries** bietet für genussvolle **Wanderungen und Radtouren** (www.lenggries.de/sommer/aktivitaeten) beste Bedingungen. Vom Alpen Campingplatz in Arzbach empfiehlt sich eine Wanderung oder Mountainbike-Tour zur idyllisch gelegenen **Hinteren Längentalalm** und ggf. weiter Richtung **Benediktenwand.** Das durch die **Brauneck Bergbahn** (Gilgenhöfe 29a, www.brauneck-bergbahn.de) erschlossene Brauneck ist für Bergfreunde ein beliebtes Wander- und Skigebiet. Zahlreiche **Almen und Gasthäuser** laden zur Einkehr.

Touristen Information Bad Tölz, Max-Höfler-Platz 1 oder Marktstr. 48, www.toelzer-land.de, www.bad-toelz.de

Touristen Information Lenggries, Rathauspl. 2, www.lenggries.de

Unterhalb des Kalvarienbergs fließt die türkisblaue Isar

TIPP KRÄUTER-ERLEBNIS-REGION

Die heimische Welt der Kräuter lässt sich an der Seite von Kräuterspezialisten bei Kräuterwanderungen, Workshops und Veranstaltungen erkunden (www.lenggries.de/sommer/kraeuter-erlebnis).

TOUR ISARRADWEG

Dem schönen Isarradweg folgend, lassen sich die Orte Bad Tölz und Lenggries gut mit dem Fahrrad erreichen (www.isarradweg.de/de/route/toelzer-land).

Bayerisches Bildmotiv par excellence auf der Hinteren Längentalalm

INFO TRADITION UND BRAUCHTUM
Brauchtum, Ursprünglichkeit und lebendige Tradition werden im Tölzer Land mit viel Hingabe gepflegt. Verschiedene Veranstaltungen, Feste und Märkte geben Einblick in die Kultur dieser Region (www.bad-toelz.de/de/veranstaltungen-1.html).

162 Wohnmobilstellplatz an der Isarpromenade

GPS 47.763131, 11.550636

Direkt an der Isar gelegener Stellplatz. Das Zentrum ist fußläufig in ca. 10 Min. erreichbar, max. Standzeit 2 Nächte. **Lage/ Anfahrt:** nordwestlich des Stadtzentrums von Bad Tölz, über B472, Arzbacher Str., Badstraße und Königsdorfer Str.; **Platzanzahl:** ca. 45; **Untergrund:** Schotter; **Service:** Strom, Trinkwasser, Abwasser, Chemie-WC; **Preiskat.:** €; **Geöffnet:** ganzjährig; **Kontakt:** Königsdorfer Str. 67, 83646 Bad Tölz, www.bad-toelz.de/de/uebernachten–2/camping-und-wohnmobil.html

163 Alpen Campingplatz

GPS 47.707783, 11.549533

Ruhiger, idyllischer, am plätschernden Arzbach gelegener Platz. Wanderungen und Radtouren sind in unmittelbarer Umgebung möglich. Ca. 7 km ins Ortszentrum von Bad Tölz und ca. 5 km nach Lenggries. Arzbacher Brezenstuben ca. 800 m entfernt. **Lage/Anfahrt:** am westlichen Ortsrand von Arzbach, von Bad Tölz kommend am rechtsseitigen Isarufer fahren, in Arzbach in Alpenbadstraße biegen und bis zum Straßenende folgen; **Platzanzahl:** 100; **Untergrund:** Schotter, Schotterrasen, Wiese; **Service:** Strom, Trinkwasser, Abwasser, Chemie-WC, WLAN; **Preiskat.:** €€€; **Geöffnet:** ganzjährig; **Kontakt:** Alpenbadstr. 20, 83646 Wackersberg-Arzbach, Tel. 08042 8408, www.alpen-campingplatz.de

Blick von der Faller-Klamm-Brücke nach Westen auf den gestauten Fluss im urwüchsigen Isartal

Sylvenstein-Stausee

Ca. 15 km von Lenggries entfernt, führt die Deutsche Alpenstraße direkt am malerisch gelegenen **Sylvenstein-Stausee** vorbei. Hier sollte man einen Zwischenstopp einlegen, denn der See liegt fjordartig in einer idyllischen Bergwelt. Er wird von der im Karwendelgebirge entspringenden **Isar** gespeist. Im Westen fließt der Fluss in das Gewässer und hier findet sich eines der letzten Teilstücke des urwüchsigen Isartals, das sich zu erkunden lohnt.

Mit dem Fahrrad kann man dem Verlauf der Isar auf der **Wallgau-Vorderriß Mautstraße** (www.ahornboden.com/umgebung/vorderriss/mautstraße) folgen oder das **Rißtal** Richtung **Hinterriß und Ahornboden** (www.ahornboden.com) entdecken.

Ausblick auf den See bieten das 1835 m hohe **Dürrnbergjoch** und das 1923 m hohe **Demeljoch.** Nach einer Bergtour kann man eine der zahlreichen Badestellen rund um den See für eine Erfrischung im kalten Bergsee nutzen. Eine öffentliche Badestelle befindet sich ca. 200 m westlich des Orts **Fall.** Im Ort lädt das **Gasthaus Fallerhof** (Schöttlstr. 1, www.fallerhof-sylvensteinsee.de) zur Einkehr ein.

i www.lenggries.de/sommer/freizeitaktivitaeten-am-sylvensteinsee

164 Stellplatz Sylvenstein-Stausee

GPS 47.57133, 11.534227

Schattiger, im Wald gelegener Stellplatz. Gut als Ausgangspunkt geeignet, um das Gebiet um den Stausee zu erkunden. Da in einem Landschaftsschutzgebiet gelegen, ist kein Camping (Campingstühle etc.) erlaubt. Max. Standzeit 24 Std. **Lage/Anfahrt:** bei Fall, über die B307 Richtung Vorderriß; **Platzanzahl:** ca. 20; **Untergrund:** Schotter; **Service:** Trinkwasser, Abwasser, Chemie-WC, WLAN; **Preiskat.:** €; **Geöffnet:** ganzjährig; **Kontakt:** www.lenggries.de/sommer/camping-wohnmobilstellplatz

Rund um den Schliersee bieten sich immer wieder idyllische Ausblicke

Schliersee

Das Gebiet rund um den auf knapp 800 m ü. NHN gelegenen See präsentiert sich als vielseitige Urlaubsregion. Wunderschön am Fuß der Schlierseer Berge gelegen, bietet die Region vielfältige kulturelle und sportliche Freizeitmöglichkeiten. In den Sommermonaten verkehrt ein **Ausflugsschiff** (Perfallstraße 4 b, www.schlierseeschifffahrt.de) auf dem als **Badesee** und für den **Wassersport** freigegebenen Gewässer. Die im See gelegene **Insel Wörth** (www.insel-schliersee.de) wird von dem Ausflugsschiff angefahren.

Die Schlierseer Berge bieten ein vielseitiges Angebot an Touren- und Einkehrmöglichkeiten für **Wanderer** und **Radfahrer.** Auch im Winter sind neben Eislaufen oder Eisstockschießen auf dem zugefrorenen See Aktivitäten wie Skifahren, Schneeschuhwandern oder Rodeln ein besonderer Genuss.

Ein außergewöhnliches Erlebnis ist der Besuch des **Museumshofs** (Brunnbichl 5, www.wasmeier.de) des ehemaligen Skirennläufers Markus Wasmeier. In diesem altbayerischen Dorf werden Kultur, Tradition und Handwerk vermittelt. Unter anderem finden sich hier ein Wirtshaus, eine Brauerei, ein Bienenhaus, eine Schmiede, eine Schusterei, ein Museumsladen und vieles mehr. Feste und Veranstaltungen runden das Angebot ab.

Eine der wenigen deutschen Whiskydestillerien ist am Schliersee ansässig. Seit 1999 kreieren die Destillateure von **Slyrs** (Bayerischzeller Str. 13, www.slyrs.com) bayerische Single Malts. Neben Führungen, Workshops und Feiern bietet der hauseigene Laden im Besucherzentrum die Produkte zur Verkostung und zum Kauf an.

Erholung und Entspannung nach einem ereignisreichen Tag bietet die vielseitige Wellness- und Saunawelt des Freizeitbades **Monte Mare Schliersee** (Perfallstr. 4, www.monte-mare.de/schliersee).

Folgt man der Alpenstraße Richtung Oberaudorf im Inntal, führt sie über den 1123 m hohen **Sudelfeldpass** und weiter über die kurvenreiche und teilweise enge **Tatzelwurmstraße.** Immer wieder lohnen sich kurze Stopps, um die sehenswerte Landschaft zu bestaunen.

Die **Tatzelwurm-Wasserfälle** (www.tatzelwurm-wasserfaelle.com) sind hier besonders hervorzuheben.
Unweit des Chiemsees bietet das **Schloss Hohenaschau** (Kampenwandstr. 38, 83229 Aschau im Chiemgau, www.aschau.de/schloss-hohenaschau) einen imposanten Anblick und lädt zu einer kurzen Rast ein.

Touristen Information, Perfallstr. 4, www.schliersee.de, www.tegernsee-schliersee.de/schliersee

TOUR BOCKERLBAHNWEG
Eine Wanderung führt vom Bahnhof Neuhaus entlang der ehemaligen Bockerlbahn (1919–1927) über den Spitzingsattel bis zur Waitzinger-Alm. 20 Thementafeln zeigen historische Fotos der nach dem Ersten Weltkrieg für den Holztransport errichteten Bahnstrecke (www.tegernsee-schliersee.de/a bockerlbahnweg)

Schloss Hohenaschau thront auf einem etwa 50 m hohen Felsrücken

165 Camping Schliersee

GPS 47.727921, 11.851889

Sehr idyllisch gelegener Platz direkt am Schliersee. Liegewiese und Badestrand vorhanden. Kleine, aber feine Gastronomie, Liebhaber von Burgern kommen auf ihre Kosten. Die direkt am Platz aufragenden Schlierseer Berge locken mit einem üppigen Tourenangebot. Der Ortskern von Schliersee liegt ca. 2 km entfernt. **Lage/Anfahrt:** südwestlich des Ortskerns von Schliersee, über B307, in Schliersee in Breitenbachstraße biegen, dann Westerbergstraße folgen; **Platzanzahl:** ca. 70; **Untergrund:** Schotter, Schotterrasen, Wiese; **Service:** Strom, Trinkwasser, Abwasser, Chemie-WC, WLAN; **Preiskat.:** €€€€; **Geöffnet:** April–November; **Kontakt:** Westerbergstraße 27, 83727 Schliersee, Tel. 08026 9298998, www.camping-schliersee.de

Hersteller und Anbieter regionaler Produkte und Inhaber gastronomischer Betriebe, die durch eine besonders hochwertige Qualität bestechen und besondere Erlebnisse bieten, haben sich zur Interessengemeinschaft **Die Werteproduzenten** zusammengeschlossen (www.werteproduzenten.de).

Prien am Chiemsee

Der größte bayerische See liegt malerisch im Alpenvorland. Das „Bayerische Meer" lockt mit vielfältigen kulturellen und sportlichen Freizeitmöglichkeiten. Auf die im Süden aufragenden **Chiemgauer Alpen** hat man vom See aus einen traumhaften Blick. Neben **Wanderungen und Spaziergängen** (www.chiemsee-chiemgau.info/wandern-am-chiemsee) ist das Gewässer selbstverständlich bestens geeignet, um sich bei nahezu allen erdenklichen **Wasseraktivitäten** (www.chiemsee-chiemgau.info/wassersport) zu vergnügen.

Der Chiemsee Radweg (s. S. 308) kreuzt die Bernauer Achen, die als Rottauer Bach in den Chiemgauer Alpen entspringt

Als kulturelle Sehenswürdigkeiten sind die zwei größten **Inseln** zu nennen. Sie sind ganzjährig mit der Flotte der **Chiemsee-Schifffahrt** (www.chiemsee-schifffahrt.de) zu erreichen. Auf der idyllischen **Fraueninsel** faszinieren unter anderem das aus dem 7. Jahrhundert stammende **Benediktinerinnenkloster Frauenwörth** (Frauenchiemsee 50, www.frauenwoerth.de) und die aus dem 9. Jahrhundert stammende **karolingische Torhalle** (Frauenchiemsee 41). Traditionelle Töpfereien, Fischereibetriebe und das malerische Dorf mit seinen Gasthäusern und Biergärten lassen einen Spaziergang über die kleine auto- und fahrradfreie Insel zu einem besonderen Erlebnis werden.

Die kleine Fraueninsel liegt nordöstlich der weitaus größeren Herreninsel

Wasservergnügen auf dem Chiemsee, im Hintergrund die Herreninsel

Auf der weitaus größeren **Herreninsel** befindet sich das bekannte **Schloss Herrenchiemsee** (www.herrenchiemsee.de), das vom Märchenkönig Ludwig II. nach dem Vorbild von Versailles errichtet wurde. Die Räumlichkeiten des Schlosses und das **König-Ludwig-Museum** im Erdgeschoss des Schlosses können besichtigt werden. Anschließend lädt der weitläufige Schlosspark mit seinen Wasserspielen zu einem gemütlichen Spaziergang ein.

Nach einem erlebnisreichen Tag lädt das nahe dem Panorama Camping Harras gelegene Restaurant **Zum Fischer am See** zur Verkostung heimischer Produkte (Harrasser Str. 145, www.fischeramsee.de).

Touristen Information, Felden 10, 83233 Bernau a. Chiemsee, www.chiemsee-alpenland.de, www.chiemsee-chiemgau.info, www.chiemgauer-alpen.net, www.chiemsee-inseln.de

TIPP GAILER FINE ART CHIEMSEE

In dieser Galerie auf der Fraueninsel werden seit über 40 Jahren süddeutsche Malerei und Kunstwerke der Chiemseemaler präsentiert (83256 Frauenchiemsee 13, www.gailerfineartchiemsee.de).

166 Wohnmobilhafen am Chiemsee

GPS 47.831181, 12.385496

In Seenähe gelegener Stellplatz unweit der Autobahn. Strandbad, Restaurants, Fahrrad-, SUP- und Kajakverleih, Surf und Segelschule in der Nähe. 400 m zum Anleger Chiemsee-Schifffahrt Bernau. **Lage/Anfahrt:** 50 m vom Chiemsee entfernt, A8 Richtung Salzburg, Ausfahrt Felden, im Kreisverkehr erste Ausfahrt nehmen, Rasthausstraße folgen; **Platzanzahl:** 50; **Untergrund:** Asphalt, Schotter, fest; **Service:** Strom, Trinkwasser, Abwasser, Chemie-WC, WLAN; **Preiskat.:** €€; **Geöffnet:** Mai–Okt.; **Kontakt:** Rasthausstraße 15, 83233 Bernau a. Chiemsee, Tel. 08051 9631525, www.wohnmobilhafen-am-chiemsee.de

TOUR RADFAHREN RUND UM DEN CHIEMSEE

Für sportlich aktive Reisende ist eine Umrundung des Sees mit dem Fahrrad eine attraktive Herausforderung. Der **Chiemsee Radweg** führt auf 60 km über Feldwege, asphaltierte Radwege und Nebenstraßen rund um das Gewässer. Im Sommer wird der Chiemsee mehrmals täglich vom **Rad- und Wanderbus** der Chiemseeringlinie (www.chiemsee-alpenland.de/service/prospekte/chiemseeringlinie) umrundet. Er verbindet die Schiffsanlegestellen mit den regionalen Bahnhöfen sowie Erholungs- und Badegebieten in der Region (www.chiemsee-alpenland.de/entdecken/tourenportal/chiemsee-radweg).

Weithin bekannte Spezialitäten wie das im Kloster von Hand hergestellte Marzipan oder der Kräuterlikör können im **Klosterladen Frauenwörth** erworben werden. Die Buch- und Kunsthandlung lädt zum Entdecken und Schmökern ein (www.frauenwoerth.de/klosterladen).

167 Panorama Camping Harras

GPS 47.8403, 12.37286

Auf einer Halbinsel gelegener Platz, die Alpen im Blick. Die Stellplätze befinden sich teilweise direkt am Wasser. Guter Zugang zum See. Gastronomie und Kiosk vorhanden. Fischverkauf in unmittelbarer Nähe. Rad und Wanderwege führen direkt am Platz vorbei. 3 km zur Chiemsee-Schifffahrt in Prien. **Lage/Anfahrt:** am westlichen Ufer des Chiemsees, von Aschau Richtung A8 (Frasdorf), A8 Richtung Salzburg, Bernau abfahren und Richtung Prien a. Chiemsee fahren, am ersten Kreisverkehr in Harrasser Str. biegen; **Platzanzahl:** ca. 160; **Untergrund:** Schotter, Schotterrasen, Wiese; **Service:** Strom, Trinkwasser, Abwasser, Chemie-WC; **Preiskat.:** €€€€; **Geöffnet:** Mitte April–Anfang Nov.; **Kontakt:** Harrasser Straße 135, 83209 Prien am Chiemsee, Tel. 08051 904613, www.camping-harras.de

Marko Roeske

Das Berchtesgadener Land

Das Berchtesgadener Land als südlicher Teil des gleichnamigen Landkreises ragt wie die viel zitierte Schwanzspitze des Bayerischen Löwen recht weit nach Österreich – genauer gesagt ins Salzburger Land – hinein. Von daher versteht es sich fast von selbst, dass die offiziellen Staatsgrenzen – natürlich auch dank der Errungenschaften der europäischen Einigung – hier in der Region im Grunde nicht wirklich trennen, sondern eher grobe Orientierungslinien sind. Und auch linguistische Barrieren existieren im gemeinsamen mittelbairischen Sprachraum normalerweise keine, wenn auch die einzelnen Dialekte nach wie vor hüben wie drüben deutlich unterscheidbar sind.

Als Urlaubsregion bedient das Berchtesgadener Land mit seiner beeindruckenden Bergkulisse und seinem bodenständigen Men-

TOUREN-ÜBERBLICK

Routenempfehlung: Ramsau – Schönau am Königssee – Berchtesgaden – Marktschellenberg – Bischofswiesen – Bad Reichenhall
Länge gesamt: ca. 70 km
Dauer: ca. 3 Tage
Reisezeit: ganzjährig

schenschlag durchaus das archetypische Klischeebild des alpinen Oberbayern und spiegelt dabei all das wider, was in den Augen vieler Besucher aus dem In- und Ausland so reizvoll an der Region ist – und das auch jenseits aller Stereotype vollkommen zu Recht.

Tourist-Info Berchtesgadener Land, www.berchtesgaden.de

Ramsau

Stolz bezeichnen die Ramsauer ihre Gemeinde als erstes deutsches **Bergsteigerdorf,** ein vom Deutschen Alpenverein 2015 verliehener Titel, der auf Ursprünglichkeit und Nachhaltigkeit in touristischen Belangen hinweisen soll. Und in der Tat wird in der 1700-Einwohner-Gemeinde ein Auge darauf geworfen, dass es doch etwas gemächlicher zugehen möge als in vielen der benachbarten Touristenorte.
Vielleicht trägt dazu auch bei, dass sich Ramsau seinen Besuchern in einer zwar fast schon wieder unwirklich erscheinenden, aber eben auch ungemein beruhigenden Postkartenidylle präsentiert. So dürfte allein der berühmte Blick über die Ramsauer Ache hinüber zur **Pfarrkirche Sankt Sebastian** im Laufe der langen touristischen Geschichte Ramsaus wohl tausendfach gemalt und millionenfach fotografiert worden sein. Der frühere US-Präsident Eisenhower soll sogar beide Kunstformen verbunden haben, als er 1960 die Weihnachtspräsente für seinen Stab mit handgemalten Bildern des Kirchleins schmückte – zu denen er sich ursprünglich von einem Foto inspirieren ließ.
Ramsau als eine der „Urgnotschaften" des Berchtesgadener Landes – der nur hier in der Region verwendete historische Begriff „Gnotschaft" steht für einen Ort bzw. Ortsteil – bietet außer seinen pittoresken Dorfansichten aber

Direkt an der Ramsauer Ache liegt die denkmalgeschützte Pfarrkirche Sankt Sebastian

Durch den Zauberwald erreicht man den malerischen Hintersee

auch jede Menge atemberaubender Natur: So liegen über 80 Prozent der Ramsauer Gemeindefläche im **Nationalpark Berchtesgaden.** Ein ganz besonderer Anziehungspunkt für Touristen und Einheimische ist der romantische **Hintersee** mit seinem angrenzenden **Zauberwald,** einem kleinen Forst, der mit seinen durch einen Bergsturz im ganzen Wald verteilten Felsbrocken, dem in vielen Schattierungen leuchtenden Grün und seinen ganz besonderen, manchmal fast schon verwunschen wirkenden Lichtstimmungen den Besuchern wahrlich magische Momente zu bescheren vermag.

Tourist-Info Ramsau, Im Tal 2, www.ramsau.de

TOUR WANDERN

Wer sich nicht gleich ans Bergsteigen wagen will, sondern die Berchtesgadener Alpen auf gut präparierten Wanderwegen erkunden möchte, für den finden sich Touren aller Schwierigkeitsgrade auf www.berchtesgaden.de/wandern.

Schönau am Königssee

Die meisten Menschen haben nur den **Königssee** im Sinn, wenn sie von Schönau sprechen. Und selbstverständlich ist dieses betörend schöne Gebirgsgewässer der große Anziehungspunkt in der südlichsten Gemeinde des Berchtesgadener Lands. Doch der kleine Ort an der Nordspitze des Sees hat auch noch andere Sehenswürdigkeiten zu bieten.

So finden sich auf dem Gemeindegebiet, das sich bis hinter den Königssee in Richtung Österreich erstreckt, viele sehenswerte Kirchlein und Kapellen. Je nach Kondition bietet sich hierfür ein kurzer Spaziergang rund um den Ort oder aber eine ausgedehnte Wanderung in die Bergwelt links und rechts des Sees an – entdecken wird man immer etwas. Und sollte das Wetter einmal nicht mitspielen: Im alten Bahnhof der Gemeinde wird in einer sehenswerten **Ausstellung** ein echter Weltstar gewürdigt, der seine Kindheit hier in Schönau verbrachte: **Romy Schneider** (Seestraße 17, www.romy-schneider-ausstellung.de).

Tourist-Info Schönau, Rathausplatz 1, www.koenigssee.de

TIPP SCHIFFSTOUR AUF DEM KÖNIGSSEE

Typischer könnte man sich das Bild von einem wildromantischen bayerischen Bergsee sicher nicht vorstellen: Wie ein Fjord schmiegt sich der Königssee langgestreckt an die Steilhänge des Watzmannstocks und des Hagengebirges und ermöglicht vor allem auf den beliebten Schiffstouren faszinierende Einblicke aus einer ungewöhnlichen Perspektive in die beeindruckende Berchtesgadener Alpenwelt. Die Demonstration des Echos mittels einer **Trompetenfanfare** mitten auf dem See gehört ebenso zu den Höhepunkten einer jeden Bootsfahrt wie das Anlegen an der berühmten **Wallfahrtskirche Sankt Bartholomä.** Zusammen mit ihren Wirtschaftsgebäuden und trotz ihrer so abgeschiedenen Lage bildet sie sogar einen eigenen Gemeindeteil von Schönau (Seestraße 55, www.seenschifffahrt.de/de/koenigssee).

Der Hafen in Schönau am Königssee

Wohl eine der bekanntesten Kirchen der Welt: Sankt Bartholomä am Königssee

168 Campingplatz Mühlleiten

GPS 47.59982, 12.988925

Mittelgroßer 4-Sterne-Campingplatz mit beeindruckendem Bergblick, auch Tagesstellplätze im ganzjährigen Betrieb, im Winter Loipeneinstieg direkt am Platz, Skigebiete ganz in der Nähe, Kiosk, Restaurant, Grillstelle, Spielplatz. **Lage/Anfahrt:** vom Königssee kommend direkt an der B20 Richtung Berchtesgaden gelegen; **Platzanzahl:** 100; **Untergrund:** Asphalt, Wiese; **Service:** Strom, Trinkwasser, Abwasser, Chemie-WC, WLAN; **Preiskat.:** €€€€; **Geöffnet:** ganzjährig; **Kontakt:** Königsseer Straße 70, 83471 Schönau am Königssee, Tel. 08652 4584, www.camping-muehlleiten.de

Berchtesgaden

Obwohl Namensgeber für einen ganzen Landkreis, ist der Markt Berchtesgaden mit seinen knapp 8000 Einwohnern nur die viertgrößte Gemeinde darin. Das tut seinem weltweiten Ruf als beliebtes Urlaubsziel aber keinen Abbruch.

Zu Beginn des 12. Jahrhunderts wurde der Ort erstmals urkundlich als Klosterstift „berthercatmen" erwähnt. Seinen heutigen Namen dürfte er wohl einem gewissen Berther (oder auch: Perther) verdanken, der in der Gründungszeit mutmaßlich ein einstöckiges Haus („Gaden") bewohnt haben dürfte. Andere Quellen ziehen aber auch Verbindungen zur ursprünglich wohl keltischen Sagengestalt der Perchta.

Die architektonische Hauptattraktion Berchtesgadens stellt zweifelsohne das **Königliche Schloss** (Schlossplatz, https://schloss-berchtesgaden.de) mit der **Stiftskirche Sankt Peter und Johannes der Täufer** dar, das sich aus eben jenem Klosterstift entwickelte. Im Laufe der Jahrhunderte und etliche Aus- und Umbauten später – worauf der doch etwas ungewöhnliche Stilmix mehrerer baulicher Epochen fußt – diente das mächtige Gebäudeensemble unter anderem als Sitz der Berchtesgadener Fürstpropstei und seit Anfang des 19. Jahrhunderts als Schloss des bayerischen Königshauses. Besichtigt werden kann das ehemals hochherrschaftliche Haus, das auch eine Reihe wertvoller Kunstschätze beherbergt, nur im Rahmen einer Führung. In den ehemaligen Stallungen ist zudem noch das Berchtesgadener **Rehmuseum** untergebracht, in dem Tausende von Wildschädeln und -geweihen zu besichtigen sind.

Trotz exklusiver Lage nur selten wirklich einsam: das Kehlsteinhaus

INFO DER OBERSALZBERG

Rein verwaltungstechnisch ist Obersalzberg zunächst einmal nur eine Gnotschaft der ehemals eigenständigen Gemeinde Salzberg, die seit 1972 zum Markt Berchtesgaden gehört. Benutzt man den Begriff allerdings mit Artikel, spricht also von „dem" Obersalzberg, ist ein langgezogener Bergrücken östlich von Berchtesgaden gemeint, der bis heute mit seiner Rolle in der NS-Zeit verbunden wird. Adolf Hitler hatte hier zunächst das „Haus Wachenfeld" als Feriendomizil gemietet und es später gekauft, um es zum sogenannten Berghof um- und ausbauen lassen. Schließlich wurde aus dem gesamten Umland das befestigte „Führersperrgebiet", in dem sich nach und nach auch andere Größen der NS-Führungsspitze niederließen. So wurde der Obersalzberg neben Berlin quasi zum zweiten Regierungssitz.

Nach Bombardement und Besetzung durch alliierte Truppen am Ende des Zweiten Weltkriegs zeigte sich in den folgenden Jahrzehnten immer wieder, wie problematisch es ist, mit dem schweren Erbe umzugehen und für die Zukunft eine angemessene Nutzung des Obersalzbergs zu bewerkstelligen. Heute befindet sich auf dem Obersalzberg ein **Dokumentationszentrum** (Salzbergstraße 41, www.obersalzberg.de), das die Zeit des Nationalsozialismus aufarbeitet.

Ansonsten hat sich aber auch der Tourismus wieder etabliert: So öffnete etwa im Jahr 2005 direkt am Obersalzberg ein Fünf-Sterne-Hotel. Vor allem aber auch das relativ nahe gelegene **Kehlsteinhaus** (Bushaltestelle: Salzberger Straße 45, www.kehlsteinhaus.de) auf einem Bergsporn des Kehlsteins, eines der letzten verbliebenen Gebäude aus der NS-Zeit, ist ein beliebtes Ausflugsziel, das sich gleichzeitig seiner Geschichte stellt. Es besteht vom Obersalzberg eine Busverbindung über die spektakuläre Kehlsteinstraße.

Neben der Stiftskirche stechen in der an Sakralbauten beileibe nicht armen Gemeinde Berchtesgaden noch besonders die benachbarte **Pfarrkirche Sankt Andreas** und die erhaben auf einem Felsvorsprung thronende evangelisch-lutherische **Christuskirche** an der Ludwig-Ganghofer-Straße hervor.

Unterhalb des Schlosses findet sich für interessierte Flaneure noch der im französischen Stil angelegte **Kurgarten** – mit exklusivem Watzmannblick. Besonders in der Zeit um Anfang Mai bietet die kleine Parkanlage ein äußerst reizvolles Bild, wenn die japanischen Kirschbäume in voller Blüte stehen – auch wenn man den Kurgarten dann wahrscheinlich mit etlichen begeisterten Hobbyfotografen teilen muss.

Wie bei so vielen anderen Orten in der Region ist natürlich auch die Geschichte des Marktes Berchtesgaden untrennbar mit dem Salzabbau verbunden – das weiße Gold wird hier seit über 500 Jahren aus der Erde geholt. Eindrucksvoll nacherleben lässt sich diese Vergangenheit bei einer Einfahrt ins beeindruckende **Besucherbergwerk** (Salzburger Straße 24, www.salzbergwerk.de).

Wieder heil an der Erdoberfläche angekommen, richtet sich der Blick erneut der beeindruckenden Schönheit der Berchtesgadener Alpen zu. Im **Haus der Berge** (Hanielstraße 7, www.haus-der-berge.bayern.de) am Ortseingang, dem Informations- und Bildungszentrum des Nationalparks Berchtesgaden, kann der interessierte Besucher alles Wissenswerte über Flora und Fauna sowie die Geologie der ehrfurchteinflößenden Bergwelt rundherum erfahren – auch ohne selbst die Bergstiefel schnüren zu müssen.

Tourist-Info Berchtesgaden, Königsseer Straße 2, www.berchtesgaden.de

Das Königliche Schloss mit seiner Stiftskirche bildet das architektonische Zentrum Berchtesgadens

Die Rossfeldpanoramastraße bietet einen beeindruckenden Perspektivwechsel

TIPP DIE ROSSFELD-PANORAMASTRASSE

Wer nicht selbst einen Berggipfel erklimmen möchte, um die gigantische Bergwelt in und um das Berchtesgadener Land einmal aus erhöhter Perspektive zu bewundern, der hat die Möglichkeit, auch mit Wohnmobil, Pkw oder Motorrad – ganz Verwegene benutzen auch das Fahrrad – ordentlich Höhenluft zu schnuppern: auf der berühmten Rossfeldpanoramastraße. Diese **mautpflichtige** Bergstrecke, die mit ihren zahlreichen Parkplätzen auch ein geschätzter Ausgangspunkt zum **Wandern** und **Skifahren** ist, kann entweder **von Süden über den Obersalzberg** oder **von Norden über Oberau** angefahren werden. Oben auf der Scheitelstraße angekommen, bietet die höchstgelegene Panoramastraße Deutschlands traumhafte Aussichten auf die umliegende Bergwelt. So können die Besucher den Blick etwa ins Salzachtal und auf die Salzburger Alpen, auf das Tennengebirge, auf den Hohen Göll und den Kehlstein und natürlich auf die übrigen Berchtesgadener Alpen mit dem majestätischen Watzmann schweifen lassen (www.rossfeldpanoramastraße.de).

169 Camping Resort Allweglehen

GPS 47.647338, 13.039731

Deluxe-Campingplatz mit traumhaftem Panoramablick von nahezu allen Plätzen, Gastronomie und Kiosk vor Ort, großer Wellnessbereich und Außenpool. Etwas unterhalb des eigentlichen Campingplatzes existiert ein separater Stellplatz für Kurzzeitreisende. **Platzanzahl:** 150; **Service:** Strom, Trinkwasser, Abwasser, Chemie-WC, WLAN; **Preiskat.:** €€€€; **Geöffnet:** ganzjährig; **Kontakt:** Allweggasse 4, 83471 Berchtesgaden, Tel. 08652 2396, www.allweglehen.de

INFO DER WATZMANN

Neben der Zugspitze ist der Watzmann mit seinen 2713 Metern Höhe sicherlich der bekannteste Berg der deutschen Alpen – und tatsächlich das einzige der großen Massive, das vollständig auf deutschem Staatsgebiet liegt. Wahrscheinlich dürfte auch die viel zitierte **Watzmannsage** zu dieser Berühmtheit beigetragen haben: Nach dieser Sage wurde der grausame Herrscher Wazemann mitsamt seiner Familie von einer Bäuerin, deren gesamte Sippschaft er zuvor ausgelöscht hatte, verflucht und in Stein verwandelt. Und so erscheinen die einzelnen Gipfel des Watzmann quasi wie auf einem Familienfoto aufgereiht, mit den kleineren Erhebungen als Kinder in der Mitte und den beiden größeren Gipfeln als Eltern jeweils auf den beiden Außenseiten. Eine der berühmtesten Darstellungen des Watzmanns stammt von dem Maler **Caspar David Friedrich,** die allerdings wohl nach der Skizze eines anderen Künstlers entstanden sein dürfte, da Friedrich selbst der Überlieferung nach die Alpen nie mit eigenen Augen gesehen hat. Doch auch in der modernen Populärkultur hat der Berchtesgadener Hausberg seine Spuren hinterlassen: **„Der Watzmann ruft"** ist ein in den 1970er-Jahren entstandenes und immer wieder neu aufgeführtes Singspiel (oder „Rustical") über den Sog der Höhe, das ewige „Aufi"-Müssen junger Burschen, um sich selbst – und natürlich der holden Damenwelt – ihre Männlichkeit zu beweisen.

„Groß und mächtig, schicksalsträchtig": der sagenumwobene Watzmann

Farbenspiele an der Berchtesgadener Ache in Marktschellenberg

Marktschellenberg

Folgt man der Bundesstraße 305, die sich parallel zur türkisfunkelnden Berchtesgadener Ache ihren Weg in Richtung österreichischer Grenze sucht, gelangt man an den letzten Ort auf deutschem Gebiet: das malerische Marktschellenberg am Fuße des mächtigen **Untersbergs.** Auch dieses Bergmassiv ist der Ursprung vieler Mythen und Sagen, woran nicht zuletzt auch die zahlreichen geheimnisumwitterten Höhlen in der Umgebung – wie etwa die **Schellenberger Eishöhle** (https://eishoehle.net), eine Schauhöhle auf über 1500 Metern Höhe – ihren Anteil haben. Bei Wanderungen rund um Marktschellenberg, z. B. durch die spektakuläre **Almbachklamm** (Kugelmühlweg 18, www.berchtesgaden.de/almbachklamm) mit ihrer berühmten Marmorkugelmühle, lässt es sich vortrefflich den diversen Erzählungen und Geschichten der Region nachspüren. Ganz real dokumentiert wurde hingegen die Schönheit der Marktschellenberger Landschaft im oscarprämierten Hollywoodfilm **The Sound of Music** von 1965, der auf dem gleichnamigen Musical beruht. Obwohl die Handlung in erster Linie in und um Salzburg angesiedelt ist – und damit das Österreichbild einer ganzen Generation US-amerikanischer Zuschauer prägte –, wurden einige Sequenzen des Films im Berchtesgadener Land, auch in Marktschellenberg, gedreht. Einen Vergleich zur benachbarten Alpenrepublik Österreich kann der interessierte Besucher aber auch gerne und relativ mühelos selbst ziehen: Sowohl nach **Salzburg** im Norden wie auch nach **Hallein** im Osten ist es von Marktschellenberg nicht weit.

ⓘ **Tourist-Info Marktschellenberg,** Salzburger Straße 2, www.marktschellenberg.de

Am Böcklweiher bei Bischofswiesen ist der Watzmannblick inklusive

Bischofswiesen

Bischofswiesen liegt malerisch zwischen Berchtesgaden und Bad Reichenhall. Unter anderem weist der kleine Ort mit seinen gut 7000 Einwohnern eine Besonderheit auf: Es dürfte weltweit wohl nur wenige Gemeinden geben, die unter ihren Töchtern und Söhnen eine solche Dichte an aktiven und ehemaligen Weltklassesportlern ihr Eigen nennen können wie Bischofswiesen. So stammt etwa der Nordische Kombinierer Hermann Weinbuch von hier und der fast schon legendäre „Hackl Schorsch“ hat in Bischofswiesen seinen Lebensmittelpunkt. Neben seinem Ruf als **Wintersportort** hat der kleine Ort aber auch landschaftlich einige besondere Sehenswürdigkeiten aufzuweisen: Da wäre zum Beispiel die **Steinerne Agnes** im Bischofswiesener Forst, ein skurril geformter Felsen, der – wenn auch zugebenermaßen nur sehr entfernt – an eine Frauengestalt mit Hut erinnert. Oder man setzt sich einfach ein paar Minuten auf ein Bänkchen am zauberhaften **Böcklweiher** im Ortsteil Strub, schaut nur einfach mal aufs Wasser und freut sich, wenn man die Spiegelung des Watzmanns darin erkennt. Mehr braucht es dann gar nicht mehr, um sich rundherum eins zu fühlen mit der traumhaft schönen Natur.

Nicht nur aufs Wasser blicken, sondern mitten hinein kann man im **Naturbad Aschauerweiher** (Aschauerweiherstraße 85), das auch eine eigene Gaststätte vorweisen kann – schlüssigerweise „Aschauerweiherwirt“ genannt. Im Winter wandelt sich die Gegend rund um den Weiher jedes Jahr zum Bischofswiesener **Langlaufzentrum** mit unterschiedlichen Rundkursen – um vielleicht bald den nächsten erfolgreichen Wintersportler des kleinen Orts hervorzubringen.

ⓘ **Tourist-Info Bischofswiesen,** Hauptstraße 18, www.bischofswiesen.de

Bad Reichenhall

Die Große Kreisstadt an der Saalach und größte Gemeinde des Landkreises ist neben Berchtesgaden die wohl bekannteste Ortschaft des Berchtesgadener Landes, was natürlich nicht zuletzt auch an ihrer Historie liegen dürfte. Denn Bad Reichenhall – das germanische „hal(l)“ für „Saline“ weist darauf hin – ist wohl wie keine andere Stadt mit der Salzgewinnung

verbunden. Und wohl in keinem deutschen Supermarkt wird man daher vergeblich nach Speisesalz aus hiesiger Produktion suchen.
Zudem verdankt die Stadt ihren besonderen Ruf der Sorge um die gute Gesundheit ihrer Gäste: Seit Mitte des 19. Jahrhunderts ein beliebter **Kur- und Erholungsort,** durfte sie sich ab 1890 offiziell „Bad“ nennen, 1899 dann sogar „Königlich bayerisches Staatsbad“.
Die Salzgewinnung durch die Reichenhaller Sole und der stetig wachsende Kurbetrieb haben natürlich auch in der Architektur der Stadt ihre Spuren hinterlassen – so in der **Alten Saline** (Alte Saline 9, www.alte-saline.de), dem **Königlichen Kurgarten** mit seinem ungewöhnlichen **Gradierhaus** oder auch dem ursprünglich als Sole- und Molkenkurhotel eröffneten und später neu gebauten berühmten **Hotel Axelmannstein** (Salzburger Str. 2–6).
So ruhig es trotz der vielen Gäste im beschaulichen Ort meist zugeht, so spektakulär zeigt sich die Bergkulisse rund um Bad Reichenhall. So lässt sich beispielsweise der bekannte Predigtstuhl in einigen Stunden Fußmarsch erklimmen – oder auch in ein paar Minuten, falls man sich für die kaum weniger bekannte **Predigtstuhlbahn** (Südtiroler Platz 1, www.predigtstuhlbahn.de) entscheidet. Die weltweit älteste Großkabinenseilbahn bringt ihre Passagiere bereits seit 1928 auf den Gipfel – eine Berg- und Talfahrt der ganz besonderen Art also, die mit ganz außergewöhnlichen Panoramablicken belohnt wird. Und nicht zuletzt ist Bad Reichenhall auch idealer Ausgangspunkt für einen Abstecher hinüber ins benachbarte **Salzburg.**

Tourist-Info Bad Reichenhall, Wittelsbacherstraße 15, www.bad-reichenhall.de

TIPP DIE RUPERTUSTHERME

Direkt aus der Bad Reichenhaller Saline fließt die mineralhaltige Sole zur Therme, die nach dem Schutzpatron der Salzbergleute, dem Heiligen Rupertus von Salzburg, benannt wurde. Neben der eigentlichen Therme finden sich in dem beeindruckenden Gebäudekomplex mit seinen großen Fensterfronten auch eine Saunalandschaft, ein Wellnessbereich, ein Fitnesscenter und ein Familienbad (Eingang Therme: Friedrich-Ebert-Allee 21, Eingang Familienbad: Paepkestraße, www.rupertustherme.de).

Eines der Wahrzeichen Bad Reichenhalls ist die Alte Saline

170 Wohnmobilpark an der RupertusTherme

GPS 47.734441, 12.875449

Funktionaler Wohnmobilstellplatz (keine Wohnwagen gestattet) vor traumhafter Bergkulisse direkt an der Saalach. 200 m bis zur Therme, 700 m bis zum Kurgarten und 1500 m bis zur Alten Saline und zum Rathausplatz. **Lage/Anfahrt:** von Bischofswiesen kommend direkt an der B20 Richtung Piding, an der RupertusTherme vorbei, auf Höhe des zweiten Großparkplatzes an der Kreuzung links in den Hammerschmiedweg; **Platzanzahl:** 25; **Untergrund:** Asphalt, Schotter; **Service:** Strom, Trinkwasser, Abwasser, Chemie-WC, WLAN; **Geöffnet:** ganzjährig; **Kontakt:** Hammerschmiedweg, 83435 Bad Reichenhall, Tel. 08651 76220, www.rupertustherme.de/service/wohnmobilpark

171 Campingplatz Staufeneck

GPS 47.745543, 12.894855

Naturbelassener, gemütlicher und ruhiger Campingplatz in Piding, der sich zwischen Saalach und einem beeindruckenden Bergmassiv erstreckt. Viele Schattenplätze, gute Wandermöglichkeiten direkt ab dem Campingplatz. Hinter der nahen Brücke über die Saalach beginnt schon Bad Reichenhall. **Lage/Anfahrt:** von Bad Reichenhall kommend (Richtung Freilassing) über die Staufenbrücke und weiter bis zu den Supermärkten (Salzstraße) fahren, dort die B20 verlassen und in Gegenrichtung bis zu einer kleinen Kapelle fahren, rechts in die Alte Reichenhaller Straße, die in den Strailachweg übergeht; **Platzanzahl:** 90; **Untergrund:** Schotter, Wiese; **Service:** Strom, Trinkwasser, Abwasser, Chemie-WC, WLAN; **Geöffnet:** Mai–Sept., Stellplätze ganzjährig (außer bei starkem Schneefall); **Preiskat.:** €€; **Kontakt:** Strailachweg 1, 83451 Piding, Tel. 08651 2134, www.camping-staufeneck.de

Marko Roeske

Das Fünfseenland

0 2 km
© Reise Know-How 2022
GERMERING
Gilching
Grafrath
Türkenfeld
Kottgeisering
Eching am Ammersee
Inning am Ammersee
Wörthsee
Weßling
Greifenberg
Windach
Schondorf am Ammersee
Utting am Ammersee
Seefeld
Hechendorf am Pilsensee
Herrsching am Ammersee
Andechs
Starnberg
STARNBERG
Pöcking
Berg
Feldafing
Tutzing
Dießen am Ammersee
Ammersee
Wörthsee
Pilsensee
Starnberger See
Roseninsel
Pähl
Raisting
Wielenbach
WEILHEIM in Oberbay.
Bernried am Starnberger See
Seeshaupt
Münsing
Icking
WOLFRATSHAUSEN
Eurasburg
Polling
Peißenberg
Eberfing
Oberhausen
Huglfing
Iffeldorf
Penzberg/Iffeldorf
Pfaffenwinkel
Weilheimer Moos
172
173
174
175
176
177

TOUREN-ÜBERBLICK

Routenempfehlung: Inning am Ammersee – Seefeld – Herrsching am Ammersee – Andechs – Tutzing – Seeshaupt
Länge gesamt: ca. 50 km
Dauer: ca. 2 Tage
Reisezeit: ganzjährig

Es ist als touristisches Ziel nicht so bekannt wie die etwas südlicher gelegenen bayerischen Alpen mit ihrer spektakulären Bergwelt, dabei kann es das Fünfseenland in Sachen Freizeitwert und Lebensqualität locker mit jeder anderen Region aufnehmen – und dies beileibe nicht nur in Bayern.

Zwischen dem Ammersee im Westen und dem Starnberger See im Osten rechtfertigen der Wörthsee, der Pilsensee und der kleine Weßlingsee rein numerisch den einprägsamen Namen dieser hügeligen Landschaft, die nicht nur an den jeweiligen Seeufern einiges zu bieten hat. Und eigentlich ist die Bezeichnung „Fünfseenland" dabei sogar noch etwas untertrieben, da sich zwischen den „Großseen" Ammersee und Starnberger See natürlich noch viel mehr kleinere Gewässer aufreihen als nur die drei oben genannten.

Für die Münchner stellte das Fünfseenland schon immer so etwas wie ein eigenes Naherholungsgebiet dar, doch mehr und mehr wird die Region auch von Besuchern aus dem ganzen Bundesgebiet als Urlaubsziel entdeckt. Und wer bayerische Kultur und Lebensart mit fast schon mediterranem Flair an den Seepromenaden verbinden möchte, der wird sich hier, zwischen Ammersee und Starnberger See, in jedem Fall gut aufgehoben fühlen.

Tourist-Info Fünfseenland,
www.starnbergammersee.de

Kloster Andechs besteht seit dem 15. Jahrhundert

Impressionen vom Ufer des Ammersees bei Inning

Inning am Ammersee

Obwohl Inning den Ammersee auch ganz offiziell im Ortsnamen trägt, ist es diesem doch nicht allein verpflichtet. Die Gemeinde mit ihren knapp 5000 Einwohnern grenzt nämlich im Osten auch an den Wörthsee und darf so gleich zwei der beliebtesten Seen in der Region für sich deklarieren. Aber natürlich dominiert der Ammersee das Geschehen in und um Inning und zieht – bevorzugt natürlich in der wärmeren Jahreszeit – unzählige Besucher an seine Ufer. Vor allem am **Hafen** (Landsberger Straße 81), der etwas außerhalb der Gemeinde liegt, spielt sich dann das Leben ab – und natürlich entlang der von schattenspendenden Bäumen gesäumten **Seepromenade.** Wer nicht selbst auf einem der – in natura noch etwas größer und beeindruckender als auf den Bildern wirkenden – schicken **Ausflugsdampfer** (www.seenschifffahrt.de/de/ammersee) mitfahren möchte, kann hier den Schiffen auch einfach nur von einem Bänkchen aus zuschauen. Oder es ihnen einmal in einem etwas kleineren Maßstab in einem Tret- oder Ruderboot gleichtun.

Was für Inning heute der Tourismus ist, war ihm ein paar Hundert Jahre zuvor der Salzhandel. Durch die strategisch günstige Lage an der Salzstraße zwischen München und Landsberg profitierte der kleine Ort ungemein und ist sich auch in der Moderne noch dieser Tradition bewusst: So ziert das Wappen der Gemeinde bis heute ein stilisiertes Salzfass. Von dieser Zeit zeugt im Ortskern am Marktplatz auch der frühere **Salzstadel** mit seiner bemalten Fassade, der sich in unmittelbarer Nachbarschaft der ebenfalls sehr sehenswerten Pfarrkirche **Sankt Johannes Baptist** mit ihren aufwendigen Stuckarbeiten aus dem Rokoko befindet.

Im Nordwesten von Inning erstreckt sich schließlich das **Naturschutzgebiet Ampermoos** über fünf Kilometer vom Ammersee bis

172 Campingplatz am Wörthsee

GPS 48.04658, 11.18033

Gepflegte, familiengeführte Campinganlage direkt am Seeufer mit Kiosk, Terrasse, kleiner Gastronomie, Brötchenservice, Beachvolleyballfeld und Spielplatz. Keine Haustiere gestattet. **Lage/Anfahrt:** von Inning kommend der St2070 (Seefelder Straße) in Richtung Seefeld folgen, die später zur Wörthseestraße wird, am Ende der Ortschaft Schlagenhofen links ab, führt nach etwa 600 m an den Campingplatz; **Platzanzahl:** 76; **Untergrund:** Schotter, Wiese; **Service:** Strom, Trinkwasser, Abwasser, Chemie-WC, WLAN; **Preiskat.:** €€€€; **Geöffnet:** April–Anf. Okt.; **Kontakt:** Wörthseestraße 29, 82229 Seefeld, Tel. 08152 3962586, www.campingplatz-amwoerthsee.de

zur Gemeinde Grafrath im Landkreis Fürstenfeldbruck. Entlang der Amper brüten viele Schnepfenvögel wie Brachvogel und Bekassine, ebenso ist das Schutzgebiet Lebensraum vieler Pflanzenarten, die anderswo kaum mehr zu finden sind.

Tourist-Info Inning am Ammersee, Pfarrgasse 13, www.inning.de

INFO DER AMMERSEE

Der drittgrößte See Bayerns bildet die westliche Flanke des Fünfseenlandes und zieht sich über gut 15 Kilometer von Norden nach Süden. Neben den hier vorgestellten Orten sind vor allem auch die am Westufer gelegenen Gemeinden Schondorf, Utting und Dießen von touristischer Bedeutung. Im Süden des Sees liegt an der Mündung der Ammer, die sich bis hier ihren Weg von den Bayerischen Alpen gesucht hat, ein ausgedehntes Naturschutzgebiet.
Bekannt ist der Ammersee vor allem aber durch seine **Seeschifffahrt.** In der Namensgebung der Flotte finden sich dann auch die Gemeindenamen der wichtigen Ammerseer „Küstenorte" wieder: So laufen regelmäßig die Raddampfer „Herrsching" und „Dießen" sowie das Motorschiff (MS) „Utting" aus, um ihre Passagiere über das Gewässer zu befördern. Nur die „MS Augsburg" mag vom Namen her nicht so recht zum Ammersee passen. Die jahrelange Diskussion über deren Namensgebung verrät dabei auch ein wenig über die Rivalität zwischen den bayerischen Schwaben, die als Ausflügler gerne ihr „Augsburger Meer" für sich reklamieren, und den ortsansässigen Oberbayern – die sich aber spätestens beim gemeinsamen Betrachten der berühmten Sonnenuntergänge am Ammersee wieder gelegt haben dürfte.

Seefeld

Die hübsche Gemeinde mit ihren 7500 Einwohnern liegt am Rande des Pilsensees und wird architektonisch vom barocken **Schloss Seefeld** (Schlosshof, http://schloss-seefeld.com) dominiert, das Anfang des 14. Jahrhunderts erstmalig urkundlich erwähnt wurde. Anderthalb Jahrhunderte später gelangte es in den Besitz der **Grafen von Toerring-Jettenbach.** Das alte Adelsgeschlecht verwaltet den hochherrschaftlichen, prächtigen Gebäudekomplex inklusive seines bekannten **Bräustüberls** (Schlosshof 4c, www.braeustueberl-seefeld.de) bis heute und trägt mit allerlei Veranstaltungen auf dem Schloss erheblich zum kulturellen Leben in der Gemeinde bei. Beliebt ist vor allem auch das Breitwandkino (Schlosshof 7, www.breitwand.com) mit seinen knapp 100 Plätzen. In den 2000er-Jahren befand sich zudem eine Außenstelle des Münchner Staatlichen Museums Ägyptischer Kunst hier auf Schloss Seefeld. Heute haben sich rund um den Schlosshof zahlreiche Ateliers, Handwerksbetriebe und kleine Geschäfte angesiedelt, die das ganz besondere Ambiente des Hauses nutzen.

Einen besonderen Bezug haben die Grafen von Toerring-Jettenbach auch zur sehenswerten Pfarrkirche **Sankt Peter und Paul** im Ortsteil Oberalting, in der diverse Epitaphe an ihre Vorfahren erinnern.

Auch in den umliegenden, ehemals eigenständigen Gemeindeteilen lässt sich bei einem Spaziergang so manch weitere pittoreske Kirche, etwa **Sankt Mariä Himmelfahrt** in Drößling oder **Sankt Martin** in Unering, entdecken. Auch ziehen hier viele gut erhaltene Herren- und Gutshäuser die Blicke auf sich.

Schloss Seefeld wacht über die gleichnamige Gemeinde am Pilsensee

Herrsching am Ammersee

Dass aus dem einstigen Fischerdorf die heute mit gut 10.000 Einwohnern immerhin viertgrößte Gemeinde des Landkreises Starnberg und eines der touristischen Hauptziele des Fünfseenlandes wurde, hing nicht unwesentlich mit einer neuen technischen Errungenschaft zusammen: Anfang des 20. Jahrhunderts wurde Herrsching nämlich ans Eisenbahnnetz angeschlossen und erlebte so einen raschen Aufstieg als Urlaubs- und Ausflugsziel, der sich noch steigern sollte, als ab 1972 auch die Münchner S-Bahn bis Herrsching fuhr. Und auch heutzutage noch reisen viele Gäste mit

Das malerische Kurparkschlösschen in Herrsching am Ammersee

173 Campingplatz Pilsensee

GPS 48.03022, 11.19926

Großer, aber übersichtlich angelegter Campingplatz direkt zwischen dem Schloss Seefeld und dem Pilsensee. Sehr ausgedehnte Uferzone, viele Möglichkeiten für Wassersportler. Glamping mit Jagdhäuschen, Mobilheimen und Schlaffässern. Restaurant, Kiosk und kleiner Laden vorhanden. **Lage/Anfahrt:** von Seefeld auf der Umgehungsstraße (St2068) in Richtung Herrsching, nach etwa 450 m rechts in die Straße Am Pilsensee einbiegen; **Platzanzahl:** 500; **Untergrund:** Asphalt, Wiese; **Service:** Strom, Trinkwasser, Abwasser, Chemie-WC, WLAN; **Preiskat.:** €€€–€€€€; **Geöffnet:** Mitte März–Nov.; **Kontakt:** Am Pilsensee 2, 82229 Seefeld, Tel. 08152 999741, www.camping-pilsensee.de

Die heimliche Herrscherin über Herrsching ist die gar nicht so kleine Seejungfrau

der Bahn an, um im Sommer entlang der mit zehn Kilometern längsten deutschen **Seeuferpromenade** mit ihrem entzückenden **Kurparkschlösschen** und der berühmten bronzenen **Seejungfrau** zu flanieren.

Herrsching präsentiert sich seinen Gästen dabei als moderner Erholungsort am See, der aber auch durch seine repräsentativen Villen einige architektonische Akzente zu setzen vermag. Dabei lohnt es sich, sich von Herrsching aus auch in der näheren Umgebung einmal umzusehen. Es findet sich dabei in anderen Gemeindeteilen so manches bauliche Kleinod wie etwa die **Schlösschen** in Mühlfeld, Ried oder – welch wunderbarer Name – Wartaweil. Eifrige Spaziergänger nutzen von Herrsching aus gerne die Gelegenheit für einen Tagesausflug hinüber zum Kloster Andechs (www.andechs.de).

Tourist-Info Herrsching am Ammersee, Bahnhofsplatz 3, www.herrsching.de

174 Wohnmobilstellplatz Herrsching

GPS 47.98629, 11.16547

Von Bäumen umgebener, barrierefreier Stellplatz in Ufernähe, Kiosk. Ortszentrum, Badestellen und Wassersportmöglichkeiten zu Fuß zu erreichen. **Lage/Anfahrt:** vom Zentrum in Herrsching über die Mühlfelder Straße Richtung Süden, bis sie fast am Ortsende ihren Namen in Mühlfeld ändert; am nächsten Kreisverkehr 1. Ausfahrt rechts und nach 150 m wieder rechts einbiegen; **Platzanzahl:** 30; **Untergrund:** Schotter, Wiese; **Service:** Strom, Trinkwasser, Abwasser, Chemie-WC, WLAN; **Preiskat.:** €€–€€€; **Geöffnet:** April–Okt.; **Kontakt:** Mühlfeld 24, 82211 Herrsching, Tel. 0152 53479331, www.wohnmobilstellplatz-herrsching.de

Andechs

Nur knappe drei Kilometer Luftlinie vom Ufer des Ammersees entfernt liegt ein Ort, der meist nur in Verbindung mit seiner geistlichen Stätte genannt wird: dem **Kloster Andechs** (Bergstraße 2, www.andechs.de). Das Kloster dominiert natürlich nicht nur das spirituelle Leben der 3800-Seelen-Gemeinde, sondern bildet auch einen Anziehungspunkt für Besucher aus aller Herren Länder. Was genau die zahlreichen Gäste anlockt, ist dabei nicht so leicht zu beantworten: Ob es nun die beeindruckende Anlage des Benediktinerklosters ist, das Mitte des 15. Jahrhunderts gegründet wurde und auf einer ehemaligen Burganlage fußt, oder die hauseigene **Klosterbrauerei,** in dem das nicht weniger bekannte Andechser Bier produziert wird. Wahrscheinlich ist es aber die Kombination aus beidem. Wer den recht steilen Anstieg auf den „Heiligen Berg" – Andechs ist neben Altötting die wohl bekannteste **Wallfahrtsstätte** Bayerns – bezwungen hat, darf sich dann aber, rechtschaffen ermattet, erst einmal ein Bier genehmigen. Das gibt es, direkt von der Braustätte am Fuß des Bergs, in allerlei Varianten – vom Hellen über das Märzen bis hin zum Bock und zum Weißbier. In kulinarischen Belangen ist Andechs zwar vor allem, aber eben nicht nur durch das Bier geprägt: So beherbergt der Ort in seinem Ortsteil Erling auch Europas größte, vielfach ausgezeichnete **Bio-Molkerei** (Biomilchstraße 1, www.andechser-natur.de), die sich beim Neubau ihres Verwaltungs- und Hochregallagergebäudes übrigens vom markanten Stil und dem baulichen Leitbild Friedrich Hundertwassers inspirieren ließ.

Die berühmte Andechser Wallfahrtskirche

175 Wohnmobil- und Wohnwagenstellplatz am Kloster Andechs

GPS 47.97531, 11.18550

Direkt unterhalb Kloster Andechs' gelegen, etwa 15 Minuten recht steiler Fußmarsch bis zur Klosteranlage mit Gastronomie. Der parzellierte Stellplatz liegt am Rande eines großen Parkplatzes, Anmeldung über einen Automaten, pro Übernachtung ein Biergutschein für das Bräustüberl des Klosters. Gute Einkaufsmöglichkeiten im Ort. **Lage/Anfahrt:** vom Herrschinger Zentrum kommend zunächst wieder in Richtung Seefeld fahren, noch im Ort in der Kurve, in der die Luitpoldstraße zur Seefelder Straße wird, scharf nach rechts in die Schmidschneiderstraße abbiegen, dieser durch mehrere Kurven folgen, am Ende nach rechts in die Andechser Straße (die später wieder zur Seefelder Straße wird), die nach etwa 3 km direkt an den großen Klosterparkplatz führt; **Platzanzahl:** 40; **Untergrund:** Asphalt, Schotter; **Service:** Strom, Trinkwasser, Abwasser, Chemie-WC, Gasflaschentausch/-verkauf; **Preiskat.:** €€; **Geöffnet:** ganzjährig; **Kontakt:** Seefelder Straße 21, 82346 Andechs, Tel. 0171 4967238, www.wohnmobilstellplatz-andechs.de

Andechs ist zudem für seine Orff-Festspiele bekannt, die sich seit 1998 – mit einer kurzen Auszeit – jeweils im Sommer dem Werk des Komponisten widmeten (www.orff-festival.com). **Carl Orff** (1895–1982) wurde, obwohl in München geboren und gestorben, in der Klosterkirche in Andechs beigesetzt: eine Ehre, die Nicht-Adeligen in der Regel verwehrt geblieben ist.

Tutzing

Zu behaupten, Tutzing würde nur aus Villen und anderen hochherrschaftlichen Gebäuden bestehen, wäre sicher übertrieben – wenn auch nicht sehr. Je näher man dem Starnberger See kommt, desto prunkvoller werden die Häuser. Zwei dieser Gebäudeensembles beherbergen recht bekannte Bildungseinrichtungen, die auch schon mal miteinander verwechselt werden. Da wäre zum einen, im Norden der Gemeinde, die als Anstalt des öffentlichen Rechts ins Leben gerufene **Akademie für Politische Bildung** (Buchensee 1, www.apb-tutzing.de) im Haus Buchensee. Folgt man der Hauptstraße des langgestreckten Orts weiter und biegt im Zentrum nach links in die Schlossstraße, fällt zum anderen die 1947 gegründete **Evangelische Akademie** (Schlossstraße 2+4, www.ev-akademie-tutzing.de) ins Auge, die im Schloss Tutzing residiert.

Natürlich ist es der **Starnberger See,** der das Wohnen in Tutzing so begehrt macht. Wie seine Nachbargemeinden Feldafing im Norden und Bernried im Süden gehört daher auch Tutzing zu den eher weniger preiswerten Fleckchen Erde in Deutschland. Wobei man sich aber auch Zugang zum Wasser verschaffen kann, ohne gleich ein paar Millionen in ein Seegrundstück zu investieren: Denn natürlich gibt es etliche öffentliche Freibäder und Badestellen. Auch Spaziergänge an der **Seepromenade** sind selbstverständlich für jedermann möglich und vor allem gratis – genauso wie der immer wieder erhebende Blick auf den mächtigen Starnberger See.

Tourist-Info Tutzing, Leidlstraße 1, www.tutzing.de

Manchmal kann es am Starnberger See auch ruhig zugehen

Tutzing gehört zu den begehrtesten Wohngegenden in Deutschland

INFO DER STARNBERGER SEE

Wer im weitläufigen Park von Schloss Nymphenburg in München lustwandelt und sich an den dort installierten zahlreichen Wasserspielen erfreut, wird vielleicht nicht unbedingt ahnen, dass das kühle Nass bereits eine weite Reise hinter sich hat: Es stammt nämlich ursprünglich aus dem Starnberger See. Der nach dem Chiemsee zweitgrößte bayerische See entwässert an seinem Nordufer in das Flüsschen **Würm,** das sich schließlich seinen Weg – ab und an ein wenig gelenkt von menschlicher Ingenieurskunst – bis in die Kanalsysteme der Landeshauptstadt sucht.

Weit über Bayern hinaus bekannt ist der Starnberger See auch als Sterbeort des „Märchenkönigs" **Ludwig des II.,** der 1868 in ihm ertrunken sein soll. Um die Umstände seines Todes ranken sich viele Mythen, wobei zumindest rein semantisch definitiv festgestellt werden kann: Ludwig II. ist tatsächlich nicht im Starnberger See ertrunken – denn bis 1962 trug das Gewässer jahrhundertelang den ebenso einfachen wie folgerichtigen Namen **Würmsee.**

Wie auf seinem „kleinen Bruder" im Westen, dem Ammersee, herrscht heute auf dem 20 km langen und 5 km breiten Starnberger See reger Schiffsverkehr. Die Anlegestellen der Flotte lauten (im Uhrzeigersinn): Starnberg, Berg (mit einer eigenen Anlegestelle an der Votivkapelle für König Ludwig II.), Ambach, Seeshaupt, Bernried, Tutzing und Possenhofen (wo übrigens Ludwigs Cousine Sisi aufwuchs).

TIPP DAS BUCHHEIM MUSEUM

Das **Museum der Phantasie** – so der offizielle Name des Hauses – ist das Architektur gewordene Lebenswerk des Universalkünstlers **Lothar-Günther Buchheim** (1918–2007). Der Autor (unter anderem „Das Boot" und „Die Festung"), Filmemacher, Fotograf und Maler war auch ein großer Kunstsammler. Und so sind hier in Bernried nicht nur eigene Werke zu sehen: Das Haus am Starnberger See zeigt auch Gemälde, Zeichnungen und Grafiken expressionistischer Künstler sowie völkerkundliche Sammlungen aus aller Welt. Wechselnde Sonderausstellungen und ein „Labor der Phantasie", in dem sich Kinder, aber auch Erwachsene kreativ ausprobieren können, komplettieren das Angebot des Museums.

Eine Besonderheit stellt sicherlich auch die Architektur des Gebäudes dar: Am Rande eines weitläufigen Parks mit knorrigen alten Bäumen, romantischen Teichen und gesäumt von allerlei Skulpturen entstand ein einmaliges Haus mit verschiedenen Ebenen, die wohl nicht zufällig an die unterschiedlichen Decks eines Schiffs erinnern. Ein Steg führt zwölf Meter hinaus bis direkt über den See. Geschaffen hat dieses bauliche Kunstwerk der Architekt des Olympiageländes in München, Günter Behnisch (Am Hirschgarten 1, 82347 Bernried, www.buchheimmuseum.de).

Schon von außen ein Kunstwerk für sich: das Museum der Phantasie in Bernried

Von Seeshaupt aus geht es über den gesamten Starnberger See

Seeshaupt

Die kleine, aber feine Seepromenade in Seeshaupt

Ganz im Süden des Starnberger Sees liegt die kleine Gemeinde Seeshaupt. Deren im Grunde noch fast dörflicher Charakter wird kontrastiert durch die zwar nicht unbedingt mondäne, aber durchaus auch besuchenswerte kleine **Seepromenade** mit ihrer Schiffsanlegestelle, die Seeshaupt mit den anderen Häfen des Starnberger Sees verbindet. In der Nähe des Anlegers befindet sich auch die markante **Seegerichtssäule** von 1522, deren genaue Funktion sich allerdings im Laufe der Geschichte verloren hat. Vermutet wird, dass hier Streitigkeiten über Fischereirechte beigelegt wurden und Seeshaupt dabei die Zuständigkeit für den unteren Starnberger See (südlich einer gedachten Linie von Tutzing nach Ammerland) innehatte – endgültige Beweise für diese Theorie blieben aber bis heute aus.

Südlich von Seeshaupt schließen sich, quasi wie eine Verlängerung des dominierenden Starnberger Sees, die vielen kleinen **Osterseen** an, die neben ihrer touristischen Nutzung auch und gerade in Sachen Umweltschutz von großer Bedeutung sind. So findet sich in den Arealen des hiesigen **Naturschutzgebiets** eine äußerst vielfältige und wohl in der gesamten Region einmalige Flora und Fauna.

i **Tourist-Info Seeshaupt,** Weilheimer Straße 1–3, www.seeshaupt.de

176 Camping Seeshaupt

GPS 47.82032, 11.32437

Moderner Campingplatz direkt am Starnberger See. Etliche Sportmöglichkeiten, kleiner Laden mit regionalen Produkten, Biergarten am Wasser. Auch Hütten mietbar, zudem sechs Plätze für große Wohnmobile (8–12 m) verfügbar, pro Womo jeweils nur ein Hund erlaubt. **Lage/Anfahrt:** von Seeshaupt kommend (Richtung Münsing) der Hauptstraße, die in die St.-Heinricher-Straße übergeht, etwa 3 km weit vom Zentrum aus folgen; **Platzanzahl:** 137; **Untergrund:** Schotter, Rasengitter, Pflaster, Wiese; **Service:** Strom, Trinkwasser, Abwasser, Chemie-WC, WLAN; **Preiskat.:** €€€€; **Geöffnet:** April–Sept.; **Kontakt:** St.-Heinricher-Straße 127, 82402 Seeshaupt, Tel. 08801 9146880, www.camping-seeshaupt.com

177 Camping beim Fischer

GPS 47.82646, 11.33871

Familiengeführter, kinderfreundlicher Campingplatz mit zusätzlicher Vermietung von Gästezimmern im alten Bauernhaus und Ferienwohnungen in dessen ehemaliger Tenne. Eigener Fischereibetrieb, Brötchen-Service und kleiner Kiosk. Kostenloses Strandbad (für Feriengäste). **Lage/Anfahrt:** von Seeshaupt kommend (Richtung Münsing) immer dem Ufer des Starnberger Sees in Richtung Norden folgen, im Ortsteil Sankt Heinrich nach dem Gasthaus Fischerrosl, wo die Seeshaupter Straße zur Buchscharnstraße wird, nach knapp 200 m rechts in die Einfahrt zum Campingplatz; **Platzanzahl:** 151; **Untergrund:** Asphalt, Schotter, Rasengitter, Pflaster, Wiese; **Service:** Strom, Trinkwasser, Abwasser, Chemie-WC; **Preiskat.:** €€€–€€€€; **Geöffnet:** April–Nov.; **Kontakt:** Buchscharnstraße 10, 82541 Münsing – Sankt Heinrich, Tel. 08801 802, www.camping-beim-fischer.de

Daniel Fort

Die Fränkische Schweiz

Die Fränkische Schweiz in Oberfranken gehört zu den ältesten Urlaubsregionen Deutschlands. Sie ist durch eine charakteristische Berg- und Hügellandschaft mit markanten Felsformationen sowie eine hohe Dichte an Burgen und Ruinen geprägt.

Besonders auffallend sind die Zeugenberge, die durch Erosionsvorgänge entstanden sind und als Einzelberge die Landschaft dominieren. Hierzu gehören beispielsweise der Staffelberg bei Bad Staffelstein und die Ehrenbürg mit dem Walberla.

Die markante Landschaft begünstigte den Bau von Burgen in exponierter Lage. Einige von ihnen beherrschen noch heute das Landschaftsbild. Besonders spektakulär gelegen sind die Burgruine Neideck im Wiesenttal, die Felsburg Tüchersfeld und die Burg Pottenstein.

TOUREN-ÜBERBLICK

Routenempfehlung: Bad Staffelstein – Bamberg – Aufseß – Wiesenttal – Tüchersfeld – Pottenstein
Länge gesamt: ca. 136 km
Dauer: ca. 3–7 Tage
Reisezeit: ganzjährig. Faszinierende Landschaften mit spektakulären Felsformationen, sehenswerte Orte und Bauwerke, urige Gasthäuser, die fränkische Kultur und Gaumenfreuden laden zu jeder Jahreszeit zum Entdecken und Genießen ein.

Die außergewöhnliche Landschaft mit ihren engen Flusstälern und Felstürmen machen das Frankenjura zum bekanntesten Klettergebiet Deutschlands und zu einem der am besten erschlossenen der Welt. Rund 12.000 Routen in verschiedenen Schwierigkeitsgraden bieten eine große Auswahl für Fortgeschrittene wie Anfänger.
Im Naturpark Fränkische Schweiz finden sich zahlreiche Routen für Wanderer und Radfahrer. Flüsse wie die Wiesent bieten beste Bedingungen für Ausflüge mit dem Kanu. Verschiedene Naturpark-Infozentren, beispielsweise in Muggendorf oder Pottenstein, geben Einblick in die einzigartige Landschaft sowie die Tier- und Pflanzenwelt des Naturparks.
Besonders hervorzuheben ist das kulinarische Angebot der Region. In zahlreichen urigen Gasthäusern können überwiegend deftige Gerichte wie gebackene Schweineschulter – das sogenannte Schäufele –, verschiedene Wurst- und Wildspezialitäten sowie gebackener Karpfen verkostet werden.

Zudem ist die Fränkische Schweiz für ihre überaus hohe Brauereidichte bekannt. Rund 70 familiengeführte Brauereibetriebe, die unter anderem typisch fränkische Biersorten wie Keller- oder Zwickelbier herstellen, sind in der Region angesiedelt, allein im Stadtgebiet der UNESCO Welterbestätte Bamberg sind 13 Brauereien ansässig. Damit kann die Region die höchste Dichte an Brauereien in Deutschland aufweisen und gehört weltweit zu den Spitzenreitern. Zahlreiche Brauereiwanderwege, wie sie in der kleinen Gemeinde Aufseß vorzufinden sind, erschließen die fränkische Bierkultur.

www.frankentourismus.de, www.fraenkische-schweiz.com, www.frankenjura.com

Die Felsburg in Tüchersfeld gilt als eines der Wahrzeigen der Fränkischen Schweiz

Bad Staffelstein

Das weithin bekannte Wahrzeichen Frankens thront unweit des Orts Bad Staffelstein. Der 539 m hohe **Staffelberg** liegt etwa 3 km vom historischen Ortszentrum entfernt und ist über naturbelassene Pfade und ein gut ausgebautes Wegenetz zu Fuß oder mit dem Mountainbike zu erreichen. Ein eindrucksvoller Panoramablick entschädigt für die Mühen des Aufstiegs.
In der **Staffelbergklause** (Auf dem Staffelberg, Facebook: Staffelberg-Klause) kann eine Rast eingelegt und die **Adelgundiskapelle** besichtigt werden. Die besondere Lage und Form des Bergs wussten schon die Kelten zu nutzen und errichteten auf dessen Hochplateau eine mächtige Festung. Auf den Spuren dieser Volksgruppe führen acht Keltenwege rund um den Staffelberg. Unter anderem streifen sie die **Ausgrabungsstätte Keltisches Tor,** die am Fuß der Erhebung liegt und Aufschluss über die Geschichte des Oppidums (befestigte Großsiedlung der Kelten) geben soll. Die verschiedenen Themenwege mit mehr als 50 Infotafeln informieren über die Geologie, Archäologie und Geschichte der Region.
Erholung nach aktiven Stunden bietet das moderne Kurzentrum von Bad Staffelstein. Die **Obermain Therme** (Am Kurpark 1, www.obermaintherme.de) gilt als wärmste und stärkste Thermalsole Bayerns. Zahlreiche Innen- und Außenbecken und eine beachtliche Saunalandschaft mit Wellnessbereich sorgen für Entspannung.
Im **Kurpark** ist die Bad Staffelsteiner Sole aus dem Gradierwerk eine Wohltat für Lunge und Atemwege. Im Sommer verwöhnen Konzerte und Theateraufführungen auf der idyllischen Seebühne und im Brückentheater den kulturinteressierten Besucher.
Weitere kulturelle Sehenswürdigkeiten bieten sich bei einem Streifzug durch die von Fachwerkhäusern geprägte **Altstadt** dar. Die weithin sichtbare **Benediktinerabtei Kloster Banz** (Kloster-Banz-Straße) thront etwa 4 km vom Kurpark entfernt auf dem Banzberg hoch über dem Maintal. Etwa 5 km vom Ortskern entfernt wurde die eindrucksvolle **Basilika Vierzehnheiligen** (Vierzehnheiligen 2, www.vierzehnheiligen.de) von Balthasar Neumann erbaut. Sie stellt ein barockes Meisterwerk dar und sollte von Kulturliebhabern unbedingt besucht werden.

ℹ **Touristen-Information,** Bahnhofstr. 1, www.bad-staffelstein.de

Der Staffelberg vom südwestlich gelegenen Veitsberg aus gesehen

178 Wohnmobilstellplatz Obermain Therme

GPS 50.108192, 10.988381

Der Stellplatz liegt an der Obermain Therme. Die Anmeldung erfolgt direkt in der Therme. Das Zentrum von Bad Staffelstein ist in ca. 16 Gehminuten zu erreichen. Bis zum Staffelberg sind es ca. 5 km. **Lage/ Anfahrt:** zwischen Riedsee (Mittelsee) und Zentrum Bad Staffelstein, über A73, Ausfahrt Bad Staffelstein Kurzentrum, den ersten Kreisverkehr bei der ersten Ausfahrt verlassen, nach der Bahnunterführung nach links abbiegen, im Kreisverkehr erneut die erste Ausfahrt nehmen, die Parkplätze und der Stellplatz der Therme liegen auf der rechten Seite; **Platzanzahl:** 27; **Untergrund:** Rasengitter; **Service:** Strom, Trinkwasser, Abwasser, Chemie-WC, WLAN; **Preiskat.:** €€; **Geöffnet:** ganzjährig; **Kontakt:** Am Kurpark 1, 96231 Bad Staffelstein, Tel. 09573 96190, www.obermaintherme.de/wohnmobilstellplatz

179 Kurcampingplatz Bad Staffelstein

GPS 50.112542, 10.983238

Der Campingplatz liegt an einem Badesee, vielfältige Wasseraktivitäten sind möglich. Der Kurpark, die Obermain Therme und das Spaßbad Aqua Riese befinden sich in unmittelbarer Nähe. Das Zentrum des Orts ist in ca. 25 Min. zu Fuß zu erreichen. Bis zum Staffelberg sind es ca. 5 km. **Lage/ Anfahrt:** Zwischen Badesee (Ostsee) und Riedsee (Mittelsee), über A73, Ausfahrt Bad Staffelstein Kurzentrum, den ersten Kreisverkehr bei der ersten Ausfahrt verlassen, nach der Bahnunterführung in die Seestr. biegen und bis zum Camping folgen; **Platzanzahl:** ca. 100; **Untergrund:** Schotter, Schotterrasen, Wiese, fest; **Service:** Strom, Trinkwasser, Abwasser, Chemie-WC, WLAN; **Preiskat.:** €€; **Geöffnet:** ganzjährig; **Kontakt:** Seestr. 3, 96231 Bad Staffelstein, Tel. 09573 7797, www.kur-camping.de

Der weitläufige Domplatz mit dem Kaiserdom bildet ein beindruckendes architektonisches Ensemble

Das Alte Rathaus vom Geyerswörthsteg aus gesehen

UNESCO-Weltkulturerbe Bamberg

Die sehenswerte Stadt, deren historisches Zentrum zu den schönsten Deutschlands gehört, lässt sich in die Bereiche **Bergstadt, Inselstadt** und **Gärtnerstadt** unterteilen. Als „fränkisches Rom" auf sieben Hügeln erbaut, bietet jede Erhebung der Bergstadt ihre eigene Dominante. Als besonderes Highlight gilt jedoch der **Kaiserdom** (Domplatz 5) auf dem **Domberg** (www.domberg-bamberg.de) mit einer Vielzahl von Museen.

Die Inselstadt beherbergt das außergewöhnliche, auf einer künstlichen Insel direkt in die Regnitz gebaute **Alte Rathaus** (Obere Brücke 1). Von hier aus erblickt man die ehemalige **Fischersiedlung Klein Venedig,** deren mittelalterliche Fachwerkhäuser die Regnitz säumen. Zahlreiche kleine, charmante Läden, traditionsreiche Geschäfte und Antiquitätenverkäufer laden zum **Einkaufsbummel** durch das Viertel ein.

Bereits seit dem 17. Jh. wird in der Gärtnerstadt Gemüsegartenbau betrieben. Die mittelalterlichen Strukturen der Hausgärten und Anbauflächen inmitten der Stadt sind erhalten, bundesweit einmalig und deshalb UNESCO-Weltkulturerbe. Ein beschilderter Rundweg durch die **Gärtnerstadt** (www.gaertnerstadt-bamberg.de) mit dem **Gärtner- und Häckermuseum** (Mittelstr. 34, www.gaertner-und-haecker-museum.byseum.de) führt an zahlreichen Gärtnereibetrieben mit Ab-Hof-Verkauf entlang.

In der besonderen historischen Atmosphäre der Stadt lässt sich dem Komponisten, Maler und Dichter **E. T. A. Hoffmann** nachspüren, der ab 1808 für einige Jahre in Bamberg lebte. Neben dem **Hoffmann Theater** (E. T. A.-Hoffmann-Platz 1, www.theater.bamberg.de) kann das Museum im **Hoffmann-Haus** (Schillerplatz 26, https://etahg.de/bamberg/hoffmann-haus) besucht werden oder eine Stadtführung auf Hoffmanns Spuren absolviert werden.

Die zahlreich vertretene Gastronomie bietet vielseitige Möglichkeiten, Bamberger Spezialitäten zu probieren. Mehrere **Brauereien** wie Fässla (Obere Königsstraße 19–21, www.faessla.de), Schlenkerla (Dominikanerstraße 6, www.schlenkerla.de), Greifenklau (Laurenziplatz 20, www.greifenklau.de) oder Ambräusianum (Dominikanerstraße 10, www.ambraeusianum.de) repräsentieren die Fränkische Braukunst. Im Mühlenviertel lädt die älteste Braustätte Bambergs, die **Braugaststätte Klosterbräu** (Obere Mühlbrücke 1–3, www.klosterbraeu.de), zur Verkostung von traditionellem Bier und fränkischer Hausmannskost ein.

Touristen Information, Geyerswörthstr. 5, www.bamberg.info

Welterbe-Besucherzentrum Bamberg, Untere Mühlbrücke 5, www.welterbe.bamberg.de

Die ehemalige Fischersiedlung Klein Venedig

180 Wohnmobilstellplatz Bamberg

GPS 49.886237, 10.902795

Am westlichen Ufer des Rhein-Main-Donau-Kanals gelegen und von Bäumen eingegrenzt. Die Altstadt von Bamberg ist in ca. 20 Min. zu Fuß zu erreichen. Grünanlagen befinden sich in unmittelbarer Nähe. Ein Fuß- und Radweg führt direkt am Platz vorbei. **Lage/Anfahrt:** über die B22 von der A73 kommend, nach der Brücke über die Regnitz und den Rhein-Main-Donau-Kanal erste Ausfahrt auf den Rhein-Main-Donau-Damm nehmen, der Stellplatz befindet sich nach ca. 200 m auf der rechten Seite; **Platzanzahl:** 25; **Untergrund:** Schotter, fest; **Service:** Strom, Trinkwasser, Abwasser, Chemie-WC, WLAN; **Preiskat.:** €€; **Geöffnet:** ganzjährig; **Kontakt:** Heinrichsdamm 33, 96047 Bamberg, Tel. 0951 774977, www.bamberg.info/poi/reisemobilstellplatz_am_pr_pla–9734

181 Campingplatz Insel

GPS 49.861869, 10.916784

Der Campingplatz liegt auf einer Länge von ca. 500 m direkt am Ufer der Regnitz. Alter Baumbestand sorgt für ausreichend Schatten. Größtenteils nicht parzelliert. Die Altstadt befindet sich ca. 5 km entfernt und ist über Fuß- und Radwege gut zu erreichen. Am Platz befindet sich eine Bushaltestelle. Die Busse fahren direkt ins Zentrum. Angelkarten für die Regnitz sind erhältlich. Fahrradverleih am Platz. Ein Laden für Campingzubehör befindet sich an der Zufahrt zum Platz. In der Gaststätte Hoffmannsklause an der Rezeption werden Fränkische Spezialitäten serviert. **Lage/Anfahrt:** am südlichen Ausgang des Ortsteils Bug, über die B505 von der A73 kommend, nach der Regnitzbrücke die Ausfahrt nehmen, im Kreisverkehr geradeaus, an der Kreuzung in die Karl-May-Straße (BA29) nach rechts biegen und ca. 3 km folgen, dann in Am Campingplatz biegen; **Platzanzahl:** 170; **Untergrund:** Schotter, Schotterrasen, Wiese, fest; **Service:** Strom, Trinkwasser, Abwasser, Chemie-WC, WLAN; **Preiskat.:** €€€; **Geöffnet:** ganzjährig; **Kontakt:** Am Campingplatz 1, 96049 Bamberg-Bug, Tel. 0951 56320, www.campinginsel.de

Aufseß

Die kleine Gemeinde Aufseß steht seit dem Jahr 2000 mit der höchsten Brauereidichte pro Einwohner im Guinnessbuch der Rekorde. Für 1500 Einwohner produzieren vier Brauereien fränkisches Bier. Im denkmalgeschützten Anwesen der **Alten Posthalterei** (Unterer Schlossberg 76, www.alte-posthalterei.de) können ein Handwerksladen, verschiedene Veranstaltungen, Kurse und ein Hofcafé besucht werden. Außerdem werden Brauereibesichtigungen und eine philosophische Bierwanderung angeboten.

Zahlreiche **Bierwanderwege** führen durch die Fränkische Schweiz. Der bekannteste ist der **Brauereienweg von Aufseß** (www.aufsess.de/brauereienweg). Er führt 14km meist über Schotterwege und Pfade an den **Brauereien Rothenbach** (Im Tal 70b, www.brauereigasthof-rothenbach.de), **Kathi-Bräu** (Heckenhof 1, www.kathibraeu.de), **Reichold** (Hochstahl 24, www.brauerei-reichold.de) und **Stadter** (Hauptstr. 26, www.brauereigasthof-stadter.jimdofree.com) vorbei. In den Gaststätten kann man sich mit deftiger Hausmannskost und hauseigenem Bier stärken. In jeder Brauerei ist der Brauereienweg-Wanderpass erhältlich. Des Weiteren kann in Aufseß von April bis Oktober das **Schloss Unteraufseß** (Am Schlossberg 92) im Rahmen einer Führung besichtigt werden.

ⓘ www.aufsess.de

Die Brauerei Rothenbach wird vom Schloss Unteraufseß überragt

TOUR BIERWANDERN IN FRANKEN

Man geht davon aus, dass Benediktinermönche bereits im 11. Jahrhundert im Kloster Weißenohe (www.klosterbrauerei-weissenohe.de) das erste Bier der Region brauten. Die Bodenbeschaffenheit und Wasserqualität der Fränkischen Schweiz förderten seit jeher die lokale Brautradition und begünstigen maßgebend die gute Bierqualität. Die Braugerste gedeiht hervorragend auf den nährstoffarmen Böden und das harte Wasser der fränkischen Karstquellen eignet sich gut, um dunkle Biere zu brauen. Bei Gräfenberg/Lilling liegt beispielsweise das weltweit größte Biohopfen-Anbaugebiet.

Die rund 70, seit mehreren Generationen familiengeführten Braubetriebe, deren Ursprünge im 17. und 18. Jahrhundert liegen, haben mit der Zeit ein ausgedehntes Streckennetz von Bierwanderwegen entstehen lassen. Die gut beschilderten Bierwanderungen verbinden traditionelle Brauereien, Gasthöfe sowie Bierkeller und sind eine ausgezeichnete Gelegenheit, um in den Genuss regionaler Spezialitäten zu kommen und gleichzeitig die Kultur und schöne Natur der Fränkischen Schweiz kennenzulernen. Neben dem Wanderweg rund um Aufseß laden z. B. der „Fünf-Seidla-Steig" bei Gräfenberg, der „13-Brauereien-Weg" bei Memmelsdorf und der „Bierquellen-Wanderweg" bei Weiglathal zur Verkostung heimischer Biersorten ein und informieren über die natürlichen und handwerklichen Grundlagen des Brauprozesses (www.fraenkische-schweiz.com/de/erleben/aktiv/wandern/brauereiwandern).

182 Wohnmobilstellplatz Brauereigasthof Rothenbach

GPS 49.883811, 11.227584

An einem Bach, in unmittelbarer Nähe der Brauerei Rothenbach, im idyllischen Ort Aufseß gelegener Stellplatz. Ausganspunkt für die Aufsesser Brauereiwanderung. Anmeldung im Brauereigasthof. **Lage/Anfahrt:** über die St2188 von Bamberg kommend, über Heiligenstadt; **Platzanzahl:** 3; **Untergrund:** Schotter; **Service:** Strom; **Preiskat.:** €; **Geöffnet:** ganzjährig; **Kontakt:** Im Tal 70, 91347 Aufseß, Tel. 09198 92920, www.brauereigasthof-rothenbach.de

183 Wohnmobilstellplatz Brauerei Reichold

GPS 49.884225, 11.267616

Direkt am Brauereienweg der Gemeinde Aufseß gelegener Platz. Frühstücksbuffet im Gasthof möglich. Anmeldung in der Gaststätte. **Lage/Anfahrt:** über St2188 von Bamberg kommend, über Heiligenstadt und Aufseß; **Platzanzahl:** 38; **Untergrund:** Schotter, Schotterrasen, Pflaster; **Service:** Strom, Trinkwasser, Abwasser, Chemie-WC; **Preiskat.:** €; **Geöffnet:** ganzjährig; **Kontakt:** Hochstahl 24, 91347 Aufseß, Tel. 09204 271, www.brauerei-reichold.de/wohnmobilstell plaetze

Wiesenttal/Burgruine Neideck und Muggendorf

Das Wiesenttal rund um den Ort Muggendorf liegt im Herzen des **Naturparks Fränkische Schweiz – Frankenjura** und bildet das Wanderzentrum dieser Region. Das **Naturpark Infozentrum** (Am Bahnhof) im „Alten Bahnhof" von Muggendorf vermittelt neben Wissenswertem zum Naturpark auch die Geschichte der Eisenbahn im Wiesenttal. Die **Dampfbahn Fränkische Schweiz** (www.dampfbahn.net) verkehrt heute als Museumsbahn zwischen Ebermannstadt und Behringersmühle.

Für Naturliebhaber bieten zahlreiche **Wanderwege** und Naturerlebnis-Pfade die Möglichkeit, den Naturpark auf Tagestouren oder Mehrtageswanderungen zu erkunden. Die Wiesent eignet sich hervorragend, um in aller Stille mit dem **Kanu** durch das idyllische Tal zu gleiten. Kanus können z. B. in **Muggendorf** (Forchheimer Str. 14, www.aktiv-reisen.com) geliehen werden.

Ob zu Fuß, per Rad oder mit dem Kanu, ein Besuch des Wahrzeichens der Fränkischen Schweiz, der **Burgruine Neideck** (www.neideck.de), zwischen Streitberg und Muggendorf gelegen, sollte eingeplant werden.

Zu einem Abenteuer unter Tage verleitet die Tropfsteingaleriehöhle **Binghöhle** (Schauertal, OT Streitberg, www.binghoehle.de) bei Streitberg, die seit ihrer Sanierung im Jahr 2005 zu den modernsten Schauhöhlen in Deutschland gehört.

Am Eingang zum Wiesenttal, ca. 11 km vom Campingplatz entfernt, liegt die Ehrenbürg, ein 532 m hoher, markanter Zeugenberg, dessen Nordkuppe besser als das 514 m hohe

Die Burgruine Neideck inspirierte bereits die Maler der Romantik

Die Wiesenthauer Nadel trotzt an der Westkante des Walberla-Plateaus der Witterung

Walberla (www.walberla.de) bekannt ist. Ausgeprägte Felsgebilde wie die Steinerne Frau, die Wiesenthauer Nadel und die Zwillingsfelsen finden sich rund um das Walberla. Auf dem Hochplateau wurde die namensgebende Walburgis-Kapelle erbaut, die der angelsächsischen Benediktinerin Walburga geweiht ist. Zu ihren Ehren findet jedes Jahr am ersten Sonntag im Mai das **Walberlafest** (www.walberlafest.de) statt. Es gilt als das älteste Frühlingsfest Deutschlands.

ⓘ **Touristen Information,** Forchheimer Str. 8, 91346 Wiesenttal, www.muggendorf.de, www.wiesenttal.de

ⓘ **Naturpark Fränkische Schweiz – Frankenjura,** Am Bahnhof, 91346 Muggendorf, www.fsvf.de

TIPP MIT DEN RANGERN AUF TOUR

Mit den Rangerinnen und Rangern des Naturparks lassen sich die einzigartigen Orte des Naturparks auf vielfältigen Tages- und Nachtexkursionen entdecken (www.fsvf.de/de/ueber-den-naturpark/naturparkranger).

184 Campingplatz Bieger

GPS 49.789888, 11.205816

Kleiner, naturnaher und ruhiger Platz direkt an der Wiesent gelegen. Eigener Zustieg zum Wasser. Ideal, um das Tal der Wiesent zu erkunden. Die Burgruine Neideck und das Naturparkzentrum Muggendorf können gut mit dem Rad oder über zahlreiche Wanderwege erreicht werden. **Lage/Anfahrt:** von Aufseß kommend über die St2186, in Streitberg auf die B470 Richtung Ebermannstadt, am Einkaufszentrum links in die Ramstertalstr. biegen, Nach ca. 750 m in Rothenbühler Str. fahren und bis Campingplatz folgen; **Platzanzahl:** 23; **Untergrund:** Wiese; **Service:** Strom, Trinkwasser, Abwasser, Chemie-WC; **Preiskat.:** €€–€€€; **Geöffnet:** Ostern–Okt.; **Kontakt:** Rothenbühl 3, 91320 Ebermannstadt, Tel. 09194 9534, www.campingplatz-bieger.de

Tüchersfeld

Die „Felsburg" in Tüchersfeld ist aufgrund ihrer außergewöhnlich an den Felsen „geklebten" Fachwerkhäuser ein Wahrzeichen der Fränkischen Schweiz. Die markanten Steinformationen sind die Überreste eines Riffs, das sich zur Jurazeit in einem tropischen Meer befand. Später umspülte der Fluss Püttlach den Frankendolomit und gestaltete einen sogenannten Umlaufberg. Ursprünglich befanden sich im Ort zwei Burgen. Auf dem **Aussichtspunkt Fahnenstein** sind kaum noch Spuren

Tüchersfeld bietet einen malerischen Anblick

Typische Landschaft der Fränkischen Schweiz: Zahlreiche Felsen säumen die Hänge der sanften, bewaldeten Hügel

TOUR KLETTERN ZWISCHEN UNTEREM WIESENTTAL, GÖSSWEINSTEIN UND POTTENSTEIN

Der Frankenjura gehört zu den am besten erschlossenen und wichtigsten außeralpinen Klettergebieten der Welt. Routen wie „Sautanz", „Wallstreet" oder „Action Directe" gelten als Meilensteine des Sportkletterns. Bekannte Namen wie Oskar Bühler, Kurt Albert, Wolfgang Güllich und Alexander Megos sind mit dieser Region verbunden. Der Frankenjura bietet vielseitige Kletterwege, die sich in Routenlänge, Gesteinsform, Wandneigung und Qualität der Absicherung unterscheiden. Die Felsen sind bis zu 60 Meter hoch und die Routenlängen belaufen sich meistens auf 10 bis 25 Meter. Zahlreiche überhängende Felsen, die aufgrund der besonderen Dolomitverwitterung (Dolomitfelsen aus Kalzium-Magnesium-Karbonat mit groß- und kleinlöchrigen Verwitterungserscheinungen) markante Griffe aufweisen, können somit auch von ambitionierten Hobbysportlern gemeistert werden und sind nicht nur den absoluten Kletterprofis vorbehalten. Einsteigern und Kindern vermitteln zum Beispiel die Bergsportschule ProAlpin (Schiffbauplatz 2d, 96047 Bamberg, www.bergsportschule.com) und die Kletterschule Frankenjura (Schossaritz 2, 91355 Hiltpoltstein, www.kletterschule-frankenjura.de) alles Wissenswerte rund um das Sportklettern.

Den Interessenausgleich zwischen Klettersport, Naturschutz, Landwirtschaft, Jagd sowie Anwohnern und Grundstückseignern regeln die Kletterkonzepte. Im gesamten nördlichen Frankenjura wurden verschiedene Zonen eingerichtet. Flyer, die in den Naturparkzentren erhältlich sind, informieren über Regeln und Routen (www.ig-klettern.org/klettern/klettern-in-franken, www.fraenkische-schweiz.com/de/erleben/aktiv/klettern/klettern.html).

Der Aussichtspunkt Fahnenstein bietet einen wunderbaren Blick über das Püttlachtal

185 Campingplatz Fränkische Schweiz

GPS 49.783183, 11.366564

Idyllisch an der Püttlach gelegen, erstreckt sich der Platz über drei Lichtungen, die von Bäumen eingefasst sind. Wanderwege führen direkt vom Platz ab. Bei Sportkletterern beliebt, mit eigenem Kletterfelsen. Nach Tüchersfeld sind es 600 m. Ein Kiosk befindet sich am Platz. **Lage/Anfahrt:** zwischen Tüchersfeld und Pottenstein, über die B470; **Platzanzahl:** ca. 150; **Untergrund:** Wiese; **Service:** Strom, Trinkwasser, Abwasser, Chemie-WC, teilweise WLAN; **Preiskat.:** €€€; **Geöffnet:** Ostern–Aug.; **Kontakt:** Im Tal 1a, 91278 Pottenstein-Tüchersfeld, Tel. 09242 1788, www.campingplatz-fraenkische-schweiz.de

von der Burg Oberntüchersfeld zu finden. Von der später errichteten Festung Niederntüchersfeld, der sogenannten Felsburg, sind heute nur noch die Nebengebäude erhalten. In der Gebäudegruppe befindet sich der ehemalige Judenhof aus dem 17. und 18. Jh., in dem gegenwärtig das **Fränkische-Schweiz-Museum** (Am Museum 5, www.fraenkische-schweiz-museum.de) untergebracht ist. Das Museum informiert über Erdgeschichte, Archäologie, Mittelalter und Neuzeit, jüdische Religion, Landwirtschaft, Trachten und Handwerk. Jährlich am dritten Wochenende im September findet ein historischer Handwerkermarkt im Museumshof und den Museumsgebäuden statt. Verschiedene Handwerker zeigen ihr Können und laden zum Mitwirken ein.

Das malerische Püttlachtal ist zudem ein beliebtes Wander- und Klettergebiet.

Touristen Information,
www.pottenstein.de/tuechersfeld–2

Pottenstein

Das malerische Felsenstädtchen liegt zu Füßen der auf einem Felsen errichteten, über 1000-jährigen **Burg Pottenstein** (Burgstr. 13, www.burgpottenstein.de) am Zusammenfluss von Püttlach, Weihersbach und Haselbrunnbach. Im Innern der ältesten Burg der Fränkischen Schweiz können Schauräume, historische Ausstellungen und kulturgeschichtliche Exponate besichtigt werden. Die historische Altstadt wird von beeindruckenden **Dolomitfelsen** eingerahmt. Vom Bergwachtkreuz an den Klippen der Marientaler Wände, östlich des Zentrums, bietet sich ein wunderbarer Blick auf den Ort und dessen für die Fränkische Schweiz so typisches Arrangement. Unterhalb der Burg bietet das **Scharfrichtermuseum** (Hauptstr. 16, www.scharfrichtermuseum.de) einen makabren Einblick in dieses düstere Handwerk im Mittelalter, informiert über dessen Instrumente und deren Anwendung und lässt Sagen und Legenden aufleben.

Rund um den Luftkurort steht ein beachtliches Freizeitangebot zur Verfügung. Für Naturerlebnisse sorgt eine große Auswahl an **Wanderungen und Radtouren.** Zudem ist ein Besuch der **Teufelshöhle** (www.pottenstein.de/startseite-teufelshoehle) oder des **Felsenbads** (Pegnitzer Str. 35, www.felsenbad-pottenstein.info) ein außergewöhnliches Erlebnis. Für Ruhesuchende ist die 2 km vom Ortskern gelegene **Kneipp-Anlage** (Oberes Püttlachtal) vielleicht eine Alternative.

Der markante Bergsporn über dem Ort gab dem Städtchen Pottenstein seinen Namen

Das Pottensteiner Felsenbad schmiegt sich in die imposante Umgebung

Viel Action ist im **Freizeitpark Erlebnisfelsen Pottenstein** (Am Langen Berg 50, www.erlebnisfelsen-pottenstein.de) garantiert. Neben einer der größten Rodelanlagen in Bayern warten beispielsweise ein Skywalk, ein Höhenerlebnisweg und ein Bungee-Trampolin auf abenteuerlustige Besucher.
Im **E-Fun-Park** (Am Langen Berg 28, www.e-fun-park-pottenstein.de) können E-Bikes oder Segways geliehen oder auf der Go-Kart-Bahn Runden mit bis zu 50 km/h gedreht werden – der Ökostrom für die Fahrzeuge stammt von der hauseigenen Photovoltaikanlage.

TOUR WANDERN UND RADFAHREN UM POTTENSTEIN

Vorschläge für Wanderungen und Radtouren inkl. der Möglichkeit, Flyer mit Wegbeschreibungen und Karten im PDF-Format herunterzuladen, finden sich unter www.pottenstein.de/wandern-kurztouren und www.pottenstein.de/radfahren2.

Touristen Information, Forchheimer Str. 1, www.pottenstein.de

Der Weg durch die Bärenschlucht erschließt ein vielfältiges Wandergebiet

186 Campingplatz Bärenschlucht

GPS 49.77951, 11.383404

In einem Felsental idyllisch an der Püttlach gelegen. Bewaldete Felshänge umgeben den Platz. Ein eigener Forellenteich lädt zum Angeln ein. Stellplätze sind teilweise unparzelliert. Ein rustikales Restaurant mit fränkischen Spezialitäten, Wild- und Fischgerichten gehört zum Platz. Klettern, Wandern und Radfahren ist in unmittelbarer Umgebung möglich. Der Ort Pottenstein liegt ca. 2.5 km entfernt. **Lage/Anfahrt:** zwischen Tüchersfeld und Pottenstein, über B470; **Platzanzahl:** 180; **Untergrund:** Schotter, Schotterrasen, Wiese; **Service:** Strom, Trinkwasser, Abwasser, Chemie-WC; **Preiskat.:** €€€; **Geöffnet:** ganzjährig; **Kontakt:** Bärenschlucht 1, 91278 Pottenstein, Tel. 09243 206, www.baerenschlucht-camping.de

187 Wohnmobilstellplatz am Langen Berg

GPS 49.762875, 11.408217

Am Rande eines kleinen Gewerbegebiets gelegener Platz. Von Bäumen eingerahmt, sodass man sich wohlfühlen kann. Der Ortskern von Pottenstein liegt ca. 1,5 km entfernt. **Lage/Anfahrt:** am Freizeitpark Erlebnisfelsen Pottenstein, über B470, am Wanderparkplatz Weihersbachtal auf die St2163 (Am Langen Berg) biegen und ihr bis zum Gewerbegebiet am Langen Berg folgen; **Platzanzahl:** 25; **Untergrund:** Schotter; **Service:** Strom, Trinkwasser, Abwasser, Chemie-WC; **Preiskat.:** €; **Geöffnet:** ganzjährig; **Kontakt:** Langer Berg 18, 91278 Pottenstein, Tel. 09242 1788, www.wohnmobilpark-pottenstein.de

Marko Roeske

Das Altmühltal

Der Donaudurchbruch bei Kloster Weltenburg

Dass Bayern als Urlaubsland weit mehr ist als der aus touristischer Perspektive oft sehr verkürzte Blick auf München und die Alpen, zeigt auf anschauliche Weise eine Tour durch das wunderschöne Altmühltal. Entlang den mal flachen, mal hoch aufsteigenden Ufern des Flusses Altmühl wechseln die Landschaften und die Architekturstile, aber auch die Mentalitäten und die Dialekte – und zeigen die enorme Vielfalt, die der Freistaat Bayern fernab aller eingefahrenen, vermeintlich typisch bajuwarischen Trachtenkulisse auch aufweist. Das Altmühltal spiegelt aber nicht nur diese kulturelle Fülle wider, sondern ist auch ein kleines Paradies für Naturverbundene und Freizeitsportler. So zieht sich etwa der Altmühlradweg auf 250 Kilometern durch die freie Natur und der Limeswanderweg folgt den historischen

Farbenfrohe Innenstadt: Gunzenhausen mit seinem Färberturm

TOUREN-ÜBERBLICK

Routenempfehlung: Gunzenhausen – Weißenburg – Eichstätt – Beilngries – Riedenburg – Kelheim
Länge gesamt: ca. 130 km
Dauer: ca. 4 Tage
Reisezeit: ganzjährig

Spuren der Römer durch die Region. Und spätestens hier lässt sich im Altmühltal sportliche Aktivität mit kulturellem Interesse verbinden.

Gunzenhausen

Als eine der ältesten Städte des Altmühltals kann Gunzenhausen auf eine bewegte Geschichte zurückblicken. Bereits im 2. Jahrhundert errichteten die Römer auf dem Gebiet der heutigen 16.000-Einwohner-Stadt zur Limessicherung ein **Kastell.** Im Mittelalter wurde die Stadt befestigt, woran heute etwa noch der historische Wehrgang sowie der Blas-, der Färber- und der Storchenturm erinnern. Zahlreiche archäologische Fundstücke zeigt das **Archäologische Museum der Frühgeschichte** (Brunnenstraße 1, www.archaeologisches-museum.gunzenhausen.de), noch ein Stück weiter zurück in die Vergangenheit geht das **Fossilien- und Steindruck-Museum** (Sonnenstraße 4, www.fossilien-und-steindruck-museum.de). Die Innenstadt und der **Marktplatz** Gunzenhausens sind von zahlreichen Fachwerkhäusern und Gebäuden im Stil des Barocks geprägt, was der Stadt eine ganz besondere, altmodisch-liebenswürdige Note verleiht. Bekannt ist die Gemeinde auch für ihre **Kirchweih** (oder fränkisch: „Kerwa“), ein alljährliches Volksfest, dessen Wurzeln bis ins 15. Jahrhundert zurückreichen.
Durch seine Lage am Altmühlsee und die geringe Entfernung zum Kleinen und zum Großen Brombachsee ist Gunzenhausen darüber hinaus der ideale Stützpunkt für alle Wassersportler und Badefreunde.

Tourist-Info Gunzenhausen, Rathausstraße 12, www.gunzenhausen.info

INFO DIE ALTMÜHL

Der Lauf des insgesamt 227 Kilometer langen Flusses führt durch vier der sieben bayerischen Regierungsbezirke. Von Westen her legt der Strom den größten Teil der Strecke durch Mittelfranken zurück, fließt dann eine Weile durch das nördliche Oberbayern und schaut kurz in der Oberpfalz vorbei, um schließlich in Niederbayern in die Donau zu münden. Zum Gebiet des sogenannten **Naturparks Altmühltal** gehören sogar noch Teile Schwabens. Die letzten gut 30 Kilometer vor ihrer Mündung bei Kelheim nutzt zudem der Main-Donau-Kanal das Bett der Altmühl. Somit ist sie auch Teil jener transkontinentalen Wasserstraße, die die Nordsee bei Rotterdam in den Niederlanden mit dem Schwarzen Meer bei Constanța in Rumänien verbindet (https://naturpark-altmuehltal.de).

INFO DAS FRÄNKISCHE SEENLAND

Der **Altmühlsee** bei Gunzenhausen (www.altmuehlsee.de), der etwa 10 Kilometer entfernte **Kleine** und **Große Brombachsee** (www.zv-brombachsee.de) sowie der angrenzende **Igelsbachsee** – alle drei jeweils nur durch Staumauern getrennt – gehören zusammen mit weiteren Gewässern zum Fränkischen Seenland. Was sie alle eint, ist die Tatsache, dass sie künstlich geschaffen wurden – größtenteils, um der Wasserknappheit in Franken zu begegnen. Während die Region südlich der Donau nämlich vor allem durch die Zuflüsse aus den Alpen in der Regel mehr als ausreichend mit Wasser versorgt ist, musste für das nördliche Bayern eine Überleitung aus dem Altmühl- und dem Donautal über die europäische Hauptwasserscheide geschaffen werden. Ein positiver, wohlkalkulierter Nebeneffekt war dabei die Entstehung einer komplett neuen Tourismusregion, wovon auch die umliegenden Gemeinden profitieren.

Sommer, Sand und See: Urlaubsidylle am Kleinen Brombachsee

188 Campingplatz Zum Fischer-Michl

GPS 49.12562, 10.716735

Gepflegter, größtenteils in Rondellen angelegter Campingplatz in der Nähe des Badestrands und des Segeljachthafens am Altmühlsee. Gaststätte, Biergarten, Brötchen-Service, Spielplatz und Boccia-bahn vorhanden. **Lage/Anfahrt:** von Gunzenhausen kommend von der B466 (Richtung Oettingen/Nördlingen) rechts auf die St2222 Richtung Wald-Seezentrum, nach 900 m wieder rechts und nach 600 m erneut rechts zum Parkplatz Wald-Seezentrum. Der Campingplatz befindet sich gegenüber dem Parkplatz; **Platzanzahl:** 120; **Untergrund:** Asphalt, Wiese; **Service:** Strom, Trinkwasser, Abwasser, Chemie-WC, WLAN, Gasverkauf; **Preiskat.:** €€€; **Geöffnet:** April–Okt.; **Kontakt:** Wald-Seezentrum 4, 91710 Gunzenhausen, Tel. 09831 2784, www.campingplatz-fischer-michl.de

189 SeeCamping Langlau

GPS 49.127057, 10.864213

Weitläufiger, barrierefreier Campingplatz am Brombachsee, eigene kleine Bücherei, Wassersportmöglichkeiten direkt ab dem Campinggelände, Sandstrand, Gastronomie, Laden, Brötchen-Service. **Lage/ Anfahrt:** von Gunzenhausen kommend der St2222 nach Osten in Richtung Pleinfeld für etwa 6 km folgen, am Kreisverkehr links (3. Ausfahrt) in Richtung Pfofeld-Langlau, den Schildern zum Campingplatz folgen; **Platzanzahl:** 420; **Service:** Strom, Trinkwasser, Abwasser, Chemie-WC, WLAN, Gasverkauf; **Preiskat.:** €€€; **Geöffnet:** März–Mitte Nov.; **Kontakt:** Seestraße 30, 91738 Pfofeld-Langlau, Tel. 09834 96969, www.zv-brombachsee.de

190 Waldcamping am Brombachsee

GPS 49.1125, 10.970427

Groß dimensionierter, aber dennoch übersichtlicher Campingplatz im Wald, etwa 20 Gehminuten vom Brombachsee entfernt, Gastronomie vor Ort, Spielplätze, Laden. **Lage/Anfahrt:** von Gunzenhausen kommend der St2222 für etwa 17 km nach Osten in Richtung Pleinfeld bis zum Kreisverkehr kurz vor der B2 folgen, links (3. Ausfahrt) in die Ellinger Straße, dann nach links via Brückenstraße in die Stirner Straße, die Gleise und den Nordring unterqueren und am Ortsende links in die Badstraße, die in die Straße Sportpark übergeht; **Platzanzahl:** 560; **Untergrund:** Asphalt, Schotter, Wiese; **Service:** Strom, Trinkwasser, Abwasser, Chemie-WC, WLAN (teilweise), Gasverkauf; **Preiskat.:** €€€–€€€€; **Geöffnet:** ganzjährig; **Kontakt:** Sportpark 13, 91785 Pleinfeld, Tel. 09144 6080911, www.waldcamping-brombach.de

Weißenburg

Wie Gunzenhausen entstand auch Weißenburg – seines Zeichens die größte Stadt des heutigen Landkreises Weißenburg-Gunzenhausen – ursprünglich aus einem **Römerkastell.** Auf die Spuren der alten Römer trifft man bei einem Spaziergang durch die Gemeinde beinahe ständig (www.weissenburg.de/roemer): so etwa in Form des Kastellnachbaus **Biriciana** (Am Römerlager), der **Römischen Thermen** (Am Römerbad) oder natürlich des **RömerMuseums** (Martin-Luther-Platz 3–5). Anders als die „kleine Schwester" im Westen liegt Weißenburg zwar nicht direkt an der Altmühl, wird aber dennoch als zum Altmühltal gehörend empfunden.

Eine Besonderheit in Weißenburg dürfte in jedem Fall die beeindruckend hohe Stadtbefestigung (vor allem an der **Schießgraben**- und der **Schanzmauer)** darstellen, an der es sich heutzutage gemütlich und ganz friedlich flanieren lässt. Aber auch das beeindruckende **Ellinger Tor** und der einladende Marktplatz mit dem **Alten Rathaus** wissen zu gefallen. Außerdem befindet sich etwas außerhalb der Stadt auf erhabener Position die alte Hohenzollernfestung

Das Alte Rathaus in der historischen Weißenburger Altstadt

Wülzburg (www.weissenburg.de/wuelzburg), die ursprünglich ein Benediktinerkloster war und im 16. Jahrhundert wehrhaft ausgebaut wurde.

Tourist-Info Weißenburg, Martin-Luther-Platz 3, www.weissenburg.de

191 Wohnmobilstellplatz am Limesbad

GPS 49.024531, 10.973446

Stellplatz direkt am Freibad, in Gehdistanz zur Weißenburger Altstadt. **Lage/Anfahrt:** in Weißenburg von der B2 (Richtung Donauwörth) in Richtung Schulzentren links in die Wiesenstraße, am Sportplatz vorbei, danach rechts auf den Großparkplatz; der Stellplatz befindet sich im hinteren rechten Eck am Limesbad; **Platzanzahl:** 6; **Untergrund:** Asphalt; **Service:** Strom, Trinkwasser, Abwasser, Chemie-WC (keine Wasserver- bzw. -entsorgung im Winter), WLAN; **Preiskat.:** €; **Geöffnet:** Sept.–Juli; **Kontakt:** Badstraße 5, 91781 Weißenburg in Bayern

192 Campingplatz Dollnstein

GPS 48.87370, 11.07514

Familiengeführter, ruhiger Campingplatz direkt an der Altmühl mit erhebendem Ausblick in die freie Natur. Grillplätze, Bootsanlegestelle, Imbisswagen, Kegelbahnen und Kinderspielplatz. **Lage/Anfahrt:** von Weißenburg kommend (Richtung Eichstätt) von der B13 rechts in Richtung Bieswang abfahren und von dort über Schönau (erst St2387, dann St2047) nach Dollnstein fahren; im Ort die Brücke über die Altmühl überqueren und nach links in die Brückenstraße einbiegen; die Einfahrt zum Campingplatz liegt etwas versteckt in einem Hof; **Platzanzahl:** 70; **Untergrund:** Asphalt, Wiese; **Service:** Strom, Trinkwasser, Abwasser, Chemie-WC (automatische Kassettenentleerungsstation), WLAN; **Preiskat.:** €€€; **Geöffnet:** April–Okt.; **Kontakt:** Brückenstraße 11a, 91795 Dollnstein, Tel. 08422 846, www.campingplatz-dollnstein.de

Im Herzen von Eichstätt: die fürstbischöfliche Residenz

Eichstätt

Sie ist Große Kreisstadt, Bischofssitz und Universitätsstadt – und zählt doch nur gut 13.000 Einwohner. Eichstätt ist in Fließrichtung der Altmühl die erste Stadt auf oberbayerischem Boden und stark katholisch geprägt. Dies ist nicht nur ihrem traditionellen Status als Bischofsstadt – die sie bereits seit dem 8. Jahrhundert ist – geschuldet, sondern auch den beiden Ausbildungsstätten für Priester sowie mehreren klösterlichen Gemeinschaften.

Neben etlichen mittelalterlichen und neuzeitlichen architektonischen Kleinoden in der Altstadt sticht vor allem die prächtige **Residenz** (Residenzplatz 1) heraus, der ehemalige Sitz der Eichstätter Fürstbischöfe.

Ein Name, der einem beim Gang durch Eichstätt immer wieder begegnet, ist der des **Heiligen Willibald,** eines angelsächsischen Missionars, der gegen Mitte des 8. Jahrhunderts eine Bischofskirche errichten ließ, die Vorläuferin des heutigen **Doms.** Natürlich war er auch Na-

TIPP DER DINOSAURIER-PARK

Auch wenn sich das ganz große „Jurassic Park"-Fieber, das die Welt in den 1990er-Jahren befallen hatte, mittlerweile wieder gelegt haben dürfte, blieb eines doch bestehen: die Faszination für jene gigantischen Tiere, die unsere Erde bis vor etwa 65 Millionen Jahren bevölkerten – die Dinosaurier. Auf urzeitliche Spurensuche kann man sich in der Nähe von Denkendorf begeben, wo das **Dinosaurier Museum Altmühltal** (Dinopark 1, 85095 Denkendorf, https://dinopark-bayern.de) beheimatet ist. Sowohl im Museum selbst als auch im angrenzenden Park mit seinen originalgetreuen Dino-Modellen erfährt der geneigte Besucher alles Wissenswerte über die ausgestorbenen Tiere. Das außergewöhnlichste Ausstellungsstück und der unumstrittene Star der Sammlung dürfte sicherlich „Rocky" sein, das Skelett eines jungen **Tyrannosaurus rex** – und zu Recht der ganze Stolz des Museums.

mensgeber für die **Willibaldsburg** (erreichbar über den Mondscheinweg) mit ihren charakteristischen kurzen Ecktürmen, die auf dem – man ahnt es – Willibaldsberg thront und seit Jahrhunderten gütig auf die Stadt hinunterblickt. Die Burg beherbergt unter anderem auch das **Jura-Museum** (www.jura-museum.de) mit seinem berühmten „Eichstätter Exemplar“ des Urzeitvogels **Archaeopteryx.**

Tourist-Info Eichstätt, Domplatz 8, www.eichstaett.de

193 Wohnmobilstellplatz Eichstätt

GPS 48.88445, 11.19761

Sehr gut ausgestatteter Stellplatz an der Altmühl mit Zeltwiese und Grillplatz, Brötchen-Service, Supermarkt und Bootsverleih ganz in der Nähe; **Lage/Anfahrt:** von Weißenburg kommend in Eichstätt von der B13 am Kreisverkehr (3. Ausfahrt) links in die Pirkheimer Straße, nach 250 m links in die Schottenau Richtung Volksfestplatz; Einfahrt zum Stellplatz zwischen den Tennisplätzen; **Platzanzahl:** 70; **Untergrund:** Schotter, Wiese; **Service:** Strom, Trinkwasser, Abwasser, Chemie-WC; **Preiskat.:** €€; **Geöffnet:** ganzjährig; **Kontakt:** Schottenwiese/Pirkheimer Straße, 85072 Eichstätt, Tel. 08421 908147

194 Campingplatz Kratzmühle

GPS 49.00364, 11.45153

Großer, gepflegter 4-Sterne-Campingplatz im Naturpark Altmühltal in der Nähe eines Badesees, mit Gaststätte und Biergarten, Getränke-, Wurst-/Fleischautomat, Fahrrad- und Bootsverleih, viele Spielmöglichkeiten für Kinder, Bücherei. **Lage/Anfahrt:** von Kinding auf der St2230 Richtung Beilngries; der Campingplatz liegt rechts auf etwa halber Strecke zwischen beiden Orten; **Platzanzahl:** 400; **Untergrund:** Asphalt, Schotter, Wiese; **Service:** Strom, Trinkwasser, Abwasser, Chemie-WC, WLAN; **Preiskat.:** €€€–€€€€; **Geöffnet:** ganzjährig; **Kontakt:** Mühlweg 2, 85125 Kinding-Kratzmühle, Tel. 08461 64170, https://kratzmuehle.de

Beilngries

Das Wappen der wegen der ungewöhnlichen Konsonantenkombination nicht ganz so einfach auszusprechenden Gemeinde Beilngries führt neben einem Bischofsstab auch zwei Beile im Wappen – und dies nicht von ungefähr. Gesichert scheint, dass im 5. oder 6. Jahrhundert ein aus dem Thüringer Reich stammender Krieger namens Bilo (in etwa: „der Spitzbeilträger") die sandigen Ufer („Griez") um die Altmühl für sich reklamierte.

Heute ist Beilngries unter anderem bekannt für seine stattliche Anzahl an Kirchen und Kapellen, von denen dem auswärtigen Besucher besonders die zentral gelegene neobarocke Stadtpfarrkirche **Sankt Walburga** (Hauptstraße 29) mit ihrer auffallenden Ornamentik auf den beiden Kirchtürmen ins Auge stechen dürfte. Auch sind noch Teile der ehemaligen Stadtmauer mit ihren diversen Türmen und

Sankt Walburga in Beilngries mit ihren außergewöhnlich verzierten Kirchtürmen

INFO DER MAIN-DONAU-KANAL

Diese größtenteils künstlich geschaffene Bundeswasserstraße verbindet den Main bei Bamberg mit der Donau bei Kelheim und ist mit ihren 171 Kilometern Länge Teil einer durchgehenden Wasserstraße zwischen der **Nordsee** und dem **Schwarzen Meer.** Die früher übliche Bezeichnung Rhein-Main-Donau-Kanal zur Verdeutlichung der europaweiten Dimension wird in dieser Form nur noch selten verwendet, mutmaßlich auch, weil der Kanal unter diesem Namen in den 1970er- und 1980er-Jahren vor allem in ökologischer Hinsicht nicht unumstritten war.

Die Idee einer Wasserverbindung von Main und Donau stammt schon aus der Zeit Karls des Großen, der noch als König der Franken am Ende des 8. Jh. ein ähnliches Projekt, die sogenannte Fossa Carolina (oder „Karlsgraben") in Angriff nahm – aber nie vollendete. Im Verlauf der folgenden Jahrhunderte gedieh dann so mancher Plan zur Wiederbelebung des alten Traums, doch erst Ludwig I. ließ ihn unter dem Einsatz von mehreren Tausend Arbeitern und der Gründung einer eigenen Aktiengesellschaft im Jahre 1846 wahr werden. So gilt der **Ludwig-Main-Donau-Kanal** als historischer Vorgänger des heutigen **Main-Donau-Kanals,** der 1992 fertiggestellt wurde und neben dem Gütertransport auch zunehmend für touristische Zwecke wie Flusskreuzfahrten genutzt wird.

195 NATURAMA Beilngries

GPS 49.02637, 11.470233

Grün angelegter, moderner Campingplatz an der Altmühl, Freibad und diverse Sportmöglichkeiten ganz in der Nähe, Bootsverleih. **Lage/Anfahrt:** von Kinding kommend (St2230) im Ort am Kreisverkehr (1. Ausfahrt) rechts in die Ringstraße, immer geradeaus über Rosenaustraße und Alte Ingolstädter Straße in die Straße An der Altmühl; **Platzanzahl:** 160; **Untergrund:** Asphalt, Schotter, Wiese; **Service:** Strom, Trinkwasser, Abwasser, Chemie-WC, WLAN; **Preiskat.:** €€€–€€€€; **Geöffnet:** April–Anf. Nov.; **Kontakt:** An der Altmühl 24, 92339 Beilngries, Tel. 08461 606730, www.naturama-beilngries.de

196 7-Täler-Campingplatz Ottmaring

GPS 49.035858, 11.544242

Natürlich angelegter, eher kleiner Campingplatz direkt am Damm des Main-Donau-Kanals. Betreiber bietet geführte Segway-Touren an, Fahrradweg entlang des Kanals direkt vor der Tür, Kiosk, Brötchen-Service. **Lage/Anfahrt:** im Beilngrieser Norden bei den Einkaufszentren von der B299 in die Ottmaringer Straße, etwa 5 km bis zur insgesamt zweiten Brücke folgen, diese nach links überqueren, am anderen Ufer rechts nach Ottmaring einbiegen; nach etwa 350 Metern und einigen Kurven hat man den Campingplatz erreicht; **Platzanzahl:** 40; **Untergrund:** Schotter, Pflaster, Wiese; **Service:** Strom, Trinkwasser, Abwasser, Chemie-WC, WLAN; **Preiskat.:** €€€; **Geöffnet:** April–Mitte Okt.; **Kontakt:** Ottmaring 9, 92345 Dietfurt, Tel. 08464 605212, www.camping-ottmaring.de

Die Ruine von Burg Tachenstein hoch über Riedenburg

Toren zu bestaunen. Mit dem **Sulzpark** am namensgebenden Flüsschen verfügt Beilngries sogar über ein kleines Naherholungsgebiet mitten in der Stadt – inklusive eines Wassertretbeckens und eines Barfußpfads, aber auch mit einem Wasserspielplatz und einem Fisch- und Naturlehrpfad. Doch natürlich prägen auch die Altmühl und vielleicht mittlerweile sogar mehr noch der Main-Donau-Kanal mit eigenem Jachthafen das Leben in der oberbayerischen Kleinstadt.

Tourist-Info Beilngries, Hauptstraße 14, https://beilngries.de

Riedenburg

Dass die Kleinstadt mit ihren gut 6000 Einwohnern die Endung „-burg" bereits im Namen trägt, ist natürlich Ausdruck ihrer Geschichte, fast aber auch schon wieder Zeichen ihrer Bescheidenheit, befinden sich doch eigentlich gleich drei Burgen auf ihrem Stadtgebiet – zum Teil leider nur noch in Form von Ruinen –, im weiteren Umfeld sogar noch einige mehr. Da wäre zum einen das bestens erhaltene **Schloss Rosenburg** mit seiner **Falknerei** (www.falkenhof-rosenburg.de) hoch auf einem Berghügel über der Altstadt gelegen (zu Fuß oder nur mit Pkw über die Burgstraße erreichbar). Unterhalb dieser Höhenburg liegen die Überreste der alten **Burg Rabenstein,** während sich ein paar hundert Meter weiter nördlich auf einer anderen Erhebung noch die Ruine von **Burg Tachenstein** ausmachen lässt. Doch auch die Grundmauern von **Burg Eggersberg** – das jüngere **Schloss Eggersberg** (Obereggersberg 18, www.schloss-eggersberg.de) existiert bis heute – oder etwa die mittelalterliche **Burg Prunn** (Schloßprunn, www.burg-prunn.de) befinden sich noch auf Riedenburger Gemarkung.

Sehenswert ist auch die relativ kompakte Altstadt, an deren Rand die spätbarocke Stadtpfarrkirche **Sankt Johann Baptist** angesiedelt ist. Riedenburg beherbergt auch zwei traditionsreiche Brauereien, von denen speziell das **Riedenburger Brauhaus** (mit Biergarten

197 Wohnmobilstellplatz Riedenburg

GPS 48.96448, 11.68162

Gepflegter Stellplatz direkt am Main-Donau-Kanal zwischen bewaldeten Hügeln und der Riedenburger Altstadt (etwa 400 m). Bei Großveranstaltungen wie Volksfesten oder Märkten gesperrt, keine Wohnwagen. **Lage/Anfahrt:** von Beilngries/Dietfurt kommend auf der St2230 in Riedenburg vor der Stadtbrücke erst links, dann rechts abbiegen und diese überqueren, gleich dahinter rechts in die Straße An der Altmühl, die nach wenigen Metern zur Austraße wird, über den Großparkplatz knapp 200 m zum Stellplatz; **Platzanzahl:** 60; **Untergrund:** Asphalt, Wiese, Sand; **Service:** Strom, Trinkwasser, Abwasser, Chemie-WC; **Preiskat.:** €; **Geöffnet:** ganzjährig; **Kontakt:** Austraße (am Großparkplatz), 93339 Riedenburg

Riedenburg liegt zu Füßen des prächtigen Schlosses Rosenburg

in der Nähe des Haupthauses, Hammerweg 5, www.riedenburger.de) wegen des Einsatzes von Getreide aus rein ökologischem Anbau und der Verwendung von sogenanntem Urgetreide wie Emmer schon längst auch überregionale Bekanntheit erlangt hat.

Tourist-Info Riedenburg, Marktplatz 1, https://riedenburg.de

Kelheim

Überragt wird die niederbayerische Kreisstadt, bei der die Altmühl bzw. der Main-Donau-Kanal und die Donau zusammenfließen, nicht nur im wörtlichen Sinne von der monumentalen **Befreiungshalle** auf dem Michelsberg (Befreiungshallestraße 3). Das klassizistische Gebäude, das von Ludwig I. in Auftrag gegeben wurde und auf recht martialische Art und Weise an die Befreiungskriege gegen Napoleon erinnern soll, dominiert natürlich auch das architektonische Erbe Kelheims. Dabei hat die 17.000-Einwohner-Stadt auch in ihrer historischen Altstadt so einige Sehenswürdigkeiten zu bieten, etwa mit ihren verschiedenen **Stadttoren** und **Türmen,** dem quirligen **Ludwigsplatz** samt seinen farbenfrohen Bürgerhausfassaden oder der größtenteils neugotischen Stadtpfarrkirche **Mariä Himmelfahrt.** Überregionale Bekanntheit dürfte auf kulinarischem Gebiet außerdem die älteste **Weißbierbrauerei** Bayerns, G. Schneider & Sohn („Schneider Weisse", https://schneider-weisse.de), besitzen.

Ebenso für sein Bier ist das **Kloster** im Kelheimer Stadtteil **Weltenburg** (Asamstraße 32, www.kloster-weltenburg.de) bekannt, das ein paar Kilometer donauaufwärts liegt – aber beileibe nicht nur dafür. Zeigt sich doch ein paar hundert Meter hinter den Klostermauern der mächtige **Donaudurchbruch,** eine Engstelle im Donautal mit teilweise bis zu 80 Meter hohen Steilwänden. Sowohl das pittoreske Kloster als auch das monumentale Naturdenkmal sind Anziehungspunkte für Touristen, aber auch für einheimische Tagesausflügler. Und natürlich kann man beides auch einmal aus einer ganz anderen Perspektive betrachten – nämlich vom Wasser aus bei einer der vielen **Bootstouren** ab Kelheim (Wöhrdplatz, https://schifffahrt-kelheim.de).

Tourist-Info Kelheim, Ludwigsplatz 1, www.kelheim.de

Das Kelheimer Mittertor ist Teil der ehemaligen Stadtbefestigung

Kelheim wird überragt von der Befreiungshalle

198 Wohnmobilstellplatz Am Pflegerspitz

GPS 48.91486, 11.87639

Mit Hecken parzellierter Stellplatz auf einer Landzunge zwischen Altmühl bzw. Main-Donau-Kanal und Donau. Gastronomie, Sport- bzw. Tenniszentrum ganz in der Nähe, gute 500 m bis in die Innenstadt, etwa 600 m bis zum Schiffsanleger. Bei Vollbelegung Ausweichmöglichkeit auf nahen Ersatzstellplatz möglich. **Lage/ Anfahrt:** von Riedenburg kommend der St2230 bis zu einem Kreisverkehr folgen, rechts (3. Ausfahrt) abfahren und der St2233 folgen, nach der Brücke an der zweiten Möglichkeit rechts und nach gut 100 m links, nach 50 m wieder rechts in die Straße Am Pflegerspitz und der Beschilderung folgen; **Platzanzahl:** 45; **Untergrund:** Asphalt, Schotter, Wiese; **Service:** Strom, Trinkwasser, Abwasser, Chemie-WC; **Preiskat.:** €; **Geöffnet:** ganzjährig; **Kontakt:** Am Pflegerspitz 1, 93309 Kelheim, Tel. 09441 701234 (Tourist-Info)

Marko Roeske

Der Bayerische Wald

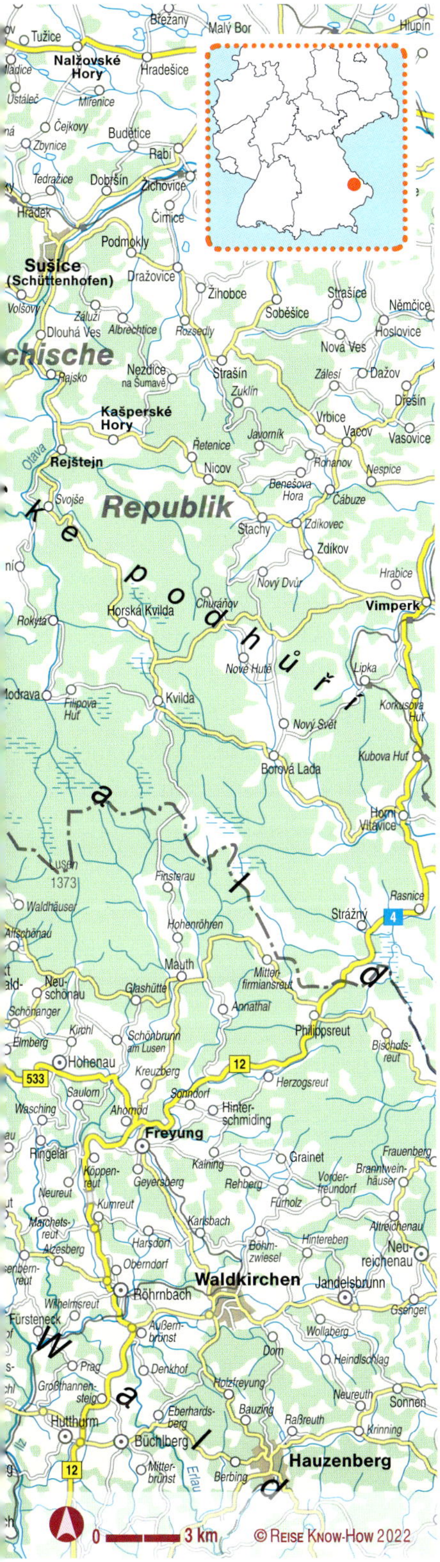

TOUREN-ÜBERBLICK

Routenempfehlung: Viechtach – Bad Kötzting – Lamer Winkel – Zwiesel – Frauenau – Spiegelau – Grafenau
Länge gesamt: ca. 90 km
Dauer: ca. 4 Tage
Reisezeit: ganzjährig

Er gilt zusammen mit dem Böhmerwald (Šumava) in Tschechien als der grüne Mittelpunkt Europas: der Bayerische Wald. Auf deutscher Seite zieht sich der „Woid" von der Cham-Further Senke über gute 100 Kilometer bis hinunter zum Dreiländereck mit Tschechien und Österreich – an seiner südlichen, ebenen Flanke stets gesäumt von der mächtigen Donau.

Im Bayerischen Wald entstand 1970 offiziell der erste Nationalpark Deutschlands, der mit seiner wilden und vielerorts auch tatsächlich noch unberührten Natur durchaus als Vorläufer des heute so viel zitierten sanften Tourismus bezeichnet werden kann. Und dieser achtsame Umgang mit der wahrlich beeindruckenden Landschaft – eifrige Tourismusmanager sprechen gerne vom „Kanada Europas" – ist es dann auch, was viele Gäste hierher in den äußersten Südosten Deutschlands lockt.

Zudem vermittelt der Bayerwald seinen Besuchern immer auch das Gefühl, dass es hier doch noch ein wenig geruhsamer zugeht als in so manch anderer Urlaubsregion. Wer diese Verbindung von wilder Natur und wohltuender Gelassenheit einmal erlebt hat, wird wohl verstehen, was der Dichter Adalbert Stifter dereinst gemeint haben dürfte: „Sag niemals,

Eine geologische Besonderheit des Bayerischen Waldes: der Pfahl bei Viechtach

dass etwas schön ist, bevor Du nicht den Bayerischen Wald gesehen hast!"

Tourist-Info Bayerischer Wald, www.bayerischer-wald.de
Nationalpark-Info, www.nationalpark-bayerischer-wald.bayern.de

Viechtach

Der Bayerische Wald besitzt kein eigentliches Zentrum, sondern wird neben der wilden Natur und dem ländlichen Charakter eher von seinen zahlreichen Kleinstädten geprägt. Eine solche ist auch die Gemeinde Viechtach mit ihren 8500 Einwohnern. Der staatlich anerkannte Luftkurort ist nicht nur von einer spektakulären (Kultur-)Landschaft umgeben – so prägen zahlreiche beeindruckende Burgruinen und das geologische Naturphänomen des **Pfahls** das nähere Umland –, sondern ist auch Standort außergewöhnlicher Museen und Ateliers wie etwa des **Kristallmuseums** (Linprunstraße 4, www.kristallmuseum.bayerwald-media.de) und der **Fischledermanufaktur** (Billergasse 8, www.anatol-donkan.com) in der Innenstadt oder der mehr als außergewöhnlichen **Gläsernen Scheune** (https://glaeserne-scheune.de) im Ortsteil Rauhbühl. Einen schönen Ausblick auf die Stadt und die Umgebung bietet eine Wanderung auf den **Kronberg,** den Viechtacher Hausberg.

INFO DER PFAHL

Diese geologische Besonderheit zieht sich als sogenannter Quarzgang über eine Strecke von etwa 150 Kilometern durch den Boden des Oberpfälzer und des Bayerischen Waldes. Da er eine härtere Struktur aufweist als das ihn umgebende Gestein, ragt er durch dessen allmähliche Verwitterung an manchen Stellen steil aus der Erde empor – so zum Beispiel als Kleiner und Großer Pfahl in der Nähe von Viechtach. Wegen seiner Festigkeit wurde das Pfahlgestein auch gerne für den Straßenbau verwendet und vor Ort im **Viechtacher Quarzschotterwerk** abgebaut. Ein **Lehrpfad** rund um den Großen Pfahl beschäftigt sich mit dem Naturphänomen selbst, aber auch mit der Nutzung des Gesteins durch den Menschen.

199 KNAUS Campingpark Viechtach

GPS 49.08445, 12.85328

Ein wenig versteckt gelegener, von dichtem Wald umgebener Campingplatz in der Nähe des Viechtacher Freibads. Auch Mobilheime, Ferienhäuser, Gästezimmer, Schlaffässer und Zelte können gemietet werden. Diverse Sportmöglichkeiten und Hallenbad mit Wellnessbereich direkt auf dem Gelände. Familienfreundliches Ambiente mit eigenem Veranstaltungsprogramm im Sommer. Hundefreilauf- und -trainingsplatz mit Agility-Geräten, Hundedusche sowie eigens eingezäunte Stellplätze vorhanden. **Lage/Anfahrt:** von der B85 auf der St2139 Richtung Innenstadt, nach knapp 200 Metern an der Kreuzung links in die Schmidstraße einbiegen und dieser einen halben Kilometer folgen. Nach links in die Straße Riedmühle abbiegen, die in die Galgenhöhe übergeht, welche schließlich nach einer Linkskurve in den Waldfrieden führt, diesem bis ans Ende folgen; **Platzanzahl:** 180; **Untergrund:** Asphalt, Wiese; **Service:** Strom, Trinkwasser, Abwasser, Chemie-WC, WLAN; **Preiskat.:** €€€€; **Geöffnet:** Dez.–Okt.; **Kontakt:** Waldfrieden 22, 94234 Viechtach, Tel. 09942 1095, www.knauscamp.de/viechtach

Tourist-Info Viechtach, Stadtplatz 1, www.viechtacher-land.de

200 Adventure Camp Schnitzmühle

GPS 49.069781, 12.913839

Mittelgroßer Campingplatz im Grünen, auch Zimmer, Ferienhäuser und Zelte mietbar. Mit Campladen und Gastronomie, Badesee, dazu diverse Sportmöglichkeiten und Veranstaltungen. Eigene Haltestelle der Waldbahn. **Lage/Anfahrt:** von der B85 in Richtung Patersdorf links in die Schädlbergstraße einbiegen, dieser dann bis zur Schnitzmühle folgen; **Platzanzahl:** 95; **Untergrund:** Schotter, Wiese; **Service:** Strom, Trinkwasser, Abwasser, Chemie-WC, WLAN; **Preiskat.:** €€€€; **Geöffnet:** ganzjährig; **Kontakt:** Schnitzmühle 1, 94234 Viechtach, Tel. 09942 94810, www.schnitzmuehle.de

201 Camping Höllensteinsee

GPS 49.101051, 12.876492

Etwas abgelegener, sehr moderner und unparzellierter Campingplatz direkt am Wasser, dementsprechend auch viele Wassersportmöglichkeiten wie Rudern und Stand-up-Paddling. Kiosk, Brötchen-Service. Ruhige, entspannte Atmosphäre. **Lage/Anfahrt:** von Viechtach kommend auf der St2139 (Viechtacher Straße) in Richtung Bad Kötzting bis zum Ortsteil Pirka, dort in der Ortsmitte links in den Leitenweg und diesem bis zum Campingplatz folgen; **Platzanzahl:** 150; **Untergrund:** Schotter, Wiese; **Service:** Strom, Trinkwasser, Abwasser, Chemie-WC, WLAN; **Preiskat.:** €€€€; **Geöffnet:** Anfang April–Anfang Okt.; **Kontakt:** Leitenweg 12, 94234 Viechtach-Pirka, Tel. 09942 8501, https://camping-hoellensteinsee.de

Sebastian Kneipp wacht strengen Blickes über den Bad Kötztinger Kurpark

Bad Kötzting

Allzu lange ist es noch nicht her, seit aus dem kleinen Städtchen Kötzting ein veritabler Kurort wurde: Seit 2005 darf sich die Gemeinde offiziell „Bad" nennen und ist somit das jüngste **Kneippheilbad** in Bayern. Konsequenterweise wacht dann auch der strenge Blick einer Büste Sebastian Kneipps über den hübsch gestalteten Kurpark, der von Osten her von der **Stadtpfarrkirche Mariä Himmelfahrt** flankiert wird, die aus einer beeindruckenden mittelalterlichen Wehranlage ragt. Am westlichen Ende des Parks findet sich die Bad Kötztinger **Spielbank.** Gäste von nah und fern lockt allerdings nicht nur das Glücksspiel in den beschaulichen Ort am Weißen Regen: Bad Kötzting ist auch überregional bekannt für seinen traditionellen **Pfingstritt,** dem die Stadt sogar ein eigenes **Museum** in der Kirchenburg (Herrenstraße 11) gewidmet hat.

Tourist-Info Bad Kötzting, Bahnhofstraße 15, https://bad-koetzting.de/tourismus

INFO DER REGEN

Es gibt ihn in klein und groß, in Schwarz und Weiß und natürlich auch ganz ohne Zusatzbezeichnung: Der **Regen** ist zweifellos der wichtigste Fluss im Bayerischen Wald. Im Gegensatz zur Donau, in die er bei – natürlich – Regensburg mündet, fließt der Regen in Ost-West-Richtung und hat seine Ursprünge als Kleiner und Großer Regen jenseits der Grenze in Tschechien. Bei Zwiesel vereinigen sich die beiden Arme zum Schwarzen Regen, der wiederum bei Bad Kötzting zusammen mit dem Weißen Regen zum Fluss Regen wird. Lange Zeit wurde der Strom zum sogenannten Triften genutzt, dem Transport von Baumstämmen auf dem Wasser. Heutzutage ist der Regen allerdings in erster Linie Anziehungspunkt für Wassersportler aller Art.

Die Bad Kötztinger Kirchenburg wird von der Stadtpfarrkirche Mariä Himmelfahrt dominiert

202 Adventure Camp Bad Kötzting

GPS 49.179505, 12.863631

Idyllischer Campingplatz direkt am Weißen Regen, Kanutouren, Bogenschießen, Kletterwand. Baumzelte mietbar. **Lage/Anfahrt:** von der Ortsmitte am Rathaus (Herrenstraße/Müllerstraße) in die Jahnstraße einbiegen, die nach etwa 200 m und einigen Kurven direkt zum Campingplatz führt; **Platzanzahl:** 50; **Untergrund:** Schotter, Wiese; **Service:** Strom, Trinkwasser, Abwasser, Chemie-WC, WLAN; **Preiskat.:** €€€€; **Geöffnet:** ganzjährig; **Kontakt:** Jahnstraße 42, 93444 Bad Kötzting, Tel. 0152 54184537, www.bohemia-tours.de

203 **Campingplatz Hohenwarth**

GPS 49.206327, 12.920759

Etwas außerhalb gelegener großer, gepflegter Campingplatz am Weißen Regen, mit Hallenbad, Badesee, Minimarkt, Imbiss und Campingladen. Diverse Sport- und Spielmöglichkeiten, eigene Bahnhaltestelle. **Lage/Anfahrt:** von Bad Kötzting kommend über die St2138 (Kötztinger Straße) kurz vor der Ortseinfahrt Hohenwarth nach links in die Straße Ferienzentrum einbiegen; **Platzanzahl:** 400; **Untergrund:** Asphalt, Wiese; **Service:** Strom, Trinkwasser, Abwasser, Chemie-WC, WLAN; **Preiskat.:** €€€; **Geöffnet:** ganzjährig; **Kontakt:** Ferienzentrum 3, 93480 Hohenwarth, Tel. 09946 367, www.campingplatz-hohenwarth.de

Lamer Winkel

Der Lamer Winkel besteht aus drei Gemeinden und natürlich – wie überall im Bayerischen Wald – jeder Menge Natur drumherum. Eingerahmt von bewaldeten Höhenzügen, liegen die Orte Arrach, Lam und Lohberg (von West nach Ost) wie aufgereiht an der Staatsstraße 2138, die hier quasi parallel zum Weißen Regen verläuft, und bieten den Besuchern so manche Attraktion – jede Gemeinde auf ihre spezielle Art. So lockt etwa der Luftkurort Arrach nicht nur jede Menge Badefreunde in seinen bekannten **Seepark,** sondern veranlasst auch immer wieder Wanderer, in Richtung Arnbruck zum beeindruckenden **Waldschmidtdenkmal** aufzubrechen – einem auffallenden Turm auf dem Großen Riedelstein zu Ehren des Hofrats und Heimatschriftstellers Maximilian Schmidt (1832–1919), der als Erfinder des Tourismus in Bayern im Allgemeinen und im Bayerischen Wald im Speziellen gilt. Und wer weiß, vielleicht hätte der Waldschmidt sich auch damals schon so außergewöhnliche Dinge wie den **Skywalk** in der Nähe des **Berggasthofs Eck** (Eck 1, www.berggasthof-eck.de) mit seiner spektakulären Aussicht vorstellen können.

Der für den Winkel namensgebende Kurort Lam hingegen kann unter anderem mit seinem Freibad – dem **Osserbad** (Ginglmühler Weg 25, www.markt-lam.de/einrichtungen/osserbad), benannt nach einem der Lamer Hausberge –, dem kleinen, aber feinen Kurpark und natürlich auch seinem hübschen Marktplatz aufwarten.

Als kleinste Gemeinde im Bunde hat aber auch Lohberg (wie in der Region üblich übrigens auf dem hinteren Wortteil „-berg" be-

Badefreude pur: der Seepark in Arrach

204 Camping- und Wohnmobilstellplatz Lam

GPS 49.193406, 13.052832

Recht zentral gelegener, dennoch ruhiger, idyllischer Campingplatz. Freibad und Gastronomie in nächster Nähe. Etwa 500 m bis zum Lamer Marktplatz und gut 700 Meter bis zum Kurpark. **Lage/ Anfahrt:** von Arrach kommend auf der St2138 (Arracher Straße) bis zur Ampelanlage, dann links in die Arberstraße (Richtung Ortsmitte), dieser durch eine Linkskurve ca. 170 m bergauf folgen, nach dem Zebrastreifen links in den Ginglmühler Weg, nach 10 m Einfahrt auf der linken Seite; **Untergrund:** Wiese; **Service:** Strom, Trinkwasser, Abwasser, Chemie-WC, WLAN; **Preiskat.:** €€–€€€; **Geöffnet:** Ende März–Anfang Nov., Mitte Dez.–Anfang Jan.; **Kontakt:** Ginglmühler Weg 1, 93462 Lam, Tel. 09943 1386, www.campingplatz-wohnmobilstellplatz-lam.obsg.de

tont) seinen Besuchern einiges zu bieten: Am bekanntesten dürfte der Ort wohl für seinen ganzjährig geöffneten **Bayerwald-Tierpark** (Ortsteil Lohberghütte, Schwarzenbacher Straße 1a, www.bayerwald-tierpark.de) sein, der die heimische Tierwelt im bayerisch-böhmischen Grenzgebiet vorstellt. Vom Waldkauz über die Wildkatze bis zum Wolf – auf dem barrierefreien Rundweg lässt sich viel Neues über die hiesige Fauna erfahren.

Tourist-Info Lamer Winkel,
www.bayerischer-wald.org/lamer-winkel

INFO DER GROSSE ARBER

Er ist zweifellos der „König des Bayerischen Waldes" und mit seinen 1455,5 Metern der höchste bayerische Berg jenseits der Alpen. Und kurz gesagt, ist der Große Arber mit seiner Bergbahn im Bayerischen Wald quasi schon eine Institution für sich: Im Sommer ist er ein Eldorado für eifrige Wanderer und Ausflügler, im Winter für Skifahrer, Rodler und Tourengeher. Fast so bekannt wie der Berg selbst mit seinen nicht unbedingt ansehnlichen, aber in jedem Fall charakteristischen Radartürmen auf dem Gipfel sind auch der Große und der Kleine Arbersee. Am großen Gewässer lockt das Arberseehaus seine Gäste zum Verweilen, jenseits des Gipfels ist hingegen alles ein wenig kleiner dimensioniert: So empfängt am kleinen See das gemütliche Seehäusl seine Gäste, die dieses allerdings nur zu Fuß oder mit der Kleinen Arberseebahn von der Station am Bayerwald-Tierpark in Lohberg aus erreichen können (www.arber.de).

Nachzählen erlaubt: Die Zwieseler Glaspyramide besteht aus exakt 93.655 Trinkgläsern

Sankt Nikolaus weist Besuchern den Weg nach Zwiesel

Zwiesel

Eine der bekanntesten Städte des Bayerischen Waldes dürfte sicherlich die Gemeinde Zwiesel mit ihren knapp 10.000 Einwohnern sein. Bereits im 13. Jahrhundert wurde ein „Zwisel" urkundlich erwähnt, was im Mittelhochdeutschen allerdings schlicht „Gabelung" bedeutet – treffen hier doch der Kleine und der Große Regen zusammen und vereinigen sich zum Schwarzen Regen. Wie viele Orte in der Region ist auch Zwiesel geprägt von der Glasproduktion und beheimatet bis heute die Zwiesel Kristallglas AG. Deren spektakuläre, aus 93.655 Trinkgläsern bestehende **Pyramide** ist seit ihrer Errichtung im Jahr 2007 so etwas wie das inoffizielle Wahrzeichen Zwiesels geworden.

Ein wenig länger schon steht allerdings das eigentliche, von Weitem sichtbare Aushängeschild der Gemeinde: die aus rotem Backstein 1896 fertiggestellte **Stadtpfarrkirche Sankt Nikolaus** mit ihrem 86 Meter hohen Kirch-

turm – dem höchsten in der gesamten Region. Das zweitbekannteste Gotteshaus der Stadt dürfte hingegen wohl die im Vergleich geradezu filigrane **Glaskapelle** am Anger sein, die im Grunde nur aus einem Metallgerüst und – wie sollte es in Zwiesel auch anders sein – diversen Glaselementen besteht.
Eine Zwieseler Spezialität ganz anderer Art lässt sich in der **1. Dampfbierbrauerei** (Regener Straße 9, www.dampfbier.de) nicht nur bestaunen, sondern selbstverständlich auch verkosten.

Tourist-Info Zwiesel, Stadtplatz 27, www.zwiesel.de

205 Campingplatz Tröpplkeller

GPS 49.012966, 13.208579

Idyllisch angelegter, alteingesessener Campingplatz am Rande der Glasstadt mit angeschlossenem Restaurant, Kinderspielplatz und Grillstelle. **Lage/Anfahrt:** vom Stadtzentrum Zwiesel (Stadtpark) kommend am nördlichen Regenufer über die Schlachthofstraße und die Waldbahnstraße im Kreisverkehr auf die St3132 (Langdorfer Straße) Richtung Langdorf. Nach etwa 1 km erscheint links in einer langgezogenen Kurve die Einfahrt des Campingplatzes; **Platzanzahl:** 50; **Untergrund:** Asphalt, Wiese; **Service:** Strom, Trinkwasser, Abwasser, Chemie-WC, WLAN; **Preiskat.:** €€; **Geöffnet:** Mitte April–Okt.; **Kontakt:** Tröpplkeller 48, 94227 Zwiesel, Tel. 09922 60391, www.troeplkeller.de

Frauenau

Auch Frauenau ist von der Glasherstellung geprägt – wobei der Ort am Fuß des Großen Rachels diesbezüglich sicherlich noch einmal eine ganz besondere Rolle spielt. Bereits seit 1568 (und bis zu ihrer Schließung im Jahr 2021) befand sich etwa die örtliche Glashütte im Familienbesitz derer von Poschinger – ein Name, dem man in Bezug auf die Glasherstellung im Bayerischen Wald immer wieder begegnet. Und auch die sogenannte Studioglasbewegung um Grete und Ernst Eisch wird wohl für immer mit Frauenau assoziiert werden. Sichtbarer Ausdruck der Verbundenheit des Orts mit dem zerbrechlichen Werkstoff ist aber natürlich auch das **Glasmuseum** (Am Museumspark 1, www.glasmuseum-frauenau.de) mit seiner sehr ansprechenden Grünanlage: ein echter Anziehungspunkt für alle, die einmal den Geheimnissen der Glasherstellung – sowohl für den alltäglichen Gebrauch als auch als spezielle Kunstform – auf die Spur kommen möchten.
Außerhalb des Orts, dessen Name sich übrigens von „Unserer lieben Frauen Au“ ableitet,

Im Park des Frauenauer Glasmuseums hat eine gläserne Arche festgemacht

lässt sich auf einem ausgedehnten Spaziergang die beeindruckende **Trinkwassertalsperre** umrunden. Oder man begibt sich frohen Mutes gleich auf eine lange **Schachtenwanderung** entlang der einst als Weideflächen gerodeten Lichtungen inmitten des ansonsten so dichten Waldes. Die beliebteste, aber recht anspruchsvolle Route von Frauenau aus führt von der Trinkwassertalsperre nach Buchenau und dann in einem weiten Bogen zur Talsperre zurück – wofür man allerdings mit Pausen einen ganzen Tag einplanen sollte.

Tourist-Info Frauenau, Am Museumspark 1, www.frauenau.de

Spiegelau

Wohl kaum eine Gemeinde spiegelt – das Wortspiel sei gestattet – die ehemalige wirtschaftliche Existenzgrundlage des Bayerischen Waldes so wider wie das Örtchen Spiegelau am Rand des Nationalparks. Entstanden im 16. Jh. aus einer Glashütte, lebte die heute knapp 4000 Einwohner zählende Gemeinde lange neben der Glasproduktion vor allem von der Holzwirtschaft. Bekanntheit erlangte dabei vor allem die **Spiegelauer Waldbahn,** die im Wort-

206 Green Village am Nationalpark Bayerischer Wald

GPS 49.008511, 13.276856

Naturbelassener Campingplatz am Kleinen Regen zwischen Zwiesel und Frauenau. Zeltplatz mit Feuerstellen, Energieversorgung zu 100 % aus Wasserkraft, Brötchen-Service. **Lage/Anfahrt:** von der B11 bei Zwiesel auf die St2132 (Frauenauer Straße) abbiegen, nach ungefähr 3 km liegt der Campingplatz auf der linken Seite. **Platzanzahl:** 35; **Untergrund:** Schotter, Wiese; **Service:** Strom, Trinkwasser, Abwasser, Chemie-WC, WLAN; **Preiskat.:** €€€; **Geöffnet:** Mai–Okt.; **Kontakt:** Zwieselau 16a, 94258 Frauenau, Tel. 09922 6475, www.camping-bayerischerwald.de

sinn recht schmalspurig die gefällten Stämme auf teils recht abenteuerlichen Strecken aus dem Wald zu den normalspurigen Güterwagen an den angeschlossenen Bahnhöfen transportierte. Die ehemaligen Bahndämme dienen heute als **Fahrrad- und Wanderwege.** Vor dem Haus der **Touristeninformation** (Konrad-Wilsdorf-Straße 1) erinnert ein Denkmal an die kleine Waldbahn, im Gebäudeinnern veranschaulicht eine Ausstellung die harte Arbeit in der Holzwirtschaft. Und dann gibt es im Haus noch eine weitere Attraktion: Zahlreiche Schaukästen führen den Besucher in die vielfältige Welt der **Koleopterologie** – oder einfacher ausgedrückt: der Käferkunde – ein. Wer diese Ausstellung gesehen hat, wird in Zukunft vielleicht ganz anders auf all jene kleinen Kreaturen blicken, die da so zu unseren Füßen kreuchen und fleuchen.

Tourist-Info Spiegelau, Konrad-Wilsdorf-Straße 1, www.spiegelau.de

207 Camping am Nationalpark

GPS 48.916922, 13.331391

Am Rande des weitläufigen Nationalparks gelegener, aber schon völlig von Wald umgebener, familiengeführter Campingplatz etwas außerhalb des Spiegelauer Ortsteils Klingenbrunn. Angegliedertes Schlaffassdorf, viele Freizeitmöglichkeiten für Sommer und Winter in der Nähe vorhanden. **Lage/Anfahrt:** von der St2132 (Frauenauer Straße) am Ende des Ortsteils Klingenbrunn (beim Friedhof) in die Bergstraße einbiegen und der Beschilderung bis zum Campingplatz folgen; **Platzanzahl:** 100; **Untergrund:** Asphalt, Schotter, Wiese; **Service:** Strom, Trinkwasser, Abwasser, Chemie-WC, WLAN; **Preiskat.:** €€€€; **Geöffnet:** ganzjährig; **Kontakt:** Bergstraße 44, 94518 Klingenbrunn/Spiegelau, Tel. 08553 727, www.camping-nationalpark.de

Grafenau

Die älteste Stadt des Bayerischen Walds – die Erhebung des Markts Grafenau zur Stadt erfolgte 1376 durch Kaiser Karl IV. – war jahrhundertelang geprägt durch ihre strategisch günstige Lage am Goldenen Steig. Auf diesem weit verzweigten Handelsweg wurde neben anderen Waren vor allem Salz von den Donauhäfen nach Böhmen transportiert. Möglich machten dies sogenannte Säumer, die mit ihren Trage- und später auch Zugtieren den beschwerlichen Weg über die Höhenzüge des Bayerischen Walds auf sich nahmen. Heute feiern die Grafenauer im Gedenken an diese

Zeit alljährlich im August ihr traditionelles **Säumerfest.**

Der Luftkurort Grafenau ist zudem auch als **Bärenstadt** bekannt, was im **Kurpark** u. a. eine Skulptur des einst im nahe gelegenen Örtchen Waldhäuser beheimateten Künstlers **Heinz Theuerjahr** (1913–1991) eindrucksvoll illustriert (www.theuerjahr.de). Bezug nimmt die Gemeinde dabei auf die einstige Burg und das spätere Schloss Bärnstein im gleichnamigen Ortsteil, dessen Namensgeber die dort einst heimischen pelzigen Raubtiere sind. An diese Vergangenheit soll auch der **Erlebniswanderweg Bärenpfad** (www.grafenau.de/tourismus-grafenau/de/urlaubsthemen/baerenstadt/grafenau-und-der-baer) erinnern, der von Grafenau aus zum Tier-Freigelände im Nationalpark Lusen bei Neuschönau führt.

Wissbegierigen seien noch die Grafenauer Museen (www.museum-grafenau.de) empfohlen: Neben dem rustikalen **Bauernmöbelmuseum** am Rande des Kurparks und dem sehenswerten **Stadtmuseum** (Spitalstraße 6) kann die Gemeinde sich außerdem mit einer Skurrilität schmücken, wie es sie so wohl nirgendwo sonst auf der Welt geben dürfte: Im **Schnupftabakmuseum** (ebenfalls in der Spitalstraße 6) werden allerhand Exponate rund um den von vielen Waidlern immer noch so geliebten „Schmai" präsentiert.

Tourist-Info Grafenau, Rathausgasse 1, www.grafenau.de

208 Wohnmobilstellplatz am BÄREAL Grafenau

GPS 48.854679, 13.403229

Gepflegter Stellplatz, auch für Wohnmobile über 8 m geeignet. Direkt am Kurpark gelegen, 600 m bis zum historischen Grafenauer Stadtplatz. **Lage/Anfahrt:** von der B533 direkt in die Freyunger Straße (Richtung Kurpark) und dann nach 500 m links auf den Park- und Festplatz einbiegen, in dessen hinterem Bereich sich der Stellplatz befindet; **Platzanzahl:** 18; **Untergrund:** Asphalt, Rasengitter; **Service:** Strom, Trinkwasser, Abwasser, Chemie-WC, WLAN; **Preiskat.:** €€; **Geöffnet:** ganzjährig (außer zur Volksfestzeit); **Kontakt:** Freyunger Straße am P9, 94481 Grafenau, Tel. 08552 962343, www.grafenau.de/tourismus-grafenau/de/uebernachten/urlaub-mit-wohnmobil

Marko Roeske

Niederbayerisches Bäderdreieck

Im Gegensatz zu so manch anderer Kurregion ist das niederbayerische Bäderdreieck noch nicht besonders alt. Um es ein wenig präziser auszudrücken: Offiziell als „Bad“ durfte sich die Gemeinde Füssing erst ab dem Jahr 1969 bezeichnen, die Orte Birnbach und Griesbach (hier zunächst nur das reine Kurgebiet) gar erst ab dem Jahr 1987. Bohrungen in der Region gab es allerdings bereits Ende der 1930er-Jahre. Jedoch suchte man damals eher nach Öl und Gas – fand allerdings nur heißes Wasser. Und obwohl auch zu diesen Zeiten schon die Heilkraft der äußerst mineralhaltigen Quellen bekannt war, wurde ein Ausbau nicht weiterverfolgt – wohl auch, um dem 1938 an das Deutsche Reich abgetretenen westböhmischen Bäderdreieck keine Konkurrenz zu machen.

TOUREN-ÜBERBLICK

Routenempfehlung: Bad Birnbach – Bad Griesbach – Bayerbach – Kößlarn– Rotthalmünster – Kirchham – Bad Füssing
Länge gesamt: ca. 40 km
Dauer: ca. 3 Tage
Reisezeit: ganzjährig

Der Bräunlbrunnen am Neuen Marktplatz in Bad Birnbach

Heute gehört die „bayerische Toskana", wie die Region wegen ihrer sanft hügeligen Landschaft und des milden Klimas gerne genannt wird, zu den meistbesuchten Tourismusgebieten in Bayern, obwohl sie weder größere Seen noch nennenswerte Berge aufzuweisen hat. Natürlich ist ihre Beliebtheit in erster Linie dem Kur- und Bäderwesen zu verdanken – aber eben nicht nur. Neben seiner kulturellen Vielfalt und geschichtsträchtigen Vergangenheit – ablesbar etwa durch die zahlreichen Kirchen und Klöster – ist das niederbayerische Bäderdreieck nämlich auch ein kleines Paradies für Wanderer und Radfahrer – und darüber hinaus auch der Traum eines jeden Golfers: Wohl in keiner anderen Region in Deutschland – oder wahrscheinlich sogar in Europa – herrscht eine ähnliche Dichte an Golfplätzen wie hier im beschaulichen Rottal.

Bad Birnbach

Um es vorwegzunehmen: Ja, das gehört so. Dass die Bad Birnbacher ihre „Terme" ohne den Buchstaben „h" schreiben, ist gewollt, soll doch die italienische Schreibweise einen sichtbaren Bezug zum Süden herstellen. Denn dem mediterranen Lebensgefühl fühlt man sich hier verpflichtet und will dies auch seinen Gästen vermitteln. Nachdem man 1973 bei Bohrungen auf heiße und vor allem hoch mineralisierte Wasserquellen stieß, entwickelte sich das kleine Birnbach recht bald zum beliebten Kurort: 1976 eröffnete die **Rottal Terme** (Prof.-Drexel-Straße 25, www.badbirnbach.de/rottalterme), 1987 durfte sich die Gemeinde dann auch offiziell Bad Birnbach nennen. Mit den steigenden Kurgastzahlen stellten sich auch rege Bautätigkeiten ein, es entstanden neben Hotels und Gesundheitseinrichtungen aller Art auch zahlreiche kommunale Projekte – wie etwa der **Neue Marktplatz,** der ganz bewusst dem Erscheinungsbild einer toskanischen Piazza nachempfunden ist. Hier findet sich auch das inoffizielle Wahrzeichen des Ortes, der **Bräunlbrunnen.** Es zeigt ein Bild aus dem Rottaler Faschingstreiben: Auf einer Art Steckenpferd – dem bekannten braunen Pferdetyp der Region („Bräunl") nachempfunden – reitet ein kostümierter Narr, um die Menschen aus ihren Häusern zu locken. Dieser Brauch, dessen Ursprung in der Zeit nach dem Dreißigjährigen Krieg liegt, hat bis heute überdauert.

Ein wenig östlich des Neuen Marktplatzes befindet sich die **Alte Hofmark** mit alteinge-

TIPP ROTTAL-RADWEG

Über drei Landkreise (Landshut, Rottal-Inn und Passau) und 113 Kilometer hinweg erstreckt sich der Rottal-Radweg von Velden an der Vils über Pfarrkirchen, Bad Birnbach und Pocking bis nach Neuhaus am Inn an der österreichischen Grenze. Dabei passiert er natürlich auch zahlreiche kleinere, ebenso sehenswerte Gemeinden und zeigt die ganze Schönheit der sanft hügeligen Landschaft des Rottals (www.bayerisches-thermenland.de/tour/22b9984173).

sessenen Gasthäusern und Hotels sowie die spätgotische Pfarrkirche **Mariä Himmelfahrt** (Kirchplatz) mit ihrem nach einem Brand klassizistisch wiederaufgebauten Turm. So ist das Ortszentrum heute eine Art Verbindung des alten mit dem neuen Bad Birnbach. Die gesamte Entwicklung des Kurorts ist darauf ausgelegt, langsam und beständig zu wachsen, ohne den eigentlichen Charakter des kleinen Städtchens zu opfern. Seit 2017 bietet Bad Birnbach seinen Besuchern eine zusätzliche Verbindung ganz anderer Art: Seitdem ver-

209 Terrassencamping Theresienhof

GPS 48.45022, 13.09415

Kleiner, terrassenförmig angelegter Campingplatz mit großzügig parzellierten Stellplätzen, direkt am Rottal-Radweg und vielen Wanderwegen gelegen. **Lage/ Anfahrt:** von Pfarrkirchen kommend auf der B388 vor Bad Birnbach auf die St2324 (Pfarrkirchner Straße) abbiegen, der Vorfahrtsstraße bis in den Ort folgen, wo diese eine Linkskurve nimmt und erst zur Hoftstraße, dann zur Grotthamer Straße wird, dieser bis fast ans Ortsende folgen und rechts in den Breindobelweg einbiegen; **Platzanzahl:** 19; **Untergrund:** Asphalt, Wiese; **Service:** Strom, Trinkwasser, Abwasser, Chemie-WC, WLAN; **Preiskat.:** €€–€€€; **Geöffnet:** ganzjährig; **Kontakt:** Breindobelweg 6, 84364 Bad Birnbach, Tel. 08563 96320, www.camping-theresienhof.de

kehrt hier der erste **autonome Bus** Deutschlands mit mehreren Stationen zwischen dem Bahnhof und dem Neuen Marktplatz. Der rote Sechssitzer stellt das Bindeglied zwischen den Zügen der Rottalbahn und den Kureinrichtungen bzw. der Innenstadt dar – wenn auch nur mit gemütlichen 15 km/h, was aber ganz gut zum beschaulichen Bad Birnbach passt.

Gästeinformation Bad Birnbach, Kurallee 7, www.bad-birnbach.de

Bad Griesbach

Seit dem Jahr 2000 darf die 9000-Seelen-Gemeinde Griesbach als gesamte Stadt den Titel „Bad" tragen, was zuvor seit 1987 nur dem Kurgebiet vorbehalten war, das heute einen eigenen Gemeindeteil darstellt. Aus teilweise über 1500 Metern Tiefe wird das Heilwasser aus den drei Griesbacher Quellen an die Oberfläche gebracht und dient so der Genesung der zahlreichen Kurgäste.

Im Ortskern, der ein ganzes Stück nördlich der Thermenlandschaft liegt, zieht vor allem der offen gestaltete **Stadtplatz** die Besucher an. Ein Stückchen davon entfernt können Besucher im **KUSS** (Kunst im Schloss, Schlosshof 1), einem offenen Künstler- und Kunsthandwerkerhaus, so manchem Werk beim Entstehen zusehen oder sich in Kursen und Seminaren selbst künstlerisch verwirklichen.

Zwischen Stadtplatz und Schloss ist der Bad Griesbacher Friedhof angesiedelt, dessen Kirche **Sankt Michael** (Schlossberg 11) bis 1913 Pfarrkirche von Griesbach war, ehe sie vom nur 150 Meter entfernten Gotteshaus **Heilige Familie** (Haagstraße 35) abgelöst wurde. Aber

210 Kur-Gutshof-Camping Arterhof

GPS 48.436668, 13.109386

Mittelgroßer 5-Sterne-Campingplatz mit Hallenbad, Thermalaußenbecken und Badesee, Sauna/Solarium, Kurärztin und Physiotherapie vor Ort, Wellnessangebote, Kosmetikerin, Friseur, Hofladen und Gastronomie mit Biergarten, Hoffeste und andere Veranstaltungen, Fahrrad-, Pedelec- und Pkw-Vermietung direkt am Hof. **Lage/Anfahrt:** von Pfarrkirchen kommend am langgezogenen Kreisverkehr an der B388 bei Bad Birnbach in Richtung Zentrum (Emil-Schwate-Straße), am nächsten Kreisverkehr rechts (1. Ausfahrt) in die Industriestraße, der Vorfahrtsstraße noch etwa 350 m nach rechts in den Ortsteil Lengham folgen, wo sie zur Hauptstraße wird und direkt zum Campingplatz führt; **Platzanzahl:** 250; **Untergrund:** Asphalt, Schotter, Wiese; **Service:** Strom, Trinkwasser, Abwasser, Chemie-WC, WLAN; **Preiskat.:** €€€€; **Geöffnet:** ganzjährig; **Kontakt:** Hauptstraße 3, 84364 Bad Birnbach, Tel. 08563 96130, www.arterhof.de

auch die Kirchen außerhalb des Zentrums lohnen einen Besuch, etwa die **Klosterkirche** im so wohlklingenden Ortsteil Sankt Salvator (Klosterberg 19) oder die neugotische Wallfahrtskirche **Maria Schutz** (Marienweg) auf dem Kronberg.

Im Osten von Bad Griesbach öffnet sich ein großes Waldgebiet für eifrige Wanderer oder nicht ganz so eifrige Spaziergänger, der **Staatsforst Steinkart.** Die Landschaft rund um die Kurstadt eignet sich generell für sportliche Aktivitäten, bekannt ist Bad Griesbach besonders für seine Nordic-Walking-Routen.

Der **Kurpark** (Am Kurwald) bietet nicht nur gemütliche Wege zum Flanieren, sondern auch einen eigenen Fitnessparcours. Erholen und sich ganz seinen Sinneswahrnehmungen hingeben kann man sich anschließend im Wassertretbecken oder auf dem Barfußweg.

ⓘ **Gäste- und Kur-Service Altstadt,** Stadtplatz 1
Gästeinformation Thermalzentrum, Kurallee 1a, www.bad-griesbach.de

Bayerbach

Die Namensgebung der Schloßstraße erinnert noch daran, dass sich im kleinen Bayerbach einst ein hochherrschaftliches Haus befand. Einzig verbliebene Zeugin der höfischen Vergangenheit ist die Pfarrkirche **Sankt Petrus** (Kirchweg 1), die aus der früheren Schlosskirche entstand. Dabei verbanden sich mit der Geschichte der Gemeinde Bayerbach so klangvolle Namen wie die der Edlen von Etzenberg, der Grafen von Tattenbach oder auch des ursprünglich italienischen Adelsgeschlechts der Grafen von Arco auf Valley.

Heutzutage ist der kleine Ort an der Rott eher ein Hort der Ruhe und Erholung. Das kleine, aber feine sanierte Ortszentrum im Schatten von Sankt Petrus mit seinem **Bürger- und Kulturhaus** (Schloßstraße 5) und die Bayerbacher Gaststätten strahlen typisch niederbayerische Gastfreundschaft aus. Die ausgedehnten Flussauen, Wiesen und Felder rund um Bayerbach locken Spaziergänger und Wanderer, die vielen kleinen Kapellen und Kirchen

Der Bad Griesbacher Kurpark bietet einen weiten Rundumblick

Die Pfarrkirche Sankt Petrus im Herzen Bayerbachs

im Umkreis, wie etwa die Wallfahrtskirche **Mariä Heimsuchung** im Ortsteil Langwinkl, eignen sich gut als Ausflugsziele.

211 Vital CAMP Bayerbach

GPS 48.415586, 13.129781

Großer Terrassencampingplatz mit schönem Panoramablick und eigenen Badeseen, Thermalhallenbad mit Wellnessbereich, Gasthof und Bistro direkt vor Ort. **Lage/Anfahrt:** von Bad Birnbach kommend (Emil-Schwate-Straße) auf der B388 über den Kreisverkehr in Richtung Bad Griesbach, nach knapp 1,5 km an der ersten Abfahrt verlassen, die Rott überqueren und dann nach links, nach etwa 1,5 km rechts nach Huckenham, die Gleise überqueren und links in die Bahnhofstraße, nach etwa 250 m rechts; **Platzanzahl:** 310; **Untergrund:** Asphalt, Schotter, Wiese; **Service:** Strom, Trinkwasser, Abwasser, Chemie-WC, WLAN; **Preiskat.:** €€€–€€€€; **Geöffnet:** ganzjährig; **Kontakt:** Huckenham 11, 94137 Bayerbach, Tel. 08532 9278070, www.vitalcamping-bayerbach.de

Wie eine kleine Festung wirkt die Pfarrkirche Heiligste Dreifaltigkeit in Kößlarn

Kößlarn

Die Gemeinde mit ihren knapp 2000 Einwohnern profitiert touristisch von der Nähe zu den benachbarten Bädern, hat aber auch selbst einige Sehenswürdigkeiten zu bieten. So führt ein hübsch anzuschauendes, denkmalgeschütztes Gebäudeensemble den **Marktplatz** hinauf zu einem äußerst interessanten Kirchenbau: Die heutige Pfarrkirche **Heiligste Dreifaltigkeit** (Marktplatz 37) verfügt über einen Befestigungsring und diente als sogenannte Wehrkirche dem Schutz der umliegenden Bevölkerung.

Der imposante Wehrgang, in dem heute das kleine Kößlarner **Kirchenmuseum** (Marktplatz 35, www.kirchenmuseum-koesslarn.de) untergrebrtacht ist, und die Torhäuser, die die Kirche wie eine kleine Burg erscheinen lassen, entstanden im 15. Jh. Neben vier Altären beherbergt das Gotteshaus zahlreiche kostbare Kirchenschätze, von denen die Kößlarner Silbermadonna von 1488 sicherlich den bedeutendsten darstellt. Bereits bis zurück ins späte 14. Jahrhundert lassen sich erste Wallfahrten nach Kößlarn nachweisen – ohne die es den Ort selbst wahrscheinlich nie gegeben hätte.

ℹ **Markt Kößlarn,** Marktplatz 25, www.koesslarn.de

TOUR WANDERN ZWISCHEN ROTT UND INN

Speziell die Gegend um die Gemeinden Kößlarn, Rotthalmünster, Ering, Stubenberg und Malching erkunden die 33 verschiedenen Wanderwege, welche in Kooperation mit der Kurverwaltung Bad Birnbach zusammengestellt wurden. Unter dem Motto „Wandern zwischen Rott und Inn" porträtieren sie dabei quasi im Vorübergehen die kleinen, liebenswerten Gemeinden etwas abseits des Bäderdreiecks. Die Routen gibt es in gedruckter Form bei den jeweiligen Markt- und Gemeindeverwaltungen oder online unter www.wandern-rott-inn.de.

Rotthalmünster

Basierend auf einer der frühesten Klostergründungen in Bayern führt Rotthalmünster bereits seit dem 13. Jahrhundert den Titel „Markt". Und auch wenn sich seit damals sicherlich so einiges in und um den kleinen Ort mit seinen heute 5000 Einwohnern geändert haben dürfte – der **Marktplatz** mit seinem leichten Anstieg zum Rathaus hin ist nach wie vor die zentrale Stelle in der Gemeinde – und sicherlich auch eine der schönsten. Anziehungspunkt nicht nur für viele Touristen ist v. a. der liebevoll gestaltete **Marktweiberlbrunnen,** der an die ursprüngliche Bedeutung als umtriebiger Handelsplatz erinnern soll.
Auch ein Spaziergang rund um den zentralen Platz von „Münster" (von lat. „monasterium" für „Kloster"), wie sich die Gemeinde bis ins 18.Jahrhundert noch schlicht nannte, lohnt sich, zum Beispiel zum **Portalstöckl** (zwischen Passauer Straße und Kirchplatz), einem Türmchen aus dem 15. Jahrhundert, oder zum mittelalterlichen **Pranger** ganz in dessen Nähe.

INFO DIE ROTT

Die Rott ist nur eine der Namensgeberinnen des Landkreises Rottal-Inn und der Name verrät auch gleich, in welchen größeren Fluss sie später mündet – auch wenn dies erst bei Neuhaus am Inn im Landkreis Passau geschieht. Der 111 Kilometer lange „rote Bach", so die Bedeutung seiner ursprünglichen Bezeichnung „rotaha", entspringt bei Wurmsham im niederbayerischen Landkreis Landshut, macht einen kurzen Abstecher nach Oberbayern und setzt, zurück in Niederbayern, seinen Weg in Richtung Inn und somit auch in Richtung österreichische Grenze fort. Dabei prägt die Rott die gesamte Landschaft des Rottals, das entgegen der sprachlichen Intuition übrigens nur mit zwei „t" geschrieben wird. Um eine mögliche Verwechslung von vornherein auszuschließen: Es gibt noch eine zweite, deutlich kürzere Rott, die ebenfalls in den Inn mündet – sinnigerweise bei Rott am Inn. Diese fließt aber ausschließlich durch ihren Heimatlandkreis Rosenheim.

Kleine Straßencafés flankieren den Marktplatz in Rotthalmünster

Sehenswert sind auch die Kirchen in Rotthalmünster, etwa die Pfarrkirche **Mariä Himmelfahrt** (Kirchplatz 7), die etwas versteckt liegende kleine **Wieskapelle** am Kößlarner Bach oder auch die ehemalige **Klosterkirche** im Ortsteil Asbach (Hauptstraße 52), die nach Plänen des berühmten Münchner Baumeisters François de Cuvilliés d. J. erbaut wurde.

Markt Rotthalmünster, Marktplatz 10, www.rotthalmuenster.de

Stolz präsentiert das Marktweiberl am Brunnen in Rotthalmünster seine Waren

Kirchham

Kirchham mit seinen knapp 2500 Einwohnern ist einer der für diese Gegend so typischen ruhigen, kleinen Orte. Obwohl die meisten Gäste hier also vor allem Entspannung suchen, lässt sich doch einiges erleben. Berühmt, ja fast schon legendär, sind beispielsweise die Tanzveranstaltungen im **Haslinger Hof** (Ed 1, www.haslinger-hof.de), einem Hotel und Gasthof mit eigenen Museumsräumen zu verschiedensten Themengebieten – und übrigens auch einigen Stellplätzen für müde Wohnmobilisten.

Die **Alte Mühle** im Ortsteil Tutting (Dorfstraße 19) klapperte bis 1988 tatsächlich noch am rauschenden – in diesem Falle dem Kößlarner – Bach. Heute kann das hier eingerichtete Museum nach Terminvereinbarung mit der Gästeinformation (Tel. 08533 964816) besichtigt werden.

Direkt am Rathaus findet sich das eigentliche Wahrzeichen Kirchhams, nämlich die barocke Dorfkirche **Sankt Martin** (Kirchplatz 1), ein innen wie außen prunkvolles Gotteshaus, das nach einem Brand im Jahr 1914 unter tätiger Mithilfe der Bevölkerung wieder aufgebaut wurde.

Weniger ums Spirituelle als um Spirituosen geht es auf dem **Whisky-Hof** der Schnapsbrennerei Penninger (Hofgarten 1, www.penninger.de). Das kleine Museum widmet sich der Herstellung des hochprozentigen Tropfens, der übrigens, je nach Herkunftsland und Herstellungsmethode, unterschiedlich geschrieben wird: Heißt es beispielsweise in Schottland und Kanada „Whisky", schmuggeln die Iren und die US-Amerikaner ein kleines „e" mit hinein: „Whiskey". Aber so weit muss

In Kirchham hat man die Kirche Sankt Martin mitten im Dorf gelassen

man glücklicherweise gar nicht reisen, wenn man sich auch hier im kleinen Kirchham kundig machen kann.

Gästeinformation im Rathaus, Kirchplatz 3, www.kirchham.de

Bad Füssing

Unter den Bädern im Rottal ist Bad Füssing das älteste und auch das größte. Gleich drei Thermen versprechen den (Kur-)Gästen hier Linderung ihrer Leiden – oder ganz einfach nur schnöde Badefreuden: die **Therme Eins** (Kurallee 1, www.thermeeins.de), die **Europatherme** (Kurallee 23, www.europatherme.de) und die **Johannesbad-Therme** (Johannesstraße 2, www.johannesbad-therme.de). Dem kleinen Weiler Füssing, früher ein Ortsteil der Gemeinde Safferstetten, wurde 1969 offiziell der Namenszusatz „Bad" verliehen, nachdem er sich schon in den Jahren zuvor einen guten Ruf als Kurort erwerben konnte. Der Ortsteil wuchs und wuchs und nach der bayerischen Gebietsreform Anfang der 1970er-Jahre entstand schließlich die Gemeinde Bad Füssing – die nun ihrerseits Safferstetten als eigenen Ortsteil besaß.

Auch außerhalb des Kurbetriebs gibt es in Bad Füssing viel zu entdecken – zum Beispiel die Pfarrkirche **Sankt Stephan** (Herrenstraße 12) und die Wallfahrtskirche **Sankt Leonhard** (Leonardistraße 14) mit ihren größtenteils spätgotischen Bauelementen im Ortsteil Aigen. Ebenfalls in Aigen befindet sich das **Leonhardimuseum** (Penningerweg 7, www.leonhardimuseum.de), das den Wallfahrten zum Heiligen Leonhard gewidmet ist, aber auch Ausstellungen zu höchst weltlichen Dingen zeigt.

Ebenfalls einen Besuch wert ist das **Bernsteinmuseum** (Heilig-Geist-Straße 2, https://bernsteinmuseum.com), in dem nicht nur allerlei Schmuckstücke aus aller Welt zu bewundern, sondern auch zu erwerben sind. Die Ausstellung befand sich zunächst in Kalifornien, wo ihre Gründerin, die aus dem Landkreis Passau stammende Emma Maria Kuster, lange lebte, ehe sie 1992 in die alte Heimat zurückkehrte und das Museum in Bad Füssing neu eröffnete.

Der Rabenbrunnen vor dem Casino in Bad Füssing

Ganz in dessen Nähe, im angrenzenden Stadtpark, liegt ein abwechslungsreicher **Bewegungsparcours** mitten im Grünen, in dem man an verschiedenen Geräten seine Geschicklichkeit und seinen Gleichgewichtssinn testen und trainieren kann.

Balance halten empfiehlt sich aber auch auf einem ganz anderen Parkett: Bad Füssing besitzt seit 1999 nämlich auch seine eigene **Spielbank** (Kurhausstraße 1, www.spielbanken-bayern.de). Wer sich aus Vorsicht – oder Geldmangel – nicht ins Innere wagt, kann sich zumindest am liebevoll gestalteten **Rabenbrunnen** am Vorplatz des Casinos erfreuen. Wohnmobilisten haben übrigens die Möglichkeit, für 6 Stunden kostenlos auf dem **Stellplatz** an der Spielbank (Kurhausstraße) zu parken, wenn sie etwa in den liebevoll angelegten Kurpark mit seinen prächtigen Blumenarrangements oder zur bekannten Europatherme wollen. Bis auf eine öffentliche Toilette gibt es allerdings keine weitere Infrastruktur für Wohnmobile.

Blumenpracht und Wasserspiele im Kurpark nahe der Europatherme

212 Kurcamping Fuchs

GPS 48.332375, 13.315773

Familienbetrieb im Ortsteil Egglfing mit kleinem Pool, Massagepraxis, Kinderspielplatz, Restaurant und Kiosk. **Lage/Anfahrt:** von Bad Füssing auf der St2117 (Innsbrucker Straße) etwa 1 km in Richtung österreichische Grenze, vor dem Kreisverkehr in Egglfing rechts in die Falkenstraße. Kurcamping Fuchs ist der vordere der beiden benachbarten Campingplätze; **Platzanzahl:** 100; **Untergrund:** Asphalt, Schotter, Wiese; **Service:** Strom, Trinkwasser, Abwasser, Chemie-WC, WLAN; **Preiskat.:** €€€; **Geöffnet:** ganzjährig; **Kontakt:** Falkenstraße 14, 94072 Bad Füssing, Tel. 08537 356, www.kurcamping-fuchs.de

Kur- & GästeService, Rathausstraße 8, www.badfuessing.com

213 Kur- und Feriencamping MAX 1

GPS 48.332585, 13.314273

Mittelgroßer, mit gepflegten Hecken parzellierter Campingplatz im Ortsteil Egglfing mit eigenen Thermalpools, Saunalandschaft und Naturbadesee, Massage- und Physiotherapieangebot, Fitnessraum, Friseur- und Kosmetiksalon, Restaurant. **Lage/Anfahrt:** von Bad Füssing auf der St2117 (Innsbrucker Straße) etwa 1 km in Richtung österreichische Grenze, vor dem Kreisverkehr in Egglfing rechts in die Falkenstraße. Kur- und Feriencamping MAX 1 ist der hintere der beiden benachbarten Campingplätze; **Platzanzahl:** 160; **Untergrund:** Asphalt, Schotter; **Service:** Strom, Trinkwasser, Abwasser, Chemie-WC, WLAN; **Preiskat.:** €€€€; **Geöffnet:** ganzjährig; **Kontakt:** Falkenstraße 12, 94072 Bad Füssing, Tel. 08537 96170, www.campingmax.de

214 Camping Belinda

GPS 48.365737, 13.310427

Kleiner, etwas außerhalb gelegener Familienbetrieb, Radweg nach Bad Füssing führt direkt am Platz vorbei. **Lage/Anfahrt:** vom Zentrum in Bad Füssing über die Thermalbadstraße Richtung Pocking, bis diese am Ortsausgang zur Pockinger Straße wird, über den ersten Kreisverkehr geradeaus (2. Ausfahrt), im zweiten Kreisverkehr links (3. Ausfahrt), dann gleich rechts in die Einfahrt des Campingplatzes; **Platzanzahl:** 9; **Untergrund:** Pflaster, Wiese; **Service:** Strom, Trinkwasser, Abwasser, Chemie-WC; **Preiskat.:** €€; **Geöffnet:** März–Okt.; **Kontakt:** Angering 4, 94072 Bad Füssing, Tel. 08531 22939

Anhang

Das ist
noch nicht alles!
Mehr Reise Know-How gibt es hier:
www.reise-know-how.de
Reiseführer | CityTrip | InselTrip | Wohnmobil-Tourguide | Kauderwelsch

REISE KNOW-HOW
@ReiseKnowHow
@reiseknowhowverlag
@Reise_KnowHow
auf www.reise-know-how.de
für den Newsletter anmelden
Zugspitze, Foto: Aneta Niemitz
Landkarten | KulturSchock | Wanderführer | ReiseSplitter | Fremdenversteher

Register

N

O

P

R

S

Bildnachweis

Umschlag: ©Sina Ettmer (AS): oben links; ©Gaby Gölz: oben rechts; ©tiana__lima__ (AS): Mitte links, ©Achim Wagner (AS): unten links; ©waku (AS): unten Mitte; ©Marc (AS): unten rechts

Vorspann: ©Ines Friedrich: S. 1 oben; ©Marko Roeske: S. 1 unten

Tour 1: ©Katja Nolles: S. 7, 10, 11 oben, 12, 13, 14, 15, 16, 19, 20, 21, 22; ©Campinginsel Sonnenwerth: S. 11 unten

Tour 2: ©Thilo Scheu: S. 23 oben, 26, 27, 28, 29, 30, 31, 32, 33, 35, 37 unten, 38; ©Lachfix (AS): S. 23 unten, 37 oben; ©mojolo (AS): S. 34; ©Marc Venema (AS): S. 36

Tour 3: ©Katja Nolles: S. 39 unten, 41, 42, 43, 45, 46, 48, 49, 50, 51, 52, 53, 54; ©Wohnmobilpark Fischbach-Nahe: S. 39 oben; ©Wohnmobilpark Fischbach-Nahe: S. 47

Tour 4: ©Ines Friedrich: S. 55, 57, 59, 60, 61, 62, 63, 64, 65, 66, 67, 68, 69; ©HAJOWE (AS): S. 70

Tour 5: ©Ines Friedrich: S. 71 oben, 74, 75, 76, 77, 78, 79, 80, 81, 82, 84, 85, 86; ©Sina Ettmer (AS): S. 71 unten

Tour 6: Alle Bilder ©Thilo Scheu

Tour 7: ©Lilly Nielitz-Hart: S. 101, 104, 105, 106, 107, 108, 110, 111, 112, 113, 114, 115, 116, 117, 118; ©borisbelenky (AS): S. 109

Tour 8: ©Daniel Fort: S. 119 unten, 122, 123, 124, 126, 127, 128, 129, 130, 131, 132; ©Camping Schwabenmühle: S. 119 oben, 125

Tour 9: Alle Bilder ©Daniel Fort

Tour 10: Alle Bilder ©Gaby Gölz

Tour 11: Alle Bilder ©Gaby Gölz

Tour 12: ©Gaby Gölz: S. 181 oben, 183, 184, 186, 187, 188, 189, 190, 191, 192, 193 oben, 194; ©cityfoto24 (AS): S. 181 unten; ©Fotolyse (AS): S. 193 unten

Tour 13: Alle Bilder ©Gaby Gölz

Tour 14: ©Gaby Gölz: S. 211 oben, 214, 215, 216, 217, 218, 219, 220, 222, 223, 224, 225, 226; ©Reiner Enkelmann: S. 211 unten, 213; ©Stellplattz Gruorn: S. 221

Tour 15: ©Gaby Gölz: S. 227, 229, 230, 231, 232, 233, 234, 235, 236, 237, 238, 239, 241; ©zauberblicke (AS): S. 240; ©Camping Hundweilerhof: S: 242

Tour 16: ©Gaby Gölz: S. 243 oben, 245, 246, 247, 248, 249, 250, 251, 252, 253, 254, 255, 256, 257, 258; ©Günther Bayerl: S. 243 unten

Tour 17: Alle Bilder ©Gaby Gölz

Tour 18: Alle Bilder ©Daniel Fort

Tour 19: ©Daniel Fort: S. 291 unten, 292, 294, 295, 296, 297, 298 rechts, 299, 300, 301, 302, 303, 304, 305, 306, 307, 308; ©Marc Gilsdorf: S. 291 oben, 298 links

Tour 20: ©Marko Roeske: S. 309, 311, 312, 314, 316, 317, 319, 320, 321, 322; ©Wolfgang Hauke (AS): S. 313 oben; ©JFL Photography (AS): S. 313 unten; ©imagoDens (AS): S. 315; ©mauritius images (AS): S. 318

Tour 21: ©Marko Roeske: S. 323, 328, 329, 330, 331, 332, 334, 335 oben, 336; ©JFL

Photography (AS): S. 325; ©magann (AS): S. 326; ©Campingplatz am Wörthsee: S. 327; ©Andy Ilmberger (AS): S. 333, 335 unten

Tour 22: ©Daniel Fort: S. 337, 339, 340, 341, 342, 343, 344, 345, 346, 347, 348, 349, 351, 352, 353 unten, 354 unten; ©REINHARDT STROBEL (AS): S. 350; ©Falko Göthel (AS): S. 353 oben; ©Projektagentur Kegel: S. 354 oben

Tour 23: ©Marko Roeske: S. 355, 356, 359, 360 oben, 361, 362, 363, 364, 365, 366, 367, 368, 369, 370 oben; ©Sina Ettmer (AS): S. 358; ©Zweckverband Brombachsee: S. 360 unten; ©Stadt Kelheim, Lena Plapperer: S. 370 unten

Tour 24: ©Marko Roeske: S. 371, 374, 375 unten, 376, 377 oben, 378, 379, 380, 381, 382 oben, 383; ©Helmut KNAUS KG, Dieter Drescher Meran: S. 375 oben; ©BohemiaTours – ADVENTURE: S. 377 unten; ©Green Village Frauenau, Stefan-Duenisch: S. 382 unten; ©Marion Roeske: S. 384

Tour 25: ©Marko Roeske: S. 385, 387, 389, 390, 391, 392, 393, 394, 395, 396, 397 oben, 398; ©Terrassencamping Theresienhof: S. 388; ©Kur- und Feriencamping MAX 1: S. 397 unten

Anhang: ©Daniel Fort: S. 399

Bei allen Fotografen mit dem Zusatz (AS) stammen die Bilder von stock.adobe.com.

IMPRESSUM

Womo & weg: Südliches Deutschland - Die schönsten Touren zwischen Mittelgebirgen und Alpen

erschienen im
Reise Know-How Verlag Peter Rump GmbH,
Osnabrücker Str. 79, 33649 Bielefeld

1. Auflage 2022
ISBN 978-3-8317-3533-4

Druck und Bindung:
mediaprint solutions GmbH, Paderborn

Herausgeber: Klaus Werner
Autoren: Daniel Fort, Ines Friedrich, Gaby Gölz, Lilly Nielitz-Hart, Katja Nolles, Marko Roeske, Thilo Scheu
Layout: amundo media GmbH (Inhalt), Reise Know-How Verlag (Umschlag)
Lektorat: amundo media GmbH
Karten: Ingenieurbüro K. Wendler, amundo media GmbH